总 主 编　李红权　朱宪
本卷主编　李红权　朱宪

近代蒙古文献大系

政治卷

◇ 第 十 七 册 ◇

中华书局

目　录

蒙旗原有之努图克制度之概况

〈伪满〉总务厅参事官乌力图　撰

一　引言

　　我"满洲国"建国精神，虽以民族协和，不分畛域为原旨，但以历史、地理、政治、经济、习俗、言文等关系，自然形成不同之两大行政区分，即县、旗是也。县内住民，以满人占多数，旗内住民，以蒙人为主体，故县政以满人为对象，旗政以蒙人为对象，亦自然趋势，无可讳言者也。以行政单位言，旗为县之四分之一，以区域面积言，旗为县之五分之三，此两大行政组织，为"我国"构成原素，实有并重不可偏废之势。即其下部机构，县与旗亦各有其从来不同之体制，昔者不必论，兹就其现状言之，县之下部机构为街村，而旗之下部机构，则为原有之努图克或参佐。努图克与参佐之制度，虽未能如县之街村制度，取得同等之法律上地位，然其实际势力，固潜入一般蒙古人心，诚不容忽视之也。"国"内三十八旗之中，因隶属省份之不同，以致其下部机构，渐成各异之形态，故施行努图克制者有之，施行参佐制者有之，施行街村或保甲制者，亦有之。若综合观察，则旗之地方，仍以努图克制度占相当多数与相当优势，参佐制居其次，街村制乃名称而已。关于街村制度，"国人"早已了解，法令俱在，曷庸赘叙，本篇仅将努图克制及参佐制之沿革现状，以及将来趋势，择要介绍于次，当兹高呼确立蒙旗地方制度，及育成时期，或亦不无小补云耳。

然以蒙古旧来，法制观念之薄弱，以及文献之缺乏，苦无相当参考资料可稽，只就个人管见所及，并熟悉蒙情者之记述，略加整理，挂一漏万，自问难免，尚希阅者弃其文，而原其志，谅之匡之可也。

二 旗之由来及其地方制度之种类

欲述旗之下部机构，努图克与参佐，须先明旗之所以为旗，以清眉目，借明沿革。夫现在"国内"蒙政地域之旗，并非蒙古社会固有之制度，乃三百年前清朝之遗制也。盖蒙古昔年，其社会体制与军事组织相表里，有部族、努图克、库伦等制度，而无所谓盟与旗之组织。满洲崛兴以后，蒙古诸部族，因不堪林丹汗之暴虐，相继率土归清，受其编制，承其封号，其守土较远之外蒙四汗部，则仅使朝贡，而不更易其旧制，不过按努图克之单位，改称旗之名称而已。对于内蒙古邻接各地带，则改部落为旗，集若干旗为盟，如哲里木盟等是也；亦有不改其部落制度，而类于盟者，如呼伦贝尔等部是也；并有不隶属于任何盟部，而为特别旗者，如伊克明安等旗是也。总之，旗之名称、制度，为蒙古从前所无，系清代之改编者，因历时三百年之久，已渐成为有力制度矣。

按蒙古旗制，原分为下列两种：一为因应蒙古旧制度，而改编为旗者，有王、公、台吉、他布囊，以扎萨克为之长，合数个努图克，或一个努图克，为一旗，各照原有地域，由朝廷加以分封，所谓军政一体制是也。一为纯照满洲正、骧〔镶〕之红、兰

〔蓝〕、白、黄行军八旗而编制者，无王公贵族等，以总管为之长，所谓单纯军事组织之满洲八旗是也。以我"国内"之旗言，兴安南、西两省及省外各旗，乃属于前者；兴安东、北两省内各旗，乃属于后者。不论其旗，为行政、为军事，迄后历时既久，渐变而均成兼管军民两政之制度，为蒙古有力行政体制，终清之世不稍变更。迄及中华民国，仍依旧制，"我国"成立迄今，亦以旗为蒙古地方行政单位，并制定旗制及族〔旗〕官制，经数度改正，其基益固，其法益详，其组织亦愈完备，盖数百年来习安已久之制度，固非一朝一夕所得变更者也。

至于旗以下之机构，为构成旗之重要细胞，亦因旗之编制上不同，而各异其名称与组织，故有努图克制度之差别焉。大体以有扎萨克之旗，以努图克制居多；有总管之旗，以参佐制居多，换言之，即蒙古原制改编之旗，以努图克为中心；满洲、蒙古八旗，以参佐为中心。此两种制度之性质组成，虽根本不同，要皆为旗以下之基本机构，深入一般人心，形成蒙古社会有力组织，则一也。其间因政治递演，互有消长之势，在清朝法令固承认参佐制度为旗之下部机构，而在蒙古社会传统方面，则仍以努图克制为构成旗之重要分子也。以"我国"各旗现状观之，在"建国"前，努图克制盛行于兴安南、西两省地带，参佐制，则发达于兴安东、北两省地带。"建国"后，于"兴安总署"时代，在各分省地方科长会议席上议决，一律施行努图克制度以来，其原有努图克制之旗，固不必论，即参佐制之旗，亦须加以改正，而谋下级地方制度之统一，无如地方狃于积习，一时难期遽变，迄今如兴安北省管下之旗，仍有施行参佐制者。努图克与参佐制之差别，究有何点，兹分列于后，以供参考。

一、努图克为蒙古固有之制度，参佐为清朝改编之制度。

二、努图克行于扎萨克之旗，参佐行于总管之旗。

三、努图克为部族社会体制，参佐为单纯军事编制。

四、努图克为属人兼属地之行政，参佐单纯属人之行政。

五、努图克有贵族彩色〔色彩〕，参佐乃平民制度。

三　努图克制

本制度，为蒙古固有之制度，已如前述，其究竟始于何年，虽不可考稽，但远在元朝以前，已有努图克制之存在，乃属事实，故迄今最少有八九百年之悠久历史。努图克乃蒙古民族血缘、地缘之综合团体，系构成部落之基本单位，虽朝代、政治迭有更替，而此制度，仍能保有其传统精神及固有系统，以迄今兹者，其潜在势力如何，可不言而喻。跨〔即〕谓蒙古民族之存在，由于努图克制度保持所致，亦非过言也。盖以蒙古游牧无定，逐水草而居之民族，能以武力统一欧亚两大洲之疆域，若无其中心团结之强固组织与系统时，则统驭失调，集散不时，决难收此伟功，乃自然之理也，然哉〔则〕其中心强固之组织为何？即努图克是也。缘努图克为氏族、亲族之集合团体，其结合，乃顺应自然状态，加以军事训练，平日有互相扶助之义务，战时系共同胜败之命运，即游牧之时，每一努图克之团体，固未曾分离者也，总制既便，集散亦易，以氏族、亲族为中心，而发生之努图克体制，固自然趋势使之然耳，非有意为之，实莫之为而为之也。

（一）努图克之意义

努图克之名称本为蒙古译音，若依字面解释，则毫无意可言，其蒙古原文（略），西文译为 notog，日文译为（ストーク），至其释义，则因人而有以下不同解释：

（一）努图克相当于现在之村。

（二）努图克相当于"建国"前之区。

（三）努图克为原籍或住所之表示。

（四）努图克为封建社会之领采。

（五）努图克为氏族社会之属人团体。

以上各种释意，以后列之比较近似，但皆未足尽努图克之原来意义。夫努图克为蒙古社会中心组织，不随朝代、政治为转移，而独能维持其本面目者，非偶然也，乃以凡为蒙人，不论其为贵族、为平民，未有不隶属于任何努图克者。且不论其现在居留何地及何时，对其隶属之努图克，仍不能脱离关系，一切公私活动，均有受努图克拘束之义务。故努图克为蒙人有生以来，发生终身权利义务关系之团体，乃公法兼私法，属人兼属地之军事、政治、社会、经济之综合联系集团组织，类似现在之地方自治团体之法人，而有不同及超过之处，故个人实无简单术语为其定义，兹姑价〔界〕定"关系公私生活终身集团体制"为努图克之释义，其当否，尚待高明指正为荷。

（二）努图克之组织

努图克既为蒙古社会中心团体，则其组织与系统如何，实有研讨之必要。努图克之系统，以横言，乃政治、军事、社会、经济之连系体制，以纵言，乃国家与人民间之中介机构，有坚固不拔之势力，虽王公贵族，亦莫不受努图克之拘束。兹略述其组织系统如下：努图克以下，有若干嘎查，嘎查以下，有若干爱里，爱里之下，则为其拉葛（即人民也，昔时军民不分，故名之曰其拉葛）。故努图克下至个人，如网之就纲焉。集若干努图克，为爱穆格，集若干爱穆格，为乌勒斯（即有组织之最大集团乌勒斯，现在每译为国家，在昔时固为大汗部落也），故努图克上至国家，如叠石成山焉。从前军政本不分离，迨元朝入主中原以后，始改编军制，为万户长、千户长、百户长、十户长之十进制，努图克为适应此十进军制，在爱里之下，复置阿拉奔达（且〔即〕十户长也），至其各层行政首长，则各有其不同之名称，最高行政机关为乌勒斯，合汗为之长，其次为爱穆格，诺颜为之长，再次为努图克，达鲁嘎齐为之长（简称曰达），努图克以下，为嘎查，巴和达为之长，再下为爱里，爱里达为之长，爱里之下为十户，阿拉奔达为之长，十户之下乃至其拉葛而终焉。其系统之有条不紊，可见一班〔斑〕矣。

再者，元朝军制之下，并有库伦之制，非本篇所及，故从略。清初改部落为旗时，就其部落之诺颜，任为扎萨克，故原来努图克制度，毫无影响，不过旗之下，另有军制参佐领之设置而已。但兵备、协理台吉，仍须由努图克达中选任，而努图克达，亦非台吉不能充当，是以有贵族制度彩色〔色彩〕。清末入于民国，一切权力概仍其旧，载在约法，故其努图克制度，亦如故。迨及我满洲"建国"当时，于"兴安总署"时期，定努图克为旗之下级地方制度，即现行之努图克制度，乃冶努图克制与参佐制为一炉之制度，非复昔日旧观也，虽内容有今昔不同之感，而为旗下有力机构则一也。昔时努图克构成，以一个氏族，或数个氏族所集合，非单一氏族制度，实游牧时，有一定地域范围之生活集团，迨有军事时，又系军事组织，以努图克〈达〉为队长，而成为军队领袖，关于平日之行政、司法、经济、户籍等，亦皆归努图克达节制，对重大事项，则于努图克鄂宝祭时，召开努图克民大会决定之，而呈报于各部落诺颜认可，故蒙古昔时之努图克，直不啻一小国家，岂但自治团体哉？然今日之努图克，则并自治团体之地位亦无也。

兹将努图克上下系统，列表于次，以供参考：

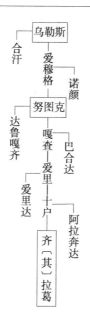

四　参佐制

本制度非蒙古固有制度，乃伴随清朝旗制下之军事组织，其执掌事务，不出军事范围。迨后各旗单分驻防地屯田，即兼管其治下军丁、户口、生计等，而近于民政，渐转而为现在之参佐。至其意义乃编制上，以参领、佐领为中心而得名，无特别意义可言，其编制系统，有下列两种：

（一）扎萨克旗之参佐

扎萨克——毫气棍扎哈气——毫气棍梅伦——索门扎兰（即参领）——索门将干（即佐领）——昆都（即骁骑校）——博什户（即领催）——会宜格（即壮丁）。

（二）　总管旗之参佐

总管——副总管——参领——佐领——骁骑校——领催——壮丁。

以上参佐制，无论前者后者，其组成人数，则完全一致，为二十五丁则置一领催，集六个领催，则为一佐，佐置佐领一人、骁骑校二人，集四个或六个佐，则置一参领以统率之，若一旗人数不足四佐时，亦可置一参领也。每三年一比丁，多则分佐，少则并佐。参领之上，有总管及副总管，此等旗，隶于副都统衙门，直接归将军节制，即所谓满洲八旗是也。至于有王公、扎萨克之旗，则不受将军直接节制，仅有事时，按册征调而已。

关于参佐制，前已有人详细叙论，故本篇〈以〉努图克为主体，不过同为旗下地方机构，故略及之也，特此声明。

五　现在努图克制

“建国”当时，关于旗制已经制定，而旗以下之机构，则付缺如焉。乃于大同元年十二月间，由“兴安总署”召开各分省第一次地方科长会议，几经慎重研讨、再三协议，认为于旗政地域，施行努图克制，较为适当。因而合努图克与参佐之所长，并采以近代地方自治制度，拟就草案，议决通过在案，嗣以各种关系，未竟正式公布，但各省公署，则以该会议通过草案为准则，各按其地方情形而施行之，即现在之努图克制也。迨及康德四年，街村制公布以后，各兴安省愈感有确立旗下部机构之必要，乃分别规定［者］单行章程，因而同一努图克制度，省与省之间不同，旗与旗之间亦异，去古益远，追今未能，既无法令根据，更乏强化实力，以致旗之下部机构，乃愈趋分歧。“中央”早已痛感有确立统一旗下部机构之必要性，乃于去年派遣本人，前往"友邦"日本内地，为地方町村制度之见学视察，惜予不材，未克达成使命，殊觉有负期待。刻下要纲草案正在慎重讨论中，旗之下部，大致以努图克而整备之，将来有待于地方现地诸位协力之处，正复不少，尤其对于施行时，成果如何，则完成〔全〕为现地官厅所肩荷，望关系各位，始终予以热意协力，俾旗之下部机构，早日确立，不胜待望之至。

六　结论

蒙旗从前之努图克，为构成旗之基本组织，有地方自治团体之性质，不过近于封建彩色〔色彩〕而已。迄至"建国"以后，仍然依惯例施行，而无法律上之地位，然其潜在势力，并未因之泯灭，若以近代地方自治团体比较之，固有许多不同及逊色，但为旗之有下力部〔下部有力〕机构，则昭昭者也。依管见论，旗政地域，施行街村制，实有削足适履之嫌，且亦隔预〔扞〕难入，莫若仍以努图克为旗之下部机构，而确立兴安各省内统一综合之制度，置重点于强化旗之自治体，以努图克作为旗之辅助机关，而充实其内容，整备其组织，以发挥蒙旗上下一元行政之能效，则于"国策"渗透，民心把握，均利赖焉，且能启发蒙人自治精神，提高其"国家"意思，诚一举而数美兼备也。尚望有志诸位，予以充分指导援助，俾努图克制度，早日底于确立，则蒙政前途，国家发展，庶可预贺者矣。

《地方行政》（月刊）

新京满洲行政学会

1941 年 5 卷 9 期

（朱宪　整理）

冯钦哉主察后之察省政局

魏航　撰

　　行政院本月十九日第五二八次会议通过，任命第×战区副司令长官冯钦哉氏主察，此一消息之传来，吾人以厕身西北舆论界之立场，表示欣慰。

　　查察省自二十六年刘汝明弃守出走后，全省即沦于敌手，数年来中央虽迭派大员组织省府，相机推展政权，徐图恢复，讵以军事上屡受牵掣，未获成效。客岁石友三氏伏法，毕泽宇氏暂代主席，终以军书旁午，转战冀、鲁各地，无暇兼顾政务，致省政仍未能确实开展，此实囿于环境之限制，吾人固不愿稍有苛责也。兹者中央为彻底整饬该省政务计，决派冯钦哉氏主察。冯氏多年戎武，声望素著，兼以驻节北方有年，对边省政情人事，稔之殊深，今出主察政，必能上符中枢之托，下慰群黎之望，以建立崭新之省政。吾人除于此表示欢迎之忱外，略愿对于今后察省之政局，有所检讨。

　　第一，吾人应确知任何事业之推动，必先要有健全之组织，行政为最繁复之工作，故其有赖于组织之健全为尤甚。察省虽土地早已沦陷，而政府仍继续派员组府者，盖欲在战区与敌伪斗争，建立我方之政权也。然而过去除省府一部分人员深入战区外，大部分机构仍暂留后方，此固为事实所限，然于省政之推进上，自难免有相当阻碍。今后冯氏主察，如欲彻底开展工作，则迁移省府于战区（或至少临近战区），确为必要之措施，盖此项措施，实为省政开展之先决条件也。

第二，吾人更应确知任何事业之推动，尤非赖于财力不可。察省自土地沦陷后，地方收入全部停止，中枢既欲敌区政权之早日恢复，自应补助大量经费（特别在战区工作，经费上不应太受限制），以便活动。倘如过去每月只补助数万元，以维持各厅处职员之生活，则工作自难望其开展。所以今后中枢多筹补助费，亦为刷新察省政局之必要条件。

第三，吾人亦不应忘记人事问题，为推动工作之主要因素。今后察省工作之确实开展，必须大量人才之协助，此批大量人才，不必求之于外，仅察省现有之旅外人员，若能发起回乡运动，以坚苦奋斗之精神，共同返乡，协助省政之开展，而徐图失土之收复亦为建立察省新政之动力也。

总上，吾人以从政不可或缺之组织、经费、人事三端，分别贡献中枢及察省当局与人民，吾人深信察省政局之今后发展，悉赖此三端之配备程度以为断，苟能运用适当，配备得法，则察省政局前途之曙光，已遥遥在临。吾人不敏，愿拭目以待之。

《西北论衡》（月刊）

西安西北论衡社

1941 年 9 卷 8 期

（朱宪　整理）

日寇统治"蒙疆"之强化

金默生　撰

〈一〉

自从去年一月汪逆公布其《与蒙古自治政权之关系调整要纲》，"承认其有广泛的自治权利，而为高度之防共自治特区"以后，敌寇对内蒙的统治愈形强化了。

首先，敌寇为了其在内蒙统治的巩固，把在伪满那一套血腥的办法搬在这里。这表现在：

（一）"兴亚院蒙疆联络部"之设立——日寇为了对"蒙疆"直接领导之加强，于去年三月在张家口设立"兴亚院蒙疆联络部"，管理"关于处理蒙疆政治、经济、文化等事务而树立诸政策，并保持蒙疆行政事务之统一事业"。

（二）日寇对伪蒙各级行政机关之加强领导——除"蒙古联合自治政府"有日人顾问，各盟、政厅有日人次长外，各县又都派任了日人的参事官，各区公署有日人指导官。在敌统治较强之处，乡公所有日人的助理员。"蒙古联合自治政府"的部长（如最高顾问金井兼总务部长，理松任民政部长），各政厅、盟的厅长（如"晋北政厅"各厅长全由日人充任，警务厅长广赖晋，经济厅长郑底，思想厅长文刘君），多由日人充任。

（三）加强乡村之血腥统治——实行并村。将山沟偏僻的小村并入大村，实行保甲制度，制定十家连坐法。乡长定期开会，每天报告。照像片、查户口、制定身份证明书。时常举行清乡。组织"防共青年团"、"灭共青年队"，加强其奴化训练。注意情报搜集，加强特务工作。

这些都表明日寇已从政治上羁縻蒙古民族的"自治独立"进而到直接统治内蒙了。

〈二〉

在军事上，日寇鉴于"蒙疆军事上之特殊地位，将必要之军队驻于蒙疆要地"（《日支［所］关系调整要项》），所以将"蒙疆派遣军"改为"蒙疆驻屯军"。现驻有三个师团的兵力。为了增强其"扫荡"的效用，特配备了三分之一的骑兵，并增强轻机枪、掷弹筒及毒气的配备。其编制为师团辖两旅团，每旅团三个联队，联队辖步兵大队二，骑兵大队一，炮兵中队一。大队属中队三，机枪中队一。每中队三小队，有轻机枪四，掷弹筒三。每小队三分队，每分队不过八九人。唯恐伪军靠不住，"扫荡"、"清乡"及"守卫"均以敌军为主，每个据点均驻要〔有〕敌军。

对伪军之统治监视日益紧严，伪军内部派日人顾问或指导官，伪地方武装（"兴亚团"、"自卫团"等）由当地敌军领导，伪军出发时才发弹药，对彼认为不稳之伪军实行缩编（如伪蒙古军第一、二、三师缩编为"靖安守备队"）或调防，伪军中下级官长时常调动。

另外，敌寇为了便于统治，在稍大的村镇都构筑碉堡，驻扎敌伪军。各据点间连以公路，以利运输。一九四〇年敌在内蒙计增设了据点四十五，增修公路两千余里。

敌更配合其筑堡修路政策，"扫荡"日趋地方化，大规模的"扫荡"减少，以一小地区为中心之"围攻"、"清乡"频频增多，彼对各个小抗日游击区之讨伐，几乎都三五日即来一次。

三

在经济上，敌寇"特别注意于埋藏资源之开发与利用"（《日支关系调整要项》），即利用内蒙之财力物力，支持其长期的侵略战争。

自去年一月起，敌拟定了一个《开发蒙疆五年计划》，以其在"蒙疆之七大株式会社"（电业、电气、汽车、运输、炭矿、皮毛、食品）为主干，从事对内蒙资源之掠夺。另设洋灰厂一、火柴厂三、木料厂二、制药厂一、烟草厂一、面粉厂三、纺纱厂二、织毛厂七、硝皮厂五、砖瓦厂十、酒精化学厂二、盐厂一，以利用掠夺的原料施行经济的榨取。去年对外贸易总额二万万四千万元，其中输入一万万四千万元，输入〔出〕一万万元。自去年五月起，日寇更由彼国内直接输入内蒙货物，更进一步掠夺内蒙经济。

敌对"蒙疆"金融之掠夺及统制也日益加甚。据"蒙疆银行"副总裁寺峙称，去年五月止发行伪币已达五千八百万元，而其基金尚未缴足三百万元。为防止资金外流，自去年九月起，限制日元纸币流入战地，限制蒙币流入内地及伪满，每人向外汇兑，每次不得超过廿元，出"蒙疆"境时，最多不得携带一百元。敌虽规定带法币一元枪毙，但仍秘密设局收买法币。又登记现金、手〔首〕饰，实行公开抢夺没收。

敌对粮食、原料品及日用品统制极严，购买任何东西都需要"许可证"。而对鸦片之派饬，则极力推行，以资榨取。

四

由于敌寇对内蒙统治的强化，虽然增多我晋、察、绥各抗日游击根据地的不少困难，但敌寇要想摧毁我各根据地，完全占领内蒙〈是〉不可能的。这不但由于敌寇主观力量的不足（兵员不够分备，伪军动摇，财力窘竭等），主要地是内蒙六百万同胞他们都不愿做亡国奴，晋察绥各抗日游击根据地，三年来已缔造相当坚强的基础。特别是目前大青山、绥中满汗山、绥东、察南、雁北各抗日游击根据地，已互相联系起来，建立了统一领导指挥的机点，这更使晋、绥、察边，成为牢不可破的抗日堡垒。

《边事研究》（月刊）

重庆边事研究会

1941 年 12 卷 4 期

（朱宪　整理）

蒙古地方行政人员暨西藏代表来京之意义

振珮　撰

　　蒙古伊克昭盟郡王旗札萨克图布升吉尔格勒，于上月初自其任所启程，来京展觐，并向中央有所请示，已于五月三十一日到达陪都。西藏地方政府派遣驻京负责代表堪穹罗桑札喜、尊畦图丹村列、洛咱列村图丹生格等三人，自本年元月由拉萨出发，亦已于五月十六日到达康定，现经呈奉本会核准，俟届秋凉，即来陪都。自古守封疆者，或适时叩阙以述职，或派员驻京以陈情，内外之情实既通，上下之扞格自少，意至善焉。而此次蒙藏人员络绎来京，其有裨于民族国家前途者，又非寻常泛泛所可比拟。盖自清廷失政，边圉不修，蒙藏地方政府与中央政府之关系，遂亦失其正常。洎夫本党北伐完成，秉承国父国族平等之遗教，力谋边疆关系之改善，虽积重之势已成，而多数边地同胞，倾心内向，日有明征。尤以抗战以还，蒙古地方政教首长，更多领导民众，奋起杀敌，沙克都尔扎布、荣祥、巴云英、奇俊峰等，或坐镇边圻，或远来陪都，皆其尤著者也。今图札萨克等溽暑远旅，辛劳可知。爰抒所感，或亦足伸拥彗之忱于万一欤。

　　图布升吉尔格勒，在逊清即袭封为蒙古和硕亲王，为成吉思汗之嫡裔，其现所领之鄂尔多斯左翼中旗，即一般所称之郡王旗，在图札萨克领导之下，行新政，设保甲，进步颇速。该旗居伊盟中心而略偏东北，东邻准格尔旗，西枕杭锦、乌审两旗，北界达拉特旗，南接札萨克旗。自绥、包沦陷，我军移守河西，伊盟遂为西北最前线，郡王旗尤为军事要冲；年来经图札萨克积极努力，除年供军粮万石外，对于慰劳抗战军人，救济受灾难民，亦均著成效。而其奉行政令，尤极彻底认真。如该旗原为产烟区域，二十八年即将烟毒一律铲尽，至出产皮毛，现亦积存有四十万斤，未尝北运资敌。学校现已增至六所。四载以还，该旗除有退役军人色登诺尔布一度投敌旋又反正身故外，全旗官民，均在图札萨克热诚领导之下，效忠国家。吾人综观上述简略之事实，可知图札萨克积年励精图治之殷，与其巩固伊盟贡献之大。惟该旗地利仍有未尽，实力仍有未充，矿藏之开发，皮毛之疏〔输〕运，吾知其必能乘亲来陪都请示中央之便，披诚倾纳，归而步武前绩，踵事增华，使该旗不仅能有更大之进步，且能蔚为收复西北失地之根据地，则此行为不虚矣。

至西藏地方政府派遣负责代表，组织驻京办事处，长驻京都，原始于民国十八年。近以原任代表或已病故，或已他适，致西藏驻京办事处之工作，未能有长足之开展。本会吴委员长去年在藏主持十四辈达赖坐床典礼，为加强联系起见，除已成立本会驻藏办事处外，并促西藏地方政府充实驻京办事处人员，故此次罗桑札喜等之来陪都，接充负责代表，其意义自不同于寻常之瓜代。此后建设新西藏，技术之联系，政令之承转，较昔倍增繁复，该代表等之任务，亦必较昔重大。今于该代表等将莅陪都之初，国人已致其热切之期望，舆论更有逾分之勖勉，翘首西天，知该代表等必能淬励奋发于今后也。

《蒙藏月报》

重庆蒙藏委员会

1941 年 13 卷 6 期

（丁卉　整理）

伊盟现状及其当前问题的解决

崇朝 撰

抗战军兴以来，我们蒙藏同胞，因地域的关系，有的还处在抗战大后方，有的早已沦于敌手，数年来处于抗战最前线的只有伊盟七旗（伊盟为绥远两盟之一，是伊克昭盟之简称，下同）。自二十六年冬绥、包失陷，七旗即接近战区，几年抗战生活的激荡，有许多方面已经得到进步。它现在所处的地位，极为重要，不独是西北的屏障，而且是我们出击察、绥的据点。它的内部情形以及如何才能使它完成抗战的伟大任务，谅为国人所亟欲知悉于怀者。兹据见闻所及，分述于后。

一 伊盟的地位与交通

伊盟的地理环境，东、北、西三面，为黄河所绕，隔河与晋、宁、绥、包相望，南连陕西，在现阶段西北战局上，处着很重要的军略地位。

伊盟七旗的地位，从北方数起，首为达拉特旗，隔黄河与包头相望，次为准噶尔旗，位居东北部与托克托县毗连，再次为杭锦旗，在西北部，郡王旗，在东部，扎萨克旗与鄂托克旗并居中部之东、西两方，乌审旗在南部，地势平衡，无崇山峻岭，交通四达，为晋、绥、宁、陕的枢纽。准格〔噶〕〈尔〉旗北距萨县二百里，东至托县百余里，西北距达旗府二百四十里，东南至河曲二百里，南至府谷二百里，有大路直达包头。境内地势平坦，人烟稠密（该旗垦殖最为发达）。昔日包府（包头至府谷）汽车公司，计划修筑包府汽车路，即经旗境，廿四年第一次试车，已通至该旗，故境内交通便利，诚为晋西北与绥远之交通要道。达拉特旗是由包头直下榆林的要道，俗名榆林大道，系从包头经过该盟达、郡、扎等旗及东胜县而至榆林，长约六百里，昔日台站旧路，现为榆林北出绥远的大道。抗战发生之后，敌伪曾从此线南侵，至于东胜，后赖我军努力，将之击退。西部杭、鄂两旗，为包、宁间的驼运大道，尤属重要。其交通要道共有三条路线：第一线是从乌拉山北乌盟三公旗地方，哈沙图、三德庙及阿拉善旗的太阳庙、沙拉子、吉兰泰盐池区，经定远营，越贺兰山至宁夏。第二线是从五原、临河、磴口的河套地区至宁夏。第三线即是利用包、宁的驼运大道。然就笔者数年前实地工作的经验所知，前两条路线的交通极端困难。乌拉山后的那一线，是蒙地，不说沙漠的障碍，而那一带居民寥寥，饮水缺乏，行动至感不便。在绥境哈沙图一带，固然可以行驶汽车，然入于阿旗后，那就没有办法，因为尽是沙地。昔年西北军时代，由阿旗至外蒙，曾行驶过汽车，然而差不多是用人力推着行走。近年有外国教堂牧师，自绥试行驾车回定远营，至沙拉子一带阻于沙丘，不能前进，结果仍然乘驼回来。河套的一线，虽然那里是粮库，粮食可以不缺，地方也不比蒙旗，沙漠较少，然而这里渠道纵横，交通为阻，大干渠有十一条，小支渠则有一百余条，渡渠涉水，旅行过这个地方的人就知道，在这里走路是如何的困难。尤其夏秋水涨的时候，因为桥梁设备没有，而且这一带木石缺乏，设备也有困难，再加之土是沙质土，经水一淹，泥泞不能行，大水汪洋，还有陷没之虞。而从二十里柳子（磴口北百余里）、博家湾、磴口、河拐子至石嘴山约三百五十里之地，一边是大沙漠，一边是黄河，河水没有高涨的时候，就靠河沙间狭窄的滩地活动，水高涨起来，水淹沙山，无路可走。包、宁汽车行至其地，均须另觅他途，即改行沃野设治局北王元地一带。

　　杭、鄂两旗的包宁驼运大道却不然。这条路一年四季可以通行无阻，这条路自包头经大树湾、柴磴、杭王府、甲虎尔、乌利计儿庙或桃力民、鄂王府、隆泰裕，直达宁夏之吴忠堡及金积、中宁等县，全长约一千三百里，计包头至杭王府三百五十里，杭王府至鄂王府约三百里，鄂王府至隆泰裕约二百七十里，隆泰裕至吴忠堡约二百一十里，吴忠堡距金积县二十里，金积县至中宁县一百七十里，若不走此路，而从鄂王府经新召渡河，可至宁夏之石咀山，约长三百里；或至隆泰裕西走，经沃野设治局渡河，可达宁夏省城，约长二百余里。这一线的优点，第一土质硬，可以行走车辆。宁夏境内石咀山、金、灵等线已有坦荡的汽车路。达、杭二旗境内，虽有少数的渠沟，但大多数是干涸的，尚有数道沙梁，自西而东，但沙梁间夹着平地，成为垦区，故沿线一带，都是平坦之地，车辆行走，可以不成问题。二十七年春，敌人逼走阿王，曾派队深入鄂王府及阿拉庙，围筑机场，企图建立据点，有三辆汽车，即直驶其境。第二农业发达，人口稠密。达、杭二旗，濒临黄河之地，多已开垦，达旗之大树湾、柴磴，杭王府之附近，都是垦区。鄂旗的新召、桃力民（距包头四百余里）更是一个粮库，旗南的赔教地、董家地、二三段地，旗西的沃野设治局地，都在左近，出产的粮食甚丰。

　　此外这一线沿途与五、临、磴口、平罗等县，只有一河之隔，有渡口可以渡河，所以对五、临还起着密切的作用。二十九年春，敌伪攻打五、临，共分三路，北路沿乌拉山后西公旗地，中路是五、临正面，南路就是新城、大树湾、柴磴，就是明证。

由于地理上及抗战局势上的关系，构成伊盟的屏障地位，而且还是我们出击察、绥的据点。我们不独要使它有消极的作用，主要的要使它起积极的作用，将来由这里去收回失地！

二　面积与人口

伊盟七旗均为成吉思汗十五世孙达延车臣汗之后，属鄂尔多斯部，亦称鄂尔多斯七旗。其编制仿清八旗制（一说源于达尔哈特部之组织），为军事组织，因有左右翼之称，后以为政治制度，相沿至今。旗名以部名，并其当时所占位置而称，其后复以人地等而名。其各旗之名称如下：

旗名	俗称
鄂尔多斯右翼后旗	杭锦旗
鄂尔多斯右翼中旗	鄂托克旗
鄂尔多斯右翼前旗	乌审旗
鄂尔多斯右翼前末旗	扎萨克旗
鄂尔多斯左翼后旗	达拉特旗
鄂尔多斯左翼中旗	郡王旗
鄂尔多斯左翼前旗	准噶尔旗

全境面积及人口（报垦地划归县府管辖者除外），二十四年绥远省当局，曾有调查，迄今多年，地域虽无变更，人口则因蒙旗之死亡率甚大，已不可靠。大抵蒙地人口，因游牧迁徙，有本旗人而居他旗者，有由他旗游牧而来本旗者，其次喇嘛之来往迁徙，此外则地权纠纷之地，旗县互争户口，故极难知其确数。不过，伊盟各旗人口，蒙人远较汉人为少，而汉人之多寡，则视其垦殖程度之高下而成正比例，如准、达等旗，垦殖最为发达，汉人亦最多。此二旗有少数蒙人习垦殖，垦殖蒙民其人口繁殖，亦较牧

畜蒙民为高，如土默特旗、准噶尔旗。兹根据绥省之调查及各方材料，大致各旗人口、面积有如下表：

旗名	面积（方里）	人口		
		蒙人	汉人	合计
杭锦旗	八三,八〇〇	八,〇〇〇	一〇,〇〇〇	一八,〇〇〇
鄂托克旗	一七〇,〇〇〇	一八,三〇〇	二〇,〇〇〇	三八,三〇〇
乌审旗	四二,〇〇〇	五,〇〇〇	三,〇〇〇	八,〇〇〇
扎萨克旗	三,〇〇〇	一,五〇〇	二,五〇〇	四,〇〇〇
达拉特旗	五八,〇〇〇	九,〇〇〇	五四,〇〇〇	六三,〇〇〇
郡王旗	八,八〇〇	三,七六五	一三,七〇〇	一七,四六五
准噶尔旗	四三,二〇〇	三〇,〇〇〇	六〇,〇〇〇	九〇,〇〇〇
达尔哈特部		二,〇七一		二,〇七一
总计	四〇八,八〇〇	七八,六三六〔七七,六三六〕	一六三,二〇〇	二四一,八三六〔二四〇,八三六〕
备考	1. 面积数目及杭〈锦〉旗蒙人人口，根据《绥远省乡村调查纪实》(二十四年十月版)，该旗汉人人口，据该旗境内三区保甲一千五百余户，约一万人，并其他地方汉人，合并估计而得。 2. 乌、扎、准三旗蒙汉人口数，根据就地一般人之估计。 3. 达旗人口数，根据未沦陷五参领区、苏木、邻闾户口调查，并比照推算已沦陷三参领区人口（该旗共分八参领区）合计。 4. 郡王旗人口，据确实调查，三十年六月十三日，图王在渝发表书面谈话，亦只称二万人，若并达尔哈特部全部计算，固可得上数。 5. 鄂托克旗蒙人数，根据蒙藏委员会《伊盟右翼四旗调查报告》(二十八年六月出版)，汉人人口数，计桃力民区汉农一万人，赔教地四千八百人，苟池、葫芦素尔淖一带二千五百人，头、二、三段地二千人，新召赤老区一带约一千人，及在旗之商人等合并估计如上数。 6. 达尔哈特部人口数，根据移陵后该部册报，中央补助费即据以发放。			

上表虽系估计，但大致已可表示蒙旗人口情形。全境人口，蒙

人只占七万余人，而汉人占十六万多，可见其蒙汉杂处程度之深。汉人人口，主要为农民，其他工商人民，为数甚少，任公职的人，为数更少，并未计入，但亦无如何影响。各旗人口之散布，大都沿边各地，较为繁密，如黄河沿岸及赔教地、牌借地附近，人口众多，内部则仍甚荒凉。

三　政治现状

1. 旗政组织　民国二十年，国府曾颁《蒙古盟部旗组织法》，规定蒙旗改称旗扎萨克公署，协理、管旗章京，称旗务委员，下置总务、政务二科，各设科长一人（见《蒙藏委员会法规汇编》）。二十三年间，更换新印，改旗公署为旗政府，下设政务、财务、教育、秘书四处，并奖励各旗实行。惟时至今日，除遵命改称旗政府外，其内部组织，仅具形式，实际在起作用的，还是旧时的组织。本年五月间，第七届绥蒙会全体委员会，有人提议改善盟旗组织，主张旗府分科办事，亦未实行。现在伊盟各旗的行政组织与其他蒙旗的差不多，有时只按其人口之多寡、事务之繁简，而增减人员。其组织系统如下：

扎萨克（东协理、西协理）、管旗章京（东梅伦、西梅伦）、参领—佐领—差官—领催—什长

梅伦以上，为旗政府组织，参领以下，为地方组织。扎萨克为一旗之最高行政长官。一旗之扎萨克，又俗称"王"者，系指其前清旧有封号而言，其阶级或为亲王，或为贝子不等。各旗中，郡王旗扎萨克为亲王，阶级最高；杭、鄂两旗为郡王，次之；乌、准、达三旗为贝勒，更次之；扎旗者最小，为贝子。协理蒙名"土萨拉齐"，为辅佐扎萨克之官，东协理（或称正协理）为大，西协理（或称副协理）为小，俗称东官府、西官府者，即东西协

理所在之地，而沿用以代表东西协理。管旗章京蒙名"吉哈鲁克希"（或称贾克奇），奉扎萨克之命，掌理旗政，东西梅伦辅佐之，实等副管旗章京。蒙名参领为"扎兰"（亦称扎兰章京），佐领为"苏木"（亦称苏木章京），差官为"昆都"，为佐领佐理人员，领催为"博什户"。蒙语"章京"即将军之意，故旗之组织中，管旗章京、参佐领等，始为实际负责掌实权之官，其余皆属辅佐。此外尚有骁骑校者，属佐领幕僚，有爵无职。旧制每一百五十人，编一佐领，四佐领编为一参领，故各旗之参佐领，并无定数，视其土地大小、人口多寡而定，不若梅伦以上之官职之有定额也。

各旗之底层组织为什户长，其与领催之关系有如内地之乡长与保甲长。在乌审旗尚实行一种村制，当西尼喇嘛、孟克尔济执政时代，将扎兰、苏木取消，另划全旗为十九个"诺托克"（相当于村）。每"诺托克"设一噶欺梗打尔者（蒙语卫队长，亦称噶欺梗打尔古），共分四十个"打钦"（蒙语管理庶务人员，亦称打钦）。西、孟等失败后，恢复旧制，将诺托克取消，打钦保留，故现在苏木之下，尚杂有打钦之组织。以上系治理蒙人组织。至在旗之汉农，自抗战以来，多令编组保甲，统归旗府事官处理，较具规模者，为鄂、杭二旗，其余如郡、达二旗，则划分定量汉民，置一为首之人，曰甲头等名目，组织极为凌乱，未照保甲法严格执行。鄂、乌两旗南部与宁、陕两省毗连，蒙汉杂居，尚置有巡边之官，划区管辖。区内一切行政诉讼、稽查入境人民及警备边界等，均由巡边官负责，计鄂旗者曰甲尔姑乞，共有四人，乌旗者曰监边官（检边官），下属枕头章盖二人。

旗府除前述事官外，尚有管理文书、钱财、庶务的人，有如内地之科员或雇员书记，管理文书者曰笔帖式（蒙语毕齐克），人数多者置一为首之人曰金肯笔帖式（或称笔帖式长），管理钱财、庶务的人，蒙语曰德木齐（或为白通达、打钦，皆同之），传达人员曰承启官（蒙语爱拉特罕），德木齐、爱拉特罕，本为王府之官，后兼理旗府此职，故亦列为旗府组织。

旗府官员，上至协理，下至承启官，均为轮班办公。各旗大致分为三班，而换班之期，则不一致，一二月或七八月不等。办公用品，可取之于公，但不支薪水，只可得米、面、茶等津贴，彼此自称替王爷当差，近以风气所趋，并为鼓励工作人员，间亦有支薪者，惟极微薄。每年旧历六七月间举行旗务会议一次，蒙语为楚格拉，一年应兴应革之事，及重大案件，均于是时集议施行。废历年底，将印封存，旗府停止办公，一月下旬左右，举行开印礼后，照常工作。平日公事处理之程序，普通旗务，由管旗章京处理；重大事件，先由协理、管旗章京会商，并呈扎萨克决定施行。

扎萨克为世袭职。协理之下，选有功者任之，但协理必限于台吉（贵族）始有资格。《蒙古盟部旗组织法施行条例》（二十一年九月核准施行）第八条规定，协理、管旗章京等旗务委员之更换，呈由中央荐任。兹将现在各旗扎萨克列表如后：

旗名	官职名称		旗政实际主持人
	扎萨克	协理	
杭锦旗	阿拉坦鄂齐尔（字宝珍）	东：阿勒济巴雅尔胡伦 西：色登多尔济	因扎萨克被敌掳去，由西协理兼保安团长色登多尔济主持
鄂托克旗	旺庆扎布（字积德）	东：旺楚克色令 西：朝圪拉吉尔格拉	由伊南游击司令兼宁鄂边区司令章文轩（俗呼阿和喇嘛）辅导
乌审旗		东：奇玉山 西：奇国贤	扎萨克特固斯阿穆固朗本年七月间病故，旗务现由奇玉山负责

续表

旗名	官职名称		旗政实际主持人
	扎萨克	协理	
扎萨克旗	鄂齐尔呼雅克图	东：阿穆固朗 西：鄂齐尔巴图	鄂扎萨克本人主政
达拉特旗	康达多尔济（字济敏）	东：孟肯吉雅 西：庆格拉巴图	康氏在渝供职，旗政由东协理孟肯吉雅负责，军权由该旗代理保安司令兼保安团长马锡（字子禧）负责
郡王旗	图布升济尔格勒	东：齐默特拉穆 西：贡补扎布	政务多由其子巴图济雅代父辅助
准格〔噶〕尔旗	补银巴德尔呼	东：奇文英 西：奇涌泉	补氏为记名，旗政由护理印务东协理蒙边第一区防司令、保安司令奇文英主持

2. 上级机构　各旗原有之上级政治机构为盟，依照中央《盟部旗组织法》规定，盟组盟政府，下设总务、政务二处，有正副盟长及帮办盟务各一人。事实上，除盟长等照设外，别无组织，而盟长等亦无一定办公地点。清制盟之设，原为各旗会盟，由盟长主持之，此外则办理司法事务。民国成立后，会盟停止，盟长职务止于司法事务之处理，及负承转的责任而已。其事务之处理，由旗府、王府兼办。现任盟长沙克都尔扎布为国府委员，副盟长阿拉坦鄂齐尔为杭旗扎萨克，被敌伪威迫羁包，帮办盟务为鄂齐尔呼雅克图，沙盟长之子，现任扎旗扎萨克。

绥境蒙旗地方自治政务委员会成立于二十五年三月，沙盟长兼委员长，绥境各旗扎萨克、总管及蒙旗重要人士为委员，共有二十四人，下设民治、实业等七处及三委员会，以处理自治事务。绥、包失陷后，辗转迁徙，二十七年五月间在扎旗附近办公，当时组织缩小，二十八年双十节，第四次全体委员大会，恢复旧制，设三常委，辅助委员长处理日常事务。三常委即图王、荣祥及鄂贝子。二十九年六月间，为激励后进，并和辑内部，增添白音仓、经天禄等四青年为委员。该会直隶行政院，受中央主管机关（现为蒙藏委员会）之监督指挥，另设指导长官以指导之。指导长官公署成立于二十六年三月，以阎锡山兼指导长官，下置参赞一人代为负责，二十八年六月，添设指导副长官一席，指导副长官为朱绶光。

各旗的上级政治机构，实际不止此数，能够指挥它的，还有×战区司令长官部、伊盟保安长官公署、蒙旗宣慰使署。保安长官公署成立于二十二年八月，长官为沙盟长兼，盖其时九一八难作，边防亟须巩固，中央为整饬伊盟保安队力量，而设此组织。宣慰使署成立于二十六年底，中央眷念蒙人颠沛流离之苦，派大员宣慰，宣慰使为沙王，荣祥为秘书长，一切由其负责。

3. 政治之进步　平绥铁路之畅通，使伊盟各旗，得交通便捷之利，黄河缭绕，地宜垦殖，蒙汉杂处，因收观摩之效，绥蒙会之成立，又为之激励辅导。洎乎抗战军兴，复受大时代之伟大洗礼，伊盟各旗军政情形，已有不少的进步。

一为农垦之发达。各旗得黄河灌溉之利，土质肥沃，地多开垦，报垦地达四五百万亩，私垦地达一千万亩。报垦地归县治理，私垦地仍属旗治。各旗农垦业（私垦）最发达者，当推准噶尔旗，据绥省府二十四年之调查，现耕地七万余顷，其余各旗有二万亩、五万亩不等，后当续有增加。此大量之垦地，或为旗府所有，或为王公食邑，蒙民口粮地，但都是自动招垦的，这实在较其他蒙旗前进。农垦之地，汉人随至，遂蔚成蒙汉杂居之大观，为各旗所罕见。犬吠鸡鸣，村落相望，而牧羊的歌声，唱出异地的情调。阡陌相连的田园，并没有把草原里的羊群排除出去，反而表现出它们的和协一致。塞外风沙，一般人认为荒凉之区，在此地则有如置身内地，这一切，都出乎人们的意料之外。汉农之来其地垦殖，使蒙人收入增加，并灌输农业知识，使此游牧社会，激励以进。在这里我们看见许多蒙人而习稼穑，土墙瓦屋，固非尽属汉人也。

一为党务、团务之展开。二十七年间，中央整顿党务，绥察蒙旗党务处，即在扎旗成立，前进的蒙古军人为特派员。二十九年间，改为绥蒙党务处，使名符其实地负起发展绥远蒙旗党务的任务。现在桃力民成立有党务办事处，扎、鄂等旗成立旗党部，并刊行《民众日报》。三民主义青年团蒙旗区团部，也于二十九年在郡旗成立，刊行《蒙旗青年旬刊》。因党团等领导作用，许多社会救国运动，都次第展开，并且得到相当成果。妇女界于本年三八节筹组妇女会。最近成立的荣誉军人招待所，过境的受伤军人都受到慰问和招待。儿童健康演说比赛，加强春耕等工作，都在陆续展开。

一为教育之发展。蒙旗教育之不易推动，是大家知道的，但伊盟各旗，却有许多自动办学的。教育的重要性，可说已被各旗当局认识了，而为热心人士所提倡赞助。绥蒙会的历次大会上，都提到发展各旗教育的问题，并想方设法去实行。二十四年，主管部会拨发专款，发展蒙旗教育，各旗的小学，不久都成立起来。现在各旗都至少有小学一所，郡、鄂等旗并正求扩充，其因抗战影响而停顿的，均次第恢复。各旗很早就成立有私塾性质的学校，郡旗的创于民国十五年，准旗同仁小学，创于民国十八年，该旗子弟，就学于府谷、河渠等地的，很早就有，教育发达得很早。郡旗由于图王及贡补扎布之提倡，近已不相上下。更有难得的，管理成陵的达尔哈特部人，鉴于教育之重要，于本年二月里，自动创立小学一所，将中央所给补助费内，抽出一部分作经费。除小学而外，还有中学一所，那就是国立伊盟中学，该校成立于二十七年夏，现有学生三十余名，其毕业学生，多在各旗服务。此外则各旗保送学生来内地升学的，为数很多，如过去之包头政治分校，如兰州警校，如重庆边疆学校，如西安之第四干调团。教育在伊盟得到如何的重视，已不言而喻了。

一为蒙汉关系的进步。伊盟各旗，蒙汉普遍杂居，为其他蒙旗所不易多见，而这里蒙汉关系的进步，也可算难得。它不独表现于蒙汉人民之间，而且表现于军政方面。汉人在蒙旗作事的，并不是没有，但不像这里的信赖之深，相处之洽。汉人在这里有任区防司令的，有任参谋长的，此外任高级官佐的很多。扎萨克的亲信及旗府的职员，很多也是汉人。各旗的保安队，多用蒙汉人编成，这种情形，尤以郡旗为进步。其他各旗在编制上，蒙汉不相混，郡旗则蒙汉合编，并且所有负担，都力求蒙汉平均负担，而在其他地方，则照例汉人负担得多。各旗需要人才，都尽量向外边延揽，请求上级派员，丝毫没有闭守嫉忌的现象。

一为引进青年人才。蒙旗事官，阶级观念向皆牢固，因此蒙籍知识青年，很难在蒙旗占得地位。这种情形，现在伊盟各旗已有重要的转变。各旗的军政机构里，任用的青年很多，旧时的身份制度，渐次打破，最近郡王旗图王因整骑兵团人事，任用了许多青年，有的警校学生，有的伊中学生。又像达拉特旗以西梅伦马子禧而掌握军政实权，都是开蒙旗的先例的。大时代的伟大任务，是需要各方人才来共同负担。

4. 政治上的弊病　伊盟一般的情形确实是在进步，然而时期尚短，功效未显，所以尽有不尽满人意的地方。现在略举数端于左：

一、行政事务的不分工　事无巨细，都集中于协理、章京之手，他们事事都管，然而也可以事事不管，职权也没有详细规定，弄得事事要请示，有时形成了专制独断，有时成为互相推诿，这样在运用上当然不能灵活。在昔各旗无为而治，承平时代，尚可敷衍过去，而在这伟大的抗战时候，事情繁重，一切须讲求实效，像这种捆在一团的政治机构，不足适应，那是不言而喻的。

二、缺少人才　各旗事官，固有很多远识大势、奋发向上的人，但他们现代知识不够，并且有许多存着旧时的观念，缺乏迎头赶上的精神，表现在政治措施上，就是"迟钝"、"不彻底"。

三、上级机构庞杂　现在可以指挥各旗的，有六七个机构，单位太多，权责不清。盟及绥蒙会直隶于行政院，同受中央主管边政机关的监督指导，但是监督指导他们的中央主管机关，还是隶于行政院，实际上不能发生多少作用，只发生平行的关系，并且职务重复，管辖不明。此外还有绥远省政府与绥蒙会间，造成行政权上的错综。依照双方《垦务矿业行政权划分办法》（二十三年院令），以前在绥省府注册之矿权，仍属该省府办理，在省旗关系现状之下，纠纷极有发生可能。再则各旗驻有许多军队，其指挥权有时有政出多门或是政令不统一之感。凡此种种，在工作推行上，极容易发生争权掣肘推诿的弊病。

5. 旗县问题　伊盟各旗，垦地在清末已行报垦，丈放设治，现今沿边各县土地，多属报垦地。故伊盟各旗，与晋、陕、绥所属各县之关系至为密切。此等报垦地，归县治理已久，固不成问题，惟各旗私垦地与县接连的，仍时有争执。

牌借地，或称草牌界地，又称牌子地，鄂、乌、扎三旗有之。缘清季中叶，陕北亢旱，人民无法为生，谕令将边墙外（长城外）旗地开放，供民垦殖，名曰借地养民，以三十里为限，插牌为记，是为牌借地。计鄂旗被划去二十分之一，乌旗划去五分之一，扎旗划去二分之一强。其后清太后慈禧寿辰，乌、扎两旗，献地为礼，划一部分牌子地献出，因有"祝嘏地"之称。乌旗祝嘏地曰旧牌子祝輭地（或称西万寿地），在旗东南部沙直哈海子（长宽各约一里）一带，曰阿百素讨号兔，共一千九百三十余顷。扎旗祝輭地曰黑牌子祝輭地（或称东万寿地），在旗南马亥图一带，有地约二千一百余顷。光绪二十八年，清廷发展伊盟垦务，放牧〔垦〕设治，设督办垦务大臣，饬命贻谷专司其事，令各旗牌借地、祝輭地，一律报垦丈放。郡王旗报垦最早，而以达旗为最多。各旗先后报垦地据绥省府二十五年之调查，计达旗一万三千四百余顷，准旗一千五百余顷，郡旗九千六百三十余顷，扎〔杭〕旗七千三百六十余顷，鄂旗一万余顷，乌旗三千余顷，扎旗四千余顷，连祝輭地不下六万顷。此报垦地，现均划归各县。鄂旗牌借地辖于定边、安边、靖边三县，沿黄河东岸报垦地（东西宽四十里，南北纵长三百二十里），辖于沃野设治局（现改陶乐设治局，归宁夏治理）。乌旗牌借地、祝輭地分属靖边、横山、东胜等县，扎旗牌借地及祝輭地分辖于神木、东胜等县。准噶尔旗报垦地（称为黑牌地）分辖于府谷、河曲、偏关、托克托、清水河等县。达拉特旗报垦地，大部分辖于包、萨两县，余辖于安北设治局。杭锦旗报垦地，大部辖于五原、临河两县，余辖于安北设治局。郡王旗之报垦地，划归在〔东〕胜县。

　　此报垦之地，划入县治已久，已成事实，故旗县之间尚能相安。惟各旗除报垦地外，尚多私垦地（由旗治理之垦地），此等私垦地，因接连上列各县，及因其他关系，至今仍构成县旗间之摩擦因素。各旗私垦地，据调查，达旗有五千余顷，郡〔准〕旗有七万余顷，郡王旗有二千余顷，杭旗沿边内向十五里内之地悉垦，乌旗南境十五里内之地亦垦，鄂旗赔教地、桃力民、新召、二三段地、董家地、葫芦素尔淖〔淖尔〕一带，尽属垦地。此等私垦地，与各县相连，界线均未明确划分。此在县府方面认为汉人聚居之地，应属县府治理，昔日旗方对此放任不理，由县当局因各种事实上之需要治理之。抗战军兴以后，旗方支用浩繁，尤以粮草摊派，有关军需，且基于抗战需要，各地汉农，纷作自卫措施，自动组织保甲，旗当局颇有大权旁落之感。于是遂因治权而引起地权纠纷，争执不已。一地形成两组织，人民有双重负担之苦，在政令推行上，时感掣肘，效率大减，而更因此引起纠纷者甚多。鄂旗私垦地如赔教地、董家地等，与县府纠纷等情形，容下述之，而现有私垦地上的所谓设治与不设治问题急待解决的，则不能不加明了。

首须述及者为桃力民垦区。此地汉农靠自力经营，廿余年来，已建立相当基础。章文轩氏主政后，亟思将其收回。二十一年时，昌汗吉林、康布尔庙两地，被改为年限地，以遂其目的，同时并劝诱其他地户照办，未得效果，然各地户已感厚利不保，危机来临。迨二十五年，该地发生命案，当地富户，颇受压迫，因而更感觅取保障之必要。乃派代表至绥请求将桃力民设治，或派行政长官治理，以维护其私益，但未获允许。二十七年夏，发生验契之纠纷，章文轩氏令将各地户原有契约更换，盖欲借此以达收回垦地目的，此与各地户之利益相违，群情哗然，除派代表至绥呼吁外，并准备以武力抗拒，后经绥省府电章氏暂缓办理，静候解决，事遂寝。二十七年间，陕北方面，派人来此活动，植立根基，鄂旗府亦在此组保甲管辖，而绥省府亦认其地情形复杂，有治理之必要，经于二十九年冬由东胜之第三区行政专属，在此设立办事处，治理其地。因此颇惹起该旗之反对，呈请绥蒙会制止，并派代表前往请愿，惟现尚无结果。

其次则为包头县第四区保甲纠纷。该区在黄河南岸，达旗私垦地。其地汉多于蒙，达旗在此征收水草［靠］捐，并无民众组织。二十六年冬，包头之失，县旗均陷于纷乱状态，工作停顿。次年三四月间，局势稳定，包头县府在第四区成立游击县政府，驻圪卜办公。其时达旗扎萨克康达多尔济尚在西安，旗府虽于滩上恩圪贝勒恢复办公，但无实际负责之人，包头县府为收拾滩上残局，稽查行人，并征派便利起见，除恢复第四区原有保甲组织外，并扩充至蒙地，得就地自卫军之协助，顺利进行，将达旗管辖之私垦地编为第四区五、六、七、八四村。二十七年夏，马子禧氏反正归来，上峰嘉许，中央特予代理保安司令之职，遂首倡收回五、六、七、八各村之地，由旗府自己组织办理。二十八年春，康王回旗，奉绥蒙会令，在旗推行保甲，因向包头县府交涉，请维持抗战前之状况，后虽向各方及绥蒙会设法，而省当局亦力谋此事之解决，但尚未办到，此事仍在搁置。东胜行政专属会提出蒙汉分别组织的解决办法，亦未得蒙人的同意。

二十七年第四届绥蒙会，关于旗县界务纠纷及行政权之争执，列有专案，大致请省府维持"新例不添，旧例不改"之原则，以恢复事变前之旗县状况，此不失为抗战时期中因时制宜之办法。

四 军事现况

1. 蒙兵之编练及其军事机构 蒙旗素昔实行征兵制，各旗都有队伍，在平时轮班更换在王府及关卡服役以资保卫，一遇有事则全旗皆兵。民国成立之后，仍沿旧制。惟训练、枪械与编制，均不完备，虽云蒙人娴于骑术，能耐饥寒，但从现代军事观点言，比较实力有限。民国十九年，蒙古会议，决定统一各旗蒙兵名称，划一编制，改称蒙旗保安队。当时曾颁《各旗保安队编制大纲》（二十年国府颁布），规定各旗设保安总队长、副总队长各一，由带兵梅伦分任之，采取大、中、分队之编制。九一八难作，蒙边日紧，中央因议设保安长官公署，以负督练之责。伊盟保安长官公署，遂于二十二年间成立，沙王为保安长官。抗战军兴以后，各旗设保安司令，由扎萨克自兼，施行保安团之编制，由保安长官公署派中下级干部往各旗负责积极训练保安队。

自整顿以来，各旗实力大增，然因素质不佳，尚未能如理想之良好，现在各旗保安队士兵，即自本旗内征集训练，无事时散归家中，有事临时集合，惟士兵中仍多留有为王爷当差之余痕，缺乏国家观念，是宜改正者也。

各旗的军事机构，则有头绪纷繁之感。其名目有所谓游击军、蒙边司令、游击司令及抗日支队等六七种。这些组织，多起自战后，目的固在增强抗战力量，但论其实际，恐不尽然，因为机构复杂，力量不易集中，何能发挥重大的作用。

2. 国军之驻防　伊盟各旗，驻有许多国军，尤其黄河滩上，防敌部队，有严密的布置，以勇敢善战的马鸿宾将军负责指挥，实力雄厚。大树湾、柴碛发生过好几次战斗，敌人想从这里的据点，向我进攻，然而终被我军阻挡住了。这二年多来，敌寇在此没有丝毫的进展，这就证明我们在这里的防务巩固。

现在伊盟的部队单位不下十余，各旗的有抗日支队、蒙古游击军等名目。此外有正式国军，有游击支队、挺进军、人民自卫军等，人数共有×万。军队增加了，连带着发生了三个问题：一、给养。当地产量有限，不足以供军食，因此发生粮食恐慌、人民生活困苦的现象。嗣后各方面当局互商办法，由产粮地购办运米〔来〕，源源接济，军食问题始得解决。二、运输。西北的运输工具，就是牛、马、骡、驴、骆驼和大车，这些一面又是农民耕田的牲畜，征用民间交通工具，每致误违农时，而军需给养的运输也是刻不容缓，双方兼顾，供需不缺的办法，是要彼此体谅，相助相成的。三、面子。中国人的面子问题早已驰名世界，蒙地人民素重保守，所以这种观念极重，地方的许多纠纷都导源于此，如准旗的驻军、达旗的自卫军二路，以及伊太林、吉林太两参领的事件。

这些问题是一部分军队的军纪不良和当地实际情形的落后所酝酿而成。幸而高级当局已注意及此，次第加以整顿补救而得到解决。

五　与陕北方面的关系

伊盟各旗，在陕北的外围，是联络大青山游击根据地的通道，其境内的丰富盐产及粮食，时为人所觊觎。自二十五年冬，陕北局面形成后，此等地带，时生龃龉，如过去之苟池事件，消息传出，令国人不安。现在的情形究竟怎么样了，我们不能不清楚。兹略述大概如下，以供国人参考。

1. 乌审旗方面　乌审旗毗连榆林、横山、靖边三县，本旗的精华地，在西南角上，河流荟萃，是交通的枢纽。河流最大的是红柳河，上源曰烂泥河，自小桥畔入境，横贯西南角上，东南流入横山，而至边墙，与无定河会合。有那林河、海流图河及金河等数支流，均自西北方来会，因造成这一带肥沃之区。本旗与鄂旗及三边之交通要道，均经此区。由榆林北行一百二十里至海子湾后，入旗境，西行经海流图河、那林河，西去是运盐的大道，向南走三边，向西北走鄂旗府。海流图河上的海流图庙，在其北面，距旗府百余里，由此直上，可至桃力民。

红柳河两岸，有一大垦区，曰巴图湾。其地距旗府约百二十里，南接靖边牌子地，北接运盐大路，有耕地三百垧（每垧三亩），开垦甚早。初因该旗欠债横山商人八千余两，无力归还，于清宣统二年四月，将巴图湾耕地作抵，后井岳秀氏（其时为陕北镇守使）镇守三边，将此地收作马场放马，由井与旗府于民国八年十二月间订立合同，取消原有地约，划定地区。井死后，其子龙文，向旗府索债八千元，将地交回。乌旗于二十八年冬，始将款完全付清。二十五年冬，陕北局面形成，巴图湾垦区被占，是所谓巴图湾事件。其后双方于二十七年八月间，订立解决巴图湾土地问题协约，规定：（一）土地权属蒙人，汉人原有使用权不动，继续耕种，以七年为期，在此期内，不得另找他人，或驱逐原有居民。（二）地租三七征收（蒙人得三，汉人得七）。（三）行政权属边区政府，该约第八条规定，巴图湾抗日行政组织，归边区管辖，旗府不得干涉。

巴图湾东面有地名曰点力乌素，属横山牌子地，距海流图庙二十里，边区政府派有人及队伍常驻工作，组有蒙务委员会。

乌旗远处南部，与三边接壤，故情形复杂，殊不容吾人忽视！近闻该旗流通各种未经中央核准之纸币，金融颇形紊乱，其他情形亦不难想象得之。

2. 鄂托克旗方面　鄂旗南部紧接盐池和定边两县，东北部的桃力民，为伊盟西部的交通中心，其地北至五、临、包头，东往扎、郡旗等旗，南往教堂地、二三段地，为产粮之地，苟池、北大池为有名的产盐地。因此种种，这一旗对三边的重要，殊不亚于乌旗。抗战未起以前，双方尚能相安无事，战后则时生摩擦。兹略述其情形如后。

A、苟池一带的情形　这里所指的是苟池盐池、二三段地、羊粪渠子、董家地。

鄂旗富产盐、碱，全境碱〔盐〕湖共有三十四处，在西南境者有五处，其中以苟池和北大池最大，北大池周围约二十四里，距鄂旗府三百八十里。苟池周围十二里，在盐池县东，距旗府三百六十里（见《蒙藏委员会伊盟右翼四旗调查报告》）。两地距阿拉庙约八九十里。全年产盐量，共约十万驮（每驮一百四十斤，旧秤），可获税收二十四万元，晋、陕、甘、绥之一部及伊盟本地，均靠这边的盐供给。不过盐产量并没有一定，须视销量如何，因其储藏量，极为丰富。税收也是一样，税率不同，总收量亦不同。比如二十五年以前，宁夏盐务局划二池归花、定盐区，在池设卡征税，本税极轻（驼每驮本钱三角，税四角），年收十余万元。二十五年以后，税权一度由鄂旗府收回，提高成本至每驼一元，税一元七角，年即收三十余万元。二十八年三月间，盐池被占，提高税率至每驼四五元，年收之税，当更可观。两池的盐，以苟池盐质为佳，商人多集此采购。

这两池丰富的盐产，自然为陕北方面所需要，每年还有巨量税。鄂旗对之，关系亦极密切，伊南游击司令部及鄂旗府之公私开支，均靠此盐税，是以双方在此时生纠纷，二十八年一、三两月及二〈十〉九年的冬季，曾发生很大的抢盐风潮。

陕北方面，先时向鄂旗府要求给盐，鄂旗应之，后以所需之量太多，遂拒绝之，摩擦于是发生。二十八年一、三两月，陕北方面派队驻池，大批运出食盐，鄂旗税收自受影响，乃请求上峰解决，经西安行营饬令撤退，陕北方面提出的撤兵条件为须先恢复定、盐两县旧日所属地界，于是章文轩氏亦派队一班驻八叉梁（在苟池北，为运盐必经之路），以资监视，并保护蒙人自运盐食。自是而后，彼此互陈重兵戒备。二十九年十一月初旬，驻池士兵发生袭击情事，双方均行增援，一时事态严重，各方极为关心，后经定边驻军及当地保甲长等出面调解，经商妥办法四项，规定各按区域，不得阻挠税收，及干预行政事宜，蒙兵自运盐食，免收过境税。不料十二月十日纠纷又起，苟池完全被占，双方均有死亡，同时陕北方面，派兵进驻二三段地，事态愈演愈烈，章文轩纷向上峰呼吁，后经各方调解，约定本年一月间在白泥井教堂开会商议，以开会地点及双方意见相左，尚无结果，仍在争执中。

北、苟两池之北、西两面多沙川，年久淤塞，宜于耕种，故有很多垦地。董家地、二三段地，鄂旗第二区保甲之葫芦素尔淖区均在此处。董家地在北大池之西南面，为鄂旗永租于宁夏董福祥之地，因以为名。共有户口二百余户，地接盐池县，自昔由该县兼管，无明确界线，自陕北特区成立后，接管其地，编为二区二乡。二十八年一月间，鄂旗派员至其地组织保甲，征派粮草。一地形成两重组织，人民负担加重，政令难于推行，因是时生冲突，双方各执一词，一方谓已有组织，不堪负担，一方谓地属本旗，应由本旗征收粮草，结果演出二十九年十一月孙家墩事件。

二三段地在阿拉庙西南，相距约七十里，地在董家地东北，距定边约百里。民国十年前后，高子清氏向鄂旗租种，招民开垦，依次曰头、二、三段地。民国十九年，以利微薄，交回鄂旗，仍招农民垦种，有住户二百四十余户，设排头管理之。陕北方面于二十五年间派人在此活动，组织救国会等。抗战发生后，派队驻此，分住民为若干抗敌小组，鄂旗府屡加反对无效。现二三段地之扎萨井地方，尚有其工作人员，以抗敌后援会为中心，继续活动，稽查行人及收过境税，旗方不安，龃龉时生。此外羊粪渠子，地在盐场堡北，边墙之外，紧接苟池南岸，盐户聚居于此，另有少数汉农，二十八年春间，鄂旗府将此地编入第二区保甲，双方亦因编组保甲，时生纠纷。

B、桃力民的情形　桃力民（原名高洛格勒罕）在鄂旗东北角，乌、杭、鄂三旗的交叉点上，绥、包失陷后，始成重地。它是伊盟西部的军事要地，四通八达，为包头、宁夏交通捷路，距包头四百余里，去杭旗府五六十里，鄂旗府二百余里，东去郡王府二百余里，南去乌旗府约四百里，产粮甚丰。二十七年一月间，门炳岳将军，利用此地，得地方团队协助，收复杭旗府，驱除敌寇出境。

桃力民之垦殖，为时很早。民国初年，即有汉农来此开垦，其后自陕、绥等地移来开垦者，日渐增多，垦地日扩。是处垦地，操于所谓六大地户之手，彼等均以商业关系，向旗府租得广大原野，转租取利。此六大地户租种之地，共分六部分，即（一）昌汗几林；（二）桃力民；（三）白彦淖尔；（四）野石咀；（五）康布尔庙；（六）依啃乌素。现在昌汗几林、康布尔庙地户之地，已被鄂旗府解约收回，只剩其余四户永租地。

　　桃力民之面积，东西宽约五六十里，南北长约六七十里，合计约五千方里。已种者二千余方里，约地二万四千余顷（每方里六顷计算），年产粮十余万石（二十六年出产量之最高纪录）。农民二十六年时，二千四百多户，二十八年减为一千三百户，约一万人。民间早有自卫组织，当民国十六七年间，杨猴小匪扰乱后套，当地富户越兆仁、史先洲等即筑碉堡，购买枪枝，编组保甲以自卫。绥、包失陷后，越、史等再事扩充，地方力量，增强甚多。是时门炳岳将军负责后套军事，于二十六年冬，委越、史为桃力民人民抗日自卫军正副司令，所部团丁和枪枝，尚称整齐。

　　陕北方面极重视该地，二十七年四月间有孔团至二三段地来驻此地（康布尔庙及乌素几尔罕、桃力民），组织动员委员会，争取民众，并设立合作社，出售贱价物品，以买人心。其时因值绥、包沦陷，敌人扰乱鄂、杭两旗之余，地方纷乱，民心惶惶，由绥西流难其地之工作人员，均为彼方吸收工作，因之颇有进展。全桃力民被编为九村，组织保甲，扩编军队，一时声势甚盛。鄂旗以其越境干预行政，极力反对，遂派蒙兵驻桃力民附近西南方之哈达图庙，并进行编组保甲，组成三联九保，另一方面电请上峰，令该团他调，至是年底始得实现。另调新三师纪团等部接替，改组动员委员会为桃力民蒙汉联合抗敌委员会，于二十八年春成立政治部，为之领导。迨后马鸿宾部接防伊盟后，改组为蒙汉民众抗敌后援会，惟闻仍有人暗中活动于桃力民东南面之木虎梢、乌素计〔几〕尔罕及木垦诺尔（地属乌旗，距桃力民八十里）等地，并收过境税（旺年可得十余万元，少则数万元），该地隐忧犹未已也。

六　赔教地及教堂势力

外人传教无远弗届，蒙旗偏荒之区，外国教堂亦有根深蒂固之势力。天主教于清咸丰六年，即已传入绥远，后渐次及于各旗。光绪十六年，传入达旗之小淖尔村一带，十八年传入准旗，其后蔓延于杭、鄂等旗。光绪二十六年（一九〇〇年），拳匪乱起，清廷令将各旗教士遣送回国，以免受害。其后教会谓变乱中受有损失，要求赔偿。辗转交涉，清廷不得已，予以承认，令由各旗分担，其不能一时全数以现银偿清者，以旗地抵押。此各旗赔教地（一称教堂地）之由来也。达旗小淖尔村（该地三千零九十五顷地，一千四百顷作算抵偿银十四万两），杭、鄂西巴噶地方，鄂旗南部城川一带，均有赔教地。现达、杭两旗赔教地，经该管县府收回，独鄂旗者，仍由教堂把持。当时该旗负担赔款八万五千两，先以牛、马、羊等缴付，不足之数，即以此一带土地抵偿。

鄂旗教堂势力，集中于城川一带，其势力之大，除磴口县之三圣公教堂外，无与比拟者。该地共有教堂三十余所，较大者十一处，计为东西白泥井教堂、堆子梁教堂、黑梁头教堂、黄虎堂教堂、城川教堂、宁条梁教堂、小桥畔教堂、毛兔囫囵教堂、广羊湾教堂等，其中以城川教堂为最大，而以宁条梁为教堂势力集中地。当清咸、同年间，有比籍教士，至苏巴亥地方传教，初颇惹当地人士之反对，经该教士苦苦支撑，卒能站立脚根。光绪二十年左右，在城川筑一教堂，称东堂，其后在其西之黑梁头，又筑一堂，曰西堂，故鄂旗教堂，以东西二堂为历史最久，规模亦大。

城川筑有土堡，东西宽七八十丈，南北长六十丈，教堂居中，俨然重镇。八国联军之役，中国失败，议定赔偿教堂之损失，鄂旗即以城川黑梁头一带土地割让，该地在阿拉庙南，相距百余里，东西狭长约八十里，南北最宽处十里至二十里不等，东达乌审旗边境，北接鄂旗，南跨汪兆渠，西达伊克主召，是为赔教地。其后该教堂渐次发展，将其邻近陕北诸县长城外土地，以收买、抵押、侵占等方法，并入教堂之内，此地计南界牌子地，北毗乌旗，东北至榆林以北，西止赔教地界，东北向斜长二百八十里，南北最宽处七十余里，宁条梁、小桥畔，均在其境。

总计教堂地内（赔教地及扩展地总称，下仿此），有人民约一千三百一十户，共四千八百余人。蒙人占二百户，约一千人，均信教，住于城川黑梁头一带，筑寨而居，十九识蒙文，生活整洁。土地共分四〔五〕部分，一为红柳沟生地，一为宁条壕生地，一为布都拉滩生地，一为大海子地，一为城川生地（二十四年九月间，该教堂与鄂旗所订租约规定），西南与三边牌借地相接，东达乌审旗境地，当纬度三十七度三十分〈至〉三十八度之间，经度一百零七度五分至一百零八度之间（据绥保安处制《绥远省图》估计），全部面积约四千五百方里，有耕地占三分之二，约二万顷（每方里以六顷计）。年产粮二百余石。教堂在境内尚收牛羊等捐，年可十余万元。

此方圆四千余里之肥美土地，三十年来为教堂支配利用，丝毫没有负担（旗府征收水草捐，皆出自农民），坐享厚利，造成教堂今日之雄厚势力。民国二十四年，始将之收回，年纳银（牛对租）一千元与鄂旗府，土地仍由教堂支配使用，是仅得收回之名而已。

教堂地之收回，其中尚有一段经过，颇值吾人注意。鄂旗方面，对于教堂地，素采不闻不问政策（此为过去蒙旗政治一般作风），甚或慑于外人势力，初不知我对教堂地犹有主权，教堂对于当地人民，俨如一小朝廷，干涉行政、司法，抽收捐税。惟教堂接近三边县，县政府势力渐次伸展于教地。其时小桥畔等地，已经靖边县府编组保甲，白泥井（大开召儿、丑哥滩一带）经定边县府编组保甲，教堂为保存私利，时加阻挠、掣肘，纠纷时生。二十四年一月省府派代表与教堂负责人（主教杨休）在平会商，订立《整理教产协定》，计共十条，最要者有：（一）规定教堂地划界，西起白泥井，中沿堆子梁，东至石底子渡口，北为蒙地，南为汉地，属三边县。（二）汉界内可耕地及非可耕地，一律归为公有，教产只限于教堂花园等。（三）现耕地定价转让汉农。于二十四年五月一日开始实行，教堂须以地价，继续用于公益及教育事业。此约虽争回权利不少，惟因种种关系，并未实行。

鄂旗闻该约成立，于是亦出面与教堂交涉订约，卒于是年九月底成立《牛对租银合同》。其中规定教堂地界限，将三边县府已组保甲之地，一并划入，自二十四年起教堂于每年正月间，一次交清牛对租银一千元与鄂旗府，此外规定教堂传教，鄂旗不得干预，且须予协助。此约固大有利于教堂，然教堂仍不愿履行，其初对于一千元之租银照缴，后竟借口停纳，因演成二十七年冬鄂旗派蒙兵入境，强征水草之事，局势紧张，后经双方和平商议，由教堂承认，仍履行二十四年九月之合同而了结。

教会本系一宗教和文化的团体，而其在伊盟各旗势力的发展和扩张，完全是过去蒙旗政治的采用放任和无为而治的态度所酿成的。教会对于教民的生活，表示关切，对于他们的疾病设法治疗，对于他们的困难帮助解决，对于他们的痛苦予以抚慰，凡此种种，都是现代政府的职责，今后蒙旗政治进步，工作人员能充分负起责任，达成任务，教会仍然退居它应守的地位，则政府与教堂自无纠纷之可言。

七　结论

　　伊盟旗政的问题，并不完全是一个政治问题，它同时是社会、经济、文化各方面的问题。单纯着手一方面的改进，是很难有巨大的功效。配合着各方面齐头并进，才能收事半功倍之效。这是笔者数年观感所得，颇有敝帚自珍之意。至于详细的改进方案，绥蒙会已有历次的议案，而中央统筹全局，更有适当的措置，不容笔者费辞也。

《蒙藏月报》

重庆蒙藏委员会

1941 年 13 卷 9、10 期

（朱宪　李红权　整理）

日寇魔手下的察、绥蒙旗

司马行父　撰

　　二十六年"七七"芦沟桥事变发生以后，日寇魔手，逐渐伸入察、绥蒙旗各地。幸赖我察、绥抗战将士，及蒙旗深明大义，效忠祖国之王公与宗教领袖，一致奋起，不屈不挠，与顽敌作殊死战，始终搏斗于绥西前线，阻止其继续西进，并先后有我大批游击队绕道深入敌人后方，在平绥铁路沿线一带活动，已使日寇决无安枕之机会。惟日寇利用之少数汉奸傀儡，甘心为虎作伥，花样翻新，大施其欺骗压榨手段，除绥远西部，及黄河南岸之伊克昭盟外，敌侵占区域蒙汉同胞，莫不惨遭蹂躏，被其摧残，个中真象，非内地人士所能想像。记者原在察、绥两省境内工作多年，当地一般情形，比较熟悉，近复得察、绥等地寄来报告，对于沦陷后之察、绥现状，记之甚详，特为整理如次，以飨读者，借明日寇用心之狠毒，知所警觉，一心一德，共赴国难，庶几可免日寇夷灭沦陷区同胞于万劫不复之境地。

一　日寇侵占察、绥蒙阴谋之实施

　　日寇侵占察、绥以后，其传统性的阴谋及进行步骤，凡关于军事、政治、文化、经济等，均在同一区域内以求次第实施。现在察、绥地方，虽暂告陷落，然我之抗战实力，正与日俱进，日寇既因此不能在各地结束战争，结果仍须借重于武力，以维现状，地方汉奸、傀儡，既被收买，尤须善为安置，借资号召，因有各色伪组织之产生。无如察、绥沦陷区内，我汉蒙同胞，皆备受压迫，人心浮动，地方秩序不易维持，日寇为掩蔽地方耳目，遂从文化工作上入手，在各地广设学校，教养蒙汉子弟，由是奴化教育日形普及。更以察、绥蒙旗货弃于地，蕴藏极富，日寇为攫取富源，自不得不借军队为前驱，伪组织为工具，奴化教育为掩护，以攫取富源为目的，而回复到所谓"满蒙国防经济"本位，因为这样，则日寇进占察、绥蒙旗之阴谋和步骤，当可概见矣。

二　军事进攻

日寇进窥察、绥蒙旗的军事方面，是从组织伪军队着手。当热河沦陷后，日寇即积极扩充伪军。又因骑术为北方察、绥及〔各〕蒙胞之特长，日寇乃□注重于骑兵之训练，□□□有□□军之□□□□□□，其最大作用，一方面固然是日寇为了自家实力之增强，一方面却是对我察、绥蒙古同胞变像的作大规模屠杀运动。关于汉奸方面，如于聘卿、夏恭寿并未许其保持实力，因此察南、晋北两伪自治政府现在均无若何类似伪军一类的编制与组织，盖恐其借机反正。

至于伪蒙古军之首创，远在二十五年嘉卜寺伪蒙古军政府成立的时候，当时仅编练伪蒙古骑兵若干，至伪蒙绥联盟自治政府在绥境出现后，伪蒙古军组织形式上始有伪蒙军总司令部之设置，是为伪蒙古军之最高统辖机关。

伪总司令部组织，置伪总司令一人，分设军政、参谋两部，伪参谋部置伪总参谋长及副参谋长各一人，伪总司令部下分设参谋、副官等十处，将所有伪军分为直属部队与非直属部队，但各部队实力均至为薄弱，全军经费，每月由所谓"关东军"部统筹，在战时并发给补助费，多半由民间支付。

伪蒙古军总司令部，设有日籍顾问部，各伪队亦均置有日籍顾问一名至二三名不等。此外又设有蒙疆驻屯军司令部，蒙疆军政，悉由其直接包办，而日籍顾问之权力尤为庞大，关于人事调动、军费收支、械弹管理、公文往返，以及发号施令，虽伪总司令亦不能过问，一唯日籍顾问之命是听。

三　政治侵略

日寇对察、绥蒙旗的政治侵略，大体上可分为三个阶段。自九一八事变至热河陷落为第一个阶段，是日寇利用伪满关系侵略察、绥蒙旗时期，自嘉卜寺伪蒙古军政府成立至绥东抗战为第二个阶段，是日寇利用蒙古人侵略察、绥时期。自芦沟桥事变至现在绥西抗战，为第三个阶段，是日寇将汉蒙划分各个统治时期。惟自兹以还，日寇西进企图，却因我绥西抗战将士之英勇效命，将其阴谋诡计，完全粉碎。兹将日寇对察、绥蒙旗政治侵略三个阶段情形，分述如下。

甲、日寇利用伪满关系侵略察、绥蒙旗时期：当热河沦陷后，我察、绥蒙旗东部，遂失去屏障，日寇乃将热河暨东三省及各蒙旗地方划成一"特殊区域"，高唱其所谓伪满洲国的蒙古政策，在伪满洲国体系下，因有伪兴安总署之设立，划东北四省一部分地方，为伪兴安东、西、南、北四省，而隶属于伪兴安总署，伪总署成立未久，又改为伪蒙政部。从此东北形态，顿改旧观，斯时伪满对于东蒙已成半统治形式，俨然以藩属视之，盖日寇目的，在利用东蒙经营西蒙，复利用东西蒙之联合势力，欲向外蒙推进，将内外蒙古合而为一，成立伪蒙古共和国（亦称所谓"大元共和国"），所以伪满的"蒙古政策"，日寇不过借伪满关系以启其端，权将东蒙特殊区域，置于伪满机制之下，一俟机会成熟，又使其与伪满脱离半统治形式，而分庭抗礼，一方面牵制伪满，一方面削我领土，此便是日寇参谋本部责派关东军一手包办的伪满洲国的"蒙古政策"之真谛。

乙、利用蒙古人侵略察、绥蒙旗时期：东蒙形式变更后，关于侵略察、绥蒙旗的一切预备工作，日寇均在第次实施，不转瞬间，突有伪蒙古军政府之出现于察北嘉卜寺。

民国二十五年，日寇召集伪蒙古大会于乌珠穆沁旗，产生伪蒙古军政府，改察北十二旗群为伪察哈尔盟，点缀伪政，一时嘉卜寺遂成汉奸傀儡之渊薮。

伪蒙军政府设总裁一职，名义上虽负责推行伪政，然实权却操于伪军政府首席顾问田中隆吉，西蒙王公鉴于外侮日迫，莫不起而自卫，日寇技俩既穷，结果仍只有诉诸武力，策动伪军向绥东进犯，遂发生二十五年冬绥东之战，伪军失败，而日寇利用蒙古人侵略察、绥之时期，遂告一段落。

丙、日寇划分汉蒙个别统治时期：民国二十六年七至九月，察、绥逐渐陷落，日寇又召集伪蒙古大会于归绥，一切会务悉由特务机关长桑原荒一郎主持，同年十月，扩充伪蒙古军政府为伪蒙疆联盟自治政府，设政务院，改包头为市，划归绥为厚和市，至伪行政区域之划分除锡林果勒、乌兰察布、伊克照三盟，暨伪察哈尔区域仍旧外，另将归绥、武川、清水河等县地方，划为伪巴彦塔拉盟。

二十七年七月，伪蒙疆政府，扩大为伪政务院，其组织分设四部一厅，将归绥县暨伪厚和市合并，改为伪厚和特别市，更因察、绥境内，原系汉蒙杂处，张家口、归绥等地，与晋北大同，皆平绥沿线之军事要地，兼富有经济上价值，日寇为便利统治及开发起见，将汉蒙实行划分，使其互相牵制，减少阻力，乃分别制造察南、晋北两伪自治政府。

伪察南自治政府，置最高委员一人，最高顾问一人，分设各厅处，均置有日籍顾问，伪政府所在地，即张家口，管辖绥〔察〕南十县，同时并改张家口为特别市，设伪特别市公署，直属于伪自治政府。

伪晋北自治政府组织，与伪察南自治政府无多大区别，伪政府设于大同，管辖晋北十三县。

前述三伪政府，既分别成立，日寇在统治方法上，犹以为未足，复召集三伪自治政府汉奸傀儡，各推派代表组织伪蒙疆联合委员会，置最高顾问一人，下设总务、财务等部，伪蒙疆联合委员会，设于张家口，负指挥三伪政府自治责任，显系伪蒙疆之中央政权，最高顾问名金井章二，各部均置有日籍顾问一人，分别指导各伪主管事项之实施，而发号施令，则统一于金井章二。

伪政实施，迄今已三年有余，绥西我军力战阻敌，并时出奇制胜，故敌伪势力，穷蹙一隅，不能越雷池一步。目前绥西抗战，不仅是使日寇宰割内蒙手段，不能同样的施于我西北同胞，即对于伪□□□□□，□□□□□□□□□□□□□□□□□□□□□□□□□□□因军事行动之挫败而失之。

四　文化麻醉

日寇对察、绥蒙旗的文化侵略，系既定策略之一，其设想便是彻底消灭我蒙汉同胞固有之民族意识。其手段，是迎合我中华民族尊崇儒、佛等教的心理，而因势利导。其方式，是从所谓"文化统制"暨学校教育方面，双管齐下。其目的，是在实施奴化教育，使我蒙汉同胞，悉变为日寇之奴隶，假使文化侵略的成功，便是我察、绥蒙古同胞沉沦的时候。

甲、文化统制：过去伪满洲国蒙政部成立时，日寇即拨付巨款，作为教科书、印刷品、讲习及训练等项费用，是为对蒙胞实施文化侵略之起点。当伪蒙疆、察南、晋北三伪自治政府成立，日寇即在察、绥境内实行"文化统制"，将我方一切书报刊物，悉行取缔，由日寇重新编订印发，举凡关于学艺的、礼俗的、宗教的，均各设伪主管机关，分掌其事，并设立蒙古文化馆等等以求循序渐进。此外对于地方新闻事业之取缔和统制，尤为严厉。为了统制新闻，乃设立蒙疆新闻总社于张家口，归绥、大同等处均设分社，其总社组织，附设有蒙疆通信总局，以统制各项新闻，综计前后刊行各种伪报不下十余种。此外尚有伪满洲国通讯社蒙疆友社之设立，各报主编□□□□□□□□□□□□□□□□□□□□□□□□□□□□□□□容，除特别鼓吹寇方胜利，关于伪政建设事项更大为粉饰。至于伪满蒙疆友社所有办事人员，多系关东军所派遣，系一种变相的特务机关。

乙、奴化教育：现在日寇对于察、绥蒙古学校教育极为重视，因为学校教育，是文化侵略的骨干。其对于蒙旗教育，系采取绥〔缓〕进办法。惟察、绥各县地方教育早已普及，自经沦陷以后，一般失学子弟，尚多居留沦陷区内，为了此事，日寇颇不放心，先后将各县原有公私立中小学校，一律强迫接收，对于民间尤其是曾经受过中小教育之子弟，莫不大肆征收，借教育的美名，冀收奴化的实效。故对于各县教育系采取急进办法，是富有强迫性的奴化教育，各级学校教师，系蒙汉留日学生充任，并以日籍教师担任特别讲座。为了减少教育推进的阻力，和引诱民间子弟踊跃就学起见，凡在各伪学院毕业的学生，皆由日寇分别派遣在各伪政府内短期服务。又借孔教为标榜，地方一般科举出身的遗老、见闻简陋的绅士、头脑顽固的家长，自容易受其欺骗，因此四书一项，形式上为各学校之必修科，希掩饰一般人耳目，稳定一般人对于教育的观念，却于不知不觉中，采用了各科富有麻醉性的日文课本，同时又采用了伪满教本，所有各日籍教师，事前均受过特别训练，而能运用自如。更因四书意味比较干燥，各日籍教师，乃乘机引诱一般学子专心致力于各种日文课本，比打吗啡针还要毒辣，此便是日寇在察、绥蒙古关于教材的选择，和施教的方法。

至于察、绥蒙古伪教育行政方面，在伪满洲国蒙政部成立时已略具端倪，当时伪蒙政府民政司，设有文教科，是属于蒙古伪教育行政一类组织。嘉卜寺伪蒙古军政府产生，曾有教育署之设立。伪蒙疆联合委员会出现后，其最高顾问直辖之民生部，兼掌理教育、行政，伪蒙疆联盟自治政府民政部，则设有教育处，伪察南、晋北两自治政府，均设有民生厅，厅以下设有文教科，各伪县市公署亦均有民教科、文教股等等组织，统受伪蒙疆联合委员会最高顾问直辖民生部之直接指挥。以上是日寇在察、绥蒙旗之伪教育行政概况。

五　经济掠夺

日寇以经济措施是其对察、绥内蒙古侵略的本位，是进占察、绥蒙旗的真正目的，他如关于军事的、政治的、文化的，无非是维护此侵略的本位，以求达到侵略的真正目的而已，所以日寇在察、绥蒙旗军事、政治、文化的措施，是工具，是手段，惟攫取资源，才是理想和目的，用军事力量来弹压察、绥蒙汉同胞，用政治力量来控制察、绥蒙古同胞，用文化力量来麻醉察、绥蒙古同胞，归根结局〔底〕无疑的是要我察、绥蒙古同胞根本将地方财源献给日寇。从远一点看，日寇攫取察、绥蒙旗资源，即是增厚日寇国力，从近一点看，却是日寇以战养战的勾当。因此日寇最高顾问，直辖有产业、财政、交通、民生各部，而有下列各部门的组织：

甲、关于金融的：目前日寇在察、绥蒙旗的金融政策，便是绝对统治，即所谓"货币一元化"。为了遂行其统制，乃专设蒙区银行以经理其事。蒙疆银行之成立，系由前绥远平市官钱局原有组织，及察南银行合并办理，各县市与察北各地皆分设办事处，此外天津、北平、东京、伪满新京各地，皆分设有办事处。

乙、关于财政的：前项所述的统制金融，货币一元化，亦即是日寇察、绥蒙旗财政政策的一部分。要想大事剥削，及〔乃〕借口整理各项税收及田赋，在察、绥蒙确立之税务制度，各伪组织内，皆设有税务局，专替日寇输送财富。且伪币本来等于废纸，日寇要维持其所谓信用，又由蒙疆银行与日本信友等行，签定兑汇契约，以稳定伪币价格。自后更巧立名目，发行各种公债，如所谓"中国事变爱国公债"等类，大肆收〔搜〕括。关于贸易及汇兑方面，均经分别统制，不使利源外溢。更发行伪蒙疆钞票，专在蒙旗地方行使。

丙、关于产业的："蒙疆产业四年计划"是日寇攫夺察、绥蒙旗资源的一种积极的措施。关于煤铁矿产，系责成兴中公司办理，在张家口设有兴中公司支社，大规模开采察南、晋北煤铁，同时在平绥线各重要地点，又分设出张所或办事处或驻在员等以利进行。对于蒙疆畜产，则责成伪蒙疆委员会之畜产部管理。至羊毛则委托大源公司、满洲毛织公司、满蒙畜产等公司经营，并设有蒙疆羊毛同业会，便利羊毛收集或购买。

纵观以上各节，对于日寇之在察、绥蒙旗如何进行其阴谋，虽不能说已了然无遗，其恶化之轮廓，当可概见矣。但吾人处此时会，应如何求知其内幕，如何研究对策，如何刻苦奋斗，秣马厉兵，尤其应如何鼓励和支持今天尚在绥西前线浴血苦战的将士，进而打击敌人，消灭汉奸，摧毁傀儡伪组织，使我绥西战场与全国各战场之步趋一致，随时准备着总反攻，则惟我大后方全国国民全党同志是赖也。

三十年十一月于锦江滨

《蒙藏月报》

重庆蒙藏委员会

1941 年 13 卷 11、12 期合刊

（李红权　整理）

蒙古联合自治政府机构之今昔观[①]

中国总支社华文编辑记者　王者兴　撰

随着东亚明朗而复兴的蒙疆政府，以勇敢刚毅的民族性格，参与东方防共剿赤的阵营里，在其本身是〔了〕逢着〈了〉自救的机运，在整个东亚，则又增加了一批生力军，想任何人也都作此种感想吧！当三四年以前蒙疆地区，即已遭逢悲运，被那世人同声忿恨的赤匪所侵袭，虽几经当地驻军及伪前政府努力痛剿，但其结果则窜扰日甚，于是蒙友邻日满两军入境协助，转战数月，卒将匪共逐驱除〔出〕境。同时伪军亦心战胆寒，乃自动放弃其所据防地，友军以仁义之心，遍访在野遗贤及先代圣裔，一时豪杰齐集，各〔名〕贵盈堂，遂在友军正义铁〔引〕导下，创设自治政府于蒙疆境内。二年来赖当政诸公之渗〔惨〕澹经营，并友军努力之匡助，得于扰攘之区，以灾后之民，犹能树立旷古稀有之组织，此非仅蒙疆地区人民蒙受甘滋雨露，即东亚共荣圈内之其他华满人士，亦莫不额首欣庆，今将已往数年来施政概况，胪陈如后。

一、行政　蒙疆地区是由最高单一政府来统治全区政务的，为"防共"、"民族协和"、"民生向上"以及"产业开发"便利起见，

---

① 作者的侵略者立场十分明显，为保持资料原貌，照录原文，请读者明鉴。——整理者注

特又按实际上之需要，而分为察南、晋北、蒙古联盟等三个自治政府。这三个政府都是抱着休戚相关，利害同共的一种信念往前去做，同时更为步伐一致紧密连络计，乃又有所谓"蒙疆联合委员会"之成立。所有蒙疆三政府及联合委员会之各部职员的采用，俱为凤服众望及海内外闻名之士，故于行政上收得确切之效率。其他如各地方之行政机关（县、市、旗公署）都由友邦人士充任顾问，专负工作指导之责。于警务方面又有警务指导官，专负指导地方治安维护之责。二年来政务之猛进，地方治安之稳固，实俱赖之。

甲、蒙疆联合委员会　此委员会之设立，纯为谋整个蒙疆福利之机关也。举凡察南、晋北、蒙古联盟之政府相关联事项，而能影响于产业、金融、交通及其必要重大事件者，都由此委员会给以合理之处理。会内又分总务委员会及产业专门委员会、金融专门委员会、交通专门委员会，各专门委员会之重要职员，并俱系由各政府所选派者，其最高之指导统制体，为执行委员会，对各政府有发布命令之权，各政府俱有遵守之义务，会内之经常费亦由各政府分担之。

乙、察南自治政府　包括旧察哈尔省所属县份，其行政组织有：（一）最高委员，负掌管一切政务之责，为政府行政最高之责任者，其下又细分各责任部门，分担军事、政治、教育、文化、建设等事务。（二）最高顾问，最高顾问于政务上，得与最高委员协议，对某项重要政务执行或指导之，亦即政府之最高之指导者。（三）政务委员会，此委员会，乃一种咨询机关也，所有委员俱为人格高尚，德隆望众者流，或各地方绅士受政府之命而充任之。观此可似〔以〕了然，政府组织虽属简单，但上自官长下至部属，均能共体时艰，一致奋进，故工作成绩斐然可观，将来之发展定不可限也。（四）行政区域计左列十县：万全、怀来、赤城、龙关、延庆、禄〔涿〕鹿、怀安、宣化、阳原、蔚县。

丙、晋北自治政府　包括旧山西北部各县，地近蒙边，今为行政便利计，特成立专责政府统治之。其行政大致同于察南自治政府，由最高顾问指导一切要重政务之进行，其他政务由最高委员分担之。最高委员直接指挥政府所辖各机关，遇有重要政务须由最高顾问与最高委员协议办理之。其行政区域为左记十三县：大同县、浑源县、阳高县、广灵县、左云县、灵丘县、右玉县、怀仁县、山阴县、应县、平鲁县、朔县、天镇县。

丁、蒙古联盟自治政府　包括旧绥远省各县及内蒙古各旗盟是也。因此地区所处地位特殊，故其组织方式亦与他政府不同，其年号则为追念先祖成吉斯汗功勋起见，特仍沿用成吉斯汗纪元年号，至今洽〔恰〕为七三六年。现于主席及割〔副〕主席领导下，一切政务已步入正轨，凡地方所应兴办之件，莫不分别缓急，次第举办，以故数年来地方已渐数平，人民大享其安居乐业之福。其统治体之组织，最高之执政者为主席，对内则发布施政命令，对外则代表政府，遇有事故不能执行政务时，则由副主席代理之。其统治区域则为乌兰察布盟辖六旗，锡林郭勒盟辖十旗，察哈尔盟辖八旗又八县，巴彦达拉盟辖五旗十一县，伊克昭盟辖七旗四县，地域之广由此可见一般矣。今也为应事实上之需要，乃由各政府当权者同心协议，结成一完整政权，而各地方政府仍负其分治之责。二年以来各种事业，果有长足进展，地方治安于友军及当地警团系〔保〕卫下，已抵于升平之境。一切近代建设，由友邦高越技术指导下，已日渐发达，其如交迤〔通〕网之连络，各路行车之恢复，冲要国道之开辟，都日在进展中。次如农产物之改良，天然牧场区及蒙古草原之利用，将来定更有优良之马匹增产于其他〔地〕矣。据此种种，则蒙疆异日之发展定不限也。

《内外公论》（月刊）

（日）东京内外公论社

1941 年 20 卷 10 期

（朱宪　整理）

荣祥谈话：傅主席恳切指示
蒙政，绥蒙会决遵照努力

复　撰

（本报特讯）蒙政会常委荣祥，前赴陕坝公干。事毕，于十二月二十九日返榆。据对本报记者谈：

"关于伊盟灾情之救济，傅主席运粮平粜救济，蒙民均沾实惠。关于蒙政设施，傅主席亦有恳切指示。本人已向绥境蒙政会报告，绥蒙会全体同仁决遵照傅主席之指示而努力。对于蒙旗教育之推进，傅主席尤为重视，表示教育为蒙旗工作之重心，今后一切，皆须从教育着手。绥西富有朝气，军民合作无间，战时教育，尤有长足进步。傅主席一面不断与敌作战，一面仍亲自主持各届干部训练班，军事、政治，因此咸具规模。与本人先后到达陕坝者，计绥蒙会委员经天禄、郡王旗图扎萨克之长公子巴图济雅、达拉特旗保安司令马子禧及原驻该地之东西公旗两女扎萨克，对傅主席均极爱戴"云云。

《边疆通信报》（周刊）

榆林边疆通信报社

1942 年 108 期

（丁冉　整理）

蒙旗工作中心论

希平 撰

　　十年以前，在东北边疆上发动了一个"关外五四运动"，那个运动的指导人倡出"中国文化不平衡说"。他说：现代中国文化，是中原高于边疆，海河高于中原。"高"就是"新"。新文化从海外输入，先在海河迤带建立了地位，然后传入中原的各大都市，但没有进一步深入民间，更不曾远一步走进边疆。中国的未能统一，就是固〔因〕为新文化输入和发展的不平衡。海河地方首先接受了"民有、民治、民享"的新文化，发动了国民革命，中原都市也接受了"民有、民治、民享"的新文化，响应了国民革命，民间和边疆却还没有接受这种新文化，所以国民革命势力不能展开。为了把国民革命的道路打通，在民间、在边疆，必须先有一个新文化运动。等到了边疆的文化和中原一般高了，它便能响应国民革命，如果和海河一般高了，国民革命便完成了，中国才算真正统一。这个理论是正确的，可惜这个运动才开动不到半年，便发生了九一八事变。

　　也正因为有了九一八事变，便进一步证明了"中国文化不平衡说"的正确。请看一看，凡是国民革命势力所到达的地方，都是反抗日寇侵略的，反之，便是屈伏于这个侵略的。民间作了"顺民"，边疆上不但是"顺民"充斥，而且还有"顺官"。平情而论，"顺民"和"顺官"发生的主要原因，不是情操问题，实是文化问题。我们不能斥责某些人的投降或勾结是缺乏民族道德，实是因为他们根本还没有接受新文化，所以也没有国家观念和民族意识。换句话说：抗战以来，边疆上所以还需要"安定"，"内向"还需要"争取"，这是抗战前所作的"文化平衡"工作实在不够，现在才吃这麻烦果。举一个实例看：土默特旗总管荣祥，消极地不作"顺官"，积极地还领导抗日，这便是因为他正是领受了新文化洗礼的人。

但是，这"中国文化不平衡说"，现在看来却已成为片面的，不周延的学说了。这学说成立的当时，它的倡导人只观察到新文化，而没有体会到本位文化，只看到西洋文化在中国发展的不平衡，没有指明中国本位文化二千年来在国内发展根本是不平衡的重要的这一点。

现在我们和暴日打了五年大仗，才体会到一个文化学上血腥的也是宝贵的教训，便是有了中国"忠孝、仁爱、信义、和平"的优良文化传统，加上新文化的国家观念、民族观念，便不会作汉奸，不会投降，不会卖国，否则那话就难说了。

中国本位文化的效用这样伟大，不幸便是它并未远达边疆（这当然也是不平衡的一面）。可是这不平衡竟有了很长的历史了。就西北边疆而论，秦代一道长城，五千多里，阻止了中国文化向边疆的发展，隔绝了边疆和中原民族的文化对流。满清一个政策，三百年来，更是在有形的长城之外，修筑上万堞无形的长城，根本斩断了边疆和中原的联系。到了民国三十年，我们还有国内民族问题，不能不说便是万里长城在作祟了。假使在一百年前以至二千年前，中国本位文化（具体点说孔子的文化）便深入边疆，或者更伤心点说，孔—孙（中山）文化在三十年来已走到边疆，我们真不会在抗战以后看到这些复杂奇怪的边疆问题。一言以蔽之，中国本位文化不平衡，尤其是抗战建国过程中的大患。

　　因此我们现在可以补充"中国文化不平衡说"了，就是所谓中国文化，指新旧文化（本位文化和新文化）的综合而言，这种综合的中国文化无论在历史上、在现实上的发展都是不平衡的，所以才在整个国民革命过程里，发生了边疆问题。再补充一句，这综合的文化，便指孔子以来传到国父、总裁的"道统"而言，便是孔—孙文化。二千年来，孔子的学说和三十年来国父的主义发展得不平衡，才把边疆放在中原之外，边疆也自居于抗建大业以外。

　　总而言之，边疆问题的主要原因，便是因为中国文化发展的不平衡。封建势力、无政府状态、勾结敌伪、公开投降、一切建设无从推动……统是中国文化不平衡的结果。这才是边疆的病根，这个病根不铲除，一切政治、经济、抗战建国的大计，都先不必谈起或干起。谈起便成沙上筑楼，干起也是水中捞月。如果"蒙旗工作"，可以成为一个名词的话，应当是侧重文化工作而说，把孔—孙文化发展到边疆来，不会专指政治工作、军事工作以至特务工作而说，后者是治标的，前者才是治本的，——"蒙旗工作"的中心是文化工作。（编者按：此文同时在《绥蒙月刊》发表。）

《边疆通信报》（周刊）

榆林边疆通信报社

1942 年 108、109 期

（丁冉　整理）

蒙旗工作经验谈

陈有明　撰

九一八事变后，东三省及热河相继失陷，东蒙古亦相随陷落。自二十二年长城战后，我察哈尔十二旗亦被倭寇侵入，德王不明大义，认敌作父，被倭利用，反抗中央。二十五年乃有绥东之战，我三十五军傅作义部收复百灵庙。当是时，大局少为安定。中央重视边疆，屡派大员莅边，调整蒙事，蒙旗负责之士亦惨淡经营，绥境之蒙政会乃于是年成立，由沙克都尔扎布任委员长，阎百川任指导长官，石华严参赞在绥负责，与绥省府蒙务组长陈玉甲（现任蒙古游击军第二区司令）共商蒙事，始有今日之进步。七七事变，抗战军兴，绥、包相继失陷，绥东四旗及乌盟各旗亦随之沦亡，蒙旗地位更关重要。伊盟达拉特旗、准格尔旗、杭锦旗亦被日寇先后侵入，绥蒙会及指导长官公署迁榆林办公，派员赴各旗慰问王公。是年三月间，傅主席、马将军、邓总司令及高军长派队驱除倭寇，达拉特旗、准格尔旗、杭锦旗相继收复，我大军亦相继开到伊盟住扎，伊盟防务巩固，乃展开蒙旗工作，石参赞、荣祥、陈玉甲等先后深入蒙旗，指示工作方针，绥蒙会迁扎旗办公，指导各旗工作展开。

按蒙旗工作固在争取蒙人心理内向，尤须针对敌伪毒计，施以摧毁，庶我全民抗战力量，可以加强，并足以正国际之观听。工作者对于蒙古历史、现在组织、蒙人心理胥当加以考察，一一研究，先解除其痛苦，改善其生活，再予以组织训练，始克有济。

笔者曾在各位长官领导下，不揣微末，毅然献身蒙边，工作数载。据个人经验而言，须有下列条件，始能在蒙旗工作而有效果：（一）身体健壮，年岁相当，并要受中等学校以上之教育；（二）不仅蒙文，亦须会说蒙语，能吃苦耐劳；（三）对蒙古人情、风俗及个性都要明了。至于各机关所派工作人员，应有优厚之待遇，处事给予方便。但盟旗工作人员是否具备上述条件，及其派遣机关是否遇事援助，这很是值得检讨的问题了。

笔者曾经工作之乌审旗，位于陕西北部，东接扎萨克旗、郡王旗，南接榆林，西达横山、定边等县，北至鄂托克旗、杭锦旗。旗境约五千余方里，地质多沙，三分之一可以耕牧，并产盐碱，多未开采。笔者于二十七年九月间，奉命偕同工作员数人，赴该旗工作，当时该旗扎萨克为特固斯阿穆古郎，东协理为奇玉山，大队长为鄂宝山，均深明大义，乃蒙旗优秀人物。二十七年二月间，该旗枪决汉奸巴巴扎仑扎布，足见具有抗日决心。十月笔者随奇玉山来绥，晋谒石参赞华严、陈参事玉甲，商组抗日军。经转电中央，于十二月间，奇玉山奉委为西蒙抗日游击第一支队司令，每月补助费五千元，笔者任该部参谋长。奇司令返旗后，即将保安队骑兵一部七百余人编为两团，成立训练班，建筑营房，加紧训练，实为蒙旗创举。该部历经请缨出发杀敌，蒙中央奖励有案。可惜笔者因患病关系，于三十年七月间请调回署工作，脱离抗日部队，未能与蒙旗健儿，跃马杀敌，殊为遗憾也。

订正：一一一期专论脱误两处：一、廿七行"是年"为"次年"之误；二、三十六行下遗漏"二十八年七月，朱副长官到任，工作更行展开"数字。

《边疆通信报》（周刊）

榆林边疆通信报社

1942 年 111、113 期

（李红权　整理）

察、绥沦陷蒙旗敌废除王公制度

扎萨克改称旗长不再世袭
焚烧召庙壮年喇嘛都当兵

复　撰

（本报特讯）日前中央社电传：日寇业将绥境沦陷乌盟扎萨克制度废除，改为旗长，并焚烧召庙，强迫喇嘛当兵云云。本报记者特以询诸关系方面。据答称："此讯千真万确，系本机关工作人员由绥北归来所报告者。原报告较上述电讯尤为具体，内略称：（一）乌盟、锡盟、察哈尔十二旗群扎萨克制度，尽被日寇取消，改为旗长，另将东协理改称副旗长，全不采用世袭。例加〔如〕达尔罕旗即由车王任旗长，东协理根台吉任副旗长。（二）沦陷各旗喇嘛，年在十八岁至四十五岁者，须一律当兵，年老喇嘛集中大召庙中，其余小召一体焚毁。（三）因此各该旗王公、喇嘛，均恨日寇刺骨，亟盼国军早日出动，收复失地，彼辈始能重见天日。"云云。

《边疆通信报》（周刊）

榆林边疆通信报社

1942 年 111 期

（丁冉　整理）

成吉思汗裔孙宝师长昨逝世

九一八后率部游击热河　承德苟延
一年始告沦陷　本社电中委朱霁青请恤

复　撰

　　本报特讯：前东北国民救国军独立第四师师长柏荫德根，汉姓名宝恩溥，昨（六日）因痰疾逝世，享年六十六岁。当由本社社长赵尺子助葬费五百元，本社同仁代办丧事，葬于榆林义地。一面电中委朱霁青报丧，请求中央抚恤。按宝氏系东土默特旗台吉，成吉思汗二十一世裔孙，为该旗世胄，家业富有。九一八后，本社社长奉中央派为政治特派员，赴热河东部领导义勇军，宝氏受编任师长，率部七百余员名，随总监朱霁青游击辽、热边区，大小数十役，无不身先士卒，发挥蒙古民族大仁大勇之精神。倘无宝氏部队，则朱总监抗日根据地必不在热河也。日寇本决于二十一年攻占热河，但因宝部及其他友军坚决抵抗，承德得苟延至次年三月四日始告沦陷。热河既陷，宝氏随朱总监入关，其家产被日寇焚烧没收，妻子流离不知处所，宝氏及其部属穷苦无告者二年。自二十四年起赵社长有固定收入，始得供养宝氏迄今。所部第十二团团长李沐唐尚在东北游击，第十三团团长王震业于二十二年四月间殉国。

《边疆通信报》（周刊）

榆林边疆通信报社

1942 年 114 期

（朱宪　整理）

外蒙国境之实情

[日] 平竹传三　著　　道听　译

一　呼伦贝尔地名之起原

　　呼伦贝尔，一雄大之大平原也。自海拉尔至外蒙国境，一望千里，坦坦荡荡，广漠无垠，一树一石亦不留其影，殆所谓草原之大海原欤？自大兴安岭以西"满"、苏、外蒙国境之交，划然成一大天地，即世所称为呼伦贝尔平原者是也。吾人立于呼伦贝尔之一地点，东西南北极目四望，数十里之间，任何一面，肉眼所及，但见草原之地平线盛向上升而已。古来呼伦贝尔号称蒙古人之极乐境，实缘该草原潴有达赖与贝尔二大湖水，为畜牧及人类饮料所必需，呼伦贝尔之地名亦即因此二大湖水而来。所谓达赖，蒙古语即海之义，言其大如海也。达赖湖满洲语别名呼伦湖，呼伦者，獭也。古时此湖水附近实为无数獭群栖息之所。贝尔蒙古语为瓜，殆谓湖形如瓜也。然往昔蒙古人既无测量仪器，又无地图，如何测定此湖为瓜形，此说恐不可靠，不过呼伦贝尔之地名，无论如何系由达赖湖，即呼伦湖与贝尔湖二者拼合而成，毫无疑义也。

　　栖息于此茫茫漠漠之呼伦贝尔大草原，以游牧为生之天之骄子蒙古人，其总数约有三万，彼等以骆驼、马、牛、羊之群为友，在所谓蒙古包之中，一家团聚，以度其平和家庭之生活。吾人访蒙古包时，俱见温和可亲之笑容时浮露于精悍之茶黑色面上，以羊肉杂炊饷客，冬则不惜以贵重品之牛粪燃料大量投入火炉中，以示招待之诚意；迨至牧草已尽，则立将蒙古包拆卸，积载马车上，一家老幼逐牧群而行，向别处另求新天地。夕阳正下，大草原上黄昏之色黯然，是时遥望地平线之彼端，马车络绎不绝，悠然而去，此等景象，诚太平时代值得回忆之景象也。

霹雳一声，事过境迁，呼伦贝尔之和平环境，遂为狂飙怒涛所卷而无可奈何。其故由于"满洲国"成立以后，"满"苏、"满"蒙以国境问题为中心，该三国之关系，日渐错杂，尤以呼伦贝尔为邻接外蒙之"满洲国"的生命线，此平和的极乐境，至此乃带有重大之政治的使命，而实际上为苏联组织中一分子之外蒙古与"满洲国"最前线。呼伦贝尔相接壤所谓"满"蒙国境，实即动摇东亚天地暴风雨之温床也。自一九三五年哈尔哈庙纷争事件至诺门罕事变，"满"蒙国境七百公里间，因日"满"军队与外蒙红军之冲突，而遂周布血腥矣。

二　由海拉尔赴外蒙国境

清晨自海拉尔出发，向位于海拉尔与外蒙国境中间之喇嘛庙甘珠尔行进，极目于茫漠无垠之地平线上，汽车疾驰砂烟中，不为时连〔运〕所限，瞬息百基罗密达，滚滚砂尘，时扑吾人之面，不觉凄绝，渐渐乃到达目的地之甘珠尔。甘珠尔者，呼伦贝尔最大之喇嘛庙也，建筑宏丽，巍然耸立于大平原中，而喇嘛僧之蒙古包，则星罗棋布于其附近，住民中殆无一为平民者，皆喇嘛僧也，彼等以庙为中心，而组成一部落，不过在一望无际之大平原正中，彼等之蒙古包略加点缀而已。吾人到达后，喇嘛僧群集，咸以和颜悦色相向，庙内大鼓冬冬之音，其余韵袅袅，殆将传达至地平线之两极也欤？

以甘珠尔为中心之蒙古人，皆为喇嘛僧，故其住居亦与以游牧为生之其他部落大异其趣，往往定住于有相当建筑如满洲式黑色瓦屋之地方，但普通一般之呼伦贝尔蒙古人，仍旧用适于游牧生活之所谓蒙古包，包以径一寸内外、长七尺之柳枝为骨骼结成圆穹形，而张以毡布，此项毡布曾经用水槌练，故坚韧致密，能御风雪，寒暑不为渗透。此种蒙古包散在各处，而包之四周，则有蒙古人唯一之财产家畜之群数百以至数千头，嬉游于草原一带，大概呼伦贝尔平原为含有盐分之砂地，故不适于农业，而适于牧畜，牧畜事业将来实大有希望。日本从前曾年费二亿余元，从澳洲输入羊毛，经中国事变后，羊毛已成为重要之国家的问题，然则此广漠之呼伦贝尔大草原在将来日“满”经济同盟自给自足之原则下，解决羊毛之需要问题，当为一般国民所充分关心者欤？目前呼伦贝尔之绵羊，品质粗下，远不如澳洲者，“满洲国”政府最近特注意于此点，将以羊种改良与千五百万头之增产计划为目标，而树立所谓三十五年计划，洵盛举也。

汽车疾走呼伦贝尔平原途中，每二三里即有所谓鄂博者出现于地平线之彼方，此为蒙古人唯一之道路标识，亦即旗与旗之境界线之标识，在荒漠无限、毫无变化迹象之大平原中，只要有鄂博，蒙古人即能安心从此一地点向彼一地点游牧，否则，如轮船之失去灯塔然，在草原之大海原中，虽游牧之蒙古人，亦将进退维谷矣。鄂博设在目力所及之小丘陵地带，再以人工堆积许多小石，以增其高度，实为一种之积石冢，其上立神木而蔽以杂草，蒙古人对之极端信仰，每年举行一次鄂博祭，其盛况有非吾人所能想像者。

三　立于外蒙国境线上

就外蒙国境距离最近又较重要者而论，实以贝尔湖为中心之地方为最，其附近如哈尔哈庙（贝尔湖东北）、阿西尔湖（方向待查）、布隆德尔苏（贝尔湖西北）、札密呼都克（贝尔湖之西），更往南，则为有名之诺门罕，皆重要地点也。贝尔湖虽较满洲里南方之达赖湖即呼伦湖为小，然究属一茫茫无限之大湖，其水湛然，较冰尤冷，其岸边之砂地，产玛瑙无数，苟认真采集者，不及半日，将盈筐盈篓矣。

越贝尔湖而登彼岸，即为外蒙古领土，风静时水波不兴，贝尔湖之大海原，一若池塘，春水澄澈涟漪，宛然入画，顾一旦烈风大起，此澄碧之大湖水，可突化为狂飙怒涛之巷亦不足为奇，此真像征"满"蒙两国之情势者也。

曾于最初投"满"蒙纷争一石之哈尔哈庙，坐落于贝尔湖之东北岸，其前则为乌尔顺河，自贝尔湖北流注于达赖湖者，而国境要冲之哈尔哈庙，适伫立于大草原之正中，毕竟因僻远之故，较甘珠尔庙为贫乏，仅仅于四周土壁之中，建有几间房屋而已，土壁半已崩坏，其原因是否为栉风沐雨多年消耗所致，抑系"满"蒙冲突时所毁损，则不得而知。要之，在此荒僻之国境地带，曝其凄凉之残骸而悄然留其黑影之哈尔哈庙，实为"满"蒙两国国际关系错综之发端，在日苏极东情势紧张之际，轩然大波，从此而起，遂酿成诺门罕之大纷争矣。

数年前曾在满洲里开"满"蒙会议，即为哈尔哈庙冲突事件最初之谈判，此会议经一九三五年六月至八月，关于哈尔哈庙之归属问题，与某外蒙兵拉致事件，此为第一次"满"蒙会议；同年九月至十一月，关于国境确定与"满"蒙两国代表机关之相互设置问题，此为第二次会议；迨一九三六年十月初旬，又开议国境确定与纷争防止委员会之设置问题，此为第三次会议；世人不察，以第一次与第二次会议之间时日相距甚近，误认为一次之会议，遂总称为第一次会议，而以第三次会议为第二次会议，此大误也。盖第一次与第二次会议之内容，其目的、议题完全不同，且其间外蒙代表曾一度回国，仍以分属两次会议为适当也。

要而言之，"满"蒙纷争最大导火线之一，在于国境线之不明了，"满"蒙会议关于此点，诚值得永久回忆者。至昭和十六年八月诺门罕地方之国境确定交涉遂告厥成功，未始非数年前"满"蒙会议之苦心有以致之，不可不察也。

四　外蒙国境之实情

现在外蒙国境之状态，究竟如何？自大体上言之，自贝尔湖东南行，沿哈尔哈河之线，因有天然之河流为界，国境甚为明了，惟南方之诺门罕方面，虽曰国境业经确定，然仍未许乐观者，实缘哈尔哈河东岸之"满"领呼伦贝尔地方，地味丰饶，经济上极有价值者，故外蒙方面常虎视眈眈，欲得其领土而甘心焉，外蒙兵不法事件之层见叠出，职是之由。就"满"蒙国境而论，诺门罕之另一方面，尤须极端注意者，自贝尔湖以西之国境线是也，札密呼都克及拖狼等重要地点，均在该处。拖狼蒙古语，别名特龙轰霍尔，即七盆地之义。从前札密呼都克地方，因东三省政府之阘茸无能，久为外蒙所占据，今则已完全恢复为"满洲国"之领土。但沿札密呼都克东西两面之国境线，就现状而言，仍不十分明确，故札密呼都克虽明明为"满洲国"领土，而能保卫此领土与否，胥视实力如何而定耳。何则？盖此处为一望无际之大平原，从任何方面极目千里间，殆无一蒙古住民者，即任何国境标识亦绝无之，所谓国境完全为漠然空洞之物，事实上"满"蒙双方前哨队驻屯之处，即为国境之处，假如日"满"方面军队前进，则国境线即南下，倘外蒙军队前进，则国境线即北上，双方军备之实力实操国境线决定之权者。在茫茫之于〔外〕蒙国境上，太阳自地平线而出，亦自地平线而入，所谓国境有若无也。外蒙从前虽曾公然进出于"满洲国"领之地点，而今则大部分旧物已由"满洲国"方面光复之矣。

至于外蒙方面何以常欲进出于"满洲国"领土，其唯一无二之导火线，实为井的问题，井于荒野中实操生命之权者，所谓札密呼都克或某某呼都克，取呼都克三字为地名者，到处皆是，蒙古语呼都克即井之义，沿"满"蒙国境线呼伦贝尔一带有井极多，然在外蒙方面则井甚为缺乏，故因掠夺井而发生不法进出事件亦数见不鲜也。

自拖狼西进，为伊哈克列伊盆地，从此地向满洲里北进，其国境线之确定，亦颇重要，伊哈克列伊者，蒙古语伟大之义，换言之即伟大之盆地是也。

近年来因外蒙红军军备充实之故，所谓哈尔哈庙，所谓札密呼都克，所谓伊哈克列伊盆地，此等地带到处皆可望见对面途中飞行机也，军用坦克也，装甲汽车也，以及其他机械化、化学各种兵团之整备，络绎不绝，其在北方，则广大之西伯利亚，极东苏领与"满洲国"接壤线甚长，沿额尔古纳河，"满"旧西部国境一带，苏联集中大军于此，而于"满"蒙国境线上又有与苏联红军同等训练、配备及机械化编成之外蒙红军大部队配列其间，故诺门罕国境，虽曰确定，以后"满"领呼伦贝尔之生命线仍未许乐观也。

五　外蒙红军

　　驻屯于"满"蒙国境彼端之外蒙红军之动向，诚值得重视者，从前以为外蒙红军其兵数不过五万，实则现在征兵制已行，其兵额亦与日俱增，尚有义勇兵等等，其总数约达×万，其编成自数个师团而成，一师团分为四个兵团，一兵团约有二，五〇〇之兵力，每兵团分为四个支队，每支队分为四个小队，就中首都之库伦，驻有骑兵、步兵、炮兵、机关枪兵各兵团，飞行队、汽车队、通信队、工兵兵团等，号称中枢部队，集中训练，飞行队长皆以苏联将校充任，该处建筑有大规模之格纳库，最近业已完工，尚有随军大学士官学校每年招收数千学生，至科学兵工厂亦正在建设中云。

《先导》（月刊）
上海先导出版社
1942 年 1 卷 5 期
（李红权　整理）

致察省旅外同乡人士书

旅川同乡会　撰

我省于抗战初起，惨遭沦陷，四五年来，同乡们历经艰辛，饱受锻炼，有的辗转流徙，坚持本位工作而不懈，有的摆脱奴隶枷锁，抛别乡井，投向自由奋斗的原野。虽然散居各地，事业不一，但我们同在为抗战服务，为祖国尽力，我们有最后胜利的信念与收复故土的决心，我们一定要重见可爱的田庐，与故乡父老欢聚，这种一致的精神，统一的意志，便是我们团结一体的基础。

同乡们！在我们的性格中，多少带着边疆人民的气氛，朴厚、谦冲、忠诚、负责。我们常常怕不如人，而我们在各方面的工作表现，却从来没有落后。这虽然不是可以骄傲的地方，也应当是足以自慰的地方。但我们不是没有缺点的，我们同乡中间，还缺乏团结的习惯，还缺乏团结的技术，我们可能团结而还没有彻底的团结起来。

本会是联络同乡的机关，也是同乡团结的一种形式。我们希望各地同乡，尽量与本会取得联系，交换意见，沟通消息，使我们的会务充实起来，使职业介绍、疾病救济、升学指导、经费募集等，都能够顺利进行。这样，才能充分表现同声相应的精神，而发挥精诚团结的力量。

但同乡会的会务，不止于上述各点，而同乡团结的具体方法，尤不局限于同乡会内。我们第一点应注意的是事业上的协助。我省旅外人士，为数不多，当此伟大时代，得以献身国家，尤属无上幸运，同乡们所从事的，无论是社会事业或政治工作，是教育或是军事，对于抗战利益或本省前途，都有密切的关系，这时候都应彼此协助，相辅相成，务使各有建树，皆能成功。我们不是要捧上几个朋友，造成几个英雄，而是要锻炼成万千有为之士，使他们对于地方和国家，都能有最大的贡献。

其次是学术的研究。我省接近边疆，文化较为落后，学术界闻人，寥寥可数。考其原因，第一是缺乏学术的环境，第二是缺乏文化上的领导。而旅外同乡，也多半偏于经济、政治之实际工作，离文化事业较远。但抗战以来，我们多少人行了万里路，其见闻所及，几乎不下于读万卷书。从各方面的接触，我们深刻地认识到学术之重要，深刻地感觉到修养之不足。我们此后不但要作事，还要读书，不但要个人读书，而且要劝同乡们多读书，在学术的研讨攻错上实行团结，只有提高学术的兴趣，才能健全自己的头脑，只有正确的思想，才能建树伟大的事业。

最后是青年的培植。我省青年出外就学之人数，较之其他各省份本已相差甚远，在战前，几乎比不上江苏之一县！抗战一起，平、津、张、宣即次第陷落，这就使得大部分在学的青年，没有时间出走。其后虽有一部分逃出敌人的魔掌，到大后方继续他们的学业，但人数仍然不多。对于这班青年，为〔我〕们任务是，一面使之安心向学，完成其学业，一面要使之得到出路，为地方、国家贡献其才能。新中国的建立，青年们无疑的负有极大的责任，我们希望察省旅外青年们，都能担负起时代的使命，与全国青年并驾齐驱，我们尤其希望还处在敌人势力下的青年，能够转到后方来为国效力。这一项任务，也只有在同乡团结之下，才能求其实现。

我们千百万同胞，方屈辱于敌人铁蹄之下，沦为奴役，亟待解救。他们盼望胜利的心，更比我们殷切，他们对于旅外的〈骨〉肉亲友，无不寄怀着无限的热望！我们相信前途是光明的，但我们需要克尽自己的职能，告无愧于家人。需要集中一切力，争光明之早降！同乡们！本此精神，团结一致，自助助人，报效国家，那不仅是国家的幸福，同时也是本省的光荣！当与我旅外同乡共勉之！

《察省青年》（月刊）

重庆察省青年社

1942 年 2 卷 1 期

（李红权　整理）

察哈尔省政府员生招待所成立经过与近况

桑愚　撰

在七七事变后一个多月的功夫，察哈尔省即全部沦陷了。那时候，一面因为军事变动太急骤，一般人来不及考虑走的问题，一面又因为抗战之初，后方一切部署——难民的收容、灾童的教养以及失学失业的青年的救济，没有一点准备，因之，大部分青年男女被留在敌区里，过着度日如年非人的奴隶生活。不过，他们仍然是黄帝的子孙，他们都抱有一颗热血澎湃的心，——并不甘于作奴隶啊！另外一些部分知识界的青年和先进，随着军事的转移，冒着危险，忍着苦难，跋山涉水，奔向祖国的怀抱里了。在足足四年的抗战过程中，流亡道上的，固然因为奔波奋斗，身经了不少的磨折，但在磨折中，他们的身心更强大坚实了。他们凭了自己的力量，有的在继续念书，有的在抗建的各个部门里从事艰苦的工作。总之，清夜返躬，他们对得起国家，对得起留在故国的父母，也对得起自己的良心。而被迫留在故乡里的有志的青年老幼，他们的身体虽然生存在敌骑肆横的战区里，而一颗热烈的心，却日夜怀念着祖国，为了增加后方抗建的力量，他们也冒着生命的危险，冲出了敌人的封锁线，一批批的投效到祖国的队伍里来。察哈尔省的土地是中华民国广大疆域的一部分，察哈尔的老百姓，也是圆颅方趾顶天立地的中华民国的国民，当然，别人能干的，我们也能干，别人不能干的，我们还能干，我们能作别人不能作的事，能吃别人不能吃的苦。不信，请放眼看一下，旅居前后方的察省人士，无论是求学或就业，大都是挺直了腰在人前面走的，这所谓"在人前面走"并不是指着沽名钓誉、争求小利的，而是说我们工作成绩的表现不让于人，所以我们于自信之余，很值得自慰，而在自慰兴奋中，更要自勉自励，精益求精。把话拉回来，在后方政府供职的诸乡长，目睹这种种英勇可庆的事实，自然也是无限欢慰了。为了团聚和救济新自战区逃来与久留后方，一时失学失业的本省员生得免流离无告起见，于是乃有"察哈尔省政府员生招待所"的成立，这是由省府委员白子瑜及教育厅长胡子恒两位先生提议，经省府三十八次会议通过的。所长由省府委白子瑜先生兼任，另由白先生分请唐培基及杨伟庭二君任筹备员，从八月一日起，筹备的工作便开始了。在这期间，也正是西安警报频发的日子，幸而承蒙省府各厅首长及留陕同乡的多方协助，一通的功夫居然宣告成立了。所址在西安夏家什字十七号，房舍虽然一时没有租到很多，设备也因陋就简没有落得完全，但具体而微，应有尽有——办公室、阅读室、男宿舍、女宿舍、工友室，我们自愧房屋太窄，参观的先生们偏偏夸奖我们谓"小巧玲珑"，恭领之余，真是不胜其汗颜。

　　所内的行政机构很简单，"所"直属省政府，所内设所长为总负责人外，下设有总干事及干事各一人，现在就上述筹备员唐、杨二君分别充任了。

　　本所筹备费二千三百元，实际支出一千九百二十元零八角五分，经常费每月一千一百八十元，特别救济八月份为一百元，自九月份起，增为每月三百元。住所员生饭费每人每月暂给四十元，实支实报，这种种费用，都是由省库直接拨发。按现状讲，经常费仅敷开支，特别救济费因为是用于特种救济的，多少不能预定。而员生膳费，因为物价逐日高涨，两月前四十元可以维持一月的生活费，至今已不足支付了，现在正呈请省府增加中，拟每人每日发给五十元。我们素知政府当轴具人溺己溺、人饥己饥之怀，区区之额，当不至遭驳斥。此外在省府最近的临时谈话会内，曾决定另拨专款，为住所穷苦员生制购铺被十套，刻已由本所呈送估价单，想不久即可拨款购制了。

关于招待所的组织机构、人事和经费，已略如上述。至于招待所的工作目的，在章程上规定得很详细，主要的不在消极的救济——供给膳宿，而在积极的协助完成员生们的学问事业——辅导升学，介绍职业。为了达到这种工作的目标，所里购有报章、杂志、图书、字典，也〈有〉可以自修的工具，锻炼身体的篮球以及闲暇娱乐的军象棋、乐器等。至于如何呈请教部分发国立各大中学肄业诸问题，那是会商教育厅由该厅经手办理的。关于职业介绍一项，除由本所专设就业调查，并往常与本省各机关及西安有关机关保持密切联络以便随时介绍外，更就私人方面尽力为之。自本所成立到现在（九月中旬），先后住所者计共十一人（详表附后）①。现有二人已就任工作，系经同乡朱耀□先生介绍，其余有五人升国立各大学，二人升国立高中，不久均可由教厅资助旅费，分赴各目的学校注册上课，关注伊等之诸同乡，闻此可以释怀了。

本所成立典礼，因为警报的烦扰，直至九月十一日才补行。当时出席的，除所内职员及全体住所员生而外，有胡厅长（子恒）、石厅长（益三）、张秘书主任（位东）、王院长（□）、张团长（啸昆）、董秘书主任（回峰）。席间除主任（本所所长）报告本所成立经过外，并请各厅院首长致词指导，末由住所员生中推选代表，讲述平、津近况及逃抵后方之经过，融洽和穆的空气中间，一会儿表现着热烈，一会儿表现着严肃，一会儿又见紧张。最后

---

① 未见附表。——整理者注

开始茶话，一同是寄旅异地的人，现在团聚在一间房子里，乡音乡语，自然有说不出的快慰，若不远望云山，就好像置身故里一样。就此作结，并附录招待所章程详文及八、九两月份住所员生姓名、简历表，借资参考①。

《察省青年》（月刊）

重庆察省青年社

1942 年 2 卷 2 期

（朱宪　整理）

----

①　原篇省略了章程和员生姓名、简历表。——整理者注

察省青年的自我批判

三郎　撰

（一）小引

假如我们不是妄自菲薄的话，那么，无可讳言的，在今天这为保卫人类真理正义，面对法西斯强盗所掀起的战斗中，每个察省青年都是一个卫道的勇士；在争取中华民族独立自由的阵营下，每个察省青年都是一个坚强的战斗员；在收复察省、建设察省的大业上，每个察省青年都是一个勇敢的开路者，时代所课予我们察省青年的责任太重大了，我们今后该怎样的珍重戒惧才不至有所殒越呢？

我们不要夸大，也不要骄饰。察省青年在本质上有其优点，也有其缺陷，对于优点，我们不应有骄傲的自满，对于缺陷，也不应作讳莫如深的掩饰，为了能担当未来的种种重大的责任，我们只有先检讨自己，认识自己，尽量发挥我们的优点，多方弥补我们的缺陷，使察省青年都变得坚强有力，足以任重致远。

孙子说"知己知彼，百战百胜"，在我们还未直接参加战斗的前夕，确定先有"知己"的必要，因此，笔者愿在这里对察省青年试作一自我批判，希望能把察省青年作一本质的剖析，使察省青年都有自知之明，然后取长去短，成为一健全的时代斗士，自然，这完全是凭了个人的直觉与意〔臆〕测而提出的，其中不恰当处，自是意中事，这还希望冷眼的旁观者能够给一更正确的指正。

（二）地理环境造成的几种特质

人类的命运，虽不一定完全为地理环境所决定，但至少一部分为所决定，全部分为所限制，这是不容否认的事实。察省的北部是一望无垠的沙漠，南部却是绵亘不绝的山峦，中间即使有几条河流，又都是靠山雨汇流而成，在这种境地中孕育出来的青年，大都有一种刚健浑厚的憨劲，一个陌生人常常可以发现有一种不可言喻的坚毅气魄蕴蓄在他们身上，他们虽其□有细腻的情调，但却常有一种粗壮的美流露在外面。

察省的大陆性气候使四季寒暑有着显著的差别，而察省青年们喜怒哀乐的感情，也正如察省的气候一样的爽朗明确，其间永不会有含糊晦涩的时候。

但是，天赋予察省人的一切，未免有点太刻薄了，山地的土质大多是贫瘠的，所谓察省的幸运青年，也不过出自小康之家，而大部分青年，受了生活的驱使，从小便参加了家庭的操作，他们经过多年实生活的洗炼之后，终于养成了一种质朴的生活习惯，他们厌恶浮华，他们反对享乐，他们视一些糜烂生活简直就是雠仇，在今天散在大后方的察籍青年，仍然保持着这种质朴的生活情趣，他们宁愿把袋里的钱借给别人，送给别人去看电影、吃小馆，而自己却去过着刻苦的生活，在别人看来，这是怎样的愚蠢的行径呢？

由于他们从小就已经过实生活的教育与磨炼，所以他们大都忍得劳，吃得苦，他们不怕环境的困难，也不介意外来的袭击，当

一些同伴们因不胜环境的压迫而落伍，而退却时，他们却在蹒跚
的前进着，察省青年正如察省特有的骆驼的精神一样，能经得起
寒暑风霜，这由他们几年来在大后方各大中学校中，和疾病、贫
困相搏斗的精神就可看得出来。

虽说察省青年的遭遇有点不幸，从小就受生活的折磨，但也正
因此而使他们每个人都锻炼出一付坚实的体格来，假如不是这点
宝贵的本钱，那么，这几年来，恐怕早已屈伏在病魔与饥馑之下
了，塞翁失马的确不见得就是祸。

（三）传统精神与传统观念

燕赵多慷慨悲歌之士，几千年来流风余韵一直传给今天的察省
青年而不绝，也许是由于塞上高亢气候的薰沐吧。察省青年差不
多都有一种豪放爽直的胸襟，正义感尤其丰富，虽说抗战前察省
青年受尽了军阀的麻醉与欺骗，抗战后又是那样可怜的全部为某
主席遗弃给敌人，但是在今天，无论是在沦陷区，或是在大后方，
察省青年都能直接间接的对敌伪斗争着，最近还有人告诉笔者，
留在故乡的几个熟识的青年朋友，五年来始终出没在南山里，与
敌伪作生死的周旋，这是多么崇高的面影呵！而最使笔者关心的，
是一个十二年的儿时契友赵君，过去一同上学，北平沦陷后又一
齐流亡出来，他有龙钟的母亲，也有少妻幼子，因为父亲多年的
经营，已给他挣得了诺大的一份家产，曾记得我们由北平动身时，
老人家还再三的嘱咐我："×，你比他懂事些，出去不要冒险，如
果读书不成，就回来罢！"我好像是受了"托孤之重"似的离开了
北平，但是出来后，赵君就参加了××军到山东打游击去了，去
年传来消息，他的唯一的弟弟在北平高职读书，也因参加三青团
而被敌人长期的禁锢在牢狱中，我的心从此便常常怔忡不定，年

来，我的面前不时会浮现出两位老人的愁容，但是立刻就被两个倔强豪放的青年所代替了去，在今天，我除了对寄身在北国里的察省青年，因为未能和他们同患难，共生死而表示由衷的愧疚外，在这里只有为他们的健康虔诚的祝福了。

因为察省的民风是朴实的，多少年传下来不曾变过，因而无形中养成了察省青年的一种实事求是的精神，他们永远是一步步的前进着，他们不"跑"更不"跳"，尽管在一些聪明人眼里这或许是"傻"是"笨"，但是他们却能挨到自己的目的，而中途不至出什么错误，他们生怕事业的不成功，所以永不敢生侥幸的打算，同时在工作进程中，也不会有苟且的现象，因为他们更怕过后再受良心上严厉的谴责，察省青年普遍的保有这种性格，这未始不是列祖列宗传统精神的表征。

因为这种实事求是风气的结果，所以每个察省青年都有一种能干实干的精神，他们不好高，不骛远，甚至认为夸张和骄傲就是罪恶，他们在任何事业上，都抱着"求诸己"的观念，因而在察省青年间没有夤缘投机的现象，在社会上他们能奉公守法，在事业上，他们能尽责克己，这一些都是笔者以察省青年一分子而有的直觉，其中也许因为主观关系而有所歪曲，但是，无论如何，都不是违背了本性而作的过分夸张或虚饰，几年来，在世风日沦中，笔者个人应当以这种特质与广泛的察省青年群互慰互勉。

（四）一点严重的致命伤

但是，察省成为天然的环□，与政治区划遭遇的□不好，所以察省虽然紧邻着古文化域的北平，而北平浓重的文化气氛，却始终为居庸关阻隔着不能流传过去，在学术、文化上，察省亦如其自然环境一样的不免令人有几分冷落荒凉之感。

　　察省青年是在这种境地中长大的，无怪乎他们大都没有远大的抱负，他们在实生活压迫与折磨之余，把一点宝贵的理想，甚至早在童年时就埋没掉了，他们大都只能在已有的事业上沉静的努力工作着，他们不常抬起头来看一看辽阔的远景，中学毕业已能挣得一碗饭吃，大学毕业当然会生活得更舒适些，如果家里有几顷田，生活不是更稳定吗？何必再念书？更何必再在外方奔跑呢？过去的察省青年就是这样默默的走完他们的旅程，不曾留下任何痕迹。

　　当然过去交通的不发达，也是造成察省青年保守性的原因之一，他们不愿和外方人接触，从而也不愿到外方去，这样，使他们的眼光与心胸没有开扩的机会，假如是有野心的话，他们的野心无论是在政治上、经济上或者实业上、教育上其范围也多不出乎察哈尔省境，而一般平常人更无所谓了，他们大都无声无色的作了宿命论的牺牲品！

　　良心说，察省青年的聪明才智，并不弱于任何地区的人，由这次流亡在外的观察比较中就可证实，但是为什么察省青年始终没有较大的成就呢？

　　虽说这一代的察省青年，因为环境与教育的改善，开始有了进步的打算，但是事实上还不够得很，直到今天，他们还没有一种极积〔积极〕进取或竞争的习惯，他经常□沉默在自己的岗位上，或者还得以大树□□的志趣□□，这究竟是美德呢，还是劣根性？自有事实的证明，但是无论如何，笔者在这里为了察省青年的新生，要向全察省青年疾呼："我们要勇敢，要极积〔积极〕，要立定我们的志愿奋斗到底！"

（五）表现在实生活中的圆满与缺陷

　　由上面简略的分析中，我们已可想像出一幅察省青年实生活的图画，由于我们秉性的朴实，所以他们大都过一种聒〔恬〕淡克〔刻〕苦的生活，他们自举甚俭，不了解的人，会疑心他们是吝啬鬼，可是在某些有意义的用途上，他们却又挥金如土了，他们不惜〔稀〕作虚情的酬酢，在社交场中永找不到他们的踪迹，不过他们都在严肃的面孔下藏着一颗热烈的心，凡是和他们有过深刻的接触的人，都会珍视由他们那里所得到的一点真挚的友情。

他们□实有尽责任，守纪律的习惯，因此在学校中不缺课，在办公厅里不迟到，他们能一直保持这种习惯，始终不渝，固然他们的生活也许有点机械、呆板，没有艺术的煊染，也缺少□时的调节，但是在另一方面，却正能表现出一种朴实的美，他们不喜欢起居无常、恣情放纵的生活，反之，他们却宁愿有一点规律的习惯，所以在别人讥笑他们是阿木林时，实际上，他们的生活内容已是充实有力了。

总之察省青年在外在生活上不免有其缺陷，而在内在生活上确实有其独到处。

（六）流亡后的新倾向

察省青年在过去一向是保守成性，愿意过一种与人无争的安静生活，但是自从八二六察省陷沦后，他们的迷梦便被粉碎了，他们为敌人的淫威所逼迫，一部分参加了故乡的游击的工作，一部分跑到祖国的怀抱中来，从此他们便有了新的变化。

他们投身在时代的激流里，漂泊到祖国的各个角落里去，因为当前现实的不同，这使他们过去的观念和习惯，都起了根本的动摇，为了生的欲求，他们不得不批判的接受这些新的环境，新的人物，与新的思想，即使他们在心胸上开扩了很多，而另一方面因为□坚苦的生活之锻炼，使他们在体魄上，也更强起来，所以在今天看来，普遍的察省青年，不再以安分守成为满足，也不再以察省的一切为其目的了。

因为社会接触的繁杂，人生的经验也随着增加了许多，在表面上看，他们比以前□动了，而处人接物的方法上也周到了，但是也正因此反使他们过去朴实的生活习惯与沉静的作人态度，开始起了□的变化，假如是个留心人，定会觉察到今天的察省青年，已有了一个新的倾向，表面上看来，好像是进步了，而事实上说，这或者竟是顺流中的一股逆流也未可知。

（七）　总结

在今天事实告诉我们，资本主义文明所育成的一切，或已到了其终结期，在全世界里，我们看到一切的不和谐，最明显的便是表现在社会上的道德标准，与实际行为的根本矛盾，所谓仁义忠信等，早已为"新时代的人物"所不齿了，许多人的成功，是靠了吹、拍、骗的灵巧运用，是靠了欺诈、阴谋的法术手段，但是，在这黑漆一团里，察省青年却显著的感到了不协调，他们醇厚的气质与朴实的生活，好似有点迂阔笨拙，已远落在时代的后面，他们即使有了轻微的变化，也是和当前的环境相去的很远，所以在今天无论他们在事业上，在精神上，似乎都找不到"出路"。

不过察省青年脾性还是很淡泊，他们并不怎样热中于功名利禄，反之他们却重视良心上的安定，所以在接人处事上，只求无愧于心，不为后日的后悔所苦恼就是了，至于成败得失好像还是次要的问题，因此在漫长的旅途上，他们并不为行走便利而全盘的撇弃固有的诸种特质去一时应合当前的流行风尚，这是顽固吗？察省青年宁愿这样顽固下去！

笔者相信，在人类进化的历程中，每个察省青年都是筑成巍峨的金字塔下一粒细砂，尽管游览的人，只欣赏塔面的富丽堂皇，但是塔底下的细砂也是很满意的，因为他们已尽了支撑这座巨塔的使命了。

《察省青年》（月刊）

重庆察省青年社

1942 年 2 卷 3 期

（李红权　整理）

察省未来的危机

极如　撰

随着战争的延长，在后日重建察省的大业上发生了一个严重的问题。

因为地理与政治的关系，察哈尔是抗战后第一个沦陷在敌人魔爪下的省份，而且时间是那样短促，二百万诚朴的察省人民竟作了敌人的奴隶，从而广大的学生青年便也失去了一切凭倚，变成迷途的羔羊了。

五年间他们不能享受任何自由，也不能接受正常教育，除了一小部分已有机会参加游击工作外，而大部分却都在无可奈何中过着一耘〔种〕慢性自杀的生活。他们不是没有民族气节，也不是没有追求光明的欲念，惟其敌人的压力太大了，使他们自身不能挣脱重重羁绊，步上自己应走的路子，我们眼看着广大的青年在为魔鬼一天天啃噬着，这该是怎样惨酷的景象呢？

在这期间也有百十个幸运青年先后从敌人刺刀底下钻出来，重新投到祖国的怀抱中，他们知道未来责任的重大，不愿跑到大后方来苟安偷生，所以不计一切困难，又都进了各耘〔种〕学校，可是尽管他们都有远大的抱负，和奋斗的精神，而事实上衣食疾病等问题都层层的摆在他们面前，使他们不能顺利前进。

未来重建察省所赖的生力军今日却都陷在悲惨的境地中，假如这耘〔种〕景象再延续下去，我们虽不敢说察省文化的传续上将有中断之虞，而未来察省人材的贫乏却是可以想像的事。这里对去年肄业于大后方各耘〔种〕学校的察籍学生人数有个粗略的统计：（一）普通大学或专科学生三十八人；（二）中学生五十人〔人〕；（三）小学生八人；（四）军事学校学生四十二人。而本年度的变化，只有高中毕业者三人〔人〕，升入大学者三人。

由上面简单的统计我们知道今日的问题已到了最严重的阶段，是时候了，负责省政的诸公，关怀桑梓的同乡，为了未来的察省，为了未来的中国，应该针时〔对〕事实想个有效的救急办法！

《察省青年》（月刊）
重庆察省青年社
1942 年 2 卷 4 期
（丁冉　整理）

蒙古外交之沿革

震疆　撰

一　蒙古疆域之概述

蒙古位于我国之极北部，旧分内外两部，自内蒙改省后，就把他规定为直辖地方。蒙古本为种族名，唐时有蒙兀室韦者，为此族之起源，至金时有合不勒为部长，自号大蒙古国，明初修《元史》，即定名为蒙古，后遂沿用之。至《唐书》之蒙兀，辽、金史之盟古，《元朝秘历》之忙豁勒，皆蒙古之转音。其地界东接辽、黑，南隔沙漠界察、绥、宁及甘肃之一角，并与新疆毗连，北与俄属西北利亚接壤，东西距二千一百公里。他的版图计南自北纬三十七度三十分起，北至北纬五十三度四十五分止，西自东经八十五度二十分起，东至东经一百二十四度止，面积共计有三百二十三万七千二百八十三平方籵（面积一百六十一万余方公里），占全国第二位——占全国七分之一强，人口约五百三十万，平均每方公里得四人强。蒙古旧分喀尔喀、唐努乌梁海、科布多三部，兹将该三部情形列表于后：

区别	部别	旗数	备考
喀尔喀区	车臣汗部	二三	即克鲁伦巴尔和屯盟，一作赤城汗，又作彻辰汗，又曰喀尔喀东路
	土谢图汗部	二〇	即汗阿林盟，亦作图舍图图什业图，一称喀尔喀后路
	三音诺颜汗部	二四	即齐齐尔克里〔里克〕盟，一作赛音诺颜，又曰喀尔喀中路
	扎萨克图汗部	一九	即札克河源毕都里雅诺尔盟，又曰喀尔喀西路
唐努乌梁海部	阿尔泰乌梁海部	七	现属新疆省
	阿尔泰淖尔乌梁海部	二	割归俄属
	唐努乌梁海部	六	内有四旗，与外蒙不和，不愿受统治而别成区域
科布多区	杜尔伯特部	一四	查此二部，合为一盟，曰赛音济雅哈图盟
	辉特部	二	
	明阿特部	一	
	扎哈沁部	一	
	额鲁特部	一	
	新土尔扈特部		查此二部及阿尔泰乌梁海部十二旗，于民国八年六月阿尔泰地方归并
	新和硕特部		新疆省改区为道，设阿山道尹一缺接管

二　蒙古之沿革

　　蒙古古为北狄，秦汉为匈奴所据，晋以后入于蠕蠕，其后突厥、薛延陀、回纥，相继兴起于此，唐贞观时归附，置瀚海、燕然、金微、幽陵、龟林、卢山六都府已〔以〕统辖之。五代至宋，回纥渐衰，而蒙古崛兴，即元太祖成吉斯汗也，即帝位于斡难河，以和林为成都〔都城〕，版图跨欧亚二州〔洲〕，蒙古威名，此为最盛。明时有达延车成〔臣〕汗者，为元太祖十五世孙，由瀚海移到近边，独其季子留居故土，号所部曰喀尔喀，即今喀尔喀四盟四部八十六旗也。清初噶尔丹跋扈其间，不数年而为清所灭，蒙古遂完全隶于我国。民国初年活佛受俄人之煽动，乘机独立，妄称君主，政府即许其自治，而置都护使于库伦。民国八年以俄乱取消自治，仍内属于我国，活佛转又勾结俄之旧党，夺取库伦，组织政府，而权则操诸俄人。俄之红党同俄使伊立礼于当年九月初七日订立《恰克图界约》十一条①，规定中俄疆界，自恰克图河溪之俄国卡伦房屋及在鄂尔怀图山顶之中国卡伦鄂博中间起，东至额尔古讷河源之阿巴哈依图山②，立鄂博四十八处，西至沙毕纳依岭（即沙滨达巴哈），立鄂博四十二〔二十四〕处，而向东之鄂博于嘉庆二十三年（一八二八）重行会勘时，又多立十五处（连前凡六十三处）。东西共立鄂博八十七处，如左：

（甲）自恰克图而东共六十三鄂博，以布尔古台为第一鄂博，自西徂东至阿巴海图为第六十三鄂博（垒石为之），卡伦木栅为之。

1. 布尔古台；2. 柴达木；3. 呼尔林；4. 列狄图；5. 舍尔巴哈；6. 池吉台；7. 阿喇呼达喇；8. 哈普察盖；9. 乌衣勒戛；10. 阿喇哈达音乌苏；11. 乌雷里；12. 乌布尔哈达音乌苏；13. 麻穆伦；14. 套河；15. 昆古尔台；16. 阿申盖；17. 哈喇古求里；18. 呼苏鲁；19. 巴勒济；20. 巴勒济堪；21. 毕勒策；22. 克尔库；23. 布库昆；24. 吉勒毕里；25. 布攸哈图；26. 果尔墨齐；27. 果索勒特；28. 阿达尔戛；29. 洪果；30. 阿勒呼特；31. 阿喇巴彦祖里克；32. 乌布尔巴彦祖毕克；33. 贝尔奇；34. 呼尔奇；35.

---

① 原文如此，疑有缺漏。——整理者注
② 后文又作"阿巴海图"。——整理者注

蒙古台鲁克；36. 托索克；37. 托克托尔；38. 霍依；39. 霍林那喇逊；40. 沙喇鄂那；41. 图尔根；42. 库套什；43. 图尔肯；44. 图尔克讷克；45. 察罕淖尔；46. 库库托罗海；47. 哈喇托罗海；48. 伊林；49. 鄂巴图；50. 格子盖；51. 墨吉兹格；52. 齐普图；53. 则林图；54. 音克托罗海；55. 蒙古托罗海；56. 安戛尔达；57. 库别里真；58. 塔尔郭达固；59. 察罕乌普；60. 博罗托罗海；61. 索克图；62 额尔底里托罗海；63. 阿巴海图。

（乙）自哈〔恰〕克图而西共二十四鄂博，仍以布尔古台为第一鄂博。自东而西，至沙宾达巴哈为第二十四鄂博：

1. 布尔古台；2. 鄂鲁海图；3. 布列苏图；4. 彦霍尔鄂拉；5. 欢果；6. 衮藏鄂拉；7. 呼图海图；8. 库库那鲁楚；9. 乌丁作音；10. 切日；11. 莫敦库里；12. 博古多（或作博克图达班山）；13. 多什图（或作多什图达班山）；14. 克斯尼克；15. 吉尔毕达班山；16. 罕夏；17. 努尔图达班山；18. 额尔吉克塔尔罕台戛；19. 托罗斯达班；20. 肯结灭达；21. 乌斯；22. 霍宁达克哈；23. 克穆克穆池克博穆；24. 沙宾达巴哈。

《恰克图界约》，迄今未尝变更，惟在勘界之初，则失地亦正复不少。例如色楞格河为外蒙之大河，举凡杭爱山以北之水，悉汇流此河，其下流贝加尔（白海）以南之处三百里地，俱为蒙族布里雅特人栖息之所，勘界时下游三百余里全行割去。更番其山脉，则西自克斯尼克第十四鄂博之北，向东分出一山脉，直走贝加尔湖南岸，北脉以北诸水皆入叉余古德河，以南则汇为真达河，以东则注入色楞格河，东自赤塔之北，向西分出一山脉，直走贝加尔湖之东岸，此脉以北之水，属勒那河流域，其南若乌达河、昔洛克河，又西注色楞格河，东西两脉合抱，始完成色楞格河全域，当时策凌等含糊了事，未能识别界限，遂使此三十余万方里地方，无形割与俄国。

（1）兹将雍正五年八月议定《恰克图条约》，录其概略于左，以供参考：

（一）两国边使当互查彼此逃人，捕送本国，但逃亡在订约以前者勿论。

（二）以恰克图两国通商埠，自额尔古纳〔讷〕河岸至齐克达奇兰，以楚库河为界，至此以西，以博木沙奈岭为界，各立界标志之。

（三）以乌特河地方为两国中立地，彼此不得侵占。

（四）俄国商人得三年一至北京通商，员数以二百人为限，留京不得过八十日，往来当由官定之路径，不得迂道他往，违者没收货物。

（五）京师俄罗斯馆听嗣后俄人来京者居住，俄使臣欲于京师建会堂，中国当于〔予〕以辅助，听俄国教徒居住，教徒得依本国例规，于堂内读经礼拜。

（六）递送公文者来往当由恰克图。

（七）两国边界当置长官，秉公办理一切。

约成之后，两国国书往返均不用皇帝名，中国用理藩院，俄国用萨那特衙门名义，代表两国政府，内地商民以烟叶、茶叶、缎布、杂货，往库伦及恰克图贸易者日多。高宗乾隆二年（一七三七年）准监督俄罗斯馆御使赫庆之条奏，停止俄人在北京贸易，令统归恰克图，于是其地百货云集，市肆喧闹，繁盛甲于漠北，朝廷常命土谢图部亲王、台吉等监理其事，二十七年设库伦办事大臣二人，一由在京满、蒙大员内简放，一由外蒙古札萨克内特派，以理边务，凡中俄往复公文，必经办事大臣之手。

（2）《恰克图增定商约》

恰克图通商以后，两国彼此均不榷税，已而俄国违约，私收货税，又两国边民互失马匹，其数不可稽，而俄人辄以少报多，移文责偿，乾隆二十九年，诏命闭恰克图商埠，与俄绝市。然办事大臣等，乘间舞弊，仍私与交易，三十年割土谢图亲王桑齐〔斋〕多尔济爵，诛办事大臣庆达，厉行闭关策。三十三年，办事大臣庆桂以俄人恭顺情形入奏，遂通商如初。四十四年，以俄边吏庇护罪犯，不即会审之故，复闭关绝市，逾年得解。五十年俄属布里雅特种人入边行劫，诏复绝市。五十七年俄人悔过乞恩，乃增订商约五款，严禁俄商负债、发生纠葛及俄人入边行劫诸不法事，由库伦办事大臣松筠、普移等与俄官色勒裴特在恰克图中俄交界处互换，自是以后，通商如故。

（3）《中俄北京条约》

咸丰十年之《北京条约》中既规定割乌苏里江以东至海之地予俄，而其第二条"西疆未堪〔勘〕定之界，此后应顺山岭、大河之流，及现在中国常住卡伦等处，及一千七百二十八年即雍正六年所立沙滨达巴哈之牌界末处起，往西直至斋桑淖尔湖，自此往西南，顺天山之特穆尔图淖尔，南至浩罕边界为界"云云，表面上并无割地之明文，实则失地不下数千方里。盖卡伦有常驻、移驻、添设三种，移住者，无一定之址，或以春秋两季递移，或以秋冬两季递移，添设者，设于一定时间内，过期则撤，惟常驻者有一定之地，故多在内地，距边城不远，不如移驻、添驻者之远在边徼也。今《北京条约》以"常驻卡伦"为限定，则是移驻与添设两种卡伦，等于虚设，而西疆如蒙古及新疆徼外从此蹙境矣，此其一也。

（4）《塔城界约》

同治三年（一八六四年）九月初七日，勘办西北界大臣明谊会同俄国大臣杂哈劳遵照《北京条约》所载，自沙赛达巴哈起，至浩罕边界之葱岭止，在塔城议定界约十条，兹将关于外蒙者摘录如后：

自沙岭滨达巴哈界牌起，顺萨彦岭至唐努山之西边，转往西南，顺赛留格木岭至奎屯山西行，顺大阿力台山岭，至斋桑淖尔，北面之海留图，两河中间之山（海留图凡有两河，一南流，一北流，中间之山，系分水岭）转往西南，直至斋桑淖尔北之察奇勒莫斯山，即转往东南，沿淖尔顺淖尔至额尔齐斯河，至玛尼图噶图勒韩〔干〕卡伦为界。

（5）《科布多约》

同治八年（一八六九年）八月初九日，科布多立界大臣奎昌与俄国立界大臣巴布阔福遵照上述《塔城条约》建立科布多牌博，计自赛留格木岭适中之布果素克山起，南至玛尼图达韩①卡伦止，凡立牌二十处，今所存者，仅有八处：

1. 布果素克达巴哈（第一）

2. 垒尔边特达巴哈（第二）

3. 博里齐尔（第四）

4. 察罕布尔哈尔（第三）

5. 乌兰达巴（第六）

6. 巴喀那斯（第七）

7. 察奇里灭斯（第十八）

8. 玛尼图噶图勒干（第二十）

（6）《乌里雅苏台界约》

同治九年（一八七〇年）正月十三日，乌里雅苏台大臣荣全会同俄官遵照前《塔城界约》，自赛留格木岭适中之布立素克山起，北至沙赛达巴哈止，设立界牌八处，今所存者仅有四处：

1. 布里〔立〕素克达巴哈（第一）

2. 察布产（第四）

---

① 应为"玛尼图噶图勒干"。——整理者注

3. 素尔（第七）

4. 沙赛达巴哈（第八）

三 《中俄改订条约》

光绪七年（一八八一年）中俄立改订条约时，俄国又欲实行染指同治三年《塔约》之斋桑淖尔迄〔迤〕东之地，故条约中第八条规定"同治三年《塔城条约》所定斋桑湖迄〔迤〕东之界查有不妥之处，应由两国特派大臣会同勘改，以归妥洽，并将两国所属之哈萨克分别清楚，至分界办法，应自奎峒山（即奎屯山）过黑伊尔特什河（即喀喇额尔齐斯河）至萨乌尔岭，划一直线，由分界大臣就此直线与旧界之间酌定新界"云云。改曲线为直线，是为下文《科布多界约》失地之张本。

（1）《科布多界约》

光绪九年（一八八三年）七月初十日，伊犁参赞大臣升泰及科布多大臣额福即会同俄国使臣巴〔至〕布阔福遵照上述改定条约改划界线，大致勘得如左：自塔尔巴哈台东端之赛里乌兰岭（别作萨乌尔山即赛凌乌拉）之木斯岛山（别作穆斯塔乌雷山，即穆斯套岭）西角起东行，顺乌勒昆、乌拉斯图（别作乌里昆乌拉斯特）河西，北至迈哈布奇盖（别作麦噶普察盖）卡伦，由此直北抵额尔齐斯河北岸之阿列克特河口，复循其上游转而东经萨经山湾（别作萨兹山湾），又东至阿克哈巴与额拉哈巴两河会口，复循阿克哈巴河上游而至大阿尔泰山岭，与同治三年塔城所定旧界相接，此改划界线也。

（2）《阿例〔列〕克别克河口界约》

光绪九年（一八八三年）八月初四日，科布多大臣额福即会同俄官撒裴素福，遵照七月初十日之《科布多界约》立牌博四个，如左：

1. 萨兹（别作萨斯）
2. 克森阿什奇克真
3. 阿克塔斯
4. 阿例〔列〕克别克

上述各约中，论其脉络，则因《北京条约》而产生，同治三年之《塔城界约》，复因界约而产生同治八、九两年之科布多及乌里雅苏台界约，因光绪七年之《中俄改定条约》而又产生光绪九年之《科布多界约》，因《科布多界约》而又产〈生〉《阿列克别克界约》，此各约脉络之所在也。论约中失地，则因同治三年《塔城界约》而阿尔泰河、阿尔泰泊、乌梁海诸部迤北千余里可以耕牧的地与科布多、乌科克卡伦以西，喀屯河源、布克图马河源以及斋桑淖尔迤西爱克斯各哈萨克牧地亦千余里，全行归入俄国版图。光绪七年之《改定条约》中又谓斋桑淖尔疆界不妥，重勘一过，而斋桑淖尔全湖与阿拉克别克河以西蒙民及哈萨克斯坦之游牧地，亦尽行沦亡，综计连勘界时之侵占，失去土地一百三十九万七千方里。

四　中俄谈判外蒙问题之经过

自我国闻得元年十一月二日，俄国得〔与〕外蒙私订条约后，即于七日以公文致俄使库朋斯齐提出抗议云，"蒙古为中国领土，现虽地方不靖，万无与各国订条约之资格，无论贵国与蒙古订立何种条款，中国政府概不承认"云云。翌日俄使访我外交总长梁如浩，出示私约全文，声言"俄蒙订结条约，实出于事情之不得已，惟措词甚慎，始终未提及蒙古脱离中国之语"云云。梁如浩当即驳斥谓："外蒙古仍为中国之一部分，当然不能擅与外国订约"，而俄使则声言"如能承认俄蒙协约，则更可订结中俄条约，否则惟有履行《俄蒙协约》"云云。当时我国以内政未定，不能再与外人发生纠葛，乃不得已从俄之请，即由后任外交总长陆征祥于十一月三十日与俄使初次会议，首先取消《俄蒙条约》，俄使拒不承认，此后迭次协商，互提条款，历时半年之久，会议了三十余次，方才议定条文六款，又于民国二年七月十一日为参议院所否决，陆征祥乃愤而辞职。孙宝琦任外长，复与俄人再三磋商，直到当年十一月五日，始定一《中俄声明》，文件如左：

（一）俄国承认中国在外蒙之宗主权。

（二）中国承认外蒙古之自治权。

（三）中国承认外蒙古人享有自行办理自治外蒙古之内政并整理本境一切工商事宜之专权，中国允许不干涉以上各节，是以不将军队派驻外蒙古及安置文武官员，且不办殖民之举，惟中国可任命大员，偕同应用属负〔员〕暨护卫队，驻扎库伦。此外中国政府可酌派专员，驻扎外蒙古地方，保护中国人民利益，但地点仍按照本文件第五款商订。俄国一方面担任除各领事署护卫队外，不得于外蒙古地方驻扎军队，不干涉此境之各项内政，并不得在该〈地〉有殖民之举动。

（四）中国声明承受俄国调处，按照以上各款大纲，以及一九一二年十月二十一日《俄蒙商务专条》，明定中国与外蒙古之关系。

（五）凡关于俄国及中国在外蒙古之利益，及各该处因现势发生之各问题，均应另行商订。

此外孙宝琦又有一照会与俄使，作为声明另件，其声明各款如左：

（一）俄国承认外蒙古土地为中国领土之一部分。

（二）外蒙古政治、土地交涉事宜，中国政府应与俄国协商，外蒙古亦得参与其事。

自此外蒙古便正式自治，表面上为中国领土之一部分，然重要之派官、殖民、驻兵三事，则一件不能实行，反正《俄蒙商务专条》则轻描淡写的承认成立了。

五　外蒙撤消自治之经过

民国六年，欧战正在兴高采烈之际，俄国陡〔陡〕然发生革命，过激党渐次蔓延及于西北利亚，外蒙官府乃迭次要求中国政府派兵前往防边，以资镇压乱情。据民国七年三月十九日库伦来电称"布里亚〔雅〕特人之首领，已派代表前赴库伦，以贵重物品赠与呼图克图，并有该首领所部军士，赴库伦密秘运动，蒙古政府急盼中国派遣足敷调度之军队，前赴蒙古，以为抵制"。又据五月十八日电称"布里雅特首领，拟于三四月内，遣处陡率兵三千人，自车臣汗侵于蒙古，又布里雅特人四千，则应自乌金斯克入蒙"。六月十五日又来电声称"该布里亚〔雅〕特之首领，拟募兵驻库，截断恰克图、库伦间之交通，并宣布蒙古独立，外蒙急待中国派兵前往，以救危局"。又六月二十三日来电又称"外蒙政府惟有恳求中央遣军赴援，庶可挽回布里亚〔雅〕特人之危机"。六月二十九日复据来电"外蒙总理车林亲王宣称，中国军队若不从速抵库，则蒙局恐不救"云。中央政府所接类此之电，不一而足，无非要求中国政府迅即派兵，外蒙力弱，不能防护，加之东、北两方，外势易入，不能孤立，中国政府为地势之必要，于是决议先行增加内蒙守卫军队，然后再行派兵赴库防守，以资声援。民国八年六月十三日，又特派徐树铮为西北筹边使，来规划西北边务，同时俄国旧党谢米诺夫又想要利用蒙古为根据地，来胁迫外蒙，蒙人到此知非倚托中央，实不足以图自立，于是外蒙王公等，首先创议撤消自治，归政中央，其后更与活佛声说外蒙现势及必须取消自治情形，活佛立即允诺，其间虽有各大喇嘛不肯赞成，然以当时徐树铮兵威甚盛，不敢反对，活佛乃于民国八年一月十七日请求撤治，其呈文云："外蒙自前清康熙以来，即隶属于中国，清末行政官吏秽污，众心怨怒，外人乘隙煽惑，遂肇独立之举，嗣经协定协约，外蒙自治告成，中国获宗主权之空名，而外蒙官府丧失权利，迄今自治数载，未见完全效果。近来俄国内乱无秩，乱党侵境，以故本官府召集王公、喇嘛等，屡开会议，讨论前途利害安危问题，均各愿取消自治，前订中、蒙、俄三方条约及《俄蒙商务专条》并《中俄声明文件》，原为外蒙自治而设，今既情愿取消自治，前订条约当然概无效力。其俄人在蒙营商事宜，俟将来俄新政府成立后，应由中央负责另行商订，以笃邦交，而挽利权。"

中央接得呈文后，即于当年十一月二十二日颁布撤治命令，且将前订《中俄蒙条约》，概行取消，旧俄驻京公使闻讯，即抗议谓："各国彼此订立国际条约，除发生战事外，一方面不能单独取消"，我国外交部直截痛快覆他一句："所谓国际条约取消之先例，比例不伦，本政府不能认为同意。"俄使倒亦哑口无言了，而唐努乌梁海和科布多亦先后收复归附。自此外蒙喀尔喀、唐努乌梁海和科布多三处区〈域〉，终算又全行归服中央了。

《现代西北》（月刊）

兰州中央训练委员会西北干部训练团

1942 年 3 卷 3 期

（丁冉　整理）

德主席访满之意义①

小叶　撰

我蒙古自治邦政府，溯自成立以来，迄今倏忽数载，内任贤明长官之励精图治，外受日满两友邦之热诚支援，政治修明，治安巩固，产业开发，经济繁荣，教育普及，民生向上，全蒙境域，均呈明朗景象。现我政府德主席，为庆祝"满洲国"建国十周年并答谢支援盛意，特行偕同首席随员蒙古军总司令李守信将军，以及率领重要人员内政部长丁其昌，参议吉尔嘎朗，主席府秘书处长村谷彦治郎，总务厅参事官中岛万藏，主席府秘书官旺尔克札布、朝克巴达尔夫，主席秘书官李广珍，蒙古军总司令副官那木四朗，内政部属官史春明，总务厅属官根津幸春、牧园诚等十四名，躬亲访满。且满蒙在大东亚之北部，俱为国防之重镇，亲善提携，不可一日或缺，蒙满国交本极亲密，感情尤为融洽。兹者德主席又亲致其诚意，满蒙之关系，自然愈臻团结，"满洲国"朝野对此表示热忱，不胜欢迎之至，洵为事理所当然。盖以过去而论，双方情势，既为唇齿辅车之亲切，而将来之同心协力，收获宏大之功效尤无穷尽。双方当局，既能相聚一堂，欢然晤对，亲邻睦谊当然愈益增加，可知其意义之伟大。且德主席抵达满洲

---

① 本篇以敌伪立场叙事，违碍之处多有，为保持资料全貌，一一照录，请读者明鉴。——整理者注

国首都新京时，关于此次访满之主旨，曾发表恳挚之谈话："当此大东亚战争战捷之春，得亲访满洲帝国，并亲睹各般设施突飞猛进之进展现况，此实为余所不胜欣快者也。满洲帝国自建国以来，仅仅十年，即完成罕有其俦之发展，现今已获世界列强之承认，俨然显示大帝国之威容，发扬东方道义，巩固防共铁壁，保障满洲国民众之幸福安宁，同时并对东亚共荣圈之确立有所贡献，此实为余由衷心所表示敬意者也。惟满洲帝国与我蒙古，勿论在历史上以及地理上，无一不有特殊紧密之关系，尤其近年满洲帝国嘉惠我蒙古之援助，更屈指难数。余此次访满者，乃为庆祝满洲建国十周年，并对许多之厚谊表示感谢之意，兼恳请将来之援助。惟愿今后邦交益形密切，一心一德，相惠相助，共相为满蒙民众之幸福，及大东亚共荣圈之确立有所贡献。最后并恭祝满洲帝国皇帝陛下之万寿无疆，并满洲帝国国运之隆昌。"然满洲当建国以前，为恶劣旧军阀所盘扰，虐政诛求，有加无已，自建国以来，得到友邦日本之诚恳支援，凡百建设，皆有一日千里之势。现历十周年之光阴，诸般更见其飞跃之进展，各都会市县崇闳之建筑，翚飞鸟革，蔚然大观，民众之生息于其间者，莫不含哺鼓腹，如登春台之乐。此等强盛之状况，能于短期内得来，莫非日本支援之力。我蒙疆正在勃兴之中，为谋事业之进行，应〈以〉"满洲国"为法，故满蒙之交欢，乃为当前之急务。在大东亚战争进展期中，东亚共荣圈之确立，最应重视，满蒙均为圈内重要之一翼，应具同心协力坚决之意志，在日本□□领导之下，尤宜一致团结，克服艰巨。似此关系密切，自应力求邦交之增进，由此一心一德，相助相惠，共谋民众之幸福，即以加强共荣圈之安宁，故各方属望，咸信满蒙必有更进一层之发展。发扬东方道义，巩固防共铁壁，"满洲国"对此，多臻努力，成绩已大有可观。我蒙疆情势相同，尤宜表示一番敬意，现在德主席躬亲访问，满蒙间不可分之关系，当更增其强性，且对于目前要政之进行，亦必更有一番亲切连系，此吾人所不胜期待者也。然此次大东亚战争之发生，友邦日本纯为东亚各民族谋解放，故不惜任何牺牲，不辞劳瘁，远涉重洋，冒冲狂风烈日，而与英美决战。因皇军以伟大道义之精神，发挥海陆空军之总力，一举而粉碎其重要军事设施，继之席卷南洋群岛，现在英美恶势力，已趋于完全崩溃，我东亚共荣圈之建设，行见完成。唯当此节节胜利期中，东亚各国家，均应欢然握手，集中力量，以期征战早日成功，况满蒙壤土相接，休威〔戚〕攸关，更应团结一致，向前迈前〔进〕。现在德主席躬亲访满，其意义自属伟大，不但增进满蒙国交之亲密，而且对于大东亚共荣圈之建设，更增莫大之发展焉。

《大亚细亚》（月刊）

厚和巴盟兴亚协进会

1942 年 3 卷 4 期

（朱宪　整理）

于蒙古风怒吼声中造成优良纪录[①]

全蒙陆上竞技选拔会已闭幕

作者不详

为预选参加"满洲建国"十年纪念，所举行东亚竞技大会之蒙古陆上竞技选拔会，已于前日午前十时在"首都"上堡公共体育场内隆重揭幕，集合全蒙日、蒙、汉、回四族之体育健儿，逐鹿于一场，将建国之勇士精神，发挥无遗。是日午前八时许，大会各项役员即到场布置一切，忙碌非常，参加竞技之晋南、晋北、巴盟、察盟选手百十余名，齐集司令台左侧，勇武勃勃，跃跃欲试，场内外由警察、学员等，临时警备，秩序异常井然。看台上坐满各学校学员及参观人士，素日冷落之运动场一变而为热闹个所。十时半一切准备就绪，由大会总务系员报告开会：一、一同肃立；二、宫城遥拜；三、默祷；四、向日蒙国旗行最敬礼；五、大会吴会长致开会之辞（由小川常务理事代理）；六、当属审判长讲述竞技注意事项；七、选手宣誓。以上国民仪礼举行完了后，于十时五十分开始竞技，当时狂风大作，寒气袭人，于蒙古风威胁之下各健儿仍不示弱，奋勇直前，成绩并不遭受影响，其中迭有精彩表演。午后二时稍息，执事人员及各选手略进午餐后，午后开始决赛。

---

① 请注意作者的敌伪立场。——整理者注

　　三时起继续展开各项决赛，此时参观人士益众，红红绿绿，衣香鬓影，为大会增添不少兴趣。各选手以入于决赛阶段，竞争愈烈，因之产生不少更好记录。至午后四时半，全部竞技完了，当场评判竣事，并颁给各优秀者赏品。于万众欢呼中，大会乃圆满闭幕。

《西北公论》（月刊）

大同西北公论社

1942 年 3 卷 5 期

（刘哲　整理）

大桥最高顾问视察蒙古之感想①

张铭三　译

去年十二月二十日抵张家口就任后，于二十九日即向蒙古地带出发，前后约两星期，视察锡林郭勒、乌兰察布、巴彦塔拉各地，本年一月十六日归还张家口。兹将其间所得之印象绍介二三于次。

第一即系德主席、李守信副主席两阁下以下蒙古人之对余极尽亲切，使余感激不堪。在出发前，由旅行用之服装以迄被褥及其他必需品，全部系蒙古人赠与，主席阁下特发一部卫队保护。其他诸君对余身边琐事亦特别关心，实非轻挑浮薄之现代人所能想像也。一月元旦，与德主席同在西苏尼特之德王府，早晨举行仪式之际，曾作和歌数支，译成蒙古语捧呈德主席。其中有如此之文句：

　　"あら玉の年はかへりて蒙古路　今ぞ花咲く春の待たるる"

　　"てし方の胡沙吹く風を送りつゝ　ゆくてにはらお嵐おかへお"

　　"真直ぐにぞ五十路の坂を上りなん　誠の國に辿り着くまで"

当日祝贺之晚餐，系在号称内蒙第一豪华之宾客用包中举行，正中燃烧牛粪，用羊肉作成各种肴馔，实为丰美之晚餐。其间乐人演奏柔和□哓使人心醉之蒙古音乐。酒过三巡，德主席亲自弹

① 本篇作者的侵略者立场十分明显。为保持资料原貌，照录原文，请读者明鉴。——整理者注

琴，为吾等向导之兴蒙委员会委员长松王唱蒙古歌，一时恍如置身于七百三十余年前卡拉科拉姆之天幕府（译者注：卡拉科拉姆为成吉思汗建国之地）。是日天朗气清，风和日暖，白皑皑之旷野接连云际，顿觉心旷神怡，感到大蒙古建国之前途未可限量。在余一生五十年之内，如今年正月之印象深刻者，尚属初次。

在旅途中，到处受到蒙古人之热烈欢迎。蒙古人对渺小如余者，为何出以如此热烈之态度？此不外彼等鉴于余平素之思想倾向，期待借余之微力，达到彼等怀抱之希望而已。例如素以寡言著称抱病在床之东苏尼特林王，滔滔申述蒙古独立之希望。本年八十四岁之阿巴嘎大王，亦吐出如此言语："吾等期待阁下之来，早已望眼欲穿。今日相见，不胜欣喜之至！"由此可知蒙古人之期待。余来此后，如不能有所作为，将何以对蒙古人？言念及此，不胜忧虑。

抵贝子庙后，对于喇嘛之多，甚为吃惊，据言住有七百人以上。为蒙古复兴起见，希望由于蒙古人自觉，除去"喇嘛"制度之弊害。

此次观察感觉遗憾者，即对蒙古人之设施极不充分是也。此非尽可能之努力急起急追不可。如能普及教育、改善卫生状态、振兴产业，使伟大的民族指导者德王，统率散在各地之蒙古人，蒙古必能复兴，于易守难攻之亚细亚中原，建立相当之国家，此毫无疑问之余地。内地之蒙古人，今日虽尚未脱离未开化之域，但实际含有正直、勇敢、纯真、质朴，不愧为七百年前造成世界大帝国之成吉思汗后裔之性格。于满洲事变时，乘日本卷起之打破世界现状之机运，想起过去伟大之历史，企图脱离他民族之压迫，完成独立。尤其伟大的民族指导者德王之出现，可谓天运已明示蒙古之复兴。余确信蒙古人之此种热烈希望，早晚定能以某种形式达成。大陆虽广，而真正信赖日本，与日本人握手之民族，则惟有蒙古人而已。

　　而且余确信，蒙古人无论由人种系统上言，由言语性质上言，由民族性格上言，均为最近于日本人之民族。散在世界各地之蒙古系统民族，殆无例外均带显著之亲日倾向者，即由于此种血统之关系也。大和民族应对亚细亚之蒙古人，尽量与以声援，努力达成其希望，如将满洲事变以来始终信赖日本之蒙古人，认为人数少资源少，基于功利的观念，不屑一顾，则终难实现八纮一宇之大理想也。

张铭三译自《蒙古》四月号

《新亚细亚》（月刊）

上海新亚细亚月刊社

1942 年 3 卷 5 期

（丁冉　整理）

写给蒙疆青年的一种意见（卷头语）[①]

作者不详

老早就有这么一种意见，蕴藏在我们的心底，至少，在本年本刊复刊以来，这种意见益越底蓬勃巩固起来，以致无法压制或是遗忘下去。原因，或者许是为了一种责任心所驱使，因而发生这种意见，或者许是见到宿称文化落后的蒙疆，在担任着大东亚解放战之一翼的重大工作，欲与各友邦日、"满"、华，在同一的目标下，走向相偕并进的道路上，大势所趋，不容我们不有这种意见。

这里所说的意见，究竟是什么呢？就是在蒙疆区域，尤其是巴盟管区，在积极建设的过程中，一般青年有力写作者之产出，这种意见，表面看来，似乎不关多大要紧，实际，却是最重要不过的一种需求！

假使要说一个国家的强弱贫富，不与文化有关，那末当然用不着我们空喊什么"文化建设"、"建设文化"，反之，要说一个国家的强弱贫富，全视文化水准的高下，来决定它的运命，那末我们想要建设新的蒙疆，必需建设蒙疆新文化，想要建设蒙疆新文化，一般青年写作者之产出，该是多么需要而且刻不容缓的一种先决

问题？为了这个，所以我们老早就有这么一种意见，愿意供献给我蒙疆青年，要我蒙疆青年，一致奋起，来作建设蒙疆新文化的急先锋，也就是建设整个的新蒙疆的急先峰〔锋〕。

诚然，当一个写作家，也不是一件容易事，天资的秉赋，环境的养成，以及自身的修养，都有重要关系。不过我们这里的要求，并不怎么的苛刻，而且还是极普遍极容易做得到的一种要求。我们知道许多的青年中，除了少数的情形特殊的人，差不多都是刻苦求学的人，只要本着个人平素所学，加以整理，自然会写出很好的作品来。不过还要知道写作的基本条件，第一是情结问题，无论写什么样的文章，须先有良好的意思，远大的见解；第二还要熟练的技巧，这就是关于造句修辞的问题，有了很好的意思，加以婉转流利的词句，红花绿叶，相映成趣，自然便成永传不朽的文字，也就是有功于世的文章。

现当大东亚解放战积极的开展中，凡我东亚人民，应当发动总力，对整个战局，作强有力之支援。我蒙疆青年有健全之体格，纯洁良好之思想，自应努力写作，以尽个人天职。炮火生活固有前线勇士担当，枪后建设，还仗一般青年协助政府，共同建设，本会出刊之《大亚细亚月刊》，是我蒙疆青年发表意见的最好园地，凡我蒙疆青年，曷兴乎来！

《新亚细亚》（月刊）

上海新亚细亚月刊社

1942 年 3 卷 5 期

（李红权　整理）

两年来绥西的妇运工作

庄民　撰

　　说到绥西，我们马上就可以想到"天苍苍，野茫茫，风吹草低见牛羊"等一类描述塞上风光的诗句。绥西是蒙汉杂居的地方，有好多蒙古人的风俗在那里通行着。蒙古人是逐水草而居，汉人则到□耕耘为生。绥西的田地是靠着渠水浇灌的，今年浇上水，今年就能耕，于是这片地上也就有火柴盒般的小房子盖起来；明年浇不上水，这些房子的主人就迁走了。这□的住户是那样的零散，那样的变动迁移，所以除掉几个大些的城镇以外，再也找不到□个大村子，居住散漫是绥□□一□特点。

　　□□□□□□□□□□有五原、临河及安北设治局的一部分。五原是民国四年，临河是民国十八年设□的，安北□□仅是一个设治局，其开化之晚，可想而知。政治上的建设，这是近几年的□□。

　　教育方面，更是落后。五原、临河，各有完全小学校两个。各乡虽亦有小学校或私塾，但学生的人数较少，有些达不到十人，□□□□□，可见一斑。二十八年经教育厅竭力整饬及添设中心小学校及绥远中学后，目下绥西的教育亦有飞速的进步。

　　社教方面，则有各县社教推行所及各级动委会举办的民众学校。扫除文盲的工作，现在亦在努力实行着。

　　至于女学校，只有临河一处，学生更是廖若晨星，近虽努力整顿，但学生仍不过百余人，各级小学虽有女生数名，但至多不过读两三年，女子教育尚为一般人所不注意，故知识妇女真如凤毛麟角，村妇多无国家观念。绥西妇女的文化及政治水准确属极低。

绥西位于黄河后套，为西北产粮区，又有肥美的草地，可以饲养牛、马、羊。地广人稀，物产丰富，生活程度极低，人民懒惰成性，过去且多烟癖，风俗不良，妇女多不务正业，毫无国家民族意识。自七七抗战以来，归绥、包头相继失陷，敌人的魔手直进后套，于是这块肥美的田地就成了国防的最前线，大西北的门户了。

二十八年春，傅主席抵绥西后，政治脱节的后套，在各方面竭力整饬下，才走上了正确的道路。同年冬经敌人一次践踏后，在军、政、民三方面一致努力下，更有飞速的进步了。

我们在绥西妇女工作的开始，是在民国二十八年五月五日绥远动委会成立以后，因为女同志不多，所以只在五原、临河、扒镇、陕镇、乌镇、百川堡、四柜圪坦和杨枢〔柜〕等地前后开展工作。初步的工作是宣传，接着就进行了以下的调查工作：

（一）知识妇女调查；

（二）职业妇女调查；

（三）特种妇女调查；

（四）家庭妇女生活调查；

（五）在校儿童及失学女童调查。

调查的结果，我们知道这里的知识妇女实在太少了，每一个工作地点几乎不到十人。职业妇女则只五原、临河、陕坝各有三四十人，然大部受虐待。暗娼（在警察局登记过的）和"破鞋"（没有登记的）比比皆是。家庭妇女则既无正业又多染有烟癖。婚姻制度不良，虐待媳妇及离婚事件特多。在校女生人数极少。根据这些调查的结果，我们便决定了我们当进行的妇女工作计划：

（一）组织五原、临河、安北的妇女会。（知识妇女、女学生及热心工作妇女）；

（二）成立妇女队并分□训练家庭妇女；

（三）成立妇女知识班（专为年轻悠闲的家庭妇女）；

（四）成立妇女训练班（专为暗娼和"破鞋"而设）；

（五）成立特种妇女训练班（专为娼妓）；

（六）劝导学龄儿童入学校（专为失学女童）；

（七）个别的解决妇女问题，切实的解除妇女痛苦。

我们是在五月十二日到达工作冈〔岗〕位的。调查工作完竣后，临河的妇女会于五月二十三日成立，安北的于五月二十九日，五原的于六月十五日都分别成立了。会员各有九十到一百五十人。

妇女会的工作，首重会员的教育，按着她们的兴趣组织读报、认字、歌咏等小组，并常请当地名人讲演时事。次为宣传工作，利用各种集会及庙会进行口头宣传工作，亦常发散传单，黏贴标语、壁报等进行文字宣传工作。此外尚常为伤兵服务，并捐赠慰劳品，慰劳伤兵及前方将士。

此外对家庭妇女，则为之成立识字班，专训练十五岁以上二十五岁以下之年轻悠闲良家妇女，教之认字，一月毕业。现前后毕业者，已有八百余人。其他家庭妇女则按保为之组织妇女队，授以战时常识，教以抗战歌曲，并导其协助抗战工作，如做军鞋及为战士洗衣服等。

至于特种妇女（娼妓、暗娼、"破鞋"）亦另组班训练之，教以识字、妇女问题及战时常识等工课，尤以除奸及唱歌为主要科目，一月毕业，结业及〔即〕编为除奸队，经常召集之，授以除奸工作，计受训者一百六十余人。

对于失学女童，于调〈查〉后由警察局协助进行劝导及强迫教育工作。

妇女问题及妇女痛苦的切实解除办法，为帮助妓女从良，禁止虐待媳妇等事发生。

二十八年十二月我们为了防御敌人的进攻，实行"空室清野"的政策。我们便协力替政府宣传，并训练民众对于"空室清野"的认识及工作，绥西战役的胜利，五原大捷的获得，一方面是为了"空室清野"实行得法，一方面就是为了军、政、民的切实合作，而妇女们的力量也着实不少的。

抗建大业一日未完成，我们的工作也一刻不能衰懈。我们为着想尽力发挥我们的人力的缘故，所以我们对于绥西的妇女也加以积极的训练。组织妇女训练班，训练各地方的妇女干部，增加妇女的生产能力和技术，使她们能参加社会活动，有职业，能劳动，协助抗战建国的工作，在这伟大的民族解放声中，求得妇女们的真正解放。

《妇女新运》（月刊）

重庆新生活运动总会妇女指导委员会

1942 年 4 卷 2 期

（丁冉　整理）

施政跃进声中蒙疆的回顾与前瞻[①]

润雨　撰

蒙疆地方辽阔，物产丰饶，民风则耐劳朴实，大有可为。关于全疆建设，积极进行，数年来成绩斐然可观，具见当局热烈兴蒙，随时求其普遍之一斑。现值第三次施政跃进运动展开之际，全疆各地官民一心，意气昂扬，肩荷重责，引为己任，职域奉公，日夜辛勤，将来结果一定优美。现在当局力求美满，特展开"灭共"工作，必使人民得到安居乐业，全疆得到健全的秩序。以疆内人口的众多，土地的广大，资源的丰富，其可以成为东亚有力的国家，自然意中事。

考蒙疆地域，南接内长城，北连沙漠，东依阴山，西隔宁夏，而遥时〔对〕新疆，面积为五十万平方粁。北部系高原区，南部山岭重叠，中间为黄土平原，西南部接近黄河，便于灌溉。气候因位居太行、阴山之间，均无若何差异。总人口约为七百万。昔受频频之荼毒，不遑缕述。二十余年来，内则暴敛横征，恣意挥霍，币制紊乱，百业凋零，扰害地方，民命伤残，外则信义蔑弃，与邻邦开衅，容共狂奔，饿殍载道，其不日渐衰颓者几希。今者百度维新，励精图治，一扫从前陋习，咸呈农舞商忭，讴歌击壤，

欣欣向荣的气象。

溯自七三二年新生蒙疆蹶起后，于亲日防共的旗帜之下对苏联极东"赤化"政策，完全遮断，并于日"满"两国西陲，筑一大防共壁垒，全疆民族亦得借此机缘，脱离蒋政权及中国军阀之压迫，而造成民族协和、民生向上起发点，一跃而为东亚之先驱矣。

全境交通，自事变后，张家口成立交通委员会以来，日夜兴筑，除同蒲北段改轨外，主要道路延长约九〇〇〇粁。在昔蒙疆素称富庶之区，重要产物，有察南之铁，大同之煤，巴盟、晋北之盐，年额输出均占相当数目，此外牛羊、皮毛产量、交量亦甚丰富。至蒙疆马匹，体躯顽健，粗食隐忍，具有凛凛风品，征战奏凯，屡树伟迹，历为各地所驰合。谈到农产方面，以麦、粟、高粱、豆类为主，早年墨守成法，产量低劣，不知改良，故使农业日渐退化，农村日渐破产，自近年农事试验场与苗圃开设以来，优秀农事指导员之派遣，佳良种子配给，增产计划指导，数年中各地作物均有突飞进展。吾人由每年农产品评会举办时期，即可见优良作物栽培奖励之隆重。

疆内民众信仰宗教，分佛教、喇嘛、回教、天主、耶稣、道教六种向日各地古老的城市，破坏不堪，自新都市建设实施以来，筹谋策划，煞费苦思，画栋雕梁，光耀生辉，市街宽敞，建筑庄丽，新兴都市先后倖〔卒〕然实现，使人置身其间，顿觉"王道乐土"的好处。至于水道兴筑，疏浚沟渠，教育普及，以至各大古刹的重修，无论走在市内的每个角落里，却〔都〕会看见建设工事的紧张，和新兴气象的蓬勃。

综之，自展开施政跃进运动以来，百度维新，往日黑暗政治之革除，法律之改良，地方自治，厉行贤俊人材之广博登用，实业之奖励，金融之统一，富源之开辟，医学之发达，生计之维持，警兵调练，匪祸肃清，教育振兴，礼教是崇，王道主义之实行，明朗的蒙疆乐土建设疾步进展，邦民的精神全部作兴，一切的一切都予人无限的期待和愉快。在这种情形下，境内一切民族，熙熙皞皞如登春台，实力增加，百业猛进，东亚永久和平得以确保，且为世界政治之模型，足以裨益东亚共荣的巩固。

《西北公论》（月刊）

大同西北公论社

1942 年 4 卷 4 期

（李红菊　整理）

由政府成立三周年说到蒙疆之明朗①

蒙疆位居防共第一线，物产丰饶，在兴亚进程中占很重要之地位。事变以前，因内乱不息，政治不修，以致大好河山，任其荒凉未已，令人可叹之至！

自蒙古自治邦政府成立以来，在友邦积极扶植与指导下，行政效率，日见加强，一切建设，亦突飞猛进，大有一日千里之势。最显著的如煤铁等矿产的开发、公路、桥梁、衙舍等的修建、河渠之整理、农牧之发展，皆已收到很大的成绩。今后若能再接再厉，倍加努力，则明朗乐土之建成，计日可待。

当兹政府成立三周年纪念之期，万众祝贺之时，我们检讨过去的政绩，确已相当可观。然百尺竿头，再高一筹，乃各界同胞之一致要求。笔者不敏，愿就管见所及，对蒙疆今后之建设问题，分经济、政治、文化等数项略述于后：

1. 经济建设　我政府成立以来，完成之各项建设，如发展地方产业、救济失业人民、增加地方财富、促进社会繁荣等，当然已是很大的贡献，可是益加努力，本乎利民之原则，而振兴实业、开发资源，同时节约不良消费，则经济建设之成绩，当有更大的

---

① 作者是站在日伪立场上行文的，为保持资料原貌，照录原文，请读者明鉴。——整理者注

期待也。

2. 政治建设　政治方面最迫切的问题，乃吏治之澄清。盖政治之优劣，不特于建设之前途具有决定的关系，而于民心的归依亦有极大的影响。过去旧政权的没落，原因固多，但吏治不清乃是最大原因，希加以特别注意才好。

3. 文化建设　文化为人类生活经验之精华的结晶，欲使社会进步，必须发展社会文化。

蒙疆文化，向甚落后；今后欲使人民生活日臻繁荣，欲使东亚永久和平早日实现，必须从提高国民文化水准做起。而欲提高国民文化水准，乃须建立切合实际需要的国民文化。所谓切合实际的国民文化，应当集合各民族文化之精华以为内容，囿于成见自非所当，而拘于形式，亦甚不宜。

总上所述，数年来蒙疆之跃进，虽已可观，然而为了更进步更光荣，尚有再加努力的必要。努力的目标，经济建设应以福国利民为宗旨。政治建设应以澄清吏治而抚暴安良为重心。文化方面，应以提高国民文化水准以适应建设进展为方针。果如斯，理想中的一切，才能早日出现，而民众才能受实惠。执政诸公，希勿河汉斯言，则蒙政之前途幸甚！大东亚民族之前途幸甚！！！

《西北公论》（月刊）

大同西北公论社

1942 年 4 卷 4 期

（朱宪　整理）

蒙疆的特殊性①

何春魁　撰

满洲、蒙疆是相毗连而不可分的地域，然而我们对于蒙疆到底有了怎么的认识呢？从大东亚现局看起来，满洲人之详细认识蒙疆，确为第一课题。本文由满洲第一认识蒙疆的何春魁氏执笔，我们愿向全读者推荐！

第三次近卫声明，已把蒙疆的特殊性约要的表示出来了：（一）因不评〔平〕东亚内存在第三关〔国〕际之势力，所以日本本《日德意防共协定》之精神，而缔《日华防共协定》，此为日华国交调整上要紧之要件，而且鉴于中国现在之实情，为获得对于防共目的十分保障起见，在该协定继续期间中，于特定地点承认日本军之防共驻屯，并以内蒙地方为特殊防共地域。（二）因为使日华提携及合作发生实效，并促进日华两国民之经济的利益及两国间历史的关系而要求特别于华北及内蒙古地域之资源开发利用上，对日本与以积极的便宜。按以上的声明就可以明了蒙古地位的特殊性了，并且康德七年（成纪七三五年）一月下旬当青岛会谈的时候因蒙疆在国防上、经济上具有日、"满"、华三者强度结合的特殊性，遂相约使蒙疆为高度防共自治区域，承认他广泛

的自治权，并在三月下旬又获得了南京"中央政治会议"的承认，从此以后蒙疆按地域说，是大陆"赤化"遮断的地区，按军事上说，是东亚防卫的最前线，按政治上说，是建设新东亚之日、"满"、华、"蒙"连环的重要的一翼，按经济上说，是丰富资源的供给他〔地〕，按民族上说，是一方设法满足蒙古民族的希望，他方使汉、蒙、回各民族融和提携，以图东亚真正永久的和平，共同努力确立东亚共荣圈。所以蒙疆在东亚共荣圈内不但居于特殊的地位，而且具有特殊的使命。

地理的特殊性

现在"蒙古联合自治政府"所管辖的地域，我们常通称之为蒙疆，他管辖的范围，按中国事变前的政治区划，是察哈尔、绥远两省和山西省北部（内长城线以北的地方）的全区域，若按现在政治的区划，就是汉人居多数的察南普〔晋〕北两政厅所管辖的区域，和蒙古人居多数的巴彦搭〔塔〕拉、乌兰察布、伊克昭、锡林格勒、察哈尔五盟公署所管辖的地区，全面积约六十万平方公里，东邻满洲，结成唇齿辅车的关系，北邻蒙古人民共和国（外蒙），常受"赤化"的胁威，西邻宁夏省，南邻河北、山西、陕西三省（以内长城线为界），常受中共扰乱，所以蒙疆和"满洲国"筑成防共的回廊，在防共线上占极重要的地位。按地质说，南部土质大概适于耕种，所以住民几乎完全是汉民族，北部蒙地不是草原就是沙漠，适〈于〉牧畜而不适于耕种，虽然也有可耕之地，不过为数太少。并且蒙疆全域中缺乏河川，不但不能灌溉，而且水运也甚困难，除黄河之外其他小河川全不适用。所以因这种特殊的地理关系，现在的交通机关除京包线（北京至包头）、同蒲线（大同至蒲州）等铁路运输和黄河水运之外，全靠汽车和马、骆驼等动物的运输，因此蒙疆东西的交通迅速而便利，南北的交通迟缓而困难，这也是汉蒙两民族融合上的一种障碍，物资交流上的一种缺欠。所以锡林郭勒盟对蒙疆中央的关系反不如对"满洲国"的密切，就是因为这个地理上的特殊关系。

政治的特殊性

蒙疆受中国事变的影响，促进树立新政权的机运，遂以防共、亲日、民族协和和民生向上为理想，在一年之中产生出来三个自治政府。在康德四年九月四日在张家口树立了"察南自治政府"（万全以下共十县），又在同年十月十五日在山西省北部大同建设了"晋北自治政府"（大同县以下共十三县），至于德王所统率的"蒙古军政府"，也在十月二十七日在绥远成立了"蒙古联盟自治政府"（察哈尔盟以下共五盟），改绥远为厚和毫特。以上的三自治政府为蒙疆全体政治运用圆滑起见，选出代表，于同年十一月二十二日在张家口组织"蒙疆联合委员会"，把三自治政府共同的重要事项委托给联合委员会处理，以图全蒙疆重要政治的统一，由"蒙古联合自治政府"选派三名蒙系委员，由察南、疆〔晋〕北各自治政府选派四名汉系委员，再加总务委员长、最高顾问和参议组织委员会，马上着手整理金融，设立蒙疆银行，统一币制，开始政治、经济各种工作，锐意收拾事变后的残局。赶到康德五年，为图政治的强化，遂废止从前的总务委员会、产业委员会、金融委员会和交通委员会，新设总务部、产业部、财政部、交通部、民生部和保安部等六部，广收人材积极活动。"蒙疆中央政府"的基础从此就巩固了，总务委员长职务先由最高顾问代理，嗣后推载〔戴〕德王为总务委员长，由德王领导之下，一意向建设乐土蒙疆而迈进。然而世界的情势愈演变而愈紧迫，政府有急于整修治安、强化思想战线和扩充生产力的必要，遂于去年又实施改革政府的机构。

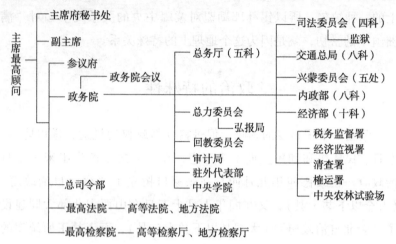

以上新机构的要点：（一）确立顺应战时体制的总力体制机构。（二）为图汉、蒙、回各民族别指导力的彻底起见，确立适合各民族特殊的行政机构。（三）整理已往的各部局，拿简素强力的组织来强化行政的渗透力。（四）节要行政费。新机〈构〉中最值得注意的，就是新设的中央总力委员会，总力委员会乃是政府施政的推进力，也可以说是政府的精神的母体，完成总力体制，以谋思想的统一，治安的确立，生产的扩充。蒙疆的政治力充足以后，方能和盟邦共负确立大东亚共荣圈和防共的责任。并本着民族复兴的立场，新设兴蒙委员会和回教〔育〕委员会而强化蒙疆的民族政策。推戴德穆楚克栋鲁普（德王）为主席，李守信将车〔军〕和于品卿为副主席，金井章二为最高顾问，金博士退职后由大桥忠一（前"满洲国"参议）继他的后任。其他重要职务由日、汉、蒙、回各民族分担，以实行民族协和的政治。

产业贸易的特殊性

蒙疆因地理的关系，和各民族的风习文化很想〔相〕悬殊的关系，各民族对于产业方面各有专长。占蒙疆产业的首位就是牧畜，但是从来牧业的，几乎全是蒙古民族，因为汉民族越过长城，侵入蒙地，着手农耕，把握经济的大权，所以蒙民为躲避汉人起见，渐渐移向北方草原地带。蒙人不但不惯于农耕，而且可耕地也甚少，这是蒙民不能抛弃牧畜根本原因。至于回民，因对于西北回教徒的特殊关系，所以从事贸易的甚多。

农业以汉人为主，自光绪二十八年在绥远（原〔厚〕和）设置垦务局以来开垦事业着着进展，一直到事变，已开垦土地约有三十万顷。河套一带可耕而未耕的，尚有很多，其中适于水田的，将来日本人颇有移殖的可能。蒙疆内已开发的农业地带，就是察南、晋北两地区，和察哈尔、巴彦塔拉、伊克昭三盟的南部等京包沿线一带。至于蒙地内的农业，除汉人之外虽有少数的半农半牧的蒙民，不过将来农业的开发，按土壤、降雨量和气温观察起来，尚属疑问，恐怕在最近的将来仍得以牧业为主。农产物主要的是小麦大麦、燕麦、高粱〔粱〕、马铃薯、粟、大豆等，阿片也是蒙疆的特产。蒙疆因产麦和马铃薯甚多，所以住民的常食以面为主食，以马铃薯为副食。至于林业，非常的不振，全蒙疆可以说是没有森林，除了南部农耕地带少有树木之外，蒙古草原地带全无树木，所以前年树立造林三十年计画，实行朔北绿化运动。

牧业必须广大的地域和自由游收〔牧〕，方能得良好的成绩，所以土地所有权和农耕地不同，需要共有而不便于私有。如果使蒙民定住经营牧业，势必非从根本改革牧业的经营法不可，现在需要斟酌蒙疆牧野的特性，使他充分发挥他的经济价植〔值〕。增殖低廉的家畜，不但可以供给蒙疆和邻国农耕的家畜，还可以供给轻工业的原料和肉食资源，所以蒙疆对于共荣圈负有特殊的任务，我国农业增产和蒙疆家畜增产颇有关联。

矿业，蒙疆矿业资源以煤和铁为主，其他还有盐、石棉、曹达等。煤的埋藏重〔量〕最多的是大同，约有四百亿吨，在世界上也是很有名的。其他还有阳原、怀来、宣化、涿鹿各县，和盟内的少数煤矿。铁以龙烟（龙门〔关〕，烟筒山）铁矿为最有名，埋藏量一亿二千万吨，铁质比大治〔冶〕还好。盐分土盐和湖盐两种，土盐出在晋北，湖盐出在锡盟，每年推销到我国的很多。

工业的振兴也是新政权的国策之一，为顺应确立东亚共荣圈，按产业开发五年计画，对于电力、洋灰、机械工业设立多数之特殊会社和准特殊会社，其他如制粉、毛织和皮革等轻工业，也相继着手创设起来。按去年的统计，工业会社共二十六社，公称资本约六千万元。

按以上的产业状况看来，蒙疆的贸易当然以谷物、谷粉、牲畜、兽毛、兽皮和矿物为主，去年铁路贸易输出总额为一亿三千四百八十八万余元，输出超过六百四十三万余元。

民族的特殊性

按去年的调查，蒙疆全人口约五百五十余万人，日本人三万五十余人，汉人的〔约〕五百万人，蒙古人约三十万人，回民七八万人，满人六千余人，其他外国人为数极少。可见汉人几乎占全人口的百分之九十五，并且掌握全蒙疆的实权，所以汉人在经济上占绝对的势力。可是蒙古人口虽少，在经济、政治上地位是很重要的，不但政府首领和军首领是蒙古人，其他占重要的地位的蒙古人〈也〉很多。并且前边已竟〔经〕说过，为复兴蒙古特为设立了兴蒙委员会。至于回民也是如此，人数虽少而地位也甚重要。因为蒙古族除蒙疆之外，满洲内约有百二十万人，蒙古人民共和国约有七八十万人，希〔布〕里亚特自治共和国约有二十余万人，新疆约有三十万人，其他散居各地的蒙古人约有三十余万人。除了蒙疆和满洲以外的蒙古族，大约全受"赤化"的民族政策之影响。回民虽然多半是汉人改宗的，可是因为宗教的关系把汉人的民族意识已竟〔经〕失去，他们属于西北回教联合会，和宁夏、甘肃、新疆等回族有精神的连系，并且西北回民地渐渐受"赤化"的浸润，所以对于蒙古族和回民的政策如果适当而且圆满时候，不但蒙疆内的汉、蒙、回各民族的融和能够实现，并且能够影响到受"赤化"的同种民族，所以蒙、回民族的地位非常的重要，这也是蒙疆政权成立的一种特殊的意义。

"满"蒙特殊的关系

满蒙两者在历史上、地理上和民族上关系的密切是不必说了。就是在政治上、经济上和国防上的关系，更是特殊的。在蒙疆政权成立当初，受"满洲国"种种援助，在康德四年察南政厅、晋北政厅、"蒙古联合自治政府"成立的当时，金井章二博士就率领多数日"满"系官吏去到蒙疆援助建设新蒙疆，尔后不断的由"满洲国"向蒙疆派遣日"满"系的人材，就是蒙系官吏除德王之外，其余重要的人物，不是热河出身，就是兴安省出身的，蒙疆境内出身的很少，所以蒙疆有今日飞跃发展，若说是全仗满洲人材的力量，恐也不是过言。自从大东亚战争勃发以来，两者更须进一步的亲密，好协力援助日本复兴东亚，所以有"满"蒙间全面的人事交流的提议，现正在两方政府慎重考虑之中。至于经济上的关系，也是从蒙疆新政权成立当时，就发生金融和贸易上的关系，尤其是热河省、兴安南省、兴安西省，和蒙疆察哈尔盟、锡林郭勒盟的关系，更较密切。因为察、锡两盟的蒙民和张家口交易不如和满洲的交易捷便，所以自"满洲国"强化统制经济以来，两者的交易虽然感觉困难，但是仍然不能遏止，秘密的交易渐渐增加。尔后蒙疆方面因锡盟交通不便，物资极度缺乏，民众不堪其苦，蒙疆方面于是请求"满"方援助，两者于康德七年在新京开满蒙经济调整会议，确定物资交换和汇兑等根本问题，实行铁路、陆路两方面的物资交流。赶到大东亚战争一起，"满"蒙两者为镇护北边和协力盟邦起见，更有强化提携之必要，遂于本年四月间在新京又开贸易调整会议，对于铁路物资交易、陆路物资交易和资金会议，分三部讨议，得到圆满的结果，结成互相依存之关系。总而言之，自大东亚战争发生以来，"满"蒙之特殊关系，更加强化了。再有国防方面，也从蒙疆政权成立时，就互相提携，尤其对于防共，两者之结合随时势的进展，愈加坚固，紧密提携，共负东亚共荣圈北边镇守的责任。更加本年四月德主席访"满"，庆祝"满洲国"建国十周年，并致谢已往"满洲"援蒙的厚意，"满洲国"于六月特派治安部大臣于代表到蒙疆答礼，使"满"蒙两者的特殊关系，更加一层的紧密起来了。

《新满洲》（月刊）

新京满洲图书株式会社

1942 年 4 卷 9 期

（李红权 整理）

蒙古政府成立二周年纪念①

作者不详

蒙古政府，以九月一日适值成立第二周年，首都张家口等处七百万民众，展开纪念日庆祝诸行事，昂扬新政权下强力之团结。昭和十二年八月二十三日，日军甫入张家口城以后，成立察南、晋北、蒙古三自治政府。更于成纪七三四年（昭和十四年）九月一日，统合强化，成立蒙古联合自治政府。自是以来，两易星霜。于兹，逢建设第三年之发足。是日，首都张家口，于日本神社前，举行政府成立二周年纪念式典，继对中国事变战没勇士，及蒙古肇建殉职之英灵，有所默祷。既终，表彰政府模范官吏，更继而举行现地市县民代表主催之国民大会。式典告终后，会场立即展开执旗游行，全市充满庆祝之色。是日，政府主席德王发表感想，披沥官民一体，以日蒙如一，迈进于蒙疆建设云。

《国际时报》（月刊）

新京满洲帝国外交部调查司

1942 年 5 卷 10 号

（丁冉　整理）

---

① 本文作者的敌伪立场十分明显，为保持资料原貌，照录原文。——整理者注

德王抵京后发表谈话[①]

作者不详

德王于二十一日午后二时，在大和旅馆会见满日记者团，席上声明如下：

此次鄙人于大东亚战争获得绝大胜利之际，来访满洲帝国，并得亲见各种建设之跃进情况，实不胜欣快之至。满洲帝国建国以来，仅十年寒暑，竟有卓越的发展，获得世界列强之承认，俨然显示大国威容，发扬东洋道义，巩固防共壁垒，非但造福于满洲国民众，而且于大东亚共荣圈之确立，亦有莫大裨益，此为鄙人所敬佩不已者也。

我蒙古与满洲国在历史上地理上，既有其密接之关系，近数年来，蒙古尤多承不断之支援，衷心感谢，非可言喻。此次适逢满洲国建国十周年佳期，特来访问致贺，用申谢意，并祈将来之支援。今后更望邦交愈益巩固，关系愈益密接，一心一德，求东亚共荣圈之确立，互惠互助，共为满蒙民众增进其幸福。同时谨祝满洲国皇帝陛下万寿无疆，及满洲帝国国运

[①] 作者是站在日伪立场上行文的，为保持资料原貌，照录原文，请读者明鉴。——整理者注

隆昌。

《国际时报》（月刊）

新京满洲帝国外交部调查司

1942 年 6 卷 5 号

（丁冉 整理）

蒙古政府发表声明①

作者不详

蒙古政府为庆祝我国光辉之建国十周年，并对从来寄与蒙古政府之支援，向我国朝野及关东军表示感谢之忱，政府主席德王一行，于十九日午后零时，由张家口出发，二十一日已抵新京。兹者蒙古政府适于一行到京之时，发表访满之意义如左：

> 政务院长谈：我政府得有今日者，皆盟邦日、满两帝国莫大援助之所赐。本政府实感激不已。今次主席，当满洲帝国建国十周年佳岁之际，偕李总司令一行，往访满洲国致庆祝之至情，并对本政府肇建以来，满洲帝国朝野及关东军寄与之支援，借申感谢之衷云。

《国际时报》（月刊）

新京满洲帝国外交部调查司

1942 年 6 卷 5 号

（丁冉　整理）

---

① 本文作者的敌伪立场十分明显，为保持资料原貌，照录原文。——整理者注

蒙联主席德王访问我国[①]

作者不详

我国与蒙古无论在历史或民族上，因缘极深且远，并以接境地方观之，举凡治安、经济、交通，所谓唇齿辅车之关系，尤为密切。是以彼我之间，既由于环境之所使然，早已形成必须连系之重要性，所以从来即相互援助、共存共荣，我爱善邻之心既笃，而善邻惠我之情亦殷。本年适值我国建国十周年之佳年，蒙古联合自治政府德穆楚克栋鲁普主席阁下，为庆祝我国国运隆昌，并期更进一步的敦厚满蒙亲善关系，乃不以千里跋涉为苦，遂于四月二十一日午前十一时五十分，趁由北平之直通列车，偕随员蒙古军总司令官李守信将军以外十二名，远由张家口而莅临新京矣。事前我政府方面，因已接到来访之公电，故为迎此国宾，除先特派遣井崎治安部官房长等前往山海关驿迎接外，更于抵京时，举国都官民代表数千人，或鹄立于站台，或整列于前，热烈欢迎，为势隆重，空前未有。

《国际时报》（月刊）

新京满洲帝国外交部调查司

1942 年 6 卷 5 号

（朱宪　整理）

---

① 本篇作者的敌伪立场十分明显，为保持资料原貌，照录原文。——整理者注

一个日本女兵在包头

——本刊特约通讯

黎圣伦　撰

这篇通讯是作者从榆林寄来的，内容异常新颖，叙述一个日本女兵嫁给中国小贩的故事，或许读者会认为这是虚构的小说，而不是事实，但作者来信说："这故事是作者留居塞上时候的所见，绝对是事实，作者的目的，在完成一种报导的任务，而不在求取文艺上的评价。"

到包头已三个月，山马菊子内心悲痛的情绪，和时间继涨增高。

军队中的生活，一个没有受过训练的人，是不容易过惯。尤其是女人，一个女人夹杂在许多男人之间，而且还要瞒守着绝大的秘密，是常会引起精神上的不安的。

所以当她闲着的时候，当熄灯号吹过，正要睡觉的时候，一幕幕悲苦的情景与印象，常不断会在她脑际里盘旋。

首先出现在她记忆里，是她年老的母亲，一个有了五十多岁年纪的人。在她父亲死后，全靠一点很薄的遗产，把三个儿女，从小扶养起来。终年是辛苦的操作，终年带着一副慈祥的面容，二十年的寡居不知榨出她多少血和泪。而这个景况，做女儿的是更能了解娘的心情的。

其次是七十多岁的祖母，一个晚景凄凉的老妇人，在父亲和祖父相继去世后，她底境遇是最难消受的，但天注定她有这么一个高年，当然也得度过去。她所尝历人世间辛酸滋味，实比谁也要多。

她阿哥在种着庄稼，那块土地，便是祖遗一点很薄的产业。丰年的时候，收获尚够维持一家人的生活，但一遇着荒歉，即是无法支持的，于是靠着她一点手工上的收入，来稍稍补助。或者，是从母亲料理下的一切家庭副业会略略有点收入。

阿弟是工厂里一个学徒，学徒是没有薪给能够协助家用的。他虽然快成年，但还只是自己能顾到自己的一个人。

过去的时日，她们很能平静度过一些日子。可是在这两年中，对外战争发动后，境况当不同了。第一个影响是，物价都高涨了，而肥料的涨价更大，甚至买不到肥料。第二是，物价虽涨，但粮食价格却受着限制，派公债更是层见叠出的事。第三是，由于军事的训练和人力上的征用，常使她们减少时间为自己工作。

所以战争给她们的只有痛苦。

国内的宣传家们，常常到她们村里来，宣传战争的作用，要她们为战争效劳，似乎说战争于她们，必有重大的恩赐。但是她们平间日〔日间〕见的，却是一个个出征的人，都得着"无言的凯旋"回来，现在每个家户里，都有一个新寡的少妇或孤儿，逢到纪念日期，会遍村的哭着。否则便是相对的时候，互相论着生活上的痛苦。有的人现在连要买起一块肥皂，也会感觉困难，其他当然更不必说。

不过宣传家们还是照样的宣传，就是一班人再四听得厌烦了，而他们是不怕麻烦的。

一个更严重也更痛苦的问题相继临到他这一家人的头上。那是她的阿哥，立刻要被抽调到前线去服务。阿哥是负责种着庄稼的，放弃了庄稼一家人全然要饿死。更其是他有着一个新婚燕尔的嫂子。宣传家们当然全不再理会这件事。本来阿弟有可能替换阿哥出征的，但他此时还不到年龄，而且正受着工厂方面的限制，不容易脱离，所以很难实现。

大家都焦虑这一问题，老年人更愁急得利害。

到前线去，无疑要战死，就是活着，也难断定什么时候能回来。说是"对华战争"，哪天可结束，恐怕比预测明年田地里庄稼收获成分的，还有点困难。然而一家人却靠阿哥生存着。

最后还是她提出勇敢的主张，决定代替阿哥出征去。

到军队里面，她用的名字是"山马二郎"。

在家里用过那最后一次晚餐，拜别了神和祖先，和在车站送别时的情景，犹清晰在她记忆里，那是一幕人间最惨痛的悲剧。

在许多人的血和泪的交流中，她度过那永远不能忘记的一个时辰。

由车站送别到登轮出国，由登轮出国到驻防包头，现在已整整半年。时间的延长像一条蛇，她苦苦的缠绕在菊子的身上。

同在部队里的兵曹，都知道山马二郎是一个神经质的人，是一个患着思家病的人。平日她很少说话，很少和任何人有过热情的表示。在营里，除了正常操课外，只是一个人呆坐，静默默的。好在在这个场合里面，是不需要一个人多做无味的活动的，所以她的态度，并未受到意外的严重的攻击。

在她呢，除了思家而外，却还有一个保持女性秘密的重要的任务。假如这个秘密被发现了，虽然不至于受什么很大的刑罚上的处分，但原定计划要失败是无疑的。这样，她要连累到阿哥，牵连到母亲、祖母和一家人。

他〔她〕是没有受过军训的，当然也没有战争经验，战争的可怖，她会想像得出来。尤其是一个人曾经讲起的中国游击队的故事。说是在□年冬天，中国游击队曾经配合正规军，一度进攻包头，从北、西、南三门进，日本军在全然不觉中，被攻击了，于是有一个太佐级，和十多个尉官级的官佐，被杀死了，兵曹战死的也有三四百人。这件事，永远不会泯灭在他们的记忆里。而菊子更是随时担心着有这么一天会到来。

战争，是可怕的，战争，是痛苦的，当前的菊子，只有这个单纯的感觉。委实她也毫没有得到战争的好处了。关于这一点，恐怕同部队里的人，都会这样感受到。但是没有人会明白的这样相互谈论起，因为这是不许可的，是绝对被禁止的。如此菊子只有怀着更大的苦闷。

她们驻在包头的太平巷。

在苦闷到极点的时候，菊子便常跑出营门去，到巷西口的小摊上，买些糖果来消遣。于是她能看到那糖摊的主人，每次每次地，都悠闲地在那里坐着，照料他的生意。她实在很羡慕他，她总觉得他是有莫大幸福的人，于是更常去和他搭讪着。她知道他的姓名、家世和生活状况，心里常准备有所表示，然而很多时候不敢启口。

至于那位小糖摊主人呢，他却很害怕这位日本军人的攀扯，他很诧异，他怀疑她一定别有用意。一个日本兵对于中国人，是不会有好心肠的，尽管它〔她〕口里面说得多么软和。在他这样想。

她曾屡次要求到他家里去走走，都被他谢绝了。

但菊子老是告诉他这么一套话：

"你看，你多幸福呢，能够这样宁静的生活着，终朝侍奉着老母。而我呢，却是一个亡家的人，有家归不得。你们中国游击队又是那么厉害，连我的性命也会朝不保夕。你想，你比我幸福多呢！"

然而同样这并不能使他有动于衷。虽然表面上，他们已经成了一对很接近的朋友。但是单方面的，在她从来没有揣测，认为这段话，对他是一个善意的表示，或者有加深他们友谊的企图。

这位小摊贩主人——王保国，是一个安分守己，典型的中国人。

在四月二十九那一天，日本军队里照例放着假，庆祝"天长节"。包头市面今天特别热闹，王保国也是挤着在人海中，观看热闹的一个。

忽然菊子遇着他，她硬拉着他要进小酒店去"叙寒"，并且一定要到他家里走一走。

保国在无可奈何中，答允了他〔她〕的要求。

当他们一踏进家门的时候，同院子住着的人，都惊惶起来。因为普通一个日本兵，到了老百姓家，不是找吃的喝的，便是找玩的女人，所以大家只有拼命避着。当然，她们不会知道这个"日本兵"，此来是别有用心，别具怀抱。

菊子一看到这个乡村家户的情景，不禁触想到自己远在海那边的家庭里的景况来，她看到那灶具，那神龛，又见了保国带着白发的老母。同时想起了自己的老母，自己的家园，想起了战争所给与自身的痛苦，想起了生命前途的渺茫，想起了一个人应有的归宿，她潜然泪下了。于是她一手拉着保国，一面跪在保国母亲的身前，哭着说：

"老母亲，请救救我，我愿意和你们一块生活。我不想再回营去。我是女的，请你们相信我，我马上会给你们证实。为着要救我的母亲和祖母，我代替阿哥出来从军。但是已有许久没有接到她们的消息，我相信我是永远无法回去的，她们也不会再深切期待我的消息。但是我的生命，不能无缘无故把它送掉。我是一个女子，我要行我的本分。我不愿意把这一生，葬送在日本军队手里，我要恢复我的自由，恢复我的人性生活。我喜欢保国，我愿意和他结为终身伴侣，我愿意和你们一块儿生活。"

菊子把语句说得若断若续的，虽然她的中国话，还不很纯熟。

但保国和母亲，都听得很清晰。但他们确实发现了菊子是一个女性以后，心里都异常欢快。保国很天真的紧紧的把她抱了起来。他们要菊子立时决定以后的办法。

当晚菊子脱下了戎装，变成功一个中国妇人。

那个夜里，虽然还有月色，但被风吹着，依稀不很亮。包头市面上，因着庆祝"天长节"的关系，景况特别热闹，从来怕开门的店户，都被迫挂着灯彩，尽管那灯彩里面，燃的是中国人的血和泪。酒馆和剧院里，都挤满了大小装疯带醉的日本军人和商人，大小汉奸和浪人，日本妇人在驮着小孩满街走。艺妓则在酒馆和剧院门前招摇着。他们此刻是忘其所以的，不过另一面，却有人在暗地里写着打倒日本军阀的标语，散发反对侵略战争的传单，或者正表演一幕切腹自杀的悲剧。就在这个时候，菊子随着保国，和保国的母亲，带着糖摊，和一些必需的衣物，离开包头城，走向黄河的南岸来。

"永别了，祖国！"

"暂别了，包头！"

他们走到了一块能呼吸着自由气息的地方。

《经纬》（周刊）

上海经纬出版社

1943 年 2 卷 2 期

（李红菊　整理）

蒙古伪组织内幕

罗卜 撰

一

我国的西北角——内蒙古大部即察哈尔、绥远——啊！好一幅广大的沃野！然而，竟被敌寇的铁蹄践踏了六年。同胞们在水深火热中，喘息着，挣扎着，同时更在期待着！

敌人以经营伪满之同样方式，积极经营所谓"蒙疆"，高唱"蒙疆是防共最前线"的口号，以迷惑我西北角的七百万同胞（根据敌人之调查）。因此，察、绥七百万同胞，日日在敌寇铁蹄下，恐怖中，被敌寇奴役着，蹂躏着，同时也在祈祷着抗战早日胜利，反攻大军早日北上，并且都准备着与敌寇清算用血记下来的总账。

蒙疆伪组织对外称"蒙古联合自治政府"，府内称"蒙古自治邦"。其所以对内称"蒙古自治邦"者，因"邦"字之蒙文与"国"同。敌寇自弄聪明，以"蒙古自治国"为名，目的在煽惑我教育极端落后的三十六万蒙古同胞，甚至更进一步，制造荒谬言论，于秘密中编发蒙文小册子，向察、绥北部如锡林果勒盟、乌兰察布盟等地大量散发，说什么"大蒙古国"已筹建，不久便可有"大皇帝"出现。并用尽方法和手段，怀柔各盟旗王公及有势力的大喇嘛，予以物质享受、名誉位置，希能供彼役使，然而，敌寇却都枉费心机了。蒙古同胞，不但不相信敌寇的宣传，而且均透彻的了解，中国的敌人究竟是让供其役使的仅丢了良心的少数汉奸而已。

民国二十八年九月成立由伪蒙疆联合委员会集合叛逆德王为傀儡头目之伪蒙古联盟自治政府（设绥远），夏逆恭为傀儡头目之伪晋北自治政府（设大同），及于逆品卿为傀儡头目之伪察南自治政府（设张家口），三伪政权合流为伪蒙古联合自治政府，迁设于张家口（前察哈尔大饭店旧址），乃以叛逆德王为伪组织之主席，敌寇今井章二为最高顾问。其间因敌寇之政策迭变，群丑之争权夺利，故伪组织机关亦屡行改组。

曾一度被群丑攻许〔讦〕亡命日本之吴逆鹤龄，为达到过傀儡官瘾及发财之目的起见，不惜出卖良心，认贼作父，在东京大事活动，讨娶敌妇，百般献媚，屡向敌兴亚院（今改大东亚省）及军部内之"蒙疆科"，大小官兵屈膝，始求得伪政务院长之职。前年春，吴逆由寇京携军部之命令，含笑归来，根据敌寇之秘令，与今井章二会商之下，遂又改组"蒙疆"伪组织。

伪蒙古联合自治政府，下设"参议府"、"政务院"。"参议府"为一部汉奸养老院，无重要可谈。"政务院"下设"总务厅"、"内政部"、"经济部"、"交通总局"、"司法委员会"、"回教委员会"、"总力委员会"、"弘报局"、"审计局"等。其地方行政，划全区域为五盟二"省"，即锡林尔勒盟（设于贝子庙）、察哈尔盟（张北县）、乌兰察布盟（百灵庙）、伊克昭盟（包头）、巴彦塔拉盟（绥远）。所谓二"省"，即我山西省北部、察哈尔省南部地区，沦陷后，晋北称"晋北自治政府"，察南称"察南自治政府"，俟三伪组织合流后，晋北称"晋北政厅"，察南称"察南政厅"。本年一月，以加强地方行政效率为理由，忽又行改组，同时将"晋北政厅"改称"大同省"（仍设大同），"察南政厅"改称"宣化省"（由张家口迁往宣化）。另外张家口改称"特别市"，并定为伪首都（人口约有十二万）。

伪组织之基层组织，伪中央各会、部、局下，直接分"科"，科下分"股"，惟"兴蒙委员会"下则称处，处下仍为股。至"回教委员会"及"总力委员会"，仅有其名，等于虚设。地方则不论盟、省、市，于本年三月改组后，由厅亦改为处，处下分股。整个伪组织掌握大权者，则为"总务厅"，厅长为日寇武内哲夫。下设十余科，科长多为寇丁，故凡属机要、人事、财政、文书、企划等，均为日寇掌握包办，"政务院长"虽有权过问，而实不敢过问。其他各会、部、局完全承总务厅长之命，仅办理例行事项而已。

各会、部、局对外行文时，如只盖衙署官印则属无效，必须于官印之侧方，加着负责日寇私章，方为有效，甚至关于机要、人事企划等许多秘件公事，汉奸不仅无权参与，而且不准翻阅。尤其笑话者，曾有明文规定，许多次要秘件公事，只准蒙古人看，绝对不准汉人看，理由是"汉人的心统统坏了"，如汉人强看或偷看，则可当时捕获，送往敌宪兵队或敌伪组织内之特务科，以所谓"通敌犯"论罪，轻则打骂后放回，重则判处徒刑或丧命。因此我许多同胞，为了活下去，为了将来光明，不得不身躯伏逆，每日垂头丧气的步至衙门里，不敢怒亦不敢言，由早坐到晚，除抄录点法规或油印外根本无事，既不准看报又不准读书，真是度日如年，在痛苦中煎熬着。

叛逆德王（名德穆楚克栋鲁普，锡盟西苏尼特旗人），封建的头脑，高坐沙发椅上，做其大皇帝之迷梦。这个傀儡主席，每月敌寇给月俸二千元，另机秘费五千元，名为"主席"，实系月给七千元之雇佣，如有什么典礼筵会场合，由日寇编好词章，令其唱唱而已。"副主席"有二，一为李逆守信（土匪出身），居绥远，除吸食鸦片、玩弄女人外，别无他事。一为于逆品卿（张家口魁星高绸布店掌柜），该逆原为伪察南自治政府主席，于二十八年九月三日伪组织合流后升为副主席，仍经营商店，这小子财运亨通，几年来即赚了数百万元。"参议府议长"为卓特巴本〔扎〕普（即卓世海，察省明安旗人），昏聩颠倒，行将就墓，其女公子与寇丁奸，做敌寇特务员，杀害同胞，盗卖家中珍品，而老朽知之亦不能管束。"政务院长"吴逆鹤龄（热河喀喇沁右旗人），纯为自私自利个人主义领袖欲狂者。亡命日本时，极尽留〔溜〕须能事，讨娶敌妇，学会敌语，屡向寇丁屈膝，谋得"政务院长"之职，接受敌寇密令，高唱"复兴蒙古，民族自决"，实则吸吮蒙古人之膏血，肥自己，为敌寇打前锋，当走狗，做分裂中华民族的恶行。

"政务院"下"总务厅长"为寇丁武内哲夫，非常跋扈，承寇军部之命，总揽伪政权一切。"兴蒙委员会委员长"为松津旺楚克，系一不懂汉话汉文之蒙古王公，"内政部长"丁逆其昌，为不学无术的大老粗，"经济部长"马逆永魁，原为一纸店业商人，是见寇丁即折腰的懦夫，"司法委员会长官"杜逆运宇，曾留日，老婆为日本人，一度利用裙带关系大事活动，现被贬，仅拿钱吃饭，带领其家小及秘书，终日大唱其戏，"交通总局长"金逆永昌，是书呆子，闭门不出，厮守着姨太太，读金刚经，念大悲咒，"弘报处长"、"审计局长"，均为日寇，分掌全区域之宣传弘报及财政用度等要项。在各地方方面，锡林果勒盟长由"兴蒙委员会委员"长松津旺楚克兼任，察哈尔盟长由"参议府议长"卓特巴扎普兼任，乌兰察布盟长为另一沙王，长期不到差，由日寇参与官负全责，伊克昭盟长，阿拉坦巴根，为一爱钱好色之昏聩王公，巴彦塔拉盟长为补音达赖，德王表亲，更兼伪组织之"高等法院院长"，尽量贪污，吸人膏血。晋北方面所谓之"大同省省长"，为田逆汝弼，地痞流氓，经多年之媚日，始获得这个伪官。察南地区所谓之"宣化省省长"为陈逆玉铭，洋奴出身，利用机会窃得该职。再"张家口特别市市长"李逆树声，系一乳臭未干的小孩子，因与李逆守信有裙带关系，由李逆守信全力推荐得该缺。

伪组织不论中央官厅或地方衙门，日寇已不是所谓顾问，而是实任官了，故握实权者均为日寇。如伪组织中各会、部之次长均为日寇，下边的处长、科长、股长亦均为日寇，或经日寇训练成熟丢掉了灵魂的大小汉奸。同时该部日寇及汉奸，多系伪满派遣者，伪蒙当局无权过问或解雇。至所有法规、法令、公文等，均由伪满抄袭而来，而伪满又自日本抄袭应用，什么"首题之件，相成度也"，花样翻新，笑话百出。且所用文字是日文和蒙文，汉文几将绝迹，由此可见排汉之一斑。总之在伪组织黑暗笼罩下，最受压迫纳税者全数汉人，有空头名位稍得享受者少数蒙古人，而发号施令，大权在握，统制蒙汉人者，日寇！

伪组织之最高顾问原为日医学博士出身，利用机会走向政治路线的今井章二，后被已下台之"总务厅长"关口保联合多数日寇与之为难，并向其国内军部及当地驻军部队长控告，谓其与土著众汉奸勾结发财，揭穿其在当地所发不动产及存款数字，遂下台，全部财产三分之二，被当地驻军没收，今井派党羽爪牙均纷纷辞职星散他去。去年又派来一个老头子大桥忠一，但到任不久，因不得当地驻军之欢迎谅解，很快又被打下台去，滚回东京。伪组织同时亦宣布，最高顾问制取消，现在伪组织之最高统制者，为日本大使馆张家口事务所及由军部指派之少校政治参谋，凡事均须求其允准、谅解，始能实行有效。即如荐任官以上之采用、请假，亦须求得日寇之批准方可。伪组织现行之法令、法规，和一般非例行事项，由伪组织内主管科部，经"总务厅"、"政务院"裁决呈"主席"，然后呈送至大使馆事务所，求其谅解允准，在公

文之稿面上加盖"认可"或"否决"字样，而定可否。记得去年
［各］"政务院长"吴逆鹤龄死母，须回家服丧，然因向日寇请假
未能即时允准，遂不敢行，迟至半月之久，始"蒙"允诺，吴逆
方敢返里奔丧。

二

日寇说："中国人的心统统坏了"（中国人系指汉人），所以敌
寇对伪蒙疆，是尽量压迫汉人，惨杀汉人，反之则笼络蒙人，怀
柔蒙人。这自然是因为汉人文化较高，不易统制和怀柔，利用较
难，而蒙古人文化较低，容易统制和怀柔，利用较易。日寇除直
接用残酷手段，压迫汉人、杀掳汉人外，更站在幕后，施以"借
刀杀人"阴谋，制成"蒙汉恶感政策"，有计划的逐步实施，造出
许多蒙汉人的纠纷，策动蒙汉人演成互相仇恨，走上互相残杀的
路子，而万恶敌人，却站在幕外作狰狞的窃笑，看这个惨剧的
演出。

全蒙区域共有人口约七百万，而蒙古人仅占十九分之一，约三
十六万人，多散布于察、绥二省北部，锡林果勒盟、乌兰察布盟、
伊克昭盟等多沙漠地区，汉人多营农耕、工商业，而蒙古人尚多
营游牧生活，无定居，仍逐水草迁移。惟自沦陷后，连年灾荒，
夏不落雨，冬则积雪盈尺，亘久不融化，故漠北广大原野，益形
凄冷荒凉，蒙古人惟一之牛、羊、马、驼等生畜，大部冻饿死。
更加敌寇在有计划之行动下，拼命吸吮军事上的必需品蒙古人的
血，牲畜、皮毛尽量输出，而食粮、日用品又不向内输入。尤其
至冬燃料最成问题，蒙古人日常燃料为牛粪，然因积雪时久，粪
料不易拾取，在严冬冰天雪地狂风怒吼时，蒙古平民之居室蒙古
包内，尚多不能举火，许多蒙古同胞手足俱行冻裂。笔者曾于去

冬遍走蒙古地方，目睹蒙民生活苦况（此后当另稿写出）。因此，敌寇遂乘机大加煽惑，竟谓："现在蒙古人生活之所以日益困窘，即疆内汉人太多，侵占之故"，策动蒙古人仇视汉人，于是蒙汉人纠纷遂起，自残悲剧日有演出。在蒙古地方，如贝子庙、滂江、土木尔台、乌南〔蓝〕花等地，汉人经营之商店，时遭蒙古人捣毁赶出，但取而代之者乃非蒙人，而是敌寇（敌寇吸蒙古人血的机关为大蒙公司，于蒙古地方遍设支店，如包头、绥远、丰镇及察东各县）。各该地均有伪属地高法院，汉人费许〔使〕多年辛辛苦苦开垦的可耕之田，日寇竟唆使蒙古人向汉人讨还，汉人当然不甘使积数十年辛苦经营的维持生活的仅有财产一日丢掉，被他人毫无理由的侵占，但蒙古人竟谓这是蒙古人的原有物。于是初则争论动武，继则诉诸法律，造成民事、刑事，互相控告，经年缠诉不休，结果两败俱伤，互相仇视，甚至集团的持械互相殴杀不已。

中国的极西北角察、绥地区，向以产鸦片著名。"七七"事变前，经政府再三申令，禁种禁吸，同胞亦深知其为害之大，这宗毒物行将绝迹于西北角，但沦陷后，敌寇又利用这西北角的特产毒物，来毒化这个西北角及西北以外的地方。伪组织设有专门管理烟政的机关，由土药总组合承办之，常年的一面由中国烟饭〔贩〕秘密向各地私运，一面由日寇（包括军人及浪人）、朝鲜人将烟土制成白面，大批向平、津、沪、汉、青岛、南京地新〔等地〕运销。而伪组织之清查榷运总署及土药总组合合办下，公开的分期分批，运销于陷区及非陷区。

前年度，产烟量最丰，据承办机关土药总组合统计，全区共有一百个正收入〔征收队〕，计分张家口、宣化、怀来、张北、康保、德化、多伦、商都、大同、丰镇、平地泉、归绥、萨县、托县、包头、武川、兴和、和林、陶林、凉城等处集中收买，而每处又分若干收买队至各该处附近管内、各村镇收买，仅张北县一处，即收购三千余万元的鸦片，集宁处共收约万［万］元以上的鸦片。每年产烟季节完了，每个收买人，可有百万［万］元的收入。伪政权之惟一税收，为鸦片栽培税，因此我陷区，伪政权下，几人人吸食鸦片，到处是鸦片。只张家口一处，官营鸦片配给所，约有二三百家，每家每日发售数百片（每片约半钱重）、数千片不等，然仍是供不应求。尚有许多私营烟馆，日、鲜人秘营之白面房，所以我陷区同胞，于不知不觉中，都成了鸦片瘾者，上了敌寇毒化的大当，似此弱我国民，灭我种族的毒化政策，实令人言之痛心，闻之发指。但这里又有值得我们欣慰的事实，即日寇亦有很多染上这种鸦片嗜好的。

三

敌军在伪蒙者，确数虽然不详，但均系乙种部队，分驻于平绥铁路沿线及附近，如南口、青龙桥、居庸关、龙关、赤城、宣化、张家口、崇礼、天镇、大同、丰镇、集宁、卓资山、绥远、托县、萨县、清水河、包头、武川。另外在内蒙边境上也有一部分，如东西乌珠穆沁、贝子庙、阿巴哈那尔旗、百灵庙以北等重要地区，每处有几十几百几千不等。其中以包头、归绥、大同、张家口为数最多。敌部队长驻张家口，时常二月又更换，至四月尚未到任，由村上参谋长（少将）负责指挥。各重要地区设有警备司令部，警备各该地区及防空责任，敌军部队番号绝对秘密，在张家口者有成第五三三〇部队（人见部队），警第五三三一部队（粗粕部队）。

日寇的确陷入泥淖了，不能自拔，战场扩大，时间延长，人力、物力、财力已感极度疲惫，征兵已至最高潮，故兵员素质极劣，老的老，小的小，戴近视眼镜者几居三分之一，装备亦不见佳，尤其物资缺乏，士兵不能饱餐，营养不良，已成最严重问题。士兵有偷食饲马豆料及私人中国人家中求食者，薪饷极少，敌兵常有售卖钟表及自来水笔的事情。但各地之大小部队长之流，却都发了财，发财的方法，自然是做生意，现在沦陷区之一切物资流动，搬运、输出、输入均须有当地敌军方许可，因此敌军就利用这种特权机会，勾结汉奸，做商营利。如张家口警备司令人见部队长，已成数千元以上的富翁，秘密在现地张家口、北平、天津购置房产数处，另外更以中国人名义，开设商店。至于一般敌军之野蛮暴行（日后另稿写出）则记不胜述，每至寇军之放假日，大街上中国妇女即行绝迹，此外如拉民夫、征粮草，日日骚扰，而无已时。

李逆守信领导下之伪蒙古军，现在已所存无几了，五原一战，伤亡大半，总参谋长乌逆古廷等，四天只吃三口糠，由亲信保护，狼狈逃回，侥幸不死，但已吓得胆破心寒。

伪蒙古军原为十个师，曾一度为敌寇卖命，但敌寇终不相信，设法消灭，走一个或死一个，敌寇决不允补充。五原战时，一部伪军精锐，向我方反正投诚，正因此敌寇更不敢相信。五原战后不久，将所余伪蒙古军改编，其中之汉人，使脱开蒙古军，改编为靖要警备队（与武装警察同），现分驻晋北、察南各地，所余纯蒙古人，改编为三个师，但实数上不及三千人，分驻百灵庙、土本〔木〕尔台、西苏尼特、太仆寺右旗等地方。该部伪军，纯系乌合之众，原为地痞流氓，无业游民，集合而成土匪，由土匪被敌寇收买而成军队，官兵之最多数均吸食鸦片，纪律坏极，土匪本性难改，故一军过去，掠夺一空，早有土匪军之称。

敌寇常说"蒙疆为防共第一线，环境特殊，需要大量军队驻守边境，防止苏联侵入"。然敌兵员缺乏，不够分配，企图另改建继蒙古人之蒙古军，以节省寇军兵力。于是笼络蒙古王公，令伪组织由各盟各旗中，选拔少壮，并绝不懂汉话者充军，于本年已开始征调，一部已在归绥训练中（由寇兵会蒙语者负责），准备做敌军炮灰。此外，伪蒙军当局在日寇之命令下，积极训练干部，于西苏尼特设有蒙古幼年学校，绥远设有蒙古军官学校，幼年学校毕业后入军官学校，军校毕业后，充任蒙古军之下级干部。每年更选拔优秀毕业生及在职军官若干名，再行训练（现日本士官学校设有华生队、满生队、蒙生队，大量的收容中国学生，分别训练），准备将来为敌用！

另外，伪蒙武装警察队，在敌寇之笼络、怀柔并积极经营下，正发展成长中，至堪注意！

自倭寇铁蹄踏进察、绥后，即有计划的开始建设警察，训练警察。由伪满派遣多数日、汉警察官吏至伪蒙充任警察干部，负责训练当地警察。训练方法，完全沿袭倭寇在伪满试验成功之方策，先在包头、绥远、大同、张家口、张北五处，成立地方警察学校，内分高、初二部，训练期间，或一年，或半年，或三月不等。在张家口设有中央警察学校，分批分期调在职警干部，使〔加〕以短期训练，然后或加俸或晋级，仍回原处工作。总之，敌寇为了利用警察，故对于警察则不得不施以饷饵，予警察以较好的待遇，因此警察、警察官，在伪蒙，一般丢了灵魂的人，咸认这是发财的美职，好机会，所以投考警察者颇多，其中尤以东北的旅顺、大连、金、复州的人居多。日寇利用一群没有心肝的人，为其打前锋，做鹰犬，至本年三月，全区已有装备相当不错的武装警察队员万余人。伪组织于寇〔丁〕村上参谋长命令之下，曾于本年三月一日举行全伪蒙武装警察队第一次大检阅及授旗式，参加单位有盟、省、市、旗、县五十三个，每个单位，选其优秀精壮者，三十人至五十人为代表，参加检阅，此举为创举，颇隆重，德王饰名义主角，实为日寇村上参谋长欲观察该部警察队，是否能用，可用！

是日德王为正检阅官，着蒙古便装，而乘洋马，垂头丧气，出而检阅。副检阅官，为寇［丁］村上，陪阅者为各部、会、局长。检阅后，并于张家口市内游行一周，强令居民捐献大批慰劳品慰劳参加人员，同时更放映电影、演戏招待该部死在眼前的傻瓜！

伪警察队之编制，为总队、大队、中队、小队。各盟、省、市均有直属大队，各地区之县、旗均有一中队，各县、旗之各区均有一小队。小队长由各区之警察署长兼任，归中队长指挥，中队长由各县、旗之警务科长兼任，归各盟、省、市之治安处长指挥，大队长专任，亦归治安处指挥，其上为总盟，由内政部长兼任。不论大、中、小队，均有日寇指导官数名，握实权，负总责。大队约五万〔百〕人，中队约二百人，小队约二十人至十人不等。其任务除维持地方治安外，如遇战事，则调集附近各大、中、小队，协助"皇军"作战，实则为敌军做炮灰，故数年来，死亡者颇多。而每死一名一命，则予其家族一百元至五百元的所谓"恤金"，并一纸奖状，名曰"光荣的战死状"。

（待续）①

《东北前锋》（周刊）
重庆东北四省抗敌协会
1943 年 2 卷 4 期
（朱宪　整理）

---

① 此篇未完，但未见该刊续载。——整理者注

中国边政之盟旗制度

凌纯声　撰

我国现行边政制度，简略分之，有盟旗制度、土司制度、政教制度、部落制度四类。盟旗制度创自满清，土司制度设置始于元明，政教制度亦起自元明而形成于清初，部落制度则为政治之原始组织。满清崛起边徼部落，入主中国以后，熟审边情，明其利弊，故能重视边政，确立政策，厘定制度。特设理藩院，职掌蒙回盟旗与藏番政教之政令，西南土司则沿前明旧制，仍隶于兵部、吏部，部落之在西北者则辖于理藩院，在西南者则附于土司，亦隶于兵、吏二部。但满清治边利用分化政策，使各族孤立，尤严禁边族汉化。恩抚术驭，愚弄边民，以便易于统治。且秘密边政，不使汉人参与，如中枢边政机关理藩院中，上自尚书下至主事无一汉人，仅在汉档房有笔帖式汉军六人而已。故汉人不谙边政由来已久，民国改元，主边政者一旦骤易汉人，新任对于边务案未谙习，以致不易承前启后处理边政。诚如朱骝先先生所云：以往满清政府对于边疆事务只交给几位王公和几位旗籍官员去处理，而不容许人民明白实际的情形，以致造成了彼此的隔阂。民国成立以后，有的中央机构，像教育部、财政部、外交部，尚有由满清政府遗留下来的公务员，他们懂得从前的政事，所以新旧的行政不致陷于不接头的地步；可是处理边政的人，就吃了满清秘密处理的亏，竟不易得到可以倚畀的熟手，这真是一件为难的事

（见《边务工作应有的认识和态度》页三）。在民国二十年前，我国边政废弛，其主要原因，固由于中原多故，政府无暇筹边。然不知满清处理边政之秘密，又无可以倚畀办理边务之熟手，所以即清末之边政规模，亦未能继续维持。旧有制度日就凌替，新的制度迄未建立，边政系统，紊乱已极。盟旗各自为政，土司几成独立，二者徒存虚名，若一究其实，多仍返处于部落状态。且地处边徼，抱着"天高皇帝远"的心理，久与中枢隔绝，甚至有夜郎自大者，故边政初由不知管而放任不管，由放任不管而终至不能管，几无边政之可言。幸自九一八以后，全国上下重视边疆，中枢主持边政当局，尤能深知今后欲整饬边务，改革边政，必先从事研究边疆之政教，竭力提倡实地考察、搜集材料、集会研究、出版刊物，以冀对于目前边政，有一番彻底总检讨，借作改革边政之借鉴。作者十余年来，常至边疆考察，现在根据实地所得资料及中西典籍记载，作边政制度研究的尝试，以就正于有道。又本文题材较大，篇幅过长，为期刊所限，一题分作三篇陆续发表：一，盟旗制度；二，土司制度；三，政教制度附以部落制度。至于边政制度之改革，容当另成一文，提出若干意见，以供国人之参考。

一　旗制之起源

满清以前，在中国北方之满、蒙、回三族，其政治组织，始终未脱部落制度。大小部落互相兼并，分合无定。如元代初为一小部落，迨成吉思汗起，并合弱小部落而成帝国。元亡以后，帝国分崩离析，仍返于各部落独立状态。古来匈奴、突厥以迄辽、金，如出一辙，由小渐大，大而复小，有如雪球愈滚愈大，一旦崩颓，立复分离。清太祖出身部落，深知强弱兼并之弊，乃创八旗之制以勒满洲部落。绥服蒙古后，又用盟旗统治蒙古部落，部落之小者编为一旗，大者析为数旗至数十旗，以分强大部落之势。旗之上辖以盟，使其互相监视。且有同一部落之各旗分隶于两盟者，更使互为牵制。盟旗制度之主要目的，在使部落化整为零，严定牧地，各不侵犯，不得合零为整。如有一旗生齿日蕃，则又析出丁口别立一旗，徙牧他地。部落即分为旗，而旗亦不得坐大。盟旗确立以后，蒙回之部落名存实亡，已非一政治组织，仅代表部族之名称而已。满清治边之成功，实收效于创立盟旗制度，以统治游牧部落。变部落而为盟旗，在政治制度上实为一大变迁。

旗制创自满清，满洲之八旗与蒙古之盟旗实出于同一制度。近人不明史实，以为八旗者是清之一种兵制，如《清史稿》即以八旗列入兵志。盟旗者，为满洲对于外藩蒙古所立之封建制度。实则八旗制度后经多次变革，已非原来之体制，浅视之似乎近于一种兵制，而盟旗制度二百余年来，一仍旧制，甚少更改，至今反能保存旗制之本体。盟旗之兵制，组织同于八旗，而辖有土地与人民，同时亦为一种政制。

旗制开始，起于牛录额真；牛录额真之始，起于十人之总领。十人各出箭一枝，牛录即大箭，而额真乃主也。此为清太祖最初之部勒法。

《武皇帝实录》：辛丑年，是年太祖将所聚之众每三百人立一牛录额其〔真〕管属。前此凡遇行师出猎，不论人之多寡，照依族寨而行。满洲人出猎开围之际，各出箭一枝，十人中立一总领，属九人而行，各照方向，不许错乱。以总领呼为牛录（华言大箭）厄〔额〕真（华言主也）。于是以牛录厄真为官名。又乙卯年，太祖削平各处，于是每三百人立一牛录厄真，五牛录立一扎栏厄真，五扎栏立一固山厄真，固山厄真左右立美凌厄真。原旗有黄、白、蓝、红四色，将此四色镶之为八色，成八固山。《八旗通志》：太祖高皇帝初设四旗，先是癸未年（万历十一年），以显祖宣皇帝遗甲十三副征厄堪外兰，败之，又得兵百人，甲十三副。后以次削平诸部，归附日众。初，出兵校猎，不论人数多寡，各随族长屯寨而行。每人取矢一，每十人设一牛录额真领之。至辛丑年（万历二十九年），设黄、白、红、蓝四旗，旗皆纯色，每旗三百人，为一牛录，以牛录额真领之。甲寅年（《实录》作乙卯，万历四十三年）始定八旗之制，以初设四旗为正黄、正白、正红、正蓝，增设镶黄、镶白、镶红、镶蓝四旗为八旗。每三百人设牛录额真一，五牛录设甲喇〔喇〕〈额〉真一，五甲喇固山额真一，每固山设左右梅勒〈额〉真各一，以辖满洲、蒙古、汉军之众。

由上所录可知旗制之起源，来自满洲部落出猎开围之旧俗，十人为一牛录。后因吞并渐广，纠合渐多，乃扩一牛录为三百人，始分当时之四牛录为黄、白、红、蓝四旗。自后征服更广，招纳更多，以牛录三百人之制不变，而牛录之数与日俱增，再设甲喇、固山，层累而上以统辖之。至万历三十四年，在原有四旗之外，又增设四旗，始勒定八旗制度。

八旗初制，旗有旗主，各置官属，各有人民。清太祖欲使一国分成八分，以子第〔弟〕八人各主一旗，八旗共治其国，由八家公推一人为主。旗制之本体如此，其与兵事之相关，乃满洲兵民不分，为部落之旧习。清初并吞邻近满洲部落、蒙古部族，及关外汉人，编置牛录，多附入八旗之内，其后收复新满洲之打牲部落及内外蒙古之游牧部落，亦皆置旗额编佐领。其旗制虽如八旗，然以部落之大小，分旗之多寡，编制与八旗不同，如蒙古之盟旗，即不入满洲八旗，另自成一系统。满清起自部落，后成帝国，故有清一代，帝国之中涵有一满洲部落之八旗，又一蒙古部落之盟旗，未尝一日相混。唯满洲八旗分治其国，无一定君主，由八家公推一人为首长，如八家意有不合，即可易之。如此太祖初定之部落政制，颇不利于后日帝国归于一尊之皇帝，故自太宗以来，苦心变革，渐抑制旗主之权，且逐次变革各旗之主，使不能据一旗以有主之名，使各旗属人不能于皇帝之外复认本人之有主。至世宗朝而法禁大备，纯以汉族传统之治体，由部落而封建之旗初制已名存而质变，外貌仅为一种兵制，似与政制无关。而今日蒙、回现行之盟旗制度，甚少变革，保存旗之原有制度而未曾变质。

二　旗制之组织

盟旗制度，旗之组织与八旗相同。旗有旗主，名扎萨克。东西协理，为旗主之辅。下有管旗章京、副章京、参领、佐领、骁骑校。自管旗章京而下相当于内八旗之都统、副都统、参领、佐领、骁骑校。但蒙旗管旗章京、副章京以下等官之顶戴坐褥比在内都统、副都统等各降一级。

蒙旗定制，旗主扎萨克总理一旗军事民政。协理台吉同扎萨克办理旗务，旗各异其额，二人或四人。管旗章京统管一旗之事，每旗一人。副章京而下，视其佐领之众寡而设之。副章京，十佐领以下之旗设一人，十佐领以上之旗设二人。参领每六佐领或五佐领设一人。佐领与骁骑校，每佐领各设一人。凡佐领之丁，百有五十三丁而授一甲。每一佐领马甲（常备）五十人，闲散（后备）百人。每一佐领设领催六人，每十家设什长一人。其系统如左：

扎萨克——东西协理——管旗章京——副章京——参领——佐领——骁骑校——领催——什长

上表副章京以上为一旗中枢事官，佐领以下为地方事官。参领为中下级之事官，上受制于高级事官，下传令于地方事官，并帮同地方事官办理地方事务。

　　旗之基层行政单位为佐领，即满洲初制之牛录，蒙语谓之苏木。旗之大小视佐领之多寡，最少者一旗仅一佐领，如外蒙喀尔喀四部八十六旗中，一旗一佐领者甚多。大旗佐领数有多至八九十者，如内蒙卓素图盟土默特部右翼旗有九十七佐领，为最多。佐领之编设有定规，按旧制以一百五十壮丁编一佐领，初定以壮丁三百人为率。天聪四年定每佐领编壮丁二百名，康熙四年定每佐领编壮丁一百三四十名。《新会典》卷八十四载每佐领编壮丁一百五十人为率，亦即计辖民户百五十。一旗因丁户之增减以裁设佐领。如以旗相当于内地之县，则参领为乡长，佐领为保长，什长为甲长。佐领之任务，为清查户口、征收徭赋、受理诉讼、点抽壮丁、维持治安，及一切与地方有关之事宜。

　　扎萨克，系世袭职，以一旗中亲王或群〔郡〕王、贝勒、贝子、镇国公、辅国公任之。然旗中王公如不止一人，除任扎萨克者外，余则为闲散王公。如内蒙哲理木盟科尔沁部共分六旗，左翼中旗有扎萨克和硕达尔汉亲王一人，闲散和硕卓哩克图亲王一人，闲散多罗群〔郡〕王一人，闲散多罗贝勒一人，闲散固山贝子一人，闲散辅国公三人。左前旗有扎萨克多罗图宾群〔郡〕王一人。左后旗有扎萨克和硕博有勤〔多勒〕噶台亲王一人，闲散多罗贝勒一人，闲散辅国公二人。右翼中旗有扎萨克和硕图什业图亲王一人，闲散多罗贝勒一人。右前旗有扎萨克多罗扎萨克图群〔郡〕王一人。右后旗有扎萨克镇国公一人。扎萨克王公、贝勒虽系世袭，然有时因罪削职，别以本旗闲散王公领扎萨克。故旗署为官衙，王公、贝勒等府为私邸。今之研究旗政者误以王府官属附于旗署系统，王府长史、司仪长、护卫、典仪等属官，不论扎萨克王公及闲散王公均有，实与旗署之行政组织无关。又王府有包衣佐领，蒙语谓昆对（苏木），如伊克昭盟扎萨克旗即有一昆对，其人民皆向王府应差，实为王公之家奴，亦不受旗署之管辖。

旗府协理须以闲散王公以下，台吉、塔布囊（二者同爵）以上任之。王公、贝勒及公主格格之子封台吉、塔布囊（土默特左翼旗、喀喇沁三旗称塔布囊，意为驸马，余旗皆曰台吉），分一、二、三、四等。蒙萨〔旗〕亦同有以台吉、塔布囊为扎萨克者，如喀喇沁部有扎萨克一等塔布囊二人，鄂尔多斯部有扎萨克一等台吉一人，然为数甚少。管旗章京、副章京、参领、佐领亦任以台吉、塔布囊、骁旗〔骑〕校以下，则以部众平民任之，平民迁升亦能官至管旗章京为止。

设扎萨克之旗，有内蒙六盟之四十九族〔旗〕，又称内扎萨克。外蒙四汗部之八十六旗，西蒙在〔之〕科布多札〔杜〕尔伯特十三旗及辉特三族〔旗〕，宁夏阿拉善额鲁特一旗及额济纳土尔扈特一旗，青海蒙古二十八旗，新疆土尔扈特十三旗及和旗〔硕〕特三旗，又回部哈密一旗及吐鲁番一旗，多称外扎萨克。内外扎萨克多称外藩部落。

三　部落、盟与旗

盟旗制度在盟与旗间存有部名，部为昔日部落之旧称。此与八旗制度稍异。满清国初征收满洲邻近之苏克素护河、浑河、完颜、栋鄂、哲陈五部落，长白山之纳殷、雕渌三部落，东海之渥集、瓦尔喀、库尔喀三部落，扈伦之叶赫、哈达、辉发、乌拉四部落，皆取消其部名，分编入八旗，即蒙古、汉人初亦分隶各旗，直至天聪九年分出蒙古另编八旗，崇德四年分成汉军四旗，七年扩而为八旗。至崇德以后，所收服之部落虽编旗置领，而仍存其部落名称。魏源《开国龙兴记》云：国初收服诸部，凡种人能成数佐领、数十佐领者，咸归于满洲。若东海三部、扈伦四部，今皆无

此名目，盖已归入满洲故也。其他壮丁散处，随时编入旗籍，畸
零不成一佐领者，则以新满洲统之，国语所谓伊彻满洲也。此皆
崇德以前所服之部落。其崇德以后所归服，则并不谓之满洲，而
各仍其原部之名。若黑龙〈江〉以南之锡伯，之卦勒察，之巴尔
虎，黑龙江以北之素〔索〕伦，之达瑚尔，皆各设佐领，分隶吉
林、黑龙江两将军。满清视部落之大小，分旗额之多寡，部落小
者仅编一旗，如东蒙哲里木盟之札赉特部、杜尔伯特部；昭乌达
盟之奈曼部、阿尔〔鲁〕科尔沁部、克什克腾部；西蒙乌兰察布
盟之四子部落、茂明安部等，皆以一部落编改为一旗，即以部落
旧称为其旗名。部落较大者分旗递增，如科尔沁部分六旗，鄂尔
多斯部分七旗。外蒙喀尔喀，一大部落之名也，清初相继归诚之
喀名旧喀尔喀，编入驻京八旗蒙古，乃不著旧号。顺治十年中路
台吉本塔尔与其土谢图汗有隙，率千余户来归，封亲王，赐牧张
家口外，列内扎萨克诸部，是为乌兰察布盟喀尔喀部右翼旗。康
熙三年，外蒙西路扎萨克图部台吉衮布伊勒登来，以其汗为同族
所戕，部众溃散，乃越瀚海来归，赐牧喜峰口外，是为昭乌达盟
喀尔喀左翼旗。又有唐古特喀尔喀部一旗，在康熙元年，自外蒙
扎萨克〈图〉汗部逃来，本附牧于卓素图盟土默特部左旗，至民
国独立成旗。以上三者皆名内喀尔喀。至外喀尔喀即外蒙四汗部，
已由一大部落分成四次部落（Subtribe）。青海亦有喀尔喀部一旗，
名南右旗，牧地在青海南岸。此可称西喀尔喀。故喀尔喀一大部
落，外蒙四次部落共有八十三旗（外蒙四部八十六旗内除附牧三
音诺颜部之额鲁特二旗及附牧扎萨克图汗之辉特一旗），内蒙三
旗，青海一旗，共八十七旗。编入驻京八旗之旧喀尔喀尚不在其
内，可称为蒙古部落之最大者。部落本为种族的和政治〈的〉单
位，满清销灭强大部落之势，分其土地，析其人民，编设旗分，
各旗有规定之土地人民，禁其越境，严缉逃亡，使部落分化，而

不得化整，亦汉众建诸侯而小其力之意。故各部落名存实亡，已与政制无关，不过代表部族之名称而已。且近年来部落名称日渐废去。当初部落稍大者辄分前旗、中旗、后旗，再大又分左翼、右翼、东路、西路等名，既易混淆且难记忆，故内蒙各旗近日多有通名。例如伊克召盟鄂尔多斯部分左翼前旗、左翼中旗、左翼后旗、右翼前旗、右翼中旗、右翼后旗、右翼前末族〔旗〕七旗，近多通称准噶尔旗、郡王旗、达拉特旗、乌审旗、鄂托克旗、杭锦旗、扎萨克旗，不冠以鄂尔多斯部名。将来改进旗制，可将前后左右翼旗、东西路等命名取销，采用现行通俗名称，如无通名即以旗之所在地及山川命名，如在内地之县名，如此则部落名称均可废去不用。

四　盟制之组织

蒙古部、旗之上则辖以盟，其制亦与八旗有关，如以八旗为满洲部落之旗分，则满清君主为八旗之盟长。溯八旗之源委，实为八旗分治满洲部落，公推一人为盟主，太祖所定八旗初制之事实如此。

《武皇帝实录》："壬戌，天命七年（天启二年）三月初三日，八固山王等问曰：'我等何人可嗣父皇，以登天赐之大位，俾永天禄？'帝曰：'继我而为君者，毋令强势之人为之。此等人一为国君，恐倚强恃势，获罪于天也。世一人之识见能及众人之智虑耶？尔八人可为八固山之王，如是同心干国，可无失矣。八固山王尔等中，有才德能受谏者，可继我之位。若不纳谏，不遵道，可更择有德者立之。倘易位之时，如不心悦诚服而有难色者，似此不善之人难任彼意也。至于八王理国政时，或一王有得于心，所言有益于国家者，七王当会其意而发明之。如己无能，又不能赞他人之能，但默默无言，当选子第〔弟〕中贤者易之。更置时如有难色，亦不可任彼意也。八王或有故而他适，当告知于众，不可私往。若面君时，当聚众共议国政，商国事，举贤良，退谗佞，不可一二人至君前。'"

此段文字为清太祖口定建洲部落体制之大调，明诏以八旗旗主联合为治，无庸立君。以才德能受谏者，可推为领袖，但一不合众意，即可更易。尤不能任其不愿易位而容恋栈。更言八旗旗主中，有循默无能者，亦于本旗子弟中，选人更代，亦不容其恋栈不让。后太宗嗣位即非由父命，而由八家公推。

《东华录·太宗录》首云：太祖初未尝有必成帝业之心，亦未尝定建储继立之议。……天命十一年八月庚戍〔戌〕，太祖高皇帝宾天，大贝勒代善长子岳托，第三子萨哈廉，告代善曰："国不可一日无君，宜早定大计。四贝勒才德冠世，深契先帝圣心，众皆悦服，当速继大位。"代善曰："此吾素志也。天人允协，其谁不从。"次日，代善书其议，以示诸贝勒。皆曰："善。"遂合词请上即位。上辞曰："皇考无立我为君之命，若舍兄而嗣立，既惧弗克善承先志，又惧不能上契天心。且统率群臣，抚绥万姓，其事綦难。"辞至再三，自卯至申，众坚请不已，然后从之。

建州〔洲〕部落初创旗制，旗之上有盟，考之史实，事甚明显。后化部落为帝国，盟长成为帝王，中央集权，八旗亦不能分治其国，盟制已无形取销。满清盟旗国体，后经历代帝王逐渐改革，迨清末仅知八旗为兵制，不知为政体，更不知有盟制矣。今蒙旗之盟制，其来自满洲旧制，并非对蒙古而特创，或可无疑问。唯满洲为自主之部落，盟主由八旗公推，蒙古为被征服者，盟长当由征服者简放，理所当然，其不同者在此。

满清以部落之较大者，一部落为一盟，如内蒙鄂尔多斯部七旗立伊克台〔召〕盟。小者合数部落为一盟，如昭乌达盟有敖汉部三旗、奈曼部一旗、巴林部二旗、札鲁特部二旗、阿鲁科尔沁部一旗、翁牛特部二旗、克什克腾部一旗、喀尔喀左翼部一旗，合八部落十三旗为一盟。部落之大者则一部落分为数盟，如外蒙喀尔喀四次〔子〕部落分四盟，新疆旧土尔扈特部分东、西、南、北乌纳恩素珠克图四盟。然其中有西乌纳思〔恩〕素珠克图盟内止一旗，其盟长印交东乌纳思〔恩〕素珠克图盟长处，一旗一盟仅此为例外。其余凡旗之畸者多不设盟。例如宁夏阿拉善额鲁特一旗、回部吐鲁番一旗、哈密一旗，皆直隶于中央理藩院。辖内外扎萨克旗之盟，有内扎萨克六盟，东内蒙四盟，西内蒙二盟。外扎萨〈克〉外蒙喀尔喀四盟，西蒙科布多札〔杜〕尔泊〔伯〕特二盟，新疆土尔扈特五盟，和硕特一盟，青海河北二盟。共计二十盟。

　　盟设盟长一人，副盟长一人，皆于同盟之扎萨克及闲散王公等内，由理藩院请旨简放。盟长汇治盟内各旗。凡旗务之大者，皆由盟长会同扎萨克办理。岁阅各旗之兵，简其军实。又旗之讼狱，扎萨克不能决者，合报盟长公同审讯。或扎萨克判断不公，亦准两造赴盟长呈诉。盟长虽给有印信，然无正式衙署，多在旗署或闲散王公府邸办公。故盟之本身并非一地方行政机关，仅有监督各旗军政及司法之权而已。上述为盟之初制，后又稍有变更。内蒙之哲里木、卓索图、昭乌达、伊克昭四盟因垦务发达，各设盟务帮办（伊克昭盟通称三盟长），哲里木设二人，其余三盟各一人，亦皆由理藩院请旨简放，与盟长、副盟长同。道光十九年又于内蒙六盟，每盟设备兵扎萨克一员，钤辖阖盟蒙兵，管理军务事件。缺出，将该盟长、副盟长，及该盟内管旗之扎萨克王、贝勒、贝子、公、吉台、塔布囊等，开列请旨简放。其不管旗之闲散王公，惟兼任盟长者，仍准开列请简。外蒙喀尔喀四盟，早在雍正、乾隆年间，每盟设副将军一人，参赞一人。科布多之杜尔伯特两盟，乾隆二十九年设副将军二人，各以盟内扎萨克王公简任。凡设备兵扎萨克或副将军之十二盟，统辖蒙兵之权已不专属于盟长。其余八盟盟长，简军实，阅边防，理讼狱，审丁册，所有职权如旧。盟长无一定治所，且不直接理事，故盟为一监察区，而非一级地方行政区域。近人每以盟比内地之省，此实昧于盟制之组织，盖误以为蒙古盟旗，犹内地之有省县二级制。

五　内属部落、旗

满清统治游牧部落，分为外藩与内属两等，外藩、内属并非指地域之远近，而言其统治之关系。外藩各旗建其长曰扎萨克，内属诸旗治以总管。扎萨克其职世袭，总管、副管缺为选放。外藩旗多数辖以盟而隶于理藩院，内属旗皆统其治于将军或大臣或都统而以达于院。内属旗在政治系统上介于驻防旗与外藩旗之间。如清魏源所云："官不得世袭，事不得自擅，与各扎萨克君国字民者不同。"然内属旗之总管或副管多由本部落中选补，与驻防旗之协领、参领等官由京员外放者稍异。内属旗有察哈尔八旗，设总管八人，属察哈尔都统。归化城土默特旗，设副都统一人，辖于绥远将军。热河额鲁特一旗，属热河都统。唐努乌梁海五旗，总管五人，统于定边左副将军。科布多之额鲁特一旗，明阿特一旗，扎哈沁一旗，各设总管一人。阿尔泰乌梁海七旗，设总管七人（内有一人兼总理七旗副都统，二人兼左右翼散秩大臣）。阿尔泰诺尔二旗，总管二人，昔多隶于科布多参赞大臣。阿尔泰诺尔二旗，同治三年划入俄界。阿尔泰乌梁海七旗，清季属阿尔泰办事长官。黑龙江布特哈城（今布西县）之打牲部落，达呼尔部三旗，每旗设达呼尔副管一人，满洲副管一人。素沦〔索伦〕部五旗，每旗设素〔索〕伦副管一人，满洲副管一人。又两部各设满洲总管一人，再辖于副都统衔满洲总管。光绪二十年裁副都统衔总管一员，总管二员，满洲副管四员，改设副都统一员及协领四员。兴安城鄂伦春部分五路八旗，编设库玛尔路为镶黄、正白、镶白、正蓝八佐，毕拉尔路为正黄、正红四佐，阿里多普库尔两路为镶红两佐，托阿路为镶蓝两佐。原设鄂伦春副管四人，又满洲副管二人，以教导鄂伦春人，辖以副都统衔满洲总管一人。光绪二十年将副管以上等员概行裁撤，改置协领四员，设四协领衙门，分隶于黑龙江、墨尔根、布特哈、呼伦贝尔四城。鄂伦春内属旗经此改革，其编制已与驻防旗无异，所不同者一仍隶于理藩院而已。西藏达木蒙古八旗，则设防御、佐领、骁骑校各八人，辖于驻藏大臣。

内属旗近于驻防旗制，亦移驻他地，然不归八旗都统管辖，以隶于理满〔藩〕院。如新疆伊犁之内属旗，有察哈尔营左右两翼十六佐领，设总管二人，副管二人。额鲁特营左右两翼十六佐领，总管二人，副管二人。素〔索〕伦营左右翼八佐领，则设总管、副管各一人。锡伯营左右翼八佐领，总管、副管各一人。在塔城有察哈尔厄鲁特营，察哈尔九佐领，厄鲁特一佐领，总管一人，副管二人。驻防内属旗每营辖以领队大臣，而统于参赞大臣或将军。

内属旗之由来有二：一、为强大部落曾经叛乱而被征服者；二、本为弱小部落而不足称藩者。前者如察哈尔部于康熙十三年，亲王布尔尼因呼应吴三桂之叛，清廷征其兵不至，旋煽奈曼等变，拥众同叛。凡六阅月而乱平，乃改外藩为内属。归化城土默旗，早在崇德元年，叶雷叛后，即行改制。额鲁特为准噶尔后裔，准部三次叛变，乱后部众溃散，在乾隆十九年前陆续来归者称旧额鲁特，以后降附者为新额鲁特。附牧察哈尔八旗者，有新旧额鲁特二十四佐领。编入呼伦贝尔驻防者，新旧额鲁特一旗，民国二十一年新旧分为两旗。额鲁特在热河者有镶黄八旗，自热河移驻伊犁者为额鲁特上三旗，又自哈萨克、布鲁特中投回附牧伊犁者为下五旗。塔域〔城〕额鲁特一旗，则由伊犁移来驻防。部落之弱小者，如乌梁海、明阿特、扎哈沁、素〔索〕伦、达呼尔、鄂伦春等，其势不足以称藩，又无功于清室，多编为内属旗。内属旗内虽有公、子、男、轻车都尉等世爵，总管或副管有由世爵任之，然不得世袭，与外藩旗扎萨克之为世职不同。故清廷对内属旗有直接统治之权，而于外藩旗仅有间接治权而已。

民国以来内属旗之变革，因地而殊。如察哈尔部八旗，悉仍旧制。八旗总管由省政府于其旗内旧有之公爵、子爵、男爵、轻车都尉及参领中考取任之。其参领则由副参领、佐领、骑都尉中考取任之。自佐领之下，则归所隶总管保举任用。又在察哈尔省内，有前清隶于上驷院之商都牧厂，内务府之明安牧厂，隶太仆寺左右两翼牧群，民国十七年亦多改为内属旗制治以总管。总管以下仍其旧制，各旗不同。商都旗总管下有翼长、委翼长、护军校、牧长、牧副、护军、牧夫。明安旗总管下有协领、委协领、护军校，以下与商都同。太仆寺左右翼两旗，总管下有翼长、协领、委协领，以下与前相同。委翼长、委协领以上，由省政府按资考取任之，以下则亦由所隶总管保举任用。民国二十三年中央议决《内蒙自治办法原则》八项，第三项，以察哈尔部改称为盟，以昭一律，其系统组织归旧。内属旗上不应辖盟，此举或系徇蒙人之要求，然亦可见近人对盟旗制度已不能明其原委，所谓"以昭一律"，以内属旗视同外藩旗矣。归化城土默特旗在清季辖以副都统，统于绥远城将军。但至民初绥远划为特别行政区域，该旗副都统，与区长官之绥远都统，有名称重复之嫌，遂于民国四年一月，由蒙藏院呈准改为总管制。黑龙江之内属旗，在民国十九年，作者至该省调查时，打牲处仅存西布特哈总管一人，佐领、骁骑校各八人，东布特哈（今纳〔讷〕河县）佐领、骁骑校各八人。鄂伦春五路八旗四协领衙门，仍旧未改。科布多之内属旗则为外蒙所侵占。唐努乌梁海五旗被人诱胁而独立。阿尔泰乌梁海七旗，民国八年因阿尔泰划入新疆省，七旗随之而归新疆管辖。民国改元后，八旗内省驻防旗人，迅速涵〔汉〕化而销于无形，唯边省驻防旗制仍有保存，最著者如呼伦贝尔驻防，新疆伊犁驻防，多归省府管辖，同于内属旗，在今亦归列入边政范围。

六　回族之旗制

满清统治回族，除哈密、吐鲁番仅设两旗外，对南疆农耕而居国之缠回，在新疆未设省以前，则治以回官伯克，而统治于将军、大臣。游牧行国之回众，如天山南路之布鲁特内附者，部落之酋长，给以品衔，以示羁縻而已。北路之哈萨克，在塔城者曾编为一佐领，属塔城参赞大臣。自乾隆四十四年以后定例，凡哈萨克来投者皆不纳。但至光绪八年哈萨克投诚内附者日众，乃在伊犁设立头目三名，放为阿哈拉克齐，并赏戴三品顶翎。至三十四年改设千户长、副千户长、百户长以下等名目，管束伊犁、塔城两地哈族。宣统初年在阿尔泰十二鄂拓克之哈萨克，增至一万一千五百十六户，乃仿旗制，按照户数，酌定员额，设置哈目，每鄂拓克设比阿哈拉克齐一员，副阿哈拉克齐一员（户数少则不设），每五百户设扎兰（参领）一员，每百五十户设章盖（佐领）、昆都（骁骑校）各一员。此完全为旗之编制，所不同者，仅比阿哈拉克齐、副阿哈拉克齐不称总管、副总管而已。

七　八旗与盟旗

清祖努儿哈赤创八旗之制，以统治满洲森林之渔猎部落及附近明边之封建小邦。凡被征服之部落属与小邦人民，皆编入八旗。部落与封建之制度，一律取销。以八旗管辖全国人民，而旗无一定之治区，故满人只有旗籍，而无地方籍贯。秦始皇封建而为郡县，以土地为划分政治之单位，清太祖废部落封建而为八盟〔旗〕，以人民为划分政治之单位，此其稍异，然二者皆废封建，使中央集权，统一国家，同为政制上之一大进步。有清一代，始终以八旗统治其满洲人民。如孟森《八旗制度考实》有云："清一代自认为满洲国，而满洲人又自别为旗人，盖以满为清之本国，满人无不在旗，则国之中容一八旗，则中国之中涵一满洲国，未尝一日与混合也。然自清入中国二百六十七年有余，中国之人无有能言八旗真相者……浅之乎视八旗者，以为是清之一种兵制，如《清史稿》以八旗入《兵志》是也。夫八旗与兵事之相关，乃满洲之有军国民制度，不得舍其国而独认其为军也。至《食货志》亦有八旗丁口附户口之内，稍知八旗与户籍相关矣。"然考八旗之政治制度，从研究后来在京八旗及内省驻防，已难得其真相，须求之于东三省未改行省以前，清代治理满洲之政制，始能明旗制之本来面目。兹举吉林一例如次：

《清朝续文献通考》卷一百三十九《吉林旗制编》，略称：吉林而以将军衙门为政治上最高之机关，内设兵、户、刑、工四司。以印务处冠首，额设管档主事一员，为将军之监印，因以印务名之。出纳财政虽归户司，而附属有银库，额设主事一员以专其责。四司关防均系协领兼衔。各司掌案笔帖式二员，刑司则多理刑笔帖式二员。额委笔贴式，各司多寡不一。此外并无额缺，行走各员，亦由各级旗员内拣派兼充，无定额亦无专责，仅附名随同画诺而已。省城内与将军同处旗务者有副都统一员，外城副都统衙门凡五：曰宁古塔，曰伯都纳，曰三姓，曰呵勒楚喀，曰珲春。专城协领衙门五：曰乌拉，曰拉林，曰双城堡，曰五常堡，曰富克锦。翼衙门一，曰乌拉，与协领同城，专司贡品。专城佐领二：曰伊通河，曰额穆赫素罗。边门防御四：曰布尔图库，曰伊通，曰赫尔苏，曰巴彦鄂佛罗。驿站四十九，其制与内地迥异，区分东西两路，于省城各设关防处，每处派协领一员为监督，额设总站官各一员副之。每站笔贴式一员，以领催委员副之。站各有丁，原由公家拨给官地，并给牛具、籽〔籽〕种，使之耕作，专任站中一切差徭、递送公文等差。公家不另给口粮，亦无升阶。通省旗属皆受成于吉林将军，惟直接、间接有不同焉。自改设行省，地方有司逐渐增设，而旗营与府县同城者几同冗赘。吉林旗人，本系土著，方面甚大，人丁较内省驻防为多，事务较内省驻防亦繁。惟有徐议变通，无可收统一之效。其变通之策，凡秩崇而任轻者则裁撤之，若吉林并宁古塔等城副都统及富克绵〔锦〕协领是也。事本一致而政权岐〔歧〕出者则归并之，若两路驿站归入民政司，改设文报总局，黑龙江水师营归入吉林水师营是也。积习相沿散漫无纪者，则整顿之，若两翼官学、蒙古官学改设满蒙文小学堂是也。如此循序渐进，化裁通变，虽收效稍缓，尚无窒碍难行之患。

可见吉林旗制，即为吉林之政制。将军衙门为政治上最高之机关，内设兵、户、刑、工四司。兵司掌武选外兼司文职，《吉林外纪》卷五兵司门："文职堂主事、管站监督、助教官、仓官等缺，如有升故，所遗之缺，随时行文查收，应拣人员，拟定正陪，咨送吏部，带领引见，候旨补放。衙门无品级翻译等项笔帖式，及各站笔贴式缺出，将应拣人员选放，咨报吏部注册。"户司职掌赋税度支外，又司致祭山川，旌表节孝等项，造册咨送礼部。故四司实掌兵、吏、户、礼、刑、工六项要政，将军、副都统、协领、佐领为军民兼辖之官。吉林满洲八旗，协领八员，佐领四十员（内有汉军工佐领）。蒙古巴尔呼旗，协领一员，佐领八员，八佐领亦分镶黄、正黄等八旗。外城〈副〉都统衙门为二级地方行政区域，如三姓城，有副都统一员，统于吉林将军。八旗分左右两翼，每翼协领一员，各兼管四旗。佐领十六员，每旗二人。防御八员，每旗一人。骁骑十六员，每旗二人。副都统属官有印务处（又称堂司），掌副都统领印信。左右二司：左司掌收发官兵俸饷及经理其他财政；右司掌验放官兵各缺及征调，兼理刑名诸政。每司笔贴式各二人，承处专司职务（对俄交涉）笔贴式一人。各司处职官，由协领、佐领兼充。以外尚有仓官、医官、教习等官。专城协领衙门，为三级地方政区，如富克锦城设协领一员，辖于三姓副都统，统于吉林将军，协领辖镶黄、正黄、正白、正红四旗，佐领四员，防御二员，骁骑校四员，笔贴式二员。民国十九年作者至吉林松花江下游三姓、富锦一带考察，其时旗制虽已取销，然富绵〔锦〕协领衙署尚存，当地赫哲人民，犹能言其旧制。每一佐领管辖数屯地方。佐领为亲民之官，正四品，掌稽所治人户田宅、兵籍，及人民诉讼。骁骑校为佐领之贰，正六品官，但无图记。防御介乎佐领、骁骑校之间，正五品，职司稽察一旗（旗小兼两旗）之政务。领催每佐领五人，掌登记档册及支领俸饷。自富克锦改为富锦县以来，渔猎而兼事农业之赫哲人民，佐领改为乡保，涵〔汉〕化更速。在黄旗民有旗兵、旗丁之别，旗丁受田六晌（每晌六亩余，民十九时赫哲之旗田，已多数典卖与汉人）耕种，壮丁食饷者称旗兵。士兵品类有五：曰前锋，曰领催，曰马甲，曰匠役，曰养育兵。兵丁岁支饷银，前锋、领催三十六两，马甲二十四两。匠役又分鸟枪匠十八两，鞋铁匠十二两，养育兵亦十二两。兵有定额，未食饷者概称余丁。丁口繁滋，可以增加佐领而兵额不增。兵丁平时散处屯乡，务农打牲为业，惟春秋二季，调集操练。

《吉森〔林〕外纪》八卷有云：吉森〔林〕与京城暨各省驻防录〔绿〕营兵弁，情形皆不同。吉林兵丁散处各屯，率以务农、打牲为业。惟春秋二季调省垣，先令本管协领，督率各佐领演练步射、骑射、枪阵各技艺。又复专派协领轮看后，乃择日分期于教场大操。每年小雪后拣选各城官兵一千名，打围采捕贡鲜，即以比较技勇，分别记注功过。务农习劳于田间，打牲训练于马上，二者均不可废。惟每年春秋以仲月望调操，至季月杪罢操，嗣后以仲月朔调操，每季加展半月，俾资肄习。将军、副都统跟班兵丁，向系轮班当差，暇时即令在门前演射，以期造就。同书卷三又云：吉林本满洲故里，蒙古、汉军错屯而居，亦皆习为国语。近数十年流民渐多，屯居者已渐习为汉语。然满洲聚族而处者犹能无忘旧俗。至各城内，商贾云集，汉人十居八九。居官者四品以下，率皆移居近城三二十里内，侵晨赴署办公，申酉间仍复回屯，其四品以上职任较繁者不得不移居城内。

由上可见八旗是一种政制，不过寓兵于农猎而已。至于说吉林旗制与京内八旗及各省驻防不同，乃吉林旗制为旗制之本体，京旗禁旅及各省驻防已是制之变相，事实上成为一种世职兵制。满洲在明代，分成许多部落及小邦，互相雄长。明虽建置都司卫所，亦不过羁縻而已。自改旗制以后，部落消灭，置旗设官，而官多数不得世袭（佐领虽有世官佐领为世职，然为数不多，且后多改为公缺）。所有人民多隶旗籍。满洲八旗政制实由部落而进于郡县。且满人本为渔猎而城郭之农猎民族，因旗制之推行，更使人民集中而固定居住，逐渐放弃渔猎而专事农业，经济生活方式既同汉人，又与汉族"错屯而居"，故其涵〔汉〕化更速。至光绪三十三年，满洲改为行省，设置府州厅县，易如反掌，固由于汉人之大批移居，而满清三百年（旗始于万历二十九年）来之旗制政治，将军、副都统、协领、理事、主事等官多由京员外放，早已治如群〔郡〕县，所不同者军民兼辖而已。

当满清初兴，国小民寡，以被征服之人民依其种族，或按部落，分编而成佐领，混杂而分隶于八旗。所谓"蒙古、汉军错屯而居，亦皆习为国语"，蒙汉人民多同化于满洲。后疆土日拓，归者日众，乃分蒙古、汉军各为八旗。然在内蒙古八旗或在满洲蒙旗多脱离其原来部落，其旗制纯为满洲八旗，与今存之蒙古盟旗迥不相同。蒙古盟旗组织虽仿自满洲旗制，然其性质二者实异。满清与内外蒙古发生关系乃由结盟而连合。内蒙各部落为察哈尔部被逼而降附，外蒙喀尔喀四部为西蒙准噶尔部所破，穷蹙来归，因非由于彻底之征服，故仅能就其原来部落，加以封建。部落之大者，编置数或旗〔旗或〕数十旗，分封王公各治一旗，且有一旗之中更封王公数人，如科尔沁部分编六旗，共有王公、贝勒十七人，而左翼中旗迩称达尔汉王旗即有王公八人。故蒙古部落虽改旗制，而部落之统治阶级，既未取销，且借满清之政治势力，更巩固其统治地位。清廷对于蒙古王公，崇其封爵，厚其俸禄，宠以婚姻，授以世职，君国子民，统治部属。统治者不但保存其旧有部落威权，而且还增加新的封建势力。旧酋新贵成为蒙古社会中之贵族阶级。满清利用旗制统治蒙古部落，分旗封藩，乃众建诸侯而小其力之策略，故严防蒙古，禁约苛细，无微不至。每旗划定疆界，土地不得兼并，严审户籍，人民不能随便转移。在初部落时代，人民有选择其袖领〔领袖〕之自由，旗制对人民离旗则为私逃，重者处死刑。游牧区域有一定限界，越界放牧则为犯法，游牧社会逐水草而居颇富有移动性，蒙族定例，每十五丁，给地广一里，纵二十里，越自己所分地界游牧则罚，即畋猎亦不得越旗。有因本族地方天旱无草，欲移住相近旗分及卡伦内者，须于七月内请于理藩院，由院委官踏勘，勘实准行。若所居地方生草茂盛，甚于所请之处者，将妄请之扎萨克议处，至他月来请者一概不准（《大清会典·事例卷》九七九）。游牧之移动性既受限制，牲畜即不易繁殖，且蒙民受分之地，仍为旗下公地，不得据为私有，因此人民亦不愿经营牧地从事掘井及保育牧草以作冬季之干草饲料，畜产之质量更易减少，故蒙旗之游牧经济日就萎枯。满清仅知愚弄王公，禁止盖造房屋，起取汉名，演听汉戏，学习异教，及延汉师教读或充书吏，不许在京久住，入口道路多有规定，且不准王以下及闲散蒙古违禁与喀尔喀、额鲁特、唐古特、巴尔呼等贸易、结婚。清廷用意固在防范王公，而其结果致使蒙古社会完全与外界隔绝。蒙人行动既不自由，外出经商固不可能，即旧有蒙古铁木工匠借游行各部落谋生者亦不能存在。又禁掘煤采矿，故蒙民生计，惟恃畜产而已。王公贵族行动虽不自由，然可借其政治地位，与汉商合作经商贸利，或以旗下公地，招民开垦收租，且上有俸禄，下有交纳，生活甚为优裕。故在蒙古旗制社会中，贵族平民两阶级间，形成贫富极端之现象，早在乾隆年间已是如此。

> 蒙古台吉、官员、喇嘛，皆称殷实。惟属下兵丁贫乏者多。此等殷实之人，每倚恃己力，将旗下公地令民人开垦，有自数十顷至数百顷之多，占据取租者。是以无力蒙古，愈至困穷。嗣后令于殷实之扎萨克、台吉、官员、公主、群〔郡〕主等陪嫁、内监及喇嘛等地内，酌拨三分之一，各与本旗穷苦蒙古耕种，仍量其家口多寡，分给地亩，并将拨出数目造册报院。傥仍有开垦旗下公地，强占人地亩者，从重治罪。（《大清会典·事例卷》九七九）

蒙古部落自改编旗制后，人民丧失部落时代择主之自由，及逐水草游牧之移动性，改变了蒙古社会组织及经济生活之机动性，因此蒙人生活既不自由，而且生计日蹙。世论者每谓蒙古民族日渐衰微，受喇嘛教之应响所致。然清初西蒙准部亦信奉喇嘛教，为清廷之劲敌。清魏源所谓："致我一祖二宗，三朝西顾，旰食仄席，戍塞防秋，中国耗弊。仁庙、宪庙屡集廷议，皆有以贼不灭，天下不安之谕。"大有与清争衡中国之势，其强盛可知。故蒙古民族之微弱，受盟旗制度之部落与封建双重压迫，实为其主要原因。满清皇帝与蒙古王公利用公主下嫁，额附备选，互为婚姻之个人关系，而建立真正的封建制度。故以满州〔洲〕八旗与蒙古盟旗两相比较，旗制之外形虽同，而实质上有群〔郡〕县与封建之别。

八 现在之盟旗

蒙古盟旗制度自清亡以后，随时代与地域而起变化。外蒙四部、科布多、乌梁海等地，已经废除王公及活佛贵族阶级。盟、旗、佐领（苏木）之名称，一仍旧制，唯各级首长，多由人民选举。游牧经济亦多改进，存储干草以作冬季饲料。从前不用之草地，现多掘井利用，结果使牲畜之质量同时增进。并且利用游牧经济之生产资源制造产品，以兴工业。外蒙之政治、经济日趋现代化。在东北之盟旗由日敌宰割，设置伪兴安省，利用傀儡溥仪与蒙古王公之关系，重建旧日封建制度。以盟改为分省，如哲里木盟改为南分省，昭乌达盟为西分省。且撤废县治，俾汉人亦归旗长管辖。内蒙之盟旗，在日寇指使下成立伪蒙联合自治政府，亦加强封建组织，以察哈尔之左翼四旗，土默特旗及绥远十一县新设巴彦塔拉盟，县隶于盟。且以二百四十余万汉人受少数蒙人之统治。唯有在绥远之伊克昭盟及在宁夏、青海、新疆之西蒙盟旗，仍沿旧制，迄今甚少变革。清代所创的部落而封建之盟旗制度，已不能适合现代政治，当无疑问。盟旗政治在三民主义边政政策之下，应如何改革，在战时战后，也是正待研究而要解决的当今急务。

《边政公论》（季刊）

重庆中国边政学会边政公论社

1943 年 2 卷 9、10 期合刊

（李红权　整理）

察省青年与察省命运

鸣 撰

青年是光明的象征，也是一切命运之所寄。举凡各种事业之成功，莫不有赖于青年之力量，有人说："谁有青年，谁有将来"，确是至理名言，所以国家的希望，不在老年，而在青年。青年是国家的栋梁，民族的柱石，今日中国正在水深火热中，为了国家民族存亡绝续的斗争，其成败的关键，就在我们这一代青年的身上，同时中国未来之命运，尤操决于吾辈青年之手。

察省青年既是中国青年队伍中的一列，所以察省青年对于国家民族所负的责任，是同样的重大。我们不容有丝毫的懈怠与推诿，这是天经地义，不待多言。但在另一方面，察省青年遭受国破家亡之痛，及其他特殊情况，其处境之艰苦，与所负使命之艰巨，实远迈于一般青年之上，察省青年不但是抗战建国的先锋，而且为察省命运的所寄托。今日察省之光复，及未来察省之建设，均有待于我察省青年之觉醒与努力。

抗战军兴，察省地位首当其冲，于"七七"事变后不及二月，而我察省版图即全部沦陷。又因省当局处置失当，遗误事机，以致我察省民众未及撤退，完全沦为敌人牛马。至今我家乡父老，仍在敌人铁蹄践踏之下，过着暗无天日的地狱生活。是以察省沦陷之速与遭遇之惨，恐为他省所未有。而我察省大部优秀青年，亦处在敌人鞭策之下，饱受敌人的奴役与宰割，其精神上感受之痛苦，实非吾人所可想像于万一者。而今逃出敌人魔掌,投身伟大抗战及在大后方从事各部门建国工作之察省青年,实寥寥可数。此固为抗建的重大损失,而亦为我察省的不幸,岂止令人惋惜与惑〔感〕叹而已!

我们回忆以往察省之遭遇,于今余痛犹在,而瞻念察省未来之命运,更令人不寒而栗!现省土收复无期,敌人所加诸故乡之蹂躏扰害,日甚一日,故乡同胞在敌人压榨欺凌之下,度日如年,人心思汉,吾辈青年不能立刻解救彼等于水深火热中,于心岂可谓安?同时未来察省之建设,于今亦无甚准备。且大部青年尽在敌人掌握之下,省土既全部沦陷,教育亦完全停顿,一切干部人才,形成严重之问题,而未来建设察省与解救察省之责任,将由谁担负?吾人焦念省内人民受敌寇之奴化日深,复忧虑旅外人士力量之单薄,察省人才恐有中断之虞。凡此种种皆为察省潜伏之莫大危机,影响于察省命运者,至深且巨,实值得我察省人士之痛切反省。

察省未来之命运,完全寄托于今日察省青年之身。察省之命运愈为悲惨,吾辈之使命亦随之格外加重。吾人须知解救察省与建设察省,就是抗建工作的一环,救乡即为救国,故凡我察省青年均应深切体念家乡遭遇之惨痛,与未来之危机,务必各本救国救乡之要义,并记取过去血泪的教训,从今更加奋发有为,一致努力。虽然我省大部青年尚困居故乡,不能自由呼吸,但我辈旅外青年就更须加倍的努力。虽然我们自觉力量微弱,且各地青年同学尚身受生活压迫,及种种精神之刺激,苦痛万分,但我们仍要格外振作,与环境奋斗,以不负国家民族及桑梓父老期望之殷切,而达成我察省青年救国救乡之双重使命。

今后察省之命运,固在配合抗战形势,积极规复省土,及刷新地方政治、普及教育、发展经济事业等,经纬万端,不及细论,惟此尚为未来待举之事,目前似为空言,无补实际。故察省之命运,端赖今日察省青年之努力与任备〔责〕,想我省青年亦自知本身责任之艰巨，当宜如何努力，以不辱使命。笔者现再简略提出两点，愿与我察省青年共勉。

（一）健全自己：有健全的自己，始克担负任何重任，否则本身既不健全，自顾未暇，对于救国救乡的重责，何能胜任愉快？故健全自己为一切事业的基础。但如何健全自己呢？所谓健全自己并非仅限于学识的充实，而更要锻炼体魄，培养人格。学问固是人生之所必需，且为济世之本，而高尚的品格，与强健的体魄，更为人生之所不可少。假如有学问而无人格，则学问徒足以助其为奸作恶，历史上亦不乏这样的例证。同时身体更为事业的本钱，若无强健的体格，则就不能大展其才，一切希望均成泡影。所以三者实相得益彰，而无分轩轻，一个健全的人，必须智、德、体三育并重，始得谓为完人，如此始可担负国家民族及各方面所托付的重任，而亦为个人事业的基础。

（二）团结一致：团结便是力量，任何事业的成败，均赖于坚强一致的力量，所谓团结则强，分散则亡，此理甚为浅显，无待多说。惟我察省青年的力量本极微弱，若再任其分散浪费，则更是令人如何惋惜的事。现在我省旅外青年已寥若晨星，而旅外乡长亦为绝无仅有，大半滞留省内，所以今日察省青年的处境，似可谓前无古人，后无来者，处此境况之下，吾辈更应如何加强联系，精诚团结，在本省旅外同学会领导之下，追随着仅有的乡长们，步调一致，向着共同的理想携手前进，此不仅为察省命运之所关，亦且为国家民族之幸。

三二年三月写于柏溪

《察省青年》（月刊）

重庆察省青年社

1943 年 3 卷 1 期

（朱宪　整理）

实施宪政与察省政治建设

冯孟若　撰

自十一中全会决议于抗战结束后一年之内，召开国民大会，颁布宪法，继而于国防最高委员会成立"宪政实施协进会"，推进宪政工作，倡导国民研讨宪草，全国响应，一时蔚为风气。行见宪政降临在即，事关国家长治久安之大计，尤开中国政治之新纪元，凡我国人，莫不欢欣鼓舞，而为国家民族之前途庆幸。

宪法是国家的根本法和最高法，举凡政府组织、人民的基本权利与义务等，莫不尽行包括于内，本此法则所由表现之政治，便是宪政。宪政之基本精神在于法治与民主，国家若不依法治，则事无常轨，政治之隆污，皆取决于统治者之意志与行为，则人存政举，人亡政息，必至政乱国衰。管子云："法者民之父母。"又云："君臣上下贵贱皆从法，此之谓大治。"凡此皆欲树立法治精神，有法治而后有人治，二者实相得益彰，政治始能进步，国家自亦兴盛。其次关于民主政治，已成为泛滥世界而不可抵挡的洪流，其势浩浩荡荡，顺之者昌，逆之者亡。其理至为显明，无待多言。所谓民主政治，简言之，即以人民为国家的主人，且在法律上一律平等，共同参加政治。我国既名为民国，且三民主义尤是民有、民治、民享的政治，其宪政当然必是民主立宪，所以宪政的基本精神，必在于法治与民主。

我国过去因为内忧外患，以致国无宁日，民不聊生，政治难入正轨，因而法治制度从未建立，民主精神亦未发扬，法治与民主是中国过去所最缺乏，而为今日中国所最必需的，故二者不但是宪政的基本精神，且亦为今后建国的成败关键。现在幸有蒋主席继承国父的遗志，领导抗建大业，当此抗战胜利在望之时，宣布于战后即行宪政，其公忠体国之热诚，及高瞻远瞩之宏谋，实堪敬佩。然国家从此走上康庄大道，为中国政治放一异彩，尤令人庆欣不已。

同时再观我察省政治，过去因与国家遭受同样的命运，屡受内忧外患的扰乱，及由于军阀的统治，兵连祸结，人民涂炭，政治从未安定。"七七"变起，察省首当其冲，全部版图沦于敌手，省府施政既失其对象与凭借，政治遂亦陷于停顿。嗣后省政机构虽已恢复，但仅能处理日常极少行政事务，自无设施可言。我察省遭此浩劫，省内乡胞既呻吟于水深火热之中，过着暗无天日的生活，而旅外人士又挣扎于颠沛流离之中，备历艰苦，然犹各守岗位，或效命抗战，或献身建国，坚忍不拔，于今已将八年。凡我乡胞莫不渴望胜利早日降临，光复失地，重返故乡。然当此时，最后胜利业已在望，建国工作亦在兼程并进，而蒋主席更有实施宪政的宣示，一幅自由独立的新中国的美丽图案，遂展现于吾人的眼前，而我察省人士，一方面既庆幸国家民族的兴盛，一方面又庆幸故乡的复兴可期，于欢欣快慰之余，且更必进而探讨复省问题，以准备如何重建故乡，未雨绸缪，实为当前的急务。

宪政是国家的百年大计，经纬万端，绝非一蹴而就，必经相当的准备与努力，始能付诸实施，而不致落于失败，现后方各省或已规模初具，或正加紧准备，即以战区各省而论，亦多热烈响应，注意研讨，准备实施，至我察省更须急起直追，如何准备促其实现，以迎接此划时代的措施。将来军事底定之后，亦即宪政开始之时，惟我察省，饱经灾祸，省土甫经收复，疮痍满目，百废待兴，如何安定社会，奠立宪政基础，以及其他有关复省的重要问题，当应预为筹划，详加研讨，以供战后施政的采择与参考。兹就管见所及，举其荦荦大者，略论战后察省政治建设的基础，借为刍荛之献：

一、推行地方自治：地方自治是建国的基础，同时是实行三民主义的起点，我们欲完成宪政，就必先完成地方自治，同时因为要想宪政实施成功，必须先使人民养成民主的习惯，但如何养成，最重要的就是遵奉国父遗教，实行地方自治。先使一县一乡实行民主，然后及于一省，最后则及于中央。况我省政治始终未入正轨，地方自治也无由实行，再加复省工作，千头万绪，唯有从完成地方自治着手不为功，依照《地方自治实施方案》规定的工作，如调查户口、开辟荒地、实行造产、整理财政、健全机构、组训民众、开辟交通、设立学校、推行合作、办理警卫、推进卫生、实施救恤及厉行新生活等，此为世界上最崭新的中国地方政治制度，及最完备的中国地方自治事业，我察省尤感迫切的需要，是建设新察省的基础工作更应倍加努力，迎头赶上，以期于战后早日完成，而奠定建设察省及实施宪政的基鲜〔础〕。

二、发展地方经济：发展国民经济，亦为奠定宪政基础之一端，管子云："仓廪实而后知礼义，衣食足而后知荣辱。"人民生活水准提高，始有余暇来讨论和留意政治。否则人民谋生尚且不暇，岂有闲情逸致，饿着肚皮来高谈宪政？况我察省兵连祸结，久受涂炭，早已民穷财尽，经当战后，敌人搜刮压榨之余，更使社会凋蔽，地方一贫如洗，故亦急应发展地方经济以谋挽救。如振兴农村、发展工业、加强贸易、提倡畜牧等，若同时实行民生主义，则经济自可繁荣。工业方面，察省矿业丰富，已经开采者，如龙烟铁矿等，甚有成效，著名于世，以及其他尚未开采发掘者，均应于战后通盘策划，新法开采，以增加富源，而利工业发展。

其他轻工业，亦当积极发展，如利用大量皮毛，兴办皮革、纺织业等，均为有利之工业建设。贸易方面，如张垣，便是蒙汉贸易的重要商埠，尤为皮毛之集散地，都应妥为经营，设法加强。至于畜牧事业，则察北蒙古草原，苍翠之牧草，连天遍野，正是天然的牧场，若能加以提倡及科学管理，当亦为最有前途的经济事业。同时便利交通，亦为促进经济发达之要着，以及其他有关经济事业，在《地方自治实施方案》中已规定，经济是一切的原动力，是国家民族的命脉，故笔者认为发展经济，充裕民生，尤为今后复兴察省之急务。希望省内有识之士进而缜密研讨具体方案，以为将来经济建设之张本，则实有厚望焉。

三、普及地方教育：实施宪政最基本言，莫若普及国民教育，以养成人民实行宪政的能力，使人民了解政治，假若人民不识宪法条文及不懂宪政意义，则实施宪政，从何谈起？如此必使宪政流于空虚，甚或使之变质，要使宪政不落空，而能真正属于人民，则唯有提高国民教育一途。而且教育是国家的百年大计，关系国家兴亡，至深且巨，我国教育较诸欧美各国向不普及，而察省教育较之内地各省，更是瞠乎其后，至今文盲仍占全省人口的绝对多数，文化程度的低落，远较他省为甚，再加此次经敌寇长期的统治，实施奴化教育，毒害和麻醉我父老兄弟的思想，此不但为将来实施宪政的障碍，且尤为察省前途的重大危机，深值我同乡的忧虑和警惕。德哲菲曾特曾说："现在一切都完了，只有教育才能救我们。"战后察省教育问题，实在相当严重，幸望省政当局及教育界前辈，早日预为规划，详密研讨具体。

《察省青年》（月刊）

重庆察省青年社

1943 年 3 卷 4 期

（陈静　整理）

谈察哈尔省名问题

香晚　撰

　　察哈尔原为内蒙古蒙旗的一部，民国二年经政府划锡林郭勒盟及察哈尔部，设置一特别区，即仍名察哈尔特别区。这时，以察哈尔名特别区，尚无不可，因为察哈尔蒙旗及锡林郭勒盟都原属于内蒙古，而且察哈尔比锡林郭勒地位既重要，叫起来也比较简单而响亮。

　　可是，迨民国十七年改建行省，将兴和等县划给绥远，而以旧直隶（今河北）省口北道宣化等十县划入本省后，仍以察哈尔做为省名，却是直〔值〕得大大的考虑了。

　　第一，就产业说，察哈尔及锡林郭勒除极小部分生产杂粮及牛、羊、马、骆驼外，草原地带，限于气候收获亦不甚多。然口北的农业，纵在河北省也是占重要地位的，尤其高粱及小米出产最丰富，这两宗农产，每年从平绥路输出于平、津的，虽无统计数字可查，但若能稍微留心各车站附近粮栈如山似的粮袋堆，便可想像其产额如何之大了。农产外，还有阳原、怀来、蔚县及宣化的鸡鸣山之煤，年产不下百万吨，而宣化烟筒山、龙关、辛窑、庞家堡之铁，更举世闻名，现日寇正在大量开采中。至于工业方面虽不足道，然如张家口、宣化毛织及制革，蔚县、涿鹿、怀来之制纸，在该省中却是首屈一指的。

　　第二，就人文说，口北各县开化甚早，在满清时代，书院林立，而尤以首府宣化柳州书院为最著称。该书院到光绪末年改为宣化中学，民元后改为直隶第十六中学，十七年改为察哈尔省立第二中学，于今已有四十余年历史，毕业生不□四千余人，升大学者已有千余人。过去，我国中等教育成绩以江苏为第一，直隶第二，而当李大本先生长此校时代，该校在直隶省中等学校中又占第二，于此可见其成绩之如何优越。该校毕业生在本省中，久居于政治领导地位，而在中央各基层供要职者，亦大有人在。其次为直隶第五师范，十七年后改为察哈尔第二师范。该校成立虽较晚，距今不过廿余年，但每年毕业生散布于各县小学校，教育数十万儿童，其成绩亦至可惊人，现在全省小学教育可以说完全握在该校毕业生手里。

第三，就察哈尔三字本身说，察哈尔三字原是蒙古语译音，乃"接近长城"之意。蒙古建立大帝国后，不称蒙古帝国，而改大元帝国。而且就察哈尔蒙旗来说，其首府蒙语本称多伦诺尔而改称开平府，可见蒙古同胞祖先亦认为汉文是忠于蒙古译音的了。再就过去前例言之，（一）绥远省原为绥远道及乌兰察布盟、伊克昭盟等蒙旗合并为一省，但不称"乌兰察布"省或"伊克昭"省，而称"绥远"省；（二）新疆省原为中亚细亚的土耳其斯坦之一部，建省后，不称"土耳斯坦"省，而称"新疆"省。何则？因为中国地名用汉文，当然比用译音有意义、合理，而且容易记，容易读。

第四，察哈尔易与哈尔滨相混淆，不仅一般国民分不清察哈尔与哈尔滨，即高等智识分子亦往往将察哈尔当做哈尔滨，因为两者只相差一字。十五六年来，笔者遍游全国各省及日本，我最怕的是人家询问我的籍贯，我一说察哈尔，问者总即认为是哈尔滨。我往往为避免费词，我即直称是蒙古人，但问者只以为是欺骗了他。因为哈尔滨是一大商埠，久为中外所知，而察哈尔是一蒙旗改称省名，一般人实在不易了然。

就前一、二点说，察哈尔，锡林郭勒处处落后，故应当以口北为重心，省名应称口北省，或宣化省，就后三四点说，察哈尔纵然独为一行省，省名亦应更改，或称开平省或其他。

《察省青年》（月刊）

重庆察省青年社

1943 年 3 卷 4 期

（李红权　整理）

蒙疆非常态势之强化[①]

作者不详

蒙疆为东亚共荣圈之一环，负有共同防卫及灭共前卫之重责。数年以来，赖盟邦日本的后援、军政当局的励精图治，各项建设，均呈飞跃的进展。尤自大东亚战争以还，蒙疆为达成增强战力之目标，以呼应盟邦海陆军之胜利，已实行决战态势之强化施策。自去年以来，见于大东亚战争之日益剧烈，故各种建设事业，更趋积极。就内政而言，疆民意识之昂扬、行政机构之整备扩充、自卫机构及战力之综合发挥、地方行政之渗透及治安之确保，均收有极大的成果。

今日我新兴蒙疆，由于施政跃进运动的飞跃开展，治安可谓完全确立，周边的"匪共"，已告完全肃清，国民均能过着安居乐业的生活，在政治上官民一体的政治，已告实现。政府与民间的隔阂，已告解消，其他决战机构之确立、文教之刷新、地下资源开发之积极、农业及牲畜业的进展，其于圣战的完遂，及蒙疆乐土的建设上，有很大的贡献。

蒙疆的各种施策，可谓完全强化，我七百万疆民，更应一新〔心〕决意，振奋精神，奋斗到底，以完成我们的时代使命，而确

立永久的世界和平。

《西北公论》（月刊）

大同西北公论社

1943 年 6 卷 6 期

（丁冉　整理）

中国与帝俄关于蒙古之交涉

张忠绂　撰

甲午战后，俄国东进之野心复萌。三国干涉还辽以后，继之以俄租旅大、法租广州湾、德租胶州湾。又二年，而拳匪变起，俄军入占我东北。日俄战争以后，俄国虽完全退出朝鲜与"南满"，但俄国并未退出"北满"。一九〇七年以后，俄国改变政策，与日本合作，并划分两国在中国之势力范围。于是俄国承认日本在内蒙与"南满"之特殊利益，而日本承认俄国在外蒙与"北满"之特殊利益。在俄国开始经营蒙古之时，适当清末民初交替之会，本文之目的即在叙述此一时期中，中俄两国关于蒙古之交涉。至于中国与苏俄关于蒙古之交涉，当另文论之。

俄国与日本战败后未久，即改变东向之政策，与日本合作以侵略中国。一九〇七年七月三十日，日俄两国在圣彼得堡签订第一次协约，以"巩固两国间和平及邻好之关系"并"免除两帝国关系上一切误解之原因"。同日两国复签订一密约，除规定两国在东三省及朝鲜之利益外，并规定"日本国政府承认俄国在外蒙古之特殊利益，担任禁止可以妨害此种利益之任何干涉"。一九一〇年七月四日，日俄两国复签订第二次协约，以"维持一九〇七年……所订协定所含之主义"；第二次密约，以"巩固及增进一九〇七年……所签密约之性质"。一九一一年春俄国与中国交涉，续订一八八一年之《中俄改订条约》，并西伯利亚边境划界问题，同时要求在蒙古境内增加领事馆数处，并驻扎军队，以保卫领事馆。同时俄国复借款与蒙古王公，以增进俄国在蒙古之势力。

俄国既觊觎外蒙，适清廷此时对外蒙之处置，诸多失宜。晚清之驻蒙大臣类多贪墨，抚驭无方，久失民心，蒙情日涣。宣统二年，清廷因西藏达赖喇嘛阴附英人，降旨革去各〔名〕号，并命驻藏大臣严密查拿。当阁抄到库时，哲布尊丹巴以降莫不栗栗凝〔疑〕惧，顿生兔死狐悲之感，而阴谋所以反抗之方。于是乃扩充武力，私屯快枪。同时，清廷于晚年鉴于外患日迫，颇思扩充中国在蒙古之实力，是以鼓励移民，加派驻军，举办新政。宣统二年二月初一日三多接任库伦大臣。"三多莅任未久，中央各机关督促举办新政之文电，交驰于道，急如星火，而尤以内阁、军咨府为最。于是设兵备处，设巡防营，设木捐总分局，设卫生总分局，设车驼捐局，设宪政筹备处，设交涉局，设垦务局，设商务调查局，设实业调查局，设男女小学堂，除原有之满蒙大臣衙门、章京衙门、印房、宣化房营、统捐巡警、邮局、电报各局外，库伦一城，新添机关二十余处。所有各机关之开办经费及经常应需之……费，悉数责令蒙古一律供给。蒙官取之于蒙民，蒙民不堪其扰，相率逃避，近城各旗，为之一空。"蒙民对于中国之移民、驻军，本已怀疑，对于新政，尤莫名其妙，但觉负担日加，将无已时。于是蒙情汹汹，几如谈虎色变。俄人复从中潜诱，蒙人背我之心乃益决，而亲俄之志益坚。

方清廷在外蒙之举办新政也，匪惟蒙人奔走惊慌，俄人亦相顾骇愕。盖俄人此时方有志于外蒙，深恐中国在外蒙之势力日增巩固，阻碍俄人在蒙之企图。乃暗怂外蒙借会盟为名，于宣统三年六月十五日密议独立之事，与会之王公全体赞成独立。越数日，杭达多尔济、车林齐密特、赛（三）音诺颜汗等密赴俄京，以杭达亲王为首，自称为呼图克图钦命之外部大臣。蒙使至俄，俄政府款待甚优，蒙使乃与俄外部议独立之事，并请兵援助。驻北京俄使，于宣统三年七月五日向北京政府提出抗议，借词于蒙古反对新政，请俄政府出兵救援，并谓："查库伦与本国（俄国）边境接近，中国应念中俄睦谊，将上项新政即日停办……否则，俄国不能漠视……"库伦大臣三多接得北京电告后，乃派人往见哲布尊，要求电止俄兵，立召杭达多尔济回库。交涉之结果，哲布尊应允三多之条件，但要求将各项新政一律停止，并免治赴俄诸人之罪。清廷不得已，终于俯允哲布尊之请求。

　　三多与外蒙磋商之条件虽已议定，但俄政府久有图蒙之志，殊不愿失此良机。宣统三年八月中旬，俄国马步队八百余名抵库，三多虽严诘哲布尊，并获得其允诺电俄阻止续派军队，但自恰克图来库之俄兵终未停止，杭达多尔济亦未回库。及武昌起义之消息传至库伦，外蒙不安之状况较前尤甚。逮至十月初六日，清廷准许三多之奏请，裁撤蒙人反对最力之兵备处，而十月初十日库伦办事大臣衙门，即已接到四盟王公、喇嘛署名公呈。该公呈略谓："现闻革命党人已带兵取道张家口来库，我喀尔喀四部蒙众受大清恩惠二百余年，不忍坐视，已征调骑兵四千名，进京保护清帝。请即日发给粮饷枪械，以便启行。是否照准，限三小时内明白批示。"是日午后，哲布尊派王公、喇嘛数人面见三多，谓："各王公所递之呈，尚未奉批，想难邀准。刻本蒙古已定宗旨，将蒙古全土自行保护，定为大蒙古独立帝国，公推我佛为哲布尊大皇帝。……特派我等来请贵大臣明日即速带同文武官员兵丁出境。"是晚七钟，三多复接到哲布尊丹巴呼图克图札饬一件，内开："为札饬事，照得我蒙古自康熙年间隶入版图，所受历朝恩遇，不为不厚。乃近年以来，满洲官员对于我蒙古欺凌虐待，言之痛心。今内地各省皆相继独立，脱离满洲，我蒙古为保护土地、宗教起见，亦应宣布独立，以期万全。现已由四盟公推本哲布尊丹巴呼图克图为大蒙古独立国大皇帝，不日即当登极。库伦地方已无需用中国官员之处，自应即时全数驱逐，以杜后患。合行札饬三多。札到，该三多即便凛遵，限三日内带同文武官员暨马步兵队等赶速出境，不准逗留。如敢故违，即以兵力押解回籍。此饬等因。"

方是时也，俄蒙军队均已布置就绪，约共五千余名（中有俄军一千余名），驻库之中国军队只一百三十名，无对敌之可能，三多乃决定撤退。十一日清晨，俄蒙兵十多人至我防营，勒收枪弹，由西库伦至大臣衙门及印房前后一带，遍布俄蒙军队。是日晚，俄国驻库总领事派人来请三多率同眷属、属员移居俄领署。十二日黎明，三多率同全属移居俄署，帖〔接〕受保护。俄署于十五日派兵十余名护送三多出境，前往恰克图，取道西伯利亚回京，此后库伦遂无中国官吏。三多行至奉天，接军机处电，奉旨革职，听候查办。数日后，清廷命塔尔巴哈台参赞大臣桂芬于未到任以前，先行驰往库伦查办。但桂芬因驻北京俄使劝阻，终未果行。

三多被逐出境后，蒙古乃于一九一一年十一月宣布独立。哲布尊丹巴呼图克图于同年十二月二十八日在库伦登极，组织政府。设内务、外务、财政、兵、刑五部，称"大蒙古国"，年号"共戴"。蒙古虽已独立，但蒙人实无此智力，在其后操纵者实为俄人。在蒙古宣布独立之前，俄政府即已派兵入库。呼图克图登极时，俄政府曾致送俄枪多支，以表庆贺。登极典礼亦完全仿照俄国仪节。库伦政府并雇用俄籍军官四十五人，教练蒙兵，兵器弹药亦购自俄人。俄政府复借款二百万卢布与蒙古政府，以外蒙各路金矿为抵押，并附以条件，谓外蒙必需聘用一俄籍顾问，依据聘用合同，外蒙所有款项用途，须先经财政顾问核准，该顾问并有在外蒙地方自行办理煤矿、电灯、电话及各项适宜实业之权。此外，库伦政府复聘请俄籍财阀二人，代外蒙办理国家银行。该银行有制造货币与发行钞票之权。蒙古政府如需款项，可由该银行垫借，但须以全蒙古之矿权为抵押。

俄人除在库伦阴助蒙古政府外，并向中国政府交涉，名为保蒙，实为自利。宣统三年七月，驻北京俄使即已向中国政府提出抗议，请中国停办新政，已如前述。同年十一月十二日俄使复照会中国外部，要索五款：（一）中国政府应允许俄国有建造自库伦至俄境之铁道权；（二）中国应与蒙古订约，言明中国不在外蒙驻兵，不在外蒙殖民，并不干涉外蒙之内政；（三）俄国承认中国在外蒙之主权；（四）俄国应允饬令驻蒙俄领，协助担保蒙人遵守对于中国应尽之义务；（五）中国如拟在蒙有所兴革，应先得俄政府之同意。一九一二年六月驻北京俄使，复向中国政府提出三款，以为中俄协商蒙古事宜之根据。其三款为：（一）中国不得在外蒙驻兵；（二）中国不得向外蒙移民；（三）外蒙不取消独立，内政应由蒙人自治。

当俄国提出上述之要求时，中国内乱方亟，无暇顾及外蒙。且阁议以为外蒙系中国领土，不能任俄人干涉，中国宜先平定西藏及东西蒙各处，以免此时与俄国商洽，反引起国人反对，故对于俄国之提议，置之不理，亦不与俄人交涉。方外蒙之宣布独立也，其措词谓蒙古原为清廷之臣属，清廷既被推翻，蒙古与中国之关系当然断绝。但当日之中国政府殊无放弃蒙古之意。共和政体成立后未久，中国政府即宣称，蒙古为中华民国五大族之一；其后中国大总统复下令谓：汉、满、蒙、回、藏五大民族在中华民国治内，应受同等待遇，此后蒙藏等地将不复被视为藩属，应由内政部管辖。清廷逊位后，大局粗定，袁世凯即电致库伦哲布尊丹巴，劝其取消独立。旋得哲布尊丹巴覆电，有云："外蒙间于列强，进退维谷，苟不独立，何以自存。本哲布尊丹巴呼图克图舍独立犹弃敝屣。但独立自主，系在清帝辞政以前，业经布告中外，起灭何能自由？必欲如此，请即商之邻邦，杜绝异议，方合时势。"袁世凯接到此电后，复致电哲布尊丹巴，中有云："本大总统与贵呼图克图……利害休戚，皆可与共。但使竭诚相待，无不可以商榷，何必旁人干涉，自弃主权。……所有应行商榷各节，电内未能尽答覆者，已派专员前往库伦趋谒……面商一切。"此电去后，旋复接到哲布尊丹巴覆电，有云："惟我蒙旗遭此竞争时代，处此危险边境，所有一切，究与他族迥不相同。……旁人干涉，有碍主权，略知梗概，只以时势所迫，不得不如此耳。否则鹿死谁手，尚难逆料。再四思维，与其派员来库，徒事跋涉，莫若介绍邻使商榷一切之为愈也。"

库伦政府既拒绝与中国直接交涉取消独立，中国共和政府此时尚未为各国所承认，内部亦未大定，深恐引起外交上纠纷，不敢以武力收复蒙古。袁世凯除一方抚绥内蒙，一方致电驻俄公使，令其与俄政府交涉，并派人游说外蒙取消独立外，别无设施。

俄人此时对于外蒙，并无吞并之意。俄政府深知，俄国如强夺外蒙，将引起国际纠纷。俄国对西伯利亚之经营，此时尚未完成，实无力兼营外蒙。且俄国于此时强夺外蒙，即俄民亦不能谅解。俄国此时对于外蒙之目的，只在（一）保全蒙古为中俄二国之缓冲地；（二）阻止中国在外蒙训练新军，屯驻外蒙境内；（三）禁止中国开发外蒙，俾俄国异日得向外蒙发展。俄外相之主张为："蒙古与中国情形迥异，今活佛已宣言独立，与中国分离矣。然蒙古欲完全独立，既无一统御之人，又乏资力，且少军队。若任其自然，则不久又为中国所征服，而再入其版图，未可知也。为俄国利害关系计，岂忍坐视！我国民对蒙方针，计有二种：一则不以一切举动为然；一则亟欲取为保护国。此二者，皆趋于极端。其不以向蒙古活动为然者，即不欲向东方为活动，是直限制我国家之命运。其欲取蒙古为保护国者，又易使人知我有并吞亚细亚之野心，亦非得策。以余意见……宜采二派以折衷之，使中国嗣后对于蒙古，不移殖农民，不派遣军队，并不干涉其政治。现即以此三者为调停之条件。近日中国误会我国之意，坚欲以独立解决外蒙之事，而排斥我国在蒙之势力，我国决不能因此中道而废。……今日欲亟亟并吞蒙古，其势有所不能。故俄之目的，不在领土之扩张，而在邻邦不有一强大国，如此而已。"

俄外相既如此主张，而中国又拒与交涉，故政府乃一方助蒙古进占科布多，力阻中国以兵力讨伐外蒙，一方设法与日英等国成立谅解，以巩固俄人在外蒙之地位。一九一二年七月八日，俄外相与日本使臣签订第三次密约。其目的"为确定并完全一九〇七年……及一九一〇年……之两次密约。并防止关于满蒙特殊利益之可能的误解起见，俄日两国政府决定展长一九〇七年……密约之分界线，并划定内蒙古之特殊利益范围"（原约序言）。该约规定："内蒙古分为两部，北京经度一百一十六度二十七分之以东之部及以西之部，俄罗斯帝国政府担任承认及尊重日本在上述以东内蒙古之特殊利益，日本帝国政府担任同样义务，尊重在上述经度以西之俄国利益。"（第二款）此外，俄政府复与英国磋商，以俄国承认英国在西藏之自由行动及有利地位为交换条件，使英国承认东三省北部、蒙古及中国西部为俄国独有之势力范围。

俄政府对于外交既已布置就绪，乃复与库伦政府交涉，签订种种条约，以攫取蒙古之富源，并限制中国之势力伸入外蒙。一九一二年十月俄政府遣派廓索维慈（Korostovetz）至库伦。哲布尊丹巴向俄使要求，俄国承认蒙古之独立，并以兵力援助库伦政府收复内蒙。廓索维慈对上述两项要求，均予拒绝，仅允与外蒙签订一商约，是为《俄蒙协约》。《俄蒙协约》于一九一二年十一月三日在库伦签订，该约规定："俄国政府扶助蒙古保守现已成立之自治秩序及蒙古编练国民军，不准中国军队入蒙境，以及华人移殖蒙地之各权利。"（第一款）"蒙古王及蒙政府准俄国属下之人及俄国商务，照旧在蒙古领土内，享用此约所附专条内各权利及特种权利。其他外国人自不能在蒙古得享权利，加多于俄国人在彼得享之权利。"（第二款）"如蒙古政府以为须与中国或外国立约时，无论如何，其所订之新约，不经俄国政府允许，不能违背或变更此协约及专条内各条件。"（第三款）

　　同日，俄使复与库伦政府签订一商务专条，规定俄人得在蒙地自由居住移动；俄商免纳入口各税；俄国银行得在蒙古开设分行；俄人得在蒙古境内租买地段，建造局厂或开垦耕种；俄人在蒙古有享用矿产、森林、渔业等权利；俄政府得在蒙地添设领事；蒙古通商各地应设立贸易圈，以供俄人营业居住之用，由俄领管辖；俄人得在蒙古设立邮政，并有享用蒙古台站之权；俄人有权航行衔接蒙俄国境之河流，与沿岸居民贸易；俄人得在蒙地建筑桥梁渡口，并得向来往行人索取费用；俄国沿界居民得在蒙境割草渔猎；俄人如与蒙人、华人有争议时，应由俄蒙两方合组之会审委员会会同判决，关于俄人之判决，由俄领事官执行，关于蒙人、华人者，由被告所属或所居留之蒙旗蒙王执行之。

　　一九一二年十二月蒙古复与俄人签订一开矿条约，准许俄人根据俄蒙专条，对于蒙古境内之矿产得自由开采，并规定矿务公司资本应由俄人筹集，蒙人亦得加入资本五分之二，但他国人不得加入。一九一三年五月蒙古复与俄国签订一条约，将自科布多至俄境（Kosh Agatch）之电线建筑权让与俄国。此外，俄国与库伦政府尚签订有铁道条约与电线条约（均在一九一四年九月），库伦政府承认与俄国政府协同议定蒙古境内铁道路线，以图俄蒙双方之利益，并将自俄国依尔库次克省之孟达（Monda）至乌里雅苏台之电线架设权让与俄国。库伦政府除与俄国缔结上述诸约外，并于一九一三年正月十一日与西藏签订一同盟条约。略谓蒙古与西藏既已自清廷获得自由，与中国脱离，已成为独立之国家，西藏达赖喇嘛承认蒙古之独立及黄教首领称帝之宣言，蒙古亦承认西藏之独立，并承认达赖喇嘛西藏之国主，两国政府应允永久相互援助。

　　一九一二年十一月三日《俄蒙协约》签订之前，中国政府曾密嘱章嘉、丹珠两呼图克图及喇嘛沁王等致电库伦劝阻。曾向驻北京俄使提出抗议，并电驻俄公使刘镜人向俄政府正式声明蒙古为中国领土，无与他国订约之权，无论俄蒙订立何项条约，中国政府概不承认。旋经俄使至我外部面交《俄蒙协约》条文，我外部复严词驳拒。迨陆征祥继任外长，始于十一月三十日与俄使在北京开正式谈判。首先主张取消蒙约，俄使不许，而另行拟出条件四款，较宣统三年十一月提出之五款，所求尤奢。此后迭次协商，互提条款，历时半年之久，会议至三十次之多，至一九一三年五月二十日，始克议定条文六款。其文如下：

　　　　中俄两国为免除蒙古现在所能发生之误会起见，协定条款如下：

　　（一）俄国承认蒙古为中国领土完全之一部分，兹特担任于此领土关系之继续，不谋间断。又此领土关系上生出之中国历来所有种种权利，俄国并担任尊崇。

　　（二）中国担任不更动外蒙古历来所有之地方自治制度，并因外蒙古之蒙古人在其境内有防御及维持治安之责，故许其有组织军备及警察之专有权，并许其有拒绝非蒙古籍人在境内移民之权。

　　（三）俄国一方面担任，除领署卫队外，不派兵至外蒙古，并担任不将外蒙古之土地举办殖民；又除条约所许之领事外，不在彼设置他项官员代表俄国。

　　（四）中国愿用和平方法，施用其权于外蒙古；兹声明听由俄国调处，照上列各条之本旨，定立中国对待外蒙古办法之大纲，并使该处中央长官自认有中国所属部内向有之地方官吏性质。

（五）中国政府因重视俄国政府之调处，故允在外蒙古地方将下开之商务利益，给予俄民（依照一九一二年十一月三日俄蒙两方签订之商务专条）。

（六）以后俄国如与外蒙古官吏协定关于该处制度之国际条件，必须经中俄两国直接商议，并经中国政府之许可，方得有效。

上述六款既已议定，中国政府国务参议于五月二十六日可决，众议院于七月八日可决，而参议院竟于十一日将议定之六款否决。俄使乃借词于十三日照会北京政府，推翻前议，而另提条件四款，以为重行磋商之根据。中俄两国因此停议者凡二阅月。迨孙宝琦继任外长，鉴于库伦业已宣告独立，俄国反对我国以兵力收复，且俄蒙协约已成，外蒙更有恃无恐，不如从速将蒙事解决，以免中国北顾之忧，乃于九月十八日（一九一三年）复与俄国开议，要求仍就原议六款协商。俄使以时过境迁，不允重谈旧款，终致另提条款。两方会商凡十次，始议定声明文件五款，附件四款。十月三十一日外长孙宝琦将定议经过情形呈报中华民国大总统，奉批，应即照准（十一月一日）。此时中国之议院已因袁氏开除国民党议员（十一月四日），不足法定人数，且声明文件并非条约，故上述之声明文件未交议院决议。经国务院议决后，孙氏即与俄使于五日会同签押。声明之条款如左：

（一）俄国承认中国在外蒙古之宗主权。

（二）中国承认外蒙古之自治权。

（三）中国承认外蒙古人享有自行办理自治外蒙古之内政，并整理本境一切工商事宜之专权。中国允许不干涉以上各节，是以不将军队派驻外蒙古及安置文武官员，且不办殖民之举。惟中国可任命大员，偕同应用属员暨护卫队驻扎库伦。此外，中国政府亦可酌派专员，驻扎外蒙古地方，保护中国人民利益。……俄国一方面担任，除各领事署护卫队外，不于外蒙古驻扎兵队，不干涉此境之各项内政，并不在该境有殖民之举动。

（四）中国声明，承受俄国调处，按照以上各款大纲，以一九一二年十月二十一日（俄历，即西历十一月三日）《俄蒙商务专条》，明定中国与外蒙古之关系。

（五）凡关于俄国及中国在外蒙古之利益，暨各该处因现势发生之问题，均应另行商订。

上述之声明签订后，中俄两方复于同日互换照会。其条款如下：

（一）俄国承认外蒙古土地为中国领土之一部分。

（二）凡关于外蒙古政治、土地交涉事宜，中国政府允许俄国政府协商，外蒙古亦得参与其事。

（三）正文第五款所载随后商订事宜，当由三方面酌定地点，派委代表接洽。

（四）外蒙古自治区域应以前清驻扎库伦办事大臣、乌里雅苏台将军及科布多参赞大臣所管辖之境为限。……确定外蒙古疆域及科布多、阿尔泰划界之处，应按照声明文件第五款所载，日后商订。

中俄两方既已签订对于外蒙之声明文件及附件（即互换之照会），依据声明文件第五款及附件第三款，凡关于俄国及中国在外蒙古之利益，暨各该处因现势发生之问题，均应由中、俄、蒙三方酌定地点派委代表接洽，中国外部乃迭与俄使协商会议地点日期。对于会议地点，中俄两方均承认以恰克图为宜，但对于会议日期，俄使则托词迁延，盖因《俄蒙商务专条》早已签定，俄人在蒙之利益业经获得，殊无急于与华开议之必要也。中国外部有鉴于此，乃于一九一四年正月十七日呈请大总统袁世凯先行遴派专员，知照俄国，请其照约派使会议。袁世凯于正月二十七日任命毕桂芳、陈箓为会议外蒙事件全权专使。俄政府迟至八月十三日始照会中国政府，中、俄、蒙三方会议定于九月九日在恰克图开议。

中、俄（密勒尔（Miller）代表）、蒙（三音诺颜汗代表）三方既已商定会议地点，派出专使，会议自一九一四年九月至一九一五年六月，费时凡九阅月，正式开会四十八次，会晤谈判亦不下四十次，始可竣事。会议期间，中国与俄蒙方面之重要争执，有蒙古声明并无独立情事，取消帝号及共戴年号，外蒙境内铁路、邮电，中国驻库大员及其佐理专员之卫队名额，中、俄、蒙人民诉讼，蒙境规则及划界问题等。中国代表因蒙俄坚持异议，曾电请政府撤使停议，但中国政府因中国实无力收复外蒙，而中国与日本之交涉（即二十一条前后之交涉）已日益严重，终不得不委曲求全。《中俄蒙协约》终于一九一五年六月七日正式签字。其重要之条款如下：

外蒙古承认民国二年十一月五日（一九一三年）《中俄声明文件》及……另件。（第一款）

外蒙古承认中国宗主权。中国、俄国承认外蒙自治，为中国领土之一部分。（第二款）

自治外蒙无权与各国订立政治及土地关系之国际条约。凡关于外蒙古政治及土地问题，中国政府担任按照民国二年……《中俄声明另件》第二条办理。（第三款）

外蒙古博克多哲布尊丹巴呼图克图汗名号受大中华民国大总统册封。（第四款）

中国、俄国承认外蒙自治官府有办理一切内政，并与各外国订立关于自治外蒙工商事宜国际条约及协约之专权。（第五款）

中国、俄国担任不干涉外蒙现有自治内政之制度。（第六款）

中国驻库伦大员之卫队，其数目不过二百名。该大员之佐理专员分驻乌里雅苏台、科布多及蒙古恰克图各处，每处卫队不过五十名。（第七款）

俄国政府派遣在库伦代表之领事卫队，不过一百五十名。其在外蒙古他处……领事署或副领事署，每处卫队不得过五十名。（第八款）

自治外蒙区域按照民国二年……《中俄声明另件》第四条……之境为限。……中国与自治外蒙之正式划界，应另由中俄两国及自治外蒙古之代表……在本协约签字后二年以内开始会勘。（第十一款）

中国商民运货入自治外蒙古……不设关税，但须……（交）纳自治外蒙古……各项内地货捐。……自治外蒙商民运入中国内地各种土货，亦应按照中国商民一律交纳。……但洋货由自治外蒙运入中国内地者，应按照光绪七年（一八八一年）《陆路通商条约》所定之关税交纳。（第十二款）

在自治外蒙中国属民民刑诉讼事件，均由中国……（官）员审理裁断。（第十三款）

自治外蒙古人民与在该处之中国属民民刑诉讼事件，均由中国……（官）员……会同蒙古官吏审理判断……各按自己法律治罪。（第十四款）

自治外蒙古人民与在该处之俄国属民民刑诉讼事件，均按一千九百十二年……《俄蒙商务专条》第十六条所载章程审

理判断。(第十五款)

所有在自治外蒙古中俄人民民刑诉讼事件……如……中国属民为被告者……俄国……(得派员)会审……中国官吏有执行判决之义务;如俄国属民为被告者……中国……(亦得派员)观审,俄国官吏有执行判决之义务。(第十六款)

因恰克图、库伦、张家口电线之一段经过外蒙古境内,故议定将该段电线作为外蒙自治官府之完全产业。凡关于在内外蒙交界……之转电局详细办法……另由……(中、俄、蒙三方)组织之特别专门委员会商定。(第十七款)

中国在库伦及蒙古恰克图之邮政机关,仍旧保存。(第十八款)

中国……(得)使用外蒙古台站。(第二十款)

民国二年……中俄《声明文件》、《声明另件》及一千九百十二年……《俄蒙商务专条》均应继续有效。(第二十一款)①

《东方杂志》(月刊)

上海商务印书馆东方杂志社

1943 年 39 卷 3 期

(朱宪 整理)

---

① 此文曾以《民国初期之中俄蒙古交涉》为题发表于《外交评论》4卷 2 期之上。经核查,《外交评论》与《东方杂志》所刊载的文章有一定区别。《外交评论》所刊载之《民国初期中俄蒙古交涉》内容稍为简略,但文内有注释。《东方杂志》所载之《中国与帝俄关于蒙古之交涉》似经过作者修改后,加补了第一段,内容较《民国初期中俄蒙古交涉》略为详实,但删去了注释。编委会经过仔细甄别,决定收录《东方杂志》所载之《中国与帝俄关于蒙古之交涉》一文,《外交评论》之《民国初期之中俄蒙古交涉》不再收录。——整理者注

跃进中之蒙疆①

作者不详

行政概况

今日之蒙疆，系合察哈尔、绥远及山西省的北部而成。即是以前所称的内蒙古。

察哈尔和绥远原称特别区，民国十八年八月五日，经中央政治会议决议改建为行省。民国二十二年十月十五日，蒙古王公曾以民族自决为口号，在百灵庙开自治会议，中央曾派员指导。

七七事变后，蒙疆各地先后为日军所占领。二十六年十月间，乃有"晋北自治政府"、"察南自治政府"、"蒙古联盟政府"之成立。其后地方先后底定，治安逐渐确立，乃进而谋政权之统一，以及行事之便利，遂有三政府"联合委员会"之设立。迨民国二十八年九月一日，成立"蒙古联合自治政府"，为最高行政机关，而晋北、察南、联盟"政府"即告解消。

"蒙古联合自治政府"现在所管辖的区域，计有五盟二省一市，即巴颜喀〔塔〕拉盟、乌兰察布盟、伊克昭盟、察哈尔盟、

① 本文作者的敌伪立场十分明显，为保持资料原貌，照录原文。——整理者注

锡林郭勒盟，及大同省和宣化省、张家口特别市。北倚阴山，与外蒙相接；西临黄河，与宁夏为界；东、南二处有居庸、雁门二关，与冀、晋、陕相联。面积为五十万平方公里，现有人口约七百万人。

"蒙古自治政府"之所在地为张家口，主席为德王，于品卿、李守信副之。

建设一瞥

蒙疆以资源丰富著称，大同煤矿蕴藏最富，占世界第二位。他如察南之铁，巴盟、晋北之盐及石棉（最重要之军需品，飞机、坦克、轮船与重火器上的减退热度装置，和避免燃烧设备皆需之）、天然曹达等，俱极充足。畜产如羊毛、牛、马、骆驼、山羊及其他各种兽皮毛，亦无不丰饶有加。惟米、麦等食粮产量较少。

"蒙疆政府"成立后，共军之患甚烈，故有青年保安队之组织，加紧训练，以协助警务之不足，并进行清乡工作。其施政方策，最堪注目者有：

（一）统一警政，整理路警，注意防空，借以维持治安。

（二）拟定十年计划，以建设蒙古各旗，成立模范村，提高行政效率，借以促进民众福利。

（三）改良稻田，发展畜牧，浚河，以兴实业。

（四）拨款补助矿业之发展，成立蒙古科学建设委员会，以开发重要资源。

（五）压低物价，完成教育制度，收集"国家"需要产物，吸收游资，借以实现"国策"。

（六）增设无线电台，借以完成"国防"。

此外，为增加食粮生产，由产业部拨款分配种子，并协助开掘沟渠。轻工业之建设，去年投资增加一千二百万日元，凡卷烟、火柴及各种食品，已能自给，出入口贸易均有增加。最近更与"满洲"及"华北"成立物资交换协定，使贸易上益加圆滑。

金融之总枢，为"蒙疆银行"。在事变以前，因军阀割据，政令无常，故疆内纸币，有山西省银行、晋益银行、垦业银行、察哈尔商业钱局、盐业银行、铁路银行、土货银行、中国银行等所发钞券十余种，自蒙疆银行成立后，发行货币，在蒙疆地域内，已告统一。民国三十一年五月八日，将原有之晋北、察南、蒙古三实业银行，集中为同和实业银行，担负调整金融之责。

自"自治政府"成立后，各地教育亦有相当发展，并为迅速造就人才、服务社会起见，在张家口设立"中央学院"一所。

全境交通，自事变后，在张家口成立交通委员会，日夜兴筑，除同蒲北段改轨外，主要通路，延长约九千公里。

至于民间组织，在事变后，最初有"感日协进会"之成立，其后改名为"兴亚协进会"，对于宣传、教化、指导诸工作，致力最多。于各县设立分会，乡镇设立支会，凡问事处、日语学校、贫民夜校、识字班及阅报室、图书馆、贫民施疗所等事业，均一一举办。

《申报年鉴》（年刊）

上海申报年鉴社

1944 年

（李红权 整理）

敌人侵略下的蒙古

马鹤天　撰

一　抗战的导火线

"欲征服世界，必先征服中国，欲征服中国，必先征服满蒙。"这是日本明治维新以来的国策，并不是田中义一一人的私言。因中俄势力之未可轻侮，始而注意所谓"南满、东蒙"，继而"全满、东蒙"，又继而西蒙，兼及外蒙，所以民国以〔以〕来的蒙古问题，可说是日本由征服"满蒙"以征服中国的问题。民国十年外蒙独立，是倭寇援助俄白党谢米诺夫进犯库伦，想成立伪蒙古组织的结果，民国二十二年内蒙古自治运动，是倭寇已占据所谓"满洲、东蒙"，想利用德王进侵西蒙，完成蒙古伪组织的把戏。所谓高度自治，便是要脱离母体，于是由二十三年蒙古地方自治政务委员会之成立，进而有二十五年伪蒙古军政府之演变，由东北而察北、晋北，由伪满洲国而伪蒙政府。满蒙征服了，自然进而征服全中国，所以服〔才〕有二十六年之芦沟桥事变，想整个征服中国，并进而征世界。此种阴谋野心，在中国固久已看破，唯以内部尚未真正团结统一，不得不暂时容忍，乃"九一八"后步步进迫，使中国忍无可忍，眼见由征服"满蒙"进而向全中国开刀，所谓已到最后关领〔头〕了，不得不起而作求生存之抗战。所以蒙古问题，可说是抗战的导火线，今欲述说战时之蒙古，不得不先略述内蒙古自治运动至伪组织并外蒙独立之经过。

二　内蒙自治运动的经过

内蒙古各盟旗，自民国以来，不特相安无事，且先后划入各省区，渐渐进步，一切次第平等，无问题之可言。乃倭寇百方设法诱惑挑拨，初在东北（民国六、七年）除利用满清余孽外，并利用蒙族败类，如曾招肃亲王子及蒙匪巴布札布之子至日本，报上大事鼓吹，《大阪新闻》说："宪奎王（肃王子）聪明大度，他日非凡。"又说："蒙古奇杰之子，有乃父风。"并用间谍、浪人、特务机关种种阴谋方法，求达其征服满蒙的目的，最后"九一八"乃以武力占据东北三省，内蒙哲里木盟随之而亡，翌年热河沦陷，于是东四盟中之昭乌达、卓索图两盟亦相继非我所有。当二十二年三月敌犯热河时，察北的多伦亦陷敌手，日人乃即于多伦设伪东蒙自治局，以为进侵西蒙之根据。并在多伦招集西蒙王公会议，由关东军主持，当时出席者有伪满代表、锡盟各王公，乌盟长云王也派代表参加，关东军代表为板垣，操纵一切。当时国内报纸，虽未登载，但据一位参加会议的蒙古友人说，日本当时对于西蒙王公，曾提出：（一）立即宣布西蒙独立；（二）如不可能，先要求内蒙自治；（三）日"满"以友邦关系，尽力援助内蒙，以复兴蒙古民族。当时会议结果，虽未宣布，然于会后德王即由日本顾问之介绍，率卓世海等七人乘日本军用飞机往长春去见傅〔溥〕仪，当开"满"蒙会议，决定要点：（一）西蒙宣布独立或自治；（二）昭乌达盟各旗划归西蒙；（三）伪满充分接济。德王归来，乃于二十二年七月二十六日召集各王公开会于百灵庙，到者仅德王、云王与四子部落旗、锡蒙〔盟〕乌珠穆沁旗代表数人，及少数蒙旗青年。会后通电，谓："内蒙全体长官会议，金曰采取高度自治，建设内蒙自治政府。"内蒙自治运动之声，便喧嚣国内，可知完全为倭寇侵略全蒙的阴谋，和德王一二人的野心。是年十月，德王等又正式召集各蒙旗王公代表，开会于百灵庙，议决内蒙自治政府组织法，其中要点：（一）内蒙自治政府总揽内蒙各盟部旗之治权；（二）以原有内蒙各盟部旗之领域为统辖范围；（三）除国际军事及外交事项由中央处理外，内蒙一切行政俱依自治政府法律、命令行之。并选举乌盟盟长云端旺楚克为内蒙自治政府委员长，锡盟盟长索诺木喇布坦及伊盟盟长沙克都尔扎布为副委员长，锡、乌、伊三盟正副盟长及阿拉善旗亲王、察哈尔部二人、土默旗二人为自治政府委员。并推锡盟副盟长德穆楚克栋鲁普为政务厅厅长。实际比〔此〕次运动，即以德王为核心，少数青年为附从，受日本之蛊惑，借外力以达其政治上的欲望与野心，各蒙旗之多数王公，事前并未与闻，多持观望态度，一二参加者也是盲从。中央为尊重边民意见，派黄绍雄、赵丕廉二人与云王、德王等面商，最后决定八项原则，经二十三年二月二十八日中政会通过，行政院复根据是项原则，拟定《蒙古地方自治政前〔务〕委员会暂行组织大纲》，及《蒙古地方自治指导长官公署暂行条例》，由国府公布施行。并于三月七日任命云端旺楚克、索诺木喇布坦、沙克都尔扎〔扎〕布、德穆楚克栋鲁普、阿拉坦鄂齐尔、巴室〔宝〕多尔济、那彦图、杨桑、恩和巴图、白云梯、克烟〔兴〕额、吴鹤龄、卓特巴扎普、贡楚克拉升、达理扎雅、图布升〈巴〉雅尔、荣详〔祥〕、尼玛鄂特索尔、伊德钦、郭尔卓尔扎布、托克托胡、潘第恭察布、那木济勒色楞、阿育乌勒〔勒乌〕贵等二十四人为委员，指定云王为委员长，索王、沙王为副委员长。以后经青海蒙古左右翼驻京代表之请，中央复将委员人数增为二十八人，并任命该两翼正副盟长索诺木旺济勒、林沁旺济勒、索诺木达希、达希那木济勒等为委员。是年四月二十三日云王等在百灵庙正式就职，轰动一时的内蒙自治运动，至此告一段落。

日寇既鼓动德王成立蒙古地方自治政务委员会于百灵庙，便在百灵庙设立特务机关，从事挑拨煽动工作，不特使蒙古王公与中央日渐疏远，且使与地方当局发生冲突，蒙政会成立不久，即与绥远省政府发生摩擦，便是日人在幕中播弄的成绩。百灵庙的日本特务机关长是盛岛角房，他在蒙古秘密活动三十余年，增〔曾〕假充喇嘛，蒙古话很熟，蒙古人对他颇有好感，所以他的活动很有效力。

不特百灵庙有特务机关，察北的特务机关也于民国二十年设立，第一任的机关长是田中久，后易桑原，后又易四田中隆济，后又易星光，设于张北县城（后至嘉卜寺），一方刺探军政情形，一方作宣传离间等工作，察北各县都有他们活动。二十四年冬，日寇要求察哈尔省府撒〔撤〕退察北六县——〔的〕沽源、宝昌、康保、商都、赤城、张北〈的〉保安队，而以卓什海率领之伪蒙古保安队接防。十二月九日开始武力攫取，伪军李守信、卓什海两部数百人，在日寇飞机掩护之下，分途攻占我沽源、宝昌，不一月而六县全陷，特务机关之力不少。

日寇进占察北后，又有绥东五县和晋北十三县之要求，经我拒绝，晋绥军严阵以待，寇以计不得逞，乃又胁诱德王利用蒙政会和绥省府间的隔阂，嗾使德王于二十五年五月十二日开会于乌珠穆沁旗，旋即在嘉卜寺成立伪蒙古军政府，改元易帜，以云王、索王为正副主席，德王为总裁，这是日寇在西蒙初建立的傀儡机构。七月初，德王飞长春，与日方接洽军费、枪械和军事顾问等问题，既而派包悦卿赴热河招募军队，收编王英、王道一等匪部，成立伪军。李守信组织伪一军，德王组织伪二军，王英组织伪三军，并有卓什海伪蒙古保安队。日寇更以嘉卜寺为中心，派遣大批特务人员向西扩展，除百灵庙盛岛嘉卜寺田中之外，张家口有六本，归绥有羽山，包头有越川，无孔不入，而外蒙边境的〔岭〕松稻岭、宁夏的阿拉善、额济纳二旗也都成为他们活动的范围。初由日人山本率领组员四组，于二十四年冬向西出发，一路由新绥路至定远营，一路由张家口到乌鬃山，二十五年九月正式在额济纳成立特务机关，由江崎寿夫主持（至二十六年七月七日破获，共活动九个月），设无线电台，辟飞机场，运军火，其阴谋计划是借清同治时回人杀蒙人的史实，挑拨蒙回感情，企图煽动宁夏的阿拉善、额济纳两旗和青海二十九旗，联合成立一个阿额青蒙古伪组织（并计划成立安西特务机机〔关〕，由前任锦州特务机关长横山信治负责，曾率领组员善山敏、高森安彦等前往筹设，行至乌盟中公旗鼓鲁地方，闻额济纳的特务机关被抄始返）。时机日迫，遂有二十五年冬绥东之战。

绥东抗战的序幕，为八月初红格尔图之战，伪匪王道一部，被我击溃，王亦被刺。十一月中旬战事重开，伪方为王英、李守信、卓什海等部共数百余人，先后被我击退。我军为扫除敌伪在绥活动根据地，乘胜向百灵庙攻击，完全克复。德王经此次打击，气势沮丧，伪军之金宪章、石玉山、安华亭、王子修等部，复乘机纷纷反正，同时蒙政会沙王、巴王等也通电，表示竭诚拥护中央，日寇侵略西蒙之野心，因此打击，不得不暂时息鼓。乃未几而芦变发生，察、绥首先沦陷，倭寇之阴谋，德王之野心，反由此达到了。

三　锡、乌各盟旗伪蒙组织的成立

芦沟桥"七七"事变后，敌沿平绥路陷我张垣、大同，进而据我绥、包，遂扶持傀儡，于二十六年九月四日在张家口成立伪察南自治政府，十月十五日在大同成立伪晋北自治政府，十八日德王由嘉卜寺飞归绥，十二月二十七日召开第二次伪蒙古大会，在日寇关东参谋长东条英机，特务机关长桑原荒一郎等直接主持之下开幕，据伪府发表与会代表一二九人，列席者十二人（包括东条、桑原等），实则半由汉奸指充，半由威挟而来，名为开会，后幕实由日本指挥命令，外表令各汉奸、蒙奸粉饰场面而已。

大会主要决议，是通过组织伪蒙古联盟自治政府，推举云王、德王为伪府正副主席。伪蒙古联盟自治政府的组织大纲：（一）"蒙古联盟自治政府"置主席、副主席，由蒙古大会推德高望重、于蒙古复兴有大功者任之，主席为主权者，副主席于主席有事故时代行之；（二）以蒙古故有之疆王〔土〕为领域，暂以乌兰察布盟、伊克照盟、锡林郭勒盟、察哈尔盟、巴彦塔拉盟，及厚和市（即归绥）、包头市为统制区域；（三）以防共及民族协和为基本方针，以生、聚、教、兴、养、卫六事为施政纲要；（四）用蒙古军政府当时之旗帜（黄、蓝、白、赤、白、蓝、黄各色顺序横列）；（五）以成吉斯汗纪元为年号（民国二十六为七三三年）；（六）"联盟自治政府"设于厚和壕特；（七）"联盟自治政府"权限及其与地方之权限，依均衡之原则，以法律定之。

至伪政府内部之主要机构，有政务院及总司令部、参议厅，尤要者为政务最高顾问及军事最高顾问，伪政务院长由德王兼任，下设民政、财政、保安三部，以陶克陶（辽宁苏鲁华旗人，曾留学日本大学，为德王之亲信）、吉尔嘎郎（黑龙江布特哈旗人，日本长峙〔崎〕高商毕业，现年三十八岁，为德王之亲信一）、特克希卜彦（热河喀拉沁左旗人，保定军官学校三期生）三人分任〈部长〉，总司令由李守信（热河土默特旗人）担任，实际则伪府之军政实权完全操于日寇之最高顾问。并于"市政府"内特设一顾问部，其组织，最高顾问之下，于伪政府各部、署内均设部员（即顾问），由最高顾问直接指挥，各盟、市办公厅设主任顾问，各旗、县设顾问或辅助官，指导官、所有各级顾问之人事分配、调动及其工作，都由最高顾问负责，而较大之措施，更须接受蒙疆驻屯军司令部之指挥。敌划察、绥全部及晋北十三县为"蒙疆区"，以蒙疆司令官为最高指挥官，职权与敌关东军相等，由曾任敌军第九师团长之莲沼蕃任之，而蒙疆最高顾问则由敌金井章二任之。

二十七年三月二十四日云王逝世，是时我驻晋、绥部队，正合力反攻，一度且进至归绥附近，绥远民众，纷起抗战，各盟旗也大动摇，德逆乃于是年七月一日，召开第三次蒙古大会，决定以德王继任正主席，仍兼政务院长，李守信任副主席，仍兼蒙古军总司令，并于八月一日将伪政府改组，扩大政务院为四部（增畜产部）一厅（总务厅），并笼络一般劣绅、士官，成立参政会及政务委员会。又于各旗抽拔壮丁，成立纯蒙人的保安队，取缔汉人武装以巩固伪政权，并合并"厚和市"及"巴彦县"为伪首都，设厚和特别市。

伪政府人选，德、李二逆下伪参议会长为吴鹤龄，常任参议屈宝山、宝音乌勒济、郭尔卓尔旺布、沙拉巴多尚竺、李景珍等，政务委员会委员长为陶克陶，并兼政务院总务厅厅长，民政部长为特克希卜彦，财政部长仍为吉尔嘎郎，保安部长为雄诺多尔布（锡盟西阿巴喀旗之扎萨克），畜产部长为郭尔卓扎布（锡盟东苏尼特旗之阿散里）。

军事方面，伪军总司令之下，共辖九个师，□一师师长丁其昌，第二师师长陈生，第三师师长王振华，第四师师长鲍贵庭，第五师师长依恒额绍光，第六师师长乌云飞，第七师师长达密凌苏龙，第八师师长扎齐扎布，第九师师长仓都楞，一至六师为李守信基本实力，七至九师为德王之嫡系，一至三师多汉人，四至九师大部为蒙人。此外有三个游击队，第一〈队〉由森盖林沁率领，第二李根车，第三罗汉。又有伪西北边防自治军，军长丁杰谦，下辖四个师，第一师师长高振兴，第二师师长萧进堂，第三师师长李兆兴，第四师师长夏金川（该军武器、待遇均较劣，至二十八年秋内部纷纷反正，全军瓦解）。

伪蒙古联盟自治政府与察南、晋北二伪政府成立后，其辖地多在平绥铁路沿线，关于交通、经济必须互相联系，日寇为便于掠夺我资源计，乃于二十六年十一月二十日在张家口召集三伪府首脑会议，由最高顾问金井章二之主持，成立伪蒙疆联合委员会，不设首长，事实上即敌最高顾问金井章〈二〉为首领，由三傀偏组织各派二人及日方所派人员任委员。委员会下初设总务、交通、金融、产业等专门委员会，二十七年八月一日又改组委员会为总务、产业、财政、交通、民生、保安等六部。其部长为卓世海（蒙名如〔为〕卓特巴扎普，伪察哈尔盟盟长）、金勋卿（即金永昌，热河蒙旗人，曾任国会议员）、马永魁（大同商人，曾为大同商会委员）、杜运宇（兼交通、民生两部长）、陶克陶等分任。

日寇欲使三伪府实际合并，乃又将伪蒙疆联合委员会改组为伪蒙古联合自治政府。推动此项组织者，除金井章二外，又有敌方兴亚院蒙疆联络部长酒井隆的努力。三伪府诸逆，意见原不一致，经酒、金两人之劝诱压迫，逐渐接近，于二十八年九月一日正式成立于张家口，其组织大纲与前伪蒙古联盟自治政府者完全相同，惟易"联盟"为"联合"，其第六条易"厚和"为张家口耳。此次改组，最大的变更为察南、晋北两〈伪〉政府降为地方性质之两政厅，主席仍为德逆，而原察南、晋北两伪府之首脑于品卿、夏恭，则同为副主席，以示笼络。主席下仍设政务院，院下分设七部，各部名称及各首逆如下：

政务院院长卓特巴扎普（即卓世海）

咨议 雄那多尔布 特克希卜彦

主席办公厅秘书处处长村各彦次郎

总务部部长关口保（日人，为前蒙联委会总务部顾问）

民政部部长松津旺楚克 次长大场臣之助（日人）

保安部部长丁其昌

司法部部长陶克陶 次长波多野义熙（日人）

财政部部长马永魁 次长日比襄野（日人）

产业部部长杜运宇 次长野尻哲（日人）

交通部部长金永昌 次长伊藤祜（日人）

牧业总局长郭尔卓尔扎布 副局长泉名英（日〈人〉）

蒙疆学院院长关口保〈（日人）〉 副院长田边寿利（日人）

榨运清查总署署长吉尔嘎郎 副署长高须进（人日〔日人〕）

税务监督署署长宇和田源藏（日人） 副署长原信夫（日人）

察南政厅长官陈玉铭 次长竹内元平（日人）

晋北政厅长官田汝弼 次长前乌昇（日人）

名为自治政府，乃各部次长，各署长，各政厅次长，都是日人，实权操于次长、副署长手，甚至总务部长、税务监督署署长、蒙疆学院长，更甚至主席的秘书处长，都是日人，一切由日人主持了。以外还有最高顾问、顾问等等，蒙人完全成了十足的傀儡，不知原倡高度自治的德逆，对此"自治政府"作何感想。

伪蒙自治政府成立后，把察、绥两省名义取消，原有各县均分隶于各盟，并把归化土默特旗和原绥东四旗合并，改为巴彦塔拉盟，原察哈尔部其他各旗成为察哈尔盟，计巴盟辖土默特旗及原绥东四旗，并萨、把〔托〕、清、凉、兴、集、丰、陶、和、固、武等十一县，察盟辖其余八旗，并张、沽、商、崇、康、多、德、尚等八县，锡盟辖原十旗，乌盟辖原据六旗及安北一县，伊盟辖原七旗并东胜、五原、临河、沃野四县。据日寇宣称，各盟、旗、县共有土地五十五万五千平方里，人口二百七十余万（内蒙人三十一万，回教徒五万，余均汉人），实际不特伊克昭盟完整归我，乌盟仅一部附逆，五原、临河等仍由我绥省府统治，其他各县属乡镇，也大半仍在我游击部队控制下，行政组织依然存在，敌伪所云，不过自欺欺人耳。兹将伪蒙政府所宣布各盟旗之组织及首逆录之如下：

巴彦塔拉盟

　　盟长　补英达赖（即赵福海）

　　副盟长　默勒根巴图尔（即亢仁）

　　主任顾问（一名参与官）　初为泽井铁马，继易森一郎

　　民政厅长　胡格金台（原为贺云章，被倭暗害）

　　畜产厅长　李树声（畜产厅后改为劝业厅）

　　警务厅长　原为森一郎，后易鹈池勇次，先后都为日人

　　正黄旗总管　达密凌苏龙

　　正红旗总管　鄂颜克尔济

　　镶蓝旗总管　贡楚克邑勒

　　镶红旗总管　巴拉贡扎布

　　土默特总管　默勒格巴图尔

察哈尔盟

　　盟长　卓特巴扎普（即卓世海）

　　副盟长　特穆尔博罗特

　　主任顾问　简牛耕三郎

　　民政厅长　卜学

　　畜产厅长　穆克登宝（汉名穆益华，中央党务训练班毕业）

　　警务厅长　中川义治

明安旗总管　卓特巴扎普（兼）

商都旗总管　特穆尔博罗特（兼）

太仆寺左翼旗总管　那尔布扎布

太仆寺右翼旗总管　色令那

正蓝旗总管　英德和

正白旗总管　图尔巴图

镶白旗总管　贡楚克拉什

镶黄旗总管　穆克登宝

锡林郭勒盟

盟长　林沁旺都特

副盟长　补特巴拉（原为松津旺楚克）

主任愿〔顾〕问　中村浅吉

民政厅长　赵支儒（蒙藏学校毕业）

畜产厅长　未详

警察厅长　未详

苏尼特左翼旗扎萨克　林沁旺都特（兼）

苏尼特右翼旗扎萨克　都格尔苏龙

乌珠穆沁左翼旗扎萨克　多尔济

乌珠穆沁右翼旗扎萨克　米济德章

浩齐特左翼旗扎萨克　松津旺楚克（兼）

浩齐特右翼旗扎萨克　桑都克多尔济

阿巴嘎左翼扎萨克　补特巴拉

阿巴嘎右翼扎萨克　雄那多尔布

阿巴哈拉尔左翼旗扎萨克　巴拉觉苏勒

阿巴哈拉尔右翼旗扎萨克　巴扎尔萨特

乌兰察布盟

盟长　沙拉巴多尔济（原为巴宝多尔济）

　　副盟长　林沁僧格（原为潘德贡扎布，潘死林继）

　　主任顾问　山本

　　民政厅长　包道兴

　　畜产厅长　未详

　　警务厅长　未详

　　四子部落旗扎萨克　潘德贡扎布（死后闻石塔继）

　　茂明安旗扎萨克　奇默特林沁科尔罗瓦

　　达尔罕旗扎萨克　车索特巴

　　乌拉特东公旗扎萨克　奇默特林沁道尔济（即奇天命）

　　乌拉特西公旗扎萨克　额尔和多尔济（即额宝斋）

　　乌拉特中公旗扎萨克　林沁僧格

伊克昭盟

　　盟长　阿拉坦鄂齐尔

　　主任顾问　清水顺辅（一云田原守）

　　民政厅长　吉尔格郎

　　畜产厅长　未详

　　警务厅长　犹原清一郎

　　准格尔旗扎萨克　奇子祥

　　达拉特旗扎萨克　章巴拉多尔济

　　杭锦旗萨扎〔扎萨〕克　阿勒坦瓦齐尔

　　鄂托克旗扎萨克　旺庆扎布

四　蒙民抗日根据地的伊克昭盟

　　蒙古地方自治政务委员会的产生和组织，本包含许多复杂因素，所以成立后不久，便发生内讧，并与绥省府冲突。最著者是二十四年秋所谓乌盟西公旗事件，也给予日寇一个利用的机会。

事件的演出，是西公旗的不肖大喇嘛和曼颐〔头〕为了觊觎西公旗扎萨克职位，由于百灵庙日本特务机关的援助，突然进攻石王府，因而引起西公旗的内部火拼，同时又引起蒙政会和地方政府的正面冲突，经过许多周折，事件才暂平息，但祸首曼颐〔头〕，则逃往百灵庙，为日寇所豢养。

日寇利用此机，一方对德王威胁利诱，煽动内蒙独立，一方援助匪伪进侵察北。中央鉴于局势日非，乃决定改组蒙政会，分为察、绥两会，绥境蒙政会，遂于二十五年一月二十五日宣告成立，据组织大纲的规定，其职权为办理乌蒙〔盟〕所属各旗、伊盟所属各旗、归化土默特旗及绥东四旗之地方自治事务，内设七处、三委员会。由伊盟沙盟长任委员长，巴王、阿王、潘王三人任副委员长，委员由乌、伊两盟十三旗扎萨克、绥东四旗及土默特总管充任。会址设伊盟郡王旗境伊金霍洛。德王把持下之百灵庙蒙政会，其权力范围乃限于察省。

绥蒙政会成立后，凡有抗日思想、不满意德王之蒙旗军政人员，均次第脱离百灵庙，保安队之反正，尤予敌伪以最大打击。百灵庙蒙政会之保安队最初负责人为云继光〔先〕、朱实夫，时两人任保安处科长，二十五年春率部反正，驻防平绥线（是年秋兵变，云被打死，李〔朱〕逃出，白海风继任为总队长，即新三师前身），绥、包失守后，土默特旗及乌盟□大部沦陷，委员星散，但土默特旗总管荣祥，携绥蒙政会印信逃出，白海风率保安队南渡，沙委员长拒绝敌飞机之来迫，而在伊盟扎萨克旗重新整理绥蒙政会，达拉特旗马子锡及准格尔旗韩宇春亦率部反正，于是伊盟得以硕果仅存，金瓯无缺。

不特伊盟完整，而乌兰察布盟之东公旗福晋（扎萨克友〔夫〕人）巴云英女士和西公旗福晋奇俊峰女士，也起而抗日，表示蒙古妇女勇敢爱国的精神，巴云英曾率部抗敌，奇俊峰已由中央任为西公旗护理扎萨克，为蒙古史上第一位女子执政者。绥东四旗中镶蓝旗总管阿凌阿也在伊盟帮助沙委员长，三四年来敌骑不敢南下，我军反攻包、绥亦较有利，蒙古军政力量集中于此，为收复蒙古各盟旗的根据地，所以有人把现在伊盟名之曰"内蒙堪察加"。现七旗概状如下：

（一）左翼前旗　普通名准格尔旗，全旗面积四万三千方里，人口蒙民三万七千，汉人六万四千人，保安队千二百多名，在七旗中为自卫力较强者，土地已垦者千九百三十余顷，由王府往萨拉旗〔齐〕、托克托、河曲、府谷四县均有大道，可行载重车马。扎萨克布根巴德辅未成年时，由东协理奇文英护理政务并掌军权，三十一年成年始由中央正式任命，但大权仍由奇文英暂负。西协理原为奇凤鸣，事变后因态度暧昧被捕，畏罪自杀，其子奇子祥率部投伪，现由奇涌泉继任（蒙名蒙肯不浪，系奇文英之长孙），管旗章京甲立格扎布（汉姓杨），西梅伦诺尔布银宝（汉姓王），东梅伦奇世勋（字华甫，蒙名那韦摆叶）。该旗东、北两面均临黄河，为塞北战场前线，抗战中颇关重要。

（二）右翼中旗　普通名郡王旗，前清顺治六年赐封额璘臣为多罗郡王（民国元年授和硕亲王，在七旗扎萨克中封爵最高），全旗面积约八千方里，人口约万余，蒙汉约各半数，保安队四百余名，土地已垦者九千六百多顷，境内有大道通榆林、神木二县。现任扎萨克为图布升吉尔噶勒（汉名福亭），老成持重，除扎萨克职务外，并兼绥蒙政会常委及吉农（成陵护陵官）等职。旗内主要士官，为□等合〔台〕吉巴图济推（字〔字〕正德，图王子）〔部名〕，东协理奇默特拉齐，西协理原为贡补扎布，三十一年逝世，现由其子奇全禧继任，管旗章京恼尔布扎布，东梅伦银肯巴雅尔，西梅伦巴银巴图。原成吉斯汗陵寝在其境之伊金霍洛，为七旗民众崇拜之所。

（三）左翼后旗 普通名达拉特旗，全旗面积五万八千方里，土地肥沃，已垦者一万一千六百一十顷，人口七万余，内蒙人约一万三千，汉人约五六万，全旗骑兵三四百人，由王府至萨县、东胜、包头、五原皆有大道。现任扎萨克为康达多尔济（汉名康济敏），抗战以来，该旗团长森盖首先附逆，嗣其部马锡（号子禧）反正，康在重庆，旗中军事由保安司令马锡负责（三十二年逝世，由奇世勋代）。主要士官东协理孟克吉雅，西协理台吉庆格拉巴图，护印管旗章京图布升巴雅尔，东梅伦盟盖，西梅伦马锡，康王季弟旺庆多尔济二十九年离伪反旗，现赴重庆求学。该旗北临黄河，为最前方，森盖凌庆盘踞滋扰，每引狼入室，在七旗中地位最关重要。

（四）右翼前旗 普通名乌审旗，全旗面积四万三千方里，人口约二万余人，内汉人甚少，全旗骑兵四百余人。扎萨克原为特固斯阿穆固郎，二十年病故，由东协理奇玉山护理，奇并兼任西蒙抗日游击支队司令，青年稳健。其他重要士官，西协理奇国贤（三十一年被诛），官奇〔管旗〕章京图孟巴雅尔，东梅伦补英巴雅尔，西梅伦尔登多布济考举尔。该旗与榆林、横山为界，接近内地，抗战中受影响较少。

（五）左翼中旗 普通名鄂托克旗，全旗面积十七万方里，为七旗中最大者，人口共万余人，内蒙人一万三千，汉人二千余，保安队千余名，土地已报垦者约一万余顷，但已垦出者仅七百余顷，全旗有骑兵七百名，枪马齐全。现任扎萨克为旺庆扎布，惟因年幼，一切军政权全操于喇嘛章文轩之手（蒙名扎木□扎）。其他主要事官，东协理旺楚克色令，西协理朝格吉尔格拉，管旗章京额肯巴雅尔，西梅伦巴雅尔默乃，东梅伦乌巴。该旗西接宁夏，故军、政与宁夏都发生联系。

（六）右翼后旗 普通名杭锦旗，全旗面积八万三千方里，人口三万余，内蒙人八千六百，汉人二万余，保安队约千名，土地已垦者三千三百六十余顷，地质除西南一部外，皆肥沃，境内有盐池数处，由王府西南至宁夏，西北至临河，东至包头，皆有大道可通。原任扎萨克阿拉坦鄂齐尔，兼伊盟副盟长，事变后为敌计诱挟持而去，现由西协理色登多尔济代摄旗务，其他土官，东协理阿拉吉巴雅令，管旗章京苏穆雅，东梅伦朝格巴达瑚，西梅伦诺尔布桑。所有部队并未带去，旗务一切仍旧。

（七）右翼前末旗　普通名扎萨克旗，伊盟原仅六旗，扎旗系乾隆元年由乌审旗中划出一部增设，故面积仅三千余方里，在七旗中为最小，人口共约六千人，内蒙人约三分之二，保安队约四百余名，地多沙漠，土地已垦者计二千七百一十余顷。现任扎萨克鄂齐尔呼雅克图，系沙盟长之长子。其余主要土官，东协理阿穆固郎，西协理鄂齐尔巴图，管旗章京巴宝多尔济，东梅伦贡楚克林沁，西梅伦原为僧格林庆，因公开附逆已撤职，另委杜布新得力格。该旗东、南两面近边城，与陕北之榆林、神木两县接壤，与榆、神均有大道可行牛车，因绥境蒙政会、绥蒙党务办事处及伊盟保安长官公署并国立伊盟中学均设该旗，或〔成〕为内蒙党、政、军、学之中心。

五　外蒙古也起来抗日

日寇要并吞满蒙以征服中国，先由南满、东蒙，继而北满、西蒙，又〔又〕继而全满、全蒙，外蒙也早在并吞的范围之中，但北满、外蒙都和俄国冲突，所以日寇于甲辰败俄，犹以为未足，时时想用机会以进占西北〔伯〕利亚和库伦，以完成他整个并吞"满蒙"的计划。一九一七年俄国革命，日寇便视为唯一的机会到了，遂以防止"赤化"为名，怂恿各国出兵干涉，希图占领俄属西北〔伯〕利亚和库伦。民国七年（一九一八）八月日本寺内内阁便发表对俄出兵宣言，但并未按照与各国原定出兵额数（原定限额七千名），派遣了七万多人的大军进占西伯利亚，当日本出兵之先（民国七年五月），便已强迫中国和他订立了《中日军事协定》，在协定的第一款说"中国军队应由库伦进至贝加尔湖，日本亦可派遣兵力一部"，第四款规定说"日本军一部可由库伦进至贝加尔湖方面"，这明明白白是日本想攫取外蒙古阴谋的表现。果也外蒙自治取消，中国军队进入库伦后，日本的侨民、浪人便也大批进入外蒙，库伦市上有了日本商店，日本人民在库伦取得合法居留的地位，当时日人在库伦有三百名左右，这些日人在库伦作甚么呢？民国九年的秋季中外报纸，便迭载日本阴谋扰乱外蒙的密电，其中有吉林督军鲍贵卿一个密电称：日本阁议特派大山中佐偕同熟悉蒙情游员四十人，携带巨款分往内外蒙各地游说王公，并担任政费、军费、借款，接济军火，助某恢复自治。又云：接着便是帝俄余孽谢米诺末〔夫〕被日人招至大连会议，由日本的接济枪械，谢遂于十年春派部将恩瑟〔和〕巴龙率领所部结合蒙匪共四五千人攻入库伦，外蒙政教首领哲布尊丹巴呼图克图便在日本暗募〔幕〕中牵动之下宣布外蒙独立，外蒙古便成为日本所建立的傀儡伪国了。

日本犹以为未足，更有由外蒙并吞全蒙古的阴谋，于是又策动谢米诺夫召集布里雅特人、内蒙古等处之王公代表举行会议，日人铃井少佐也参与其事，决定先在达乌里地方组织"全蒙古临时政府"，内设内务、陆军、财政、外交四部，统之以内阁总理；然后再号召内外蒙古和布里雅特蒙古，联合成立一北起贝加尔湖，西至新疆，东达满洲之大蒙古伪国，以达其并吞"满蒙"以征服全中国的大陆政策。

但外蒙觉悟的青年，为打倒日本帝国主义，不久便在恰克图组织外蒙古国民党，举起蒙古民族抗日的大纛，经过艰苦奋斗，终把执行日本强盗任务的谢米诺夫所导演的蒙古伪政府打倒，恢复了蒙人统治的蒙古政府，库伦的日侨，也都被逐而去。外蒙古国民党能很快的把日本势力驱逐，建立蒙古人民政府，当然是由于苏联红军的援助，由中国立场说来，苏联是侵害中国领土，而外蒙也不幸抱着独立态度脱离中央，但由此唱出了近代蒙古民族抗日的第一声，使日寇认识了蒙古民族的精神。

外蒙国民政府借苏联力量成立后，虽事实上脱离祖国，但外蒙国民党与中国国民党尚取得联络，名义上亦并未脱离中国，且知道共同的敌人日本帝国主义，因而随着有〔在〕民国十三年所订的《中俄协定》，苏俄承认中国在外蒙有宗主权，外蒙为中国领土之一部，驻外蒙的苏联军队也渐渐撤退，封锁的外蒙边境，内地商人可以前往通商，并为了中央铲除北洋军阀和抵御倭寇侵略尽了不少的帮助之力。当民国十五年北伐军兴时，因为运输苏联接济军械问题，笔者曾往库伦与外蒙当局接洽时，外蒙国民党领袖丹巴多尔基等恳切表示，愿中国国民党打倒军阀后，外蒙重归祖国怀抱，共同抗日。不意"九一八"日本以武力占据东北，外蒙对边境重复封锁，实是为防止日本势力侵入，破坏了境内的和平建设，有当时的事实为证。据说当"九一八"事变后张家口商会会长刘某曾乘汽车至库伦，与外蒙政府协商通商事宜，最初会议进行尚为顺利，忽多伦沦陷的消息传入库伦，谈判遂告停顿，从此通商完全停止，这是为了对付日寇所采取的必要措置。

果然，日寇对外蒙的侵略渐渐加紧，在伪满与外蒙接壤地方，驻屯重兵，时时向外蒙挑衅威胁，表示随时可以进攻外蒙，因而与外蒙边境驻军时起纷纠，以至互相射击，但日军寻衅一次，外蒙军队不客气的予以一次的打击，使日寇想突破外蒙边境的企图，终未实现。民国二十四年哄动一时的"哈尔哈庙事件"，便是最初最明显的一个例证。

当时事件的起因，是在外蒙东部边境与呼伦贝尔交界处，有一寺庙名"哈尔哈"，这个庙是属于外蒙的，日本军队强说是伪满边境，并突然袭击驻该庙的外蒙军队，在飞机、大炮联合进攻之下，一时占领了哈尔哈庙，但英勇的外蒙军队，随即反攻夺回。这事发生后，苏日两方曾彼此提出抗议，苏说日本有意威胁苏联边境，日说外蒙军中有苏联军官指挥，并强说该庙是伪满边境，双方争执结果，决定由有关各方派遣代表开会于满洲里。日方在会坚持三项主张：（一）组织伪满、外蒙边界勘察委员会，划定两方交界；（二）伪满与外蒙互派代表，驻于各该地首府；（三）解决伪满与外蒙历次发生的争议悬案。在日本的阴谋是想伪满在外蒙设立中央代表，自由通讯，借取得在外蒙境内一公开活动的便利，为将来侵犯外蒙乃至苏联的准备；且欲因"满"蒙成立外交关系，借取得伪满之正式承认，当然为外蒙所不能接受，于是会议决裂。

满洲里会议决裂后，外蒙对日寇戒备更严。民国二十五年三月十三日苏联与外蒙忽订《苏蒙互助公约》，签字者苏联为全权代表泰洛夫，外蒙古则为"外蒙古人民共和国"小库接〔拉〕尔说〔议〕长阿穆尔、总理兼外长赓登。兹录其全文如下：

第一条 苏联或蒙古人民共和国之领土，和〔若〕受第三国家或政府之攻击威胁，则苏联及蒙古人民共和国应立即共同考虑发生情形，并采用防卫及保全两国领土所必需之各种方法。

第二条 苏联及蒙古人民共和国政府承认在缔约国之一个受军事攻击时，相互予以各种援助，包括军事在内。

第三条 苏联及蒙古人民共和政府认为缔约国中一国军队根据互助公约，为完成第一条或第二条之义务起见，屯驻另一缔约国内，至无此必要时，应立即退出，有如一九二五年苏联军队之退出蒙古人民共和国领土，此乃不言自明。

第四条　此项草约将于签字后发生效力，于此〈后〉十年内继续有效。

这个《互助公约》发表之后，我国政府认为苏联侵害中国主权，曾对苏联提出抗议，旋接苏联的答覆云：

……无论签订草约事实或草约各条，均未丝毫侵犯中国主权，苏联亦未向中国或蒙古人民共和国作何种土地要求，草约之签订，在形式上及事实上均不致使苏联与中国及苏联与蒙古人民共和国间关系有所变更云云。

然而在日本政府听见这个消息，却特别发慌，据当时各报载东京同盟社电云：

苏俄政府发表俄蒙援助议定书，内容与日本国防有重要关系，其第二条确保外蒙为第三国军事的攻击时，实行军事的及其他一切援助之□利，其用意在对日战争时企图在外蒙领土内使用红军，俾得由日军侧面或后方加以攻击，故本条约之第二条，显然以日本为目标，将来公然命其优势部队驻扎外蒙时，因此结果，警备太薄弱之"满洲国"境，将受不断之威胁，总之苏俄以本条约获得对于外蒙之军事支配权，日"满"不得不取对付手段云。

由此可知日寇对《苏蒙互助公约》的恐慌，也可证明《苏蒙互助公约》是对付日寇之有效，□苏联早知日寇必将进攻，而进攻的路径必由恰克图直达上乌丁斯克，以截断西北〔伯〕利亚铁道。而外蒙因伪满与外蒙界线长至七百多公里，在未确定界线边境的冲突总所难免，所以不得不暂与苏联共同防御日寇，因此二十八年夏果又有诺门坎事件发生，日寇的野心再为暴露，但因苏蒙互助的结果，更予日寇以重大打击，也更证明外蒙武装抗日的决心，吾人对其苦衷为国，固未遑多论也。

《思潮》（月刊）

西安新中国文化出版社

1944 年 12 期

（李红权　整理）

蒙疆之现状①

立于东亚共荣圈一环 各部门积极飞跃进展

作者不详

"蒙古联合自治政府"自从于中国事变战火中诞生以来，匆匆已经四度星霜，其间"蒙古政府"莫不竭力昂扬其特殊性，勿论就政治、经济各方面皆留有可观的功绩，而今与我国华北并有大东亚战争下兵站基地之重大使命，对日供给战争资源正在集结总力中，蒙古遂以"亚洲之蒙古"、"大东亚共荣圈之一环"而奋然崛起，其雄壮的姿态实可夸跃〔耀〕。

蒙疆之特殊使命

"蒙古政府"之诞生乃在建设蒙古民族之理想乡，并欲极力完成其特殊使命，于是对蒙古民族区，及以察南、晋北为中心之汉族区，皆分别设置行政机构，由"兴蒙委员会"施行特殊的兴蒙政策而后，教育自不待言，凡是保安、畜产以及其他一切行政莫不连奏成功，复为完成"剿共"、"对日供给战时资源"等节节重要特殊使命起见，更唤醒蒙古民族，须有大东亚的自觉，俾使日

① 本文作者的敌伪立场十分明显，为保持资料原貌，照录原文。——整理者注

蒙一体不可分之旗帜，再为之阐明，而极力开发增产煤、铁、马匹、羊毛等资源，以期完成对日之供给。"蒙古政府"为完成此等使命，至今日当然已克服一切困难，即或因一时的汇兑清偿之困难，致以招来蒙疆经济脆弱之议论，甚者更有播弄对其将来抱悲观态度之文学者，然而勿论任何条件下，蒙古乃具有必须存在发展之政治意义，以及与此同样重要之经济的意义，故虽有此等忽视蒙古存在之议论，处于乘〔乖〕谬非难之中而亦不能为其所屈，始树起今日隆盛之基础。

对华新政策与蒙疆

基于道义精神之日本对华政策，于本年一月九日"中国"对美、英宣战之同时，以返还租界、撤废治外法权而出现，由理论一变而入实践阶段。此后关于"蒙疆政府"之存废问题虽有一部揣摩臆测者，但"蒙古政府"本身，犹能确实把握其肇建精神，不失其自治区域之荣誉，而致力发挥其为日、"满"、华三国共同结合地带之特殊性。于今以上之途说臆测，已形影俱消，经济调查会议上除开煤、铁等之飞跃的增产外，同对解决华北食粮问题已决定杂粮输出量为前年之二倍。由于上项业将蒙古之进路明确指出，殊值注目。

《弘宣》（半月刊）

"满洲国务院"弘报处

1944 年 71 期

（朱宪　整理）

蒙旗的政治组织

孔宪珂　撰

　　蒙古原来的政治组织，有部落而无盟旗，盟旗的组织肇于明末，而完成于清初。满清绥服蒙古以后，即将蒙古游牧区域划分若干旗，规定牧场，彼此不得越界游牧狩猎，违者不论王公士庶，一律严加惩处，借以杜绝因游牧而引起之一切纠纷。于是各旗的疆界确定，旗置扎萨克一人（扎萨克即旗长之意），为世袭制，世世治理旗务。集合若干旗于一定地点，三年会盟一次，是为盟制之由来。盟设盟长、副盟长、帮办盟务等，监理各旗事务。至此盟旗组织始粗具政治雏形。

　　盟的组织　盟设盟公署，现改为盟政府，为蒙旗的最高行政机关，其地位相当于内地的省。内有盟长、副盟长各一员，帮办盟务一人或二人，另有备兵扎萨克、保安长官等职，均由盟长兼任。盟长、副盟长均由中央在各旗扎萨克或其他闲散王公中选择贤能者任命之。盟长出缺，由副盟长继任之。盟长的重要职务，在清代为主持会盟事宜。会盟时，盟长必须率领所属各旗扎萨克、闲散王公、官员及壮丁等，会盟于指定的地方，其任务为编审丁籍，清理刑名，届时由中央简派大员亲临监盟，借以决定惩赏，且每必须亲自检阅所属各旗军队一次，但不能直接干涉所属各旗行政，只能在旗内发生重大事件时，会同扎萨克共同处理。又可将盟旗各方之意见，转呈中央主管机关。扎萨克若有越轨行为，亦可向中央主管机关告发，遇有重大的事变时，则率领全盟士兵作抵抗敌人的侵略，及捍御疆土的活动。所以盟对于旗只是转呈机关，盟长对于扎萨克仅处于监督地位。自民国成立后，例行会盟已停，盟遂形成旗之上级机关，盟长亦由会盟时之主席递演而为全盟之首长。副盟长辅佐盟长办理各事。帮办盟务为蒙旗土地放垦后所增设，其职权为帮助盟长、副盟长管理垦务事项。

旗的组织　旗是蒙地的行政单位，其地位相当于内地的县，由若干苏木组成。旗设旗公署，现改旗政府。其最高行政长官为扎萨克，综理全旗军政，督率所属官员，为世袭职，闲散王公及平民均没有被任命的希望。下设东西协理各一员，襄理旗务，由扎萨克在闲散王公或台吉中推荐数人，呈请盟长转呈中央主管机关圈定之，故扎萨克处理旗务时，有时亦不得不顾及协理之意见。另设管旗章京一员，受扎萨克、协理之命综理全旗事务，为蒙旗政府内之幕僚长，由台吉或平民中选任之。再下设东西梅伦各一员，亦称东西副章京，由台吉或平民中选任之，受扎萨克、协理、管旗章京之命分掌全旗事务。在梅伦之下有扎兰章京（即参领），分班到旗政府当差，一方面秉承上列各官之命，办理旗政府的事务，一方面管辖所属各苏木，使旗与苏木之间发生密切的联系。

旗以下的组织　旗以下设参领，每参领管理半个苏木至六个苏木，苏木是旗的基本（单位）组织，其地位等于内地的乡。每苏木设佐领一人，受参领的监督，综理全苏木的事务。举凡调查户口、分配差徭、征集摊派款项、维持地方治安等，均由苏木负责。下设骁骑校、领催、什长等，协助佐领办事。每佐辖一百五十丁。清例，凡蒙古男子在十八至六十岁者，皆编入丁册，三丁共一马甲，遇有出征事时，二丁出征，一丁留家。十丁设一长，是为什家长，专负稽查及维持秩序之责，所以盟旗最初又是一种军事组织。征兵制度，有事时为兵，无事时为民，即我国古代寓兵于民是也。兹将蒙旗政治组织系统列表于后：

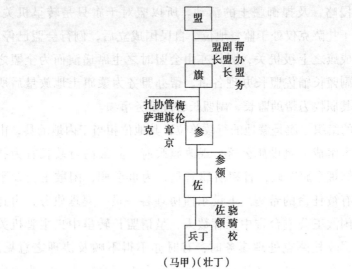

《边疆通讯》（月刊）

重庆蒙藏委员会边疆政教制度研究会

1944 年 2 卷 1 期

（李红权　整理）

伊克昭盟之政务设施述要

曾庆锡　撰

一　教育

逊清对蒙古，除积极编审户丁外，以愚禁为唯一之政策，数百年间，伊克昭盟直无教育之可言。民国成立，惟准噶尔旗，首创同仁小学，其他各旗，近因中央主管机关与绥蒙自治指导长官公署之督促，绥境蒙政会之推行，二十七年以来，始各陆续开办旗立小学一所。近史〔始〕逐渐推广，计准旗有小学三所，学生约二百人。郡、乌、鄂三旗，又各拟添设第二小学。达尔扈特各户，亦拟在其住区内，另立小学一所。各校学生，初不甚踊跃，现其父兄，皆知求学为谋生之本，已经设立之学校，不但不缺乏学生，且间有人满之患。此初等教育之实况也。至于中等教育，教育部于廿八年，创设国立伊盟中学一所，同年八月正式开学，陆续招生，现有初中生三班，补习生二班，学生二百人。该校当局，为异日开发实业起见，拟增添牧畜、兽医、毛织、制革各一班，已将预算及计划呈部。利用当地之所有，改进当地之生产，活动当地之经济，洵属扼要之举。

学校教育，为将来计也；际兹抗建大时期，把握现在，尤为急切。全盟人民识汉字者，不过百分之一，识蒙文者，不过百分之十，不特不明粗浅文义，甚至普通常识，亦极缺乏；当务之急，惟有极积实施社会教育。札萨克旗，为盟长建节之所，绥境蒙政会，亦设于此，乃蒙旗政治中心，观摩所在，有蒙藏委员会设立之民众图书阅览室一所，又有绥境蒙政会主办之民众教育馆一所，社教方面，可谓粗具规模。至各旗府所在地，为一旗之表率，关于社教，自应有相当之设备，惟因经费关系，尚付阙如也。又蒙胞无集体而居者，家与家之隔，往往十里至数十里，除庙会外，恒少聚集，鲜观摩切磋之机缘。廿九年春，指导长官公署，经拟具巡回教育办法，其大纲，招收附近蒙地之青年，施以蒙文及教学方法等训练，分组前往各旗，一面择往来通路，立识字牌，随时教导过路之人；一面利用各集会地方，施以露天教育，并表演魔术、杂剧，以增其兴趣；即以各该员兼任该署派赴各旗之调查员，俾获种种工作上之便利。该项办法经商准教育部采为工作计划，本最实际有效之办法，但尚未见诸实施。今日全盟社会教育，仍在未开展时期也。

初等教育，乃基本教育，各旗小学，现虽逐渐增多，但经费、教材等等，皆为教育前途之重大问题，是不能不详加研究。兹分言之：现在各旗小学经费来源，多依赖教育部补助费，有固定基金者极少。自三十年郡旗札萨克图布升吉尔格勒，呈明捐旗产二百顷，请设国立完全小学以后，各旗政府，均知依恃部款办学，非长久之计，于三十一年五月，开第九次蒙政会全会时，即联名提议，通令各旗划拨学田。此后各旗教育基金，当可日渐巩固，惟教育经费，各省县均属巨大收支，学田不过基金耳。今后各旗应设法增加生产，即于生产收益项下，划定教育专款，使其逐年扩充，庶全盟教育，不至因经费缺乏而防〔妨〕碍进展。至欲期教育充分发挥其效能，必须教材能利用其旧观念，以启发其新观念。故关于教材的编辑，应以各地人情事物为主，并对不同的文字语言，设法沟通且统一之，自易收事半功倍之效。此项教材选编问题，三十年十月，蒙政会第八次全会，经决议就内地通行之教本，酌予增删，期其适合蒙旗今日之情形；三十一年夏季，已成初稿，送部请审矣。

二　保甲

保甲为政治基层工作，平时察奸禁暴，战时组训壮丁等等，胥赖乎此。蒙旗民户散居，此项较难着手，幸有佐领、什长之旧制，可资为暂时之利用。二十八年十月，蒙政会第四次全会，即通过积极编组保甲，嗣经指导长官公署严催实施，又经该会以拟订按照佐领暂编办法，自二十九年夏季起，各旗均已开始编组。先是蒙政会拟办保甲训练，并拟成立督导团，以期造就完善人材，由会监督统制，集中意志与力量，使日新又新，臻为健全之组织，只以经费无着，而遂因陋就简，张冠李戴焉。现在各保中人事之调度，事务之推进，虽不及内地之紧张而有条理，但平时联络通讯，稽查行政，以及冬防期间之协助军事守望，不能谓为无相当之效益也。

三　保安

盟旗组织，即军事组织，佐领以下，军事之实施也。逊清一代，对于编审户丁，检阅兵器，至为严密，而于其他民事之教养措施，则不甚注意。盖各盟旗除喇嘛为特殊阶级外，凡民皆兵，只知兵之为重，兵以外，无所谓民也。习之既久，民皆从风，于是骑射尚武之精神又为蒙胞独具之特色；本盟军事之设施，可谓最有历史之设施矣。不过世界日趋进化，各旗兵器、户丁，虽严禁隐匿买卖，而训练一仍旧贯，武器不求更新，迄至清季，徒有尚武之名，实于国防无甚裨益也。民国以来，各旗陆续自置枪械，近又由中央补扩械弹，乃稍变已往游兵之制，各按武器多寡，设置固定性之保安队，负侦缉盗匪，维持地方治安，及协助驻防部队抗战之任务。其组织：全盟设保安长官公署，由盟长兼绥境蒙政会委员长任长官，各旗设保安司令部，由札萨克或协理台吉任司令。此常设之军事机构也。抗战军兴，另组设蒙古游击军一、二、三区司令部，及西蒙抗日支队部，直隶于指导长官公署。署下置蒙古游击军教导大队，分期轮往各游击部队，实施学术训练，及精神讲话，凡班长以上、队长以下之干部，皆须受训。

四　司法

维持治安之积极设施，是为保甲与警察，而消极设施，则恃乎司法。蒙古司法制度，逊清时规定，边内人在边外犯罪，依刑部律，边外人在边内犯罪，依蒙古律。初审之权，属于管旗札萨克，最后判决权，属于理藩院，其有关内地人民交涉案件，则会同就近州县衙门审明定拟。刑法名例，有罚赎、锁枷、死罪等分别。罚以九五论，九即马二，犍牛二，乳牛二，犙牛二，□牛一之总称，五即犍牛一，乳牛一，牸牛一，□牛二之总称。死罪可赎，赎必九九马匹入官，并再出三九牲畜，给付其尸亲；如无尸亲，即将三九牲畜存公备赏。盗马、羊、牛、驼□项牲畜与奸淫主母，杀人致死，诱骗贩卖内地男妇子女者，同为死罪；行人擅取遗失牲畜，亦以盗论。蒙古依马、牛、羊、驼为生命之源，故定律如此其重也。凡蒙古罪犯，刑部拟以笞杖者，改为鞭责，拟以军流者，免其发遣，分别枷号。□□徒一年者，枷号二十日，每等递加五日；流二千里者，枷号五十日，每等亦递加五日；附近充军者，枷号七十日，近边者七十五日，边远沿海、边外者八十日，极边烟瘴者九十日，此司法之大概也。其于普通犯奸，规定亦严：平民和奸，无论男女，均枷号一月鞭一百，贵族奸平民之妻，罚俸三年外，另罚三九牲畜。尤其周密而厚道者，不令行人歇宿，因而冻死，或未致死，均分别罚其牲畜；遇歇宿而被盗，由房主负赔偿之责；误取行人牲口，以为己所遗失者，除还原物外，并另罚牲畜以给行人。至关于失火、盗墓、违禁采捕、捕逃、疏脱罪囚等等，定律亦均细密。迩年内地各省县，司法制度暨刑律，已随时代之进展而逐步更新，蒙旗旧律似亦须因时地之宜，而有所改进焉。

《边疆通讯》（月刊）

重庆蒙藏委员会边疆政教制度研究会

1944 年 2 卷 5 期

（朱宪　整理）

抗战前乌盟蒙人互讼之解决程序

作者不详

抗战以前，乌兰察布盟蒙旗人民发生纠纷时，其诉讼程序，各旗虽稍有出入，大体亦不外循下列之程序解决：

（一）苏木章京之受理　凡各苏木人民发生之争执，经邻居劝解无效时，不管事件大小，两造先至报告之〔于〕苏木办事处求伸，苏木章京问明情由，并调查起事之原委及发展之经过后，如事态并不严重，两造愿接受苏木章京之公判，事件即在苏木解决，然后呈报直辖之扎兰章京，转呈旗署；但遇有不服苏木章京裁判或事态严重，超出苏木权限以外者，则苏木章京通知参领，会同将原委移往旗公署（或苏木章京单独送旗署亦可），请求旗署事官办理。

（二）旗署之审判　关于各苏木发生之严重事态，以及两苏木间之事，或苏木章京未能善后之事等，概送来旗署，由值班之事官禀明扎萨克决定办法。扎萨克若命事官进行第二步判决时，普通之事，两造必无异言，然后由事官将结果通知扎萨克，事件便作解决。但往往有特殊情形时，如事态牵涉过大，或扎萨克认为须交旗务大会办理者，则二审亦不能结案，又有延长解决之必要，在此等过渡时间（即距离旗务大会开会之时间），原被两造或仍交送来苏木章京带回看押，或有一方犯罪过，恐将逃逸，开枷锁交蒙人轮流看管，至旗务大会开幕再提来受审。

（三）旗务大会之解决　旗务大会关于司法权限，不啻蒙旗之最高法院，无论蒙人间大小轻重之问题，旗务大会一概受理，且必须负责解决；盖除省府与中央不计外，蒙人之诉讼最高求伸处只此旗务大会：若既不移交省府或转呈中央机关，而又不在旗务大会谋善后者，则蒙人较大之争讼案，将永无解决之希望也。此则为旗务大会受理各案后，必须解决之理由。大会审案时，除推一人问口供外，一切皆采类似会议式以解决之；扎萨克亦为与会之一员，惟其言较一般为有力耳。大会讨论结果，或打或罚，随即遵办；但今日之情形，大都罚则不打，打则不罚，即罚亦不遵昔日之"数九"之规定（即马二，犍牛二，乳牛二，牸牛二，犙牛一之规定），罚牛羊一二头或十余头不等；但亦分别犯罪之轻重而论罚耳，亦有枷锁示众及当时处死刑者。

附表：蒙人争讼之解决程序表

苏木	苏木章京	秉公判决，或送往旗公署善为解决，或移交大会	如达尔汗旗初步须经过达拉棍处，然后至苏木章京处，与他旗稍异。至蒙汉人间之纠纷亦同样解决
旗公署	值班事官秉承扎萨克之命办理		
旗务大会	扎萨克会同旗署事官办理	作最后决定	

《边疆通讯》（月刊）

重庆蒙藏委员会边疆政教制度研究会

1944 年 2 卷 8 期

（李红权　整理）

论蒙古地方民权机关之确立

吴景敖　撰

一　追溯部落会议遗制

今年一月间，渝中人士曾于宪政座谈会中论及蒙古、西藏在宪法上之地位问题。三月八日，重庆《大公报》社评，援引国父遗教《建国大纲》，建议省长民选，蒙古、西藏地方亦无庸例外，借以发挥高度自治，并以促进国族团结。按《五五宪草》一百零二条内载："未经设省之区域，其政治制度，以法律定之。"边情异于内地，其政制自有待于国人从容研究，提供采择，以期完善。兹先就瀚海、阴山间沿用之部落会议制度，试作检讨。

《后汉书·南匈奴传》载："常以正月、五月、九月戊日，祭天神，南单于既内附，兼祠汉帝，因会诸部议国事，走马及驼为乐。"

《三国志·魏志》乌桓条载："常推募勇健能理决斗讼相侵犯者为大人[1]，邑落各有小帅，不世继也。"

《旧唐书·北狄传》契丹条载："若有征发，诸部皆须议合，不得独举，猎则别部，战则同行。"

又《大金国志》载："凡用师征伐，上自大元帅，中自万户，下至百户，饮酒会食，略不间别，与父子兄弟等，所以上下情通，无闭塞之患。国有大事，适野环坐，画灰而议，自卑者始，议毕即漫灭之，不闻人声。军将大行，会而饮，使人献策，主帅听而择焉，其合者即为特将任其事。暨师还战胜，又大会，问有功者，随功高下支赏，举以示众，薄则增之。"

元代部落会议之盛，可见于多桑（C. Dohsson）《蒙古史》中所载克鲁伦河畔大帐之会[2]，元太宗即位一段如下："科律尔台之首三日，大事宴飨。莅会者既众，始集议选载新君。会众多属意拖雷。拖雷从耶律楚材之劝，宣称秉成吉思汗遗命，应奉窝阔台继承大统，众遂转向窝阔台劝进，窝阔台辞之诸兄弟伯叔，且谓拖雷常侍其父，受训独多，应推其继立，众劝以遗命为重，窝阔台仍坚辞，如是延会宴饮凡四十日，案悬不决，直至第四十一日，星者占为太吉之期，窝阔台乃从会众之请，由其兄察合台，及叔父斡赤行，导之就汗位。"

"科律尔台"初见之于蒙文《元朝秘史》，蒙语义为集会，为各种部落会议之通称。此类集会，原不自蒙古创始，特至元代，其规模益见具备耳。日本元史研究权威箭内亘，原曾援引前列各项纪载，从而强调科律尔台为蒙古选汗会议。然彼亦知元代国家大事，固不仅选举可汗，即如颁行法令，又如出兵征战，胥经科律尔台决定之。故此类部落会议制度之史的发展，实堪以说明古代瀚海、阴山间诸部落固有民主精神之一斑。

二　漠南内扎萨克各旗之会盟

清划漠南蒙古诸部落为内扎萨克六盟四十九旗。

一、科尔沁右翼前、科尔沁右翼中、科尔沁右翼后、科尔沁左翼前、科尔沁左翼中、科尔沁左翼后、扎赉特、杜尔伯特、郭尔罗斯前、郭尔罗斯后等十旗，会盟于哲里木，故称哲里木盟。

二、喀喇沁右、喀喇沁中、喀喇沁左、土默特右、土默特左等五旗，会盟于卓索图，故称卓索图盟。

三、敖汉、翁牛特右、翁牛特左、奈曼、巴林右、巴林左、扎鲁特右、扎鲁特左、阿鲁科尔沁、克什克腾、喀尔喀左等十一旗，会盟于昭乌达，故称昭乌达盟。

四、乌珠穆沁右、乌珠穆沁左、浩齐特右、浩齐特左、苏尼特右、苏尼特左、阿巴噶右、阿巴噶左、阿巴哈那右、阿巴哈那左等十旗，会盟于锡林郭勒，故称锡林郭勒盟。

五、四子部落、乌喇特前、乌喇特中、乌喇特后、茂明安、喀尔喀右等六旗，会盟于乌兰察布，故称乌兰察布盟。

六、鄂尔多斯右翼前（今乌审）、鄂尔多斯右翼中（今鄂托克）、鄂尔多斯右翼后（今抗〔杭〕锦）、鄂尔多斯右翼前末（今扎萨克）、鄂尔多斯左翼前（今准噶尔）、鄂尔多斯左翼中（今郡王）、鄂尔多斯左翼后（今达拉特）等七旗，会盟于伊克昭，故称伊克昭盟。

内扎萨克各盟盟长，例以该盟内管旗之汗、王、贝勒、贝子、公，与不管旗之王、公等，除年未及岁者外，其管旗之扎萨克、王、公等，俱按品秩、任事年份开列，其不管旗之王、公等，亦按品秩暨其及岁食俸年份开列，均注明年岁，缮单呈候简放。

内扎萨克各盟盟长，每届三年，率所属各旗会盟一次，会盟中之主要任务，为会同"清理刑名，编审丁籍"。各盟长如有违例不公事件，一经告发，或别经参奏，得另行派遣大员，前往办理。

凡会盟议事，各旗王、贝勒、贝子、公、台吉、塔布囊，不到者，均罚俸一年；无俸之台吉等，罚马九匹；到而逾期者，每逾一日罚马一匹，罪止罚马十九；又管旗章京、副章京、参领、佐领、骁骑校、领催、十家长，会盟未到，及因事传召不到者，各罚十九牲畜，到而逾期者，每逾一日，罚马一匹，罪止罚马十九。

各旗之盟，原为会盟而设，故为部落会议所蜕变之另一形态，而非为常设之行政机关甚明，盟长既由各旗王公简放，初未另设衙署，故其主要职责，实亦会盟时之主席耳。各盟设署，及强化盟政府组织，使与省政府平行，此乃后人以旗比县，因复以盟比省之误解使然，盖距各旗会盟之初意远矣。

三　旗务大会或楚格拉[(3)]

清制：蒙古各旗，每十家设十家长，每一百五十丁编为一"佐"，设一佐领，每六佐领设一参领，男年十八以上，六十以下，均列入丁册，每届会盟比丁，据以为佐之增减，佐又通称"苏木"。苏木原为蒙古各旗最基本之行政组织，惟鄂尔多斯左翼前旗，于佐领与参领之间，另设"达顷"；鄂尔多斯左翼后旗，于佐领与参领之间，另设"大伍队"；此与宁夏阿拉善旗不重苏木而另置"巴格"，同为例外，实亦适应辖境辽阔（阿拉善旗）或户口繁密（鄂尔多斯左翼［一］后旗）诸原因之权宜设施。

十家长、佐领，例均由各单位公推，呈请加委，间亦有世袭者。惟世袭佐领，获罪在十恶之列，及因军前获罪，其子孙即取消继承（遇赦亦不准），另行选立。

内扎萨克各旗之基层行政组织，及任官办法，虽不甚一致，惟重视会议制度，仍有其共同之传统精神。全旗大会之召集，或于扎萨克办公之旗府，或于扎萨克私邸之王府，届时自旗之协理，管旗章京、梅楞、参领、佐领以至十家长，均应与会，而以扎萨克为会之主席。凡旗政府未能处决之一切事务（包括蒙汉人民事讼案件在内），均可提交全旗大会裁决之。

二十六年秋，笔者由绥西乌喇特之黑沙陀，西沿外蒙边界，驼行经阿拉善北境，而抵居延海所在之额济纳旗，曾一度列席额济纳之全旗大会于乌兰爱里根左近。会初开，会众相互敬鼻烟问好者凡二日。翌日，管旗章京对蒙古包中席地环坐之会众宣布议案，于是会众退而分头交换意见者复三日，继又聚于包中相互辩论者凡三日，发言甚为普遍。迄第十日，方得决议，会众乃散而驰骑各返所居，以执行此决议，未有或违。

此类会议，在旗行政上具有无上权威，沿边各地方政府之官文书，通称之为"旗务大会"；内扎萨克诸蒙旗，则自称之为"楚格拉"。楚格拉之义，原为会议，考其形式与内容，即视为科律尔台之化身，实亦无不可也。

四　所谓内蒙自治运动

远在十九年夏，蒙藏委员会召集各盟旗代表，举行蒙古会议，博彦满都等即曾建议组织内蒙地方政务委员会，为内蒙地方最高行政机关，并受国民政府委任，办理各项国家行政事务。二十二年冬，内蒙各盟旗王公，复五次集议于百林庙（原称贝勒庙），制定《内蒙自治政府组织法》草案，组设内蒙自治政府委员会，选举委员长一人，副委员长二人及委员十一人，并电中央陈述自治运动之目的。

上项电文重要内容如下："伏念我孙总理艰难定国，以人民自治为基础，以扶植弱小民族为职志，煌煌遗训，万世法守。""谨查二十年国民会议议决案，已有特许外蒙自治之先例，乃于今年十月十五日，在乌盟贝勒庙[4]召集内蒙全体长官会议，金曰采用高度自治，建设内蒙自治政府，急谋团结促进，以补中央所不及。""民意谆谆，亦咸以是为请，于是毅然进行。"

二十三年春，中央政治会议通过《蒙古自治办法原则》八项，以解决此案。其中为首一项，即规定设置蒙古地方自治政务委员会，总理各盟旗政务，另由中央遴派大员指导之，并就近调解盟旗省县之争议。此一措置，旋为各盟旗王公来电表示一致乐从，于是，绥蒙自治政委会，及其指导长官公署，遂以产生。

所谓内蒙自治运动之内容，当时内政部黄季宽部长于其报告中曾有如下之分析："现在各旗王公，觉得目前的状况与本身很有动摇，恐不能持久，所以想把政治改革，以维持其原来地位。同时，有许多青年（中略），想在本地方找出路，乃与各旗王公联合起来，组织内蒙自治运动。"

当时行政院《告内蒙民众文》，对自治之真谛亦有所阐明："现在，吾内蒙古人民，希望推行自治，中央政府不惟无靳而不许之意，且极愿扶植辅导，俾底于成。惟自治之先决条件，为人民在政治上有相当之训练，在经济上有相当之余裕，预立计划，逐步前进，而后能达所期之结果。内蒙地方，教育、文化及经济生活，均尚亟待发展，政治训练，尤未有准备，若一旦实行高度之自治，亦将不过虚有其名，人民之不能行使权利如故。"

此次所谓自治运动，就其性质言之，直可称为"巩固王公地位，强化贵族政权运动"。吾人于事隔十年之后，考察内蒙王公与人民之关系，一仍旧贯，而领导此运动之德穆楚克栋鲁普，且已任日寇奴役蒙人，以换取其自身之傀儡地位，自不难了然当时所谓自治运动，原未含有扩张民权之民主主义因素。

五　外蒙之新型科律尔台

外蒙现行政治基层组织中，一若内扎萨克各旗仍保有苏木一级，苏木之下，亦如阿拉善旗之另设巴格一级，惟苏木以上，并无参领，另设相当于盟旗中间层之"爱玛科"一级，以代盟旗。除唐努乌梁海西北部外，全境现分为十三爱玛科[5]如次：

东方（车臣汗部东区克鲁伦河流域）、肯特（车臣汗部西北区肯特山山地）、东戈壁（车臣汗部西南区及土谢图汗部东南区）、乌尔干（土谢图汗部中区）、色楞格（土谢图汗〈部〉北区色楞格河流域）、南戈壁（土谢图汗部西南区及三音诺颜汗部南区）、前杭爱（三音诺颜汗部中区杭爱山南坡）、后杭爱（三音诺颜汗部北区杭爱山北坡）、库苏古尔（唐努乌梁海东南区库苏古尔泊附近）、扎波汗（扎萨克图汗部北区）、鄂博泉（扎萨克图汗部南区阿尔泰台地）、杜尔伯特（科布多东北区）、科布多（科布多西南区）。

十三爱玛科之外，尚有库伦之乌兰巴特尔市。市之下分为"号里雅"，号里雅下分"号里"。是为相当于爱玛科以下苏木、巴格之二级基层组织。

外蒙现以"人民大会"为当地最高权力机关。人民大会由爱玛科及市中每千五百人选出一人之爱玛科及市人民，暨蒙军代表组成之。人民大会每三年举行一次，并得由"人民代表会议"或代表全人口三分之一以上之地方行政机关之请求，召集临时大会。

人民代表会议，继承人民大会，由每万人选出一人之代表组织成之，任期三年，每年召集一次，并得由其"常务委员会"或三分之一以上代表之请求，召集临时会议。

人民代表会议之常务委员会，由人民代表会议之代表中选出七人组成之。人民代表会议闭会期间，即以常务委员会继承其职权。

人民代表会议所设置之外蒙最高行政机关"政务会议"，在人民大会及人民代表会议闭会时，应对人民代表会议之常务委员会负责。

爱玛科、苏木、巴格，及市、号里雅、号里，各级地方最高权力机关，为各级"人民议会"，各由其下级议会所当选之代表组成之。爱玛科每百人选出代表一人，市每二百人选出代表一人，苏木、号里雅每五十人选出代表一人，巴格、号里议会，则以巴格、号里具有选举权之全民组成之。

爱玛科及市之人民议会，每三年召集一次。苏木、号里雅、巴格、号里之人民议会，每年召集一次。各级议会，经选民半数以上或该议会选出之执行委员会三分之二以上委员或由于人民代表会议常务委员会之请求，均得临时召集之。

爱玛科及市议会闭会期间，以爱玛科及市人民议会每三年于每千人选出代表一人，所组成之执行委员会为最高行政机关，各执行委员会，每年开会二次，各自选出七至十三人，组成常务委员会，并推定主席、副主席及委员。苏木、号里雅、巴格、号里人民议会之执行委员会，由各该议会每一年选出代表三至十三人组成之，并推定主席、秘书长及委员。

爱玛科及市执行委员会之常务委员会，与苏木、号里雅、巴格、号里之执行委员会，直接对各自所当选之议会及上级行政机关提出报告，并负责之。

姑就外蒙现行会议制度，与地方自治制度之形式上观之，不难想见其已有高度之发展，但上译之所谓人民大会，及人民代表会议，蒙语原仍称之为"雅客科律尔台"，及"巴格科律尔台"，简译之，盖即"大会"与"小会"是也。

六　《文迪森浩律》中之选举条例

三十一年夏，外蒙第八届人民大会所通过之《文迪森浩律》[6]，内载外蒙现行选举条例甚详，颇值研究，其要点有如下列三项：

全体行政机关组成员，均于议会中公开选定之。议会中每一代表，对于行政机关组成员之被选人，及其上级议会代表被选人，均有自由选择之权。选举人于表决时，应举手表示之。

十八岁以上之全体人民，不分男女、信教、种族、技能、住址、经济状况，除旧有呼图克图、呼毕勒罕大喇嘛、章京、扎萨克、汗、王、贝勒、贝子、公、台吉、反革命者、白痴者及褫夺公权者外，其他均有同等之选举权与被选举权。

人民代表会议常务委员会，订定有关选举事务之细则，并指定专门委员会，主持各级选举事务。

漠北喀尔喀四部之外扎萨克蒙古，袭位王公参预现实政治，以职不以爵，封号活佛，掌理宗教事务，本亦无涉于现实政治，其固有建制，初与漠南内扎萨克各旗，无甚差别，惟相沿既久，职爵混称，政教不分，习非成是，以致造成无数特权者。外蒙现行选举条例规定各级行政机关组成员悉由民选，遂使外蒙诸爱玛科中纯由选民产生之爱玛科人民议会，其性质大异于内蒙各旗中保有承袭、简放、选举三种制度平衡发展之混合体楚格拉。

就现行交通、经济诸关系言之，外蒙与苏联布利亚特蒙古之接触，远较其与中原腹地之往还为繁密。尤以外蒙当局，多数为留俄学生，现任外蒙政务会议主席哲布巴里逊即其一例，故其所受苏联之影响甚大。其现行选举条例，因可视为苏联布利亚特蒙古现行选举条例之"套版"。至其现行之所谓人民大会，亦可视为以科律尔台为蓝本，参照苏联布利亚特蒙古议会加以修改之"订正版"。

七　如何推行全民选举

蒙古地方部落会议之史的发展，既复综合研讨如上，兹进而试为首论宪政运动中统筹确立蒙古地方选举制度之途径。

内蒙各旗之楚格拉，虽具有会议制度之民主精神，然以会议究为具有世袭特权之王公所主持，故仍不脱贵族政治之范畴，外蒙诸爱玛科之人民议会，虽已摒绝贵族政治、僧侣政治之成分，惟信教自由，即在其现行之所谓《文迪森浩律》中亦未予任何限制，故其取消大喇嘛之选举权及被选举权，于法理上仍有矛盾。

窃以现存蒙旗王公贵族之未能尽职者，应予开缺，其有功于国家地方者，应授勋代爵替职。各地行政机关之组成员或官吏仍其旧制，惟官吏悉由民选。旧有之王公贵族，除另有法律限制者外，无论其为开缺或授勋，均准以平民身份同样获得选举权及被选举权。喇嘛无论大小，其地位应仅于喇嘛寺中有之。换言之，任何宗教上之地位，应仅于宗教场合中有之，喇嘛除信教之精神生活外，均应有其各自之职业生活，使其亦能以平民身份参与选举。如是，似可建立易于全蒙共同推行三民主义全民政治之选举制度。

其次，盟旗省县之政区，应速予勘定，借以划清选区。境界不清，原为行政纠纷主要因素之一，举例言之：达里冈崖牧地[7]，原系察哈尔省锡林郭勒盟阿巴噶二旗之北境，现实为外蒙东部防军置戍之所。此其一。磴口原系阿拉善旗辖地，而今宁夏设县，省旗双方就地收税，案仍未结。此其二。拉卜楞大寺寺址，原为青海蒙古和硕特前首旗亲王之采地，夏河设县，隶之甘肃，同仁设县，又以旗境属之于青海，初系旗寺所争，今又为省际悬案。此其三。安西县北马鬃山山地，甘籍汉户居之，额济纳旗蒙户居之，外蒙逃户又居之，新疆内徙哈萨亦居之，二十六年秋甘省府贺贵严主席创为设治之前，此固为四不管之地。此其四。

未定界固易发生重税、漏税、重役、漏役诸弊，此于选区，亦无二致。吾人可不问其人为蒙、汉、回、藏，隶之县者不复属之于旗，居之旗者不复载之于县，应以从界不从族为原则，务使选民各有其一定之选籍，再依各区选籍之人口比率而定选额，此容为较适切公允之必要措置。至于《五五宪草》原列特种选举所定诸蒙旗之票额，似可解为因补救人口密度之地区性偏差而设，此与不分族别、确定选区、选籍、选额之办法，似亦可并行不背，且盟旗省县同为国家领土，凡便于行政、利于民生之合理的重行勘定，应亦无大困难。

八　各级民权机关之确立

复次，尤应注意者，为盟旗省县地方基层组织与行政系统之错综复杂，此可于下列诸例见之：

一、旗县平行，而镶黄旗一旗，包有察哈尔省之数县；都兰一县，又辖青海蒙古十数旗，且尝以旗之扎萨克充任县之联保主任。

二、盟与省及中央部会平行，而青海蒙古左右翼二盟，对省政府用呈，省对盟用令，盟与蒙藏委员会间，则又悉用咨。

三、绥境蒙政会对盟原处于指导地位，而绥远省政府之于盟于会，均平行，又盟之于省与行政专员公署亦均平行。

四、旗之下，各级基层组织编制不一（已详上述）。

故如何整理各级基层组织，从而确立行政系统，并以便利各级地方民权机关之产生，而为今后各级地方政府及其组成员悉由民选之张本，此点尤宜缜密考虑之。

各旗例须及岁比丁，依佐之增减，定旗之分并。蒙旗今后之基层组织，应以十家长相当于甲长。苏木地位虽仅比之于保稍高，然蒙地辽阔，户口稀疏，不妨权以相当于乡。苏木以上即以旗或外蒙现行之爱玛科相当于县。久已设县之旗，应裁旗归县（如新疆青海蒙旗及土默特旗）。县局徒有其名之旗[8]，应废县还旗（如额济纳旗）。依盟之性质与应有作用，似亦不妨权以相当于行政督察区，不列为常设行政组织之一级，权以属省。至如外蒙地方，自可比之于省，各级建制、名称，不必强使与内地尽同，要在求其基层组织之整齐，与行政联系之便利。此步倘能做到，则苏木及旗或爱玛科各级地方民权机关，乃能顺序产生，而蒙古地方自治之体系，方可确立。

如何使旗之自治与县之自治并进，共成为立国之基础，国父于五年秋在上海张园演说会中曾论之如下："今假定民权以县为单位，吾国今不止二千县，如蒙藏亦能渐进，则至少可为三千县。三千县之民权，犹三千块之石础，础坚则五十层之崇楼，不难立建。建屋不能猝就，建国亦然。当有极坚毅之精神，而以极忍耐之力量行之，竭五十年之力，为民国筑此三千之石础，必有可成。彼时，更可发挥特殊之能力，令此三千县者，各举一代表，此代表完全为国民代表，即用以开国民大会，得选举大总统，其对于中央之立法，亦得行使其修改之权。即为全国之直接民权，而国民教育发达之故，每县各得有国民军，于是国本立，国防固，而民权制度亦大定矣。"

三民主义建国之宏规，国父遗教《建国大纲》固已昭示国人。国人研讨蒙古在宪法上之地位，要在于普及民权中，并求如何实行国父手订之民族政策。蒙古之情势，远较西藏为复杂。而其在国防上之地位，尤见冲要，是固无庸于此详述。吾人倘能觅得适当办法，以确立蒙古地方之民权机关，借以扶植其踏上真正自治之途径，并从而促进国族之团结与健强，自亦当列为建国大业中最重要工作之一。

注：

（1）"募勇健能理决斗讼相侵犯者"，可解为"能用众、断狱、息事者"。

（2）"帐"，系蒙语"斡尔朵"之对译。

（3）"楚格拉"，东蒙喀尔喀方言作"楚尔格"。

（4）"十月十五日，在乌盟贝勒庙"，系就原电"七月二十六日"更正之。

（5）十三"爱玛科"中心如下：东方——克鲁伦（巴彦头曼），肯特——车臣汗（翁都汗），东戈壁——三音乌苏，乌尔干——库伦（乌兰巴特尔），色楞格——买卖城（阿尔屯布洛克），南戈壁——代臣贝子（多吉杭爱），前杭爱——推台，后杭爱——西库伦（察察里克），库苏古尔——哈特古尔，扎波汗——乌里雅苏台（齐白客兰都），鄂博泉——扎萨克图汗（汗台赛里），杜尔伯特——乌仑古木，科布多——科布多（扯格兰都）。

（6）《文迪森浩律》，为外蒙现用最基本之单行法规。

（7）"达里冈崖"，原为"牛羊群"牧地。

（8）"县局徒有其名之旗"，如坊本多已列载而宁夏尚未实施之额济纳旗中之"居延"设治局。

《新中华》（半月刊）

上海新中华杂志社

1944 年复刊 2 卷 5 期

（李红权　整理）

外蒙关系之将来

王成组　撰

最近的中苏协定，除去改善并且增进两国的交谊之外，主要的问题是战后东三省各种权益的处置，而附带还牵涉到外蒙问题。那里面所讲明的只有外蒙本身的特殊情形，作为中国对于外蒙采取一种新政策的动机，至于此项问题所以列入该协定的原因，以及苏联对于外蒙的关系，这意义是很明显的。本来中苏两国的疆域广大，种族复杂，颇有相似之处，但是我国远不及苏联，尤其是在种族方面。她的对于外蒙在无形中促成其独立，而对于波罗的海三小民族却使他们自动的放弃独立，这里却使人感到一点意外。

由我们自己这一方面对于外蒙的关系来讲，外蒙境内并无久居的汉族，而根据民族自决的原则，允许外蒙人民投票表决，这实在是一种非常宽大的政策。近百年来，许多对于我们更切身的利益，尚且不能顾全，何况僻远而通常又认为极荒凉的外蒙？在这一次的协定里面，我们不得不包括外蒙问题，在政府当局，别有苦衷，一般舆论，很能加以体谅。但是这一个问题，我们是否就可以从此丢开？如果一个人遭遇到了失窃或是火烧，而所受的损失只是若干财物，完全丢开不再想到这一件事，那是避免烦恼的妙法。假使所损失的有账目、单据以及各种证件、图章之类，试问是否须要再加以清理？国家主权上的大变化，影响到那样大片的疆域的政治地位，我们怎能从此不闻不问？

政府当局，对于外蒙方面今后的发展，至今还没有表示，想必是因为目前其他各种问题已经应接不暇，而这一方面的应付方针，还在准备之中，不宜于贸然发表。不过新任副总税务司丁贵堂氏的谈话，提到内蒙边界将要设关。外蒙对于内蒙以及我们内地断绝商业往来，已经有许多年，丁氏谈话之中所透露的一小点，可见对于树立今后的商业关系，双方已经具有相当谅解。然而正像男女婚姻一样，这种关系决不是草草可以成立。在中蒙恢复通商以前，我们先要考虑到下列几项步骤。

一、外蒙举行人民投票　按照中苏协定的规定，外蒙的独立，我们至今并没有直接许可，不过准许举行人民投票，而同时应许如果人民投票大多数要求独立，那么中国政府愿意承认她的独立。因此在这一步人民投票的手续未举行之前，我们并没有承认外蒙政府为合法的义务。从法律上看来，外蒙在未能得到原来的宗主国的承认之前，无从获得到世界各国的承认，连苏联也不能发生合法的关系。外蒙要获得正式的独立地位，必须举行人民投票，这一步手续，严格的讲，应当由中央主持，退一步我们也可以准许地方当局经办，但是必须由中央派员监视，这才是合法而又合理的步骤。如果不是这样办，在中苏协定里面又何须有所规定？

二、中蒙成立正式邦交　外蒙投票表决的结果，在中国的立场，不应当事前就假定他是多数赞成独立。将来的结果倘若是这样，外蒙当局还应当向中央声请脱离，由中央加以批准，才可以获得独立地位。外蒙境内已经成立的非正式独立政府早已有两个组织。有唐努乌梁海一区，首先已经建立"唐努土伐人民政府"，后来才有"蒙古人民政府"。二者彼此间也是完全独立，而"唐努土伐"受制于苏联的管制，更见于"蒙古人民政府"。这些手续两区应当同样办理，除非在中苏协定的交涉时期，"唐努土伐"的独立已经作为默认。承认外蒙独立之后，我国应当同她订文条约，规定两国今后的关系。这里面外蒙应当声明在获得独立地位之后，有长久保持这种光荣的决心，并且对于中国有长久保持友好政策的决心。同时还得规定划界的办法，以便正式划定两国间的边界。另外再订立商约，规定节制两国间商业往来的根据。然后才可以在边界设关，正式准许通商。

至于外蒙一旦正式独立之后，对于我国的形势可能发生的影响，应为大家所关心。这一方面我们可以分下列几点说明：

（一）疆域与人口的损失　外蒙的面积，包括"唐努土伐"在内，总共六五三，〇〇〇方哩，约计我国原有疆域的七分之一强，"唐努土伐"要占去六四，〇〇〇方哩之谱。其中有些部分是沙漠，大部分是游牧用的草原，唐努乌梁海的山地间有大片森林。外蒙东北部的山地富有金矿。因为这里主要的产业是游牧，人口非常稀少，总计不过一，四四五，〇〇〇人，只抵到上海市区的三分之一光景！"唐努土伐"的面积虽则不过外蒙全境的十分之一，人口却有五四〇，〇〇〇，约合全区的三分之一强。在"蒙古人民政府"治下的人口，只有九五〇，〇〇〇。所以人口的损失，相形之下，非常之小，同面积之广比较，似乎极不相称。

（二）边界的位置与形势　我国边界的南边，最远的部分约在九百哩左右，而大部分是在三百哩以上。原来外蒙西部的边界上都有山地的屏障，而其余也有一部分是居高临下的形势。外蒙邻接我国其他各区的旧界，非常不规则。东边在呼伦贝尔盆地上面，有一角突出于贝尔湖与哈勒欣河之南，像半岛一样的介于察、黑两省之间，极东端在大兴安岭西坡，逼近辽宁旧界的西北部。这一部分，将来我们应当设法要求保留。南边同察、绥、宁三省邻接的地段，大致都是平广的高原，若干低洼区散布着称为戈壁的沙漠。甘肃突出一角接界处的附近有山地。西边同新疆接界的地段，大部分边界在准噶尔盆地的东部，而有一小段跨到阿尔泰山之北。可见这一带的得失，对于东北、内蒙以及新疆都有重大关系。

（三）对于中苏关系之影响　外蒙区内将来如果正式成立新国，表面上他们当然可以算是中苏两大国之间的缓冲国，因为他们在形式上似乎并不会立即加入苏联的组织。然而他们的处处受苏联控制，是无可讳言的事实，因此也可以代表苏联势力的南进。加以苏联在中亚细亚与西伯利亚所有的领土，我们的新疆与东北两大区的北部，都要变成三面被苏联的势力所包围的形势。况且在这些地区，苏联已经得到许多权益，因此中苏两国间真有唇齿相关的密切关系。幸而现今两国的交谊，非常亲善，苏联对于统治亚洲核心的许多民族，成绩卓著，我们正应当效法。

（四）设关通商之意义　回过来我们再讲到将来在新边界上的设关通商，这两步手续都可以认为极重要的变化。外蒙对于我国内地的直接商业，由于政治关系发生变化的影响，民国初年就时而停顿，民国十年以来，一直延搁到现在，阻塞不通。至于因通商而设关，我们在陆地变界，向来非常疏忽。黑龙江与云南之间辽阔的边界上，虽则早已同邻国地区有商业往来，从未设置正式的关卡。如果将来在外蒙与我国的新界上设关管理通商，或许可以表示将来在新疆等区，将要采取同样的布置。况且设关是充实国防的一种表现，设关之后，对于以往的边界附近，防务空虚的现象，应当在各方面都积极补救。这是国防的正常发展，并不限于外蒙接界的地段。

总之我们同外蒙的关系，正在进入一个新阶段，由绝对的隔离，而重新在准备发生接触。往外蒙去的，我们也可以有外交使节，有商人。我们很应当实地去观察苏联如何驾驭领导各种游牧民族，以资借镜。我们向来的弱点，就是不善于长久控制这一种民族。况且我们对于外蒙，既然具有久远的历史关系，虽则彼此间的关系的性质正在发生变化，我们决不宜于就此采取一种不闻不问的态度。对于我们现有以及将失或是已失的边疆地带，一定要全国的民众大家常时关心，才能建立稳固的国防。

《平论半月刊》

上海平论社

1945 年 2 期

（李红权　整理）

论外蒙古问题

吕思勉　撰

外蒙古独立了，这其实是久已如此的事，但我们是到现在才准备承认他的，闻者总不免有蹙国百里之感。然凡事不考其实，徒羡慕一个属地的虚名是无益的。蒙事的变化，自有其前因后果，我们现在对于这问题，稍加检讨，实在是必要的。外蒙和内蒙，中隔沙漠，而其和西伯利亚，中间虽有山岳间隔，并不十分高峻，且有河流可通，所以其与内蒙交通，反不如西伯利亚交通之便。外蒙和西伯利亚，是自古以来，关系就很密切。不过西伯利亚地方，穷北苦寒，自古无大部落，所以不足引起人注意罢了。蒙古最近的变动，其原因是起于内部的。中国对待属国，最为宽大，从不干涉其内政，与近代联邦之意，颇为符合，所以从古以来，没有民族之争。近代帝国主义兴起，边疆的情形，非复如前代的宽缓，中国对待藩属的政策，自不能不随之而有变化。民族贵乎自决，两民族的语言风俗，既然未能同一，自不能以画一之法治之。当帝国主义初侵入时，各边疆民族，都有同仇敌忾之心，中国政府若能采取联邦的办法，对于外交、军事、交通、贸易诸大端，由中央握其枢机，其余则听其自谋，与以指导而不加以干涉，实在是最贤明的策略。苦于中国的政治家，不知此义，不是放任不管，便是极端干涉，而其政治又不清明，自然要激起藩属的反抗了。清朝病其前此的太无能力，亟思振起威权，所行都失之操切。外蒙地势与内蒙不同，内蒙在漠南，即今热、察、绥三省，原可以开垦，而历代中国的边民，早已从事开垦。不过当游牧民族猖獗时，抵不过其侵略，郡县往往沦陷，拓殖的成绩，遂化为乌有，如此的一兴一废，已不知反复过若干次了。至于外蒙，地形既不如内蒙的平坦，气候又复寒冷，从古以来，农业凋敝。当地的汉人，都是商人，这些商人，其心计之工，远在蒙民之上，不但高抬物价，甚且用赊卖的方式，盘剥重利，蒙民受害颇深。至宣统年间，任三多为库伦办事大臣。三多乃一满洲名士，不懂政治，对付外蒙王公、活佛等极为严厉。新设的机关，多至二十余处，又是苛捐杂税，皆责令蒙民供应。后政府又派唐在礼去练兵，强迫蒙民入伍。同时又移汉人去外蒙屯垦，蒙民担心牧地为汉人侵占，群起反对。宣统三年蒙古亲王杭达多尔济借会盟为名，密与四部王公筹议独立，派人赴俄请求援助。当时俄国难以全力应付东方，外交部人员主张留着外蒙，作为中俄间的缓冲地带，劝外蒙和清朝商谈解决。一面由俄国驻华公使向清朝提出要求，请清朝政府停止在蒙古的新政，一面俄国出兵由西伯利亚开向库伦，正式代蒙人要求自治，清朝不得于其地设官、驻兵、殖民。正当交涉之际，辛亥革命已起，清朝无暇顾及边陲，蒙人乘机联合俄兵，驱逐中国官吏，宣言独立，推库伦活佛为博克多汗，是为蒙古叛变之始。

辛亥革命以后，俄帝虽仍在外蒙扩充势力，后因欧战爆发，俄人实亦无暇东顾。当时蒙人并得不到俄人的援助。民国六年，俄国革命，赤白二党互争，波动遂及蒙古。白党谢米诺夫利用蒙古青年，取得外蒙之地，以与赤党相抗。外蒙乃于八年吁请取消自治，我兵又会同蒙人收复唐努乌梁海，此时实为蒙事的一大转机。苦于政府之懵于外情如故，且当时驻外蒙的筹边使徐树铮虽略有才气，而思想陈旧，作事亦不深沉周密，并且盛气凌人，引起蒙古王公、活佛的反感，一切与三多无异。后因段祺瑞失去政权，边防军留驻外蒙者，遂成河上之师，外蒙形势，又甚岌岌了。然蒙人无外援，其势固不足以叛。而此时赤俄初起，外受帝国主义者之攻击、封锁，内则白党叛变，急欲求与之同情之国，互相援助，且欲实行其世界革命的理想，所以于八、九两年，叠次宣言，愿放弃帝俄时代用侵略手段在中国取得之领土及权利。中国此时，若能开诚布公，与之商略，亦不失为解决悬案的一个机会。而中国又为帝国主义者所牵涉，不能与之相应。民国十年，谢米诺夫受日军之援助，攻陷库伦，拥戴活佛称独立。蒙古青年反对之，并与赤俄相结，组蒙古国民党，成立临时政府，招练军队，后与远东共和国军队协力，攻入库伦，仍奉活佛为君主，但宣言立宪，去其实权，唐努乌梁海亦于明年自立为共和国，整个的外蒙，又和中国离开了。

　　悬崖转石，不至于壑而不止，然亦决非一转便至于壑的，其中自必有若干顿挫。蒙古国民党中，多王公、喇嘛，自不能与急进的赤俄相合。俄人乃结合其中的青年党员，年龄限于三十五岁以下，中多平民及留学俄国的人，虽名属国民党，实与其他党员，立于对待的地位。自国民党政府成立后，苏联即向提出要求：将土地分给平民，森林、矿产作为国有，专利事业，归诸国营，行政首领，悉由民选。当时政府不愿接受，然因亲俄者鼓动于内，俄人又威胁于外，卒承认之。十三年活佛病死，外蒙乃实行苏维埃制度。大忽力而台开会（蒙语大会之意），发表宣言，又公布宪法，明定主权属于劳动的人民，阶级称号，一概取消，人民一律平等，信仰自由，喇嘛教徒，不许干豫政事，贸易归诸公营，十二年以前的条约、外债概作无效。编练革命军，以资自卫。以六月六日为革命纪念日，改库伦为乌阑巴图鲁（蒙语，勇士之意），外蒙至此，遂完全成为一个赤色的国家了。然苏联此时，仍只希望外蒙做一个缓冲之国而已，并不欲其在名义上完全脱离中国。所以在十三年的《中俄协定》中，承认外蒙古为中国的一部，尊重其领土内的中国主权，苏联军队亦于十四年间撤退。

自帝俄以至苏联，其所扶植，皆以外蒙为限，而仍不欲其完全脱离中国者，（一）由帝俄立国之本，究在欧洲，不能以全力应付东方，至苏联，则其对外的宗旨已变。（一）亦由于东方的情势，颇为复杂之故，在清宣统二年，日俄订立密约，对于蒙、韩问题，互相交换，说已见前。宣统三年，蒙古宣言独立，后日本又与俄交涉，请其将蒙古的范围，加以确定。交涉的结果，俄人许应于日人在内蒙古的举动，不加干涉，而日人亦不干涉俄在外蒙古的举动。又规定日人在内蒙古活动的范围，以经线一百十八度为限，此即日人所谓东蒙和西蒙的所由来。而日俄二国，以南北划分势力范围，又不仅在东北为然了。至俄国革命以后，而其情势又一变。日人此时，野心勃勃，一面联合中、美等国，向西伯利亚进兵，一面又要从库伦进兵，攻击俄国的贝加尔省，以截断西伯利亚铁路。民国七年，《中日陆军军事协定》中，即有此条文，后来格于情势，目的未能达到。然至二十三年，苏联将中东路出让。二十四年，日本侵占察北，而外蒙古的形势，又很危急了。二十六年战端开后，论者多望外蒙出兵，以攻击日伪的侧面。然外蒙兵力，究属有限，日苏既未开衅，问题自无如此简单。日人是时，自亦未敢轻与苏联挑衅。于是苏联所扶植的蒙古，日本所卵翼的满洲，遂成为引满相持之势。直至近今，日人败北，而其情势乃又一变。

现在的外蒙，其形势是急转直下了。看了以前所叙述，可以略知其所由来，便可知我们向来对于蒙古的认识，是错误的。错误须要改正，该怎样改正呢？依鄙见左列之义，似不可以不知。

（一）当知国权的赢缩，依恃政治的力量是假的，惟有民族拓展的力量是真。试举南洋群岛为例，南洋群岛，自明中叶后，其政权即渐入西人手中，数百年来，华人所受的迫害，可谓极烈。然至今日，西人在其地的势力动摇了，华人则依然根深柢固。即此，便知政权一时的进退，不足以为欣戚。

（二）以民族拓殖的成绩而论，通前后而观之，则我族南进之力，似优于北进。中国的文明，本植根于黄河流域，其北进者，当战国之世，即已拓展至今之热、察、绥及辽宁。其后遂无甚进展，甚至并此诸地，而有时亦不能保。南进者则长江、珠江、闽江诸流域，次第凝合为一体。中南半岛及南洋群岛，虽未能如此，然吾族在其地之势力，仍极巩固，已如前述。此其成绩，相去可谓甚远，盖一由地利之殊，一亦由近代物质文明高度发达以前，耕稼及工商之国，皆不能抵御游牧民族的侵略，而蒙古地方，又适为东洋史上的侵略地带之故，此固无足为异。然因此，我国民对于所谓北族者，遂有传统上的恐怖心，须知：（A）游牧民族，不能接受较高等的文化，而专以侵掠为事；（B）耕稼及工商之国，文化虽较发达，而仍不足抵御游牧民族的侵略，只是从前的客观条件使然。今者此等条件，业已不复存在，如昔日农业国的步兵，不能抵御游牧民的骑兵，今者游牧民的骑兵，岂足抵御工业国的机械化部队？便是一个通例。所以传统的无根据的无谓的恐怖心，实应消除。

（三）以今日的情势论，国与国之间，实应把向来用兵力侵略的路线，变为经济和文化交流的路线，防御的关塞，变为经济和文化的中心点。这不但以反侵略主义言之如此，即讲究国防，亦当以此为基本。击败纳粹主义的，不是法国的马其诺防线，乃是美国伟大的生产力和发明力。

（四）准此义以言之，则我国今日，凡和外蒙接界之地，都不可以不注意，而尤其紧要的，则是东北。须知到外蒙去，向来视为困难，乃因所走的是从内蒙北向之路，中须绝漠之故。若自黑龙江前往，则根本并不困难。蒙古部落，原是从额尔古纳河流域，迁移到鄂诺河流域的，库伦的独立，要影响到呼伦，自日本侵占东北以来，呼伦之地，亦常成为库伦的威胁，即其明证。然则我国今日，欲与外蒙互相提携，东北实为最重要之地，即自察、绥、宁夏北向，自新疆东北向之路，往者虽云困难，在今日的交通方法之下，其困难亦大可减除，这都是文化和经济交流之路，不可不思所以改善而利用之。

（五）以交通论，固然东北和外蒙，关系最为密切。以民族言，则内蒙与外蒙，关系之密，自尤在满洲诸族之上。所以今后内蒙的治理，得法与否，实和外蒙的邦交圆滑与否，大有关系。向来的治理内蒙，实不可谓之得法，此又当分两方面言之：（A）为对于蒙人认识的错误。闭塞之世，人民皆惟统治者是从，文明之国犹然，何况游牧民的程度低下？然在今日，则非复如此了。试视外蒙，其政权的争夺，总是新者胜而旧者败。可知当其争夺之时，其举动诚不免于惨酷，然新党执政以后，振兴教育、铲除阶级、改良刑法、便利交通；言农业，已有集体农场；言畜牧，亦有大规模的公司；工厂、矿务等，亦皆次第兴起；喇嘛亦以信奉施舍者少，多罢道的〔还〕家，营求生业，则其施政，实不能谓之无成绩。然则我国的治蒙，尚循前清之旧辙，专意抚循其王公、喇嘛，实在是错误的。当民国二十二年，内蒙要求自治，几至变乱，其原动力，实不在德王等一二人，而在其手下一班留学内地及留俄、留日的青年，即其殷鉴。固然，如苏联之扶翼一方，以与其他一方斗争，非吾人之所愿为。然渐次扶翼其新者，使之获得事权，以求于平和之中，收新陈代谢之效，要不可不采为今后治蒙的方针的。（B）则为汉、蒙二族的关系。欲求内蒙之进步，必不能不移殖汉人，此无可置疑之事。然放垦而无办法，则侵占蒙人的牧地，而影响及其生计。因此而改省、设县，则旧日之王公，失其政权，而不免心怀怨恨；又因此而增收捐税，则蒙民苦于负担之加重，愈觉嚣然不宁，此为蒙人要求自治之所由来。逆之固足以激变，听之则一切经营，都非放弃不可，蒙疆将永无进步之日，窃谓此种最大的关键，实在放垦之顺利与否。放垦而汉人得所，蒙民无怨，则蒙地经济，渐趋繁荣，蒙人亦自然汉化，一切问题，都不烦言而解了。欲求放垦之顺利，则必先变蒙人之游牧为"定牧"。此在辽朝，原系如此的，读《辽史》的《部族志》可见，岂有以今日之农业技术，尚须费广大之牧地之理，诚能放〔仿〕辽代之成法，蒙人之游牧者，皆由政府为之指定牧地，其余乃以之放垦，则放垦绝不碍及蒙人的生计，而蒙地仍可繁荣，治蒙之义，已经采骊得珠了。还有，商人的逸意剥削，也是最足以伤边氓之心，而使之陷于穷困之域的。日本的治理台湾，事事剥削，却有一事，其意可师，即任何人均不能与生番自由交易，而必在警察监督之下，所以生番虽因他事抗日，绝没有因商人的剥削而激变的。但如日本的所为，过于琐碎，后来警察遂致弄权而贾怨于蕃人，即其流弊。窃谓贸易小者，可以听民自由，而每年可举行定期的大贸易几次。或就其固有者，或则官为创设，皆由官加以监督，并可由国家加惠，供给蒙人以切用而廉价的物品。如此，则交易顺利，蒙民的生活程度，无形中可以增高。内蒙日益进步，则抚绥外蒙之道，亦即寓乎其中了。

（六）中国与外蒙，经济上的关系，本来是很为密切的。当其国民党执政以前，其所需之米、麦、小米、布匹、绸缎、砖茶、烟草、金属器具以及家用品、寺院用品，无不仰给中国。即其所需东西洋物品，亦多自中国转输。统计当时蒙古对外的贸易，中国实占百分之七十。自其国民党执政以后，对外贸易，集中于库伦的中央合作社，苏联亦立远东贸易分局于其地，二国的关系，日以密切，中国之贸易遂日衰。然通工易事，范围愈广，则其利愈大，外蒙终必有所需求于吾人。吾人之与他国通商，本非如帝国主义者流，意存剥削，不过欲求两利而已。在此情形之下，则中国与外蒙的贸易，可以开诚互商，再图建立。贸易兴盛，两民族的关系，自然密切，而文化也可交流了。

当民国十三年，蒙古国民党宣布其党纲时，其第三条曾说："凡主义相同之党，不问其为中国，抑为苏联，皆愿互相扶助。若中国各民族皆能自决，各省皆能自治，如此而成立联邦，则外蒙并不反对加入。"是年，中国国民党在广州开第一次全国代表大会，外蒙尚派耶邦丹藏来参加，表示愿加入中国为联邦之意。然则外蒙今虽独立，将来与中国，未始不可复合。但以究极之理言之，两民族如完全同化，自不会有分立之事，若其不然，则不徒不必强合为一邦，并无必为联邦或邦联之理。今日的必互相联合，乃由在经济上、在国防上，大小均不足以自立之故。此亦客观情势使然，并无一成不变之理，然则中国与外蒙的离合，苏联对外蒙的关系，在将来，或者都不成为问题，亦未可知。至于目前，则中国和外蒙，从前既积有种种葛藤，倒不如听其暂离为是。因为暂离，往往能把前此的葛藤，一扫而清，转易重建一种新关系。

《平论半月刊》

上海平论社

1945 年 7 期，1946 年 8 期

（朱宪　整理）

蒙古人民共和国

作者不详

过去几年间，远东局势的演变曾好几次把"蒙古人民共和国"的重要性提高，使它成为一个重要得不能与其人口及经济相称的国家。那几次，世界所以这么注意外蒙古，实由于军事的因素，而并非由于经济的因素；而战略关系，或较任何其他关系更有重大的影响。

一　地理位置

蒙古人民共和国位于蒙古平原，从前成吉思汗率蒙古族征服亚洲及欧洲的一大部分，他所取的路线，就在该平原上，商人旅行队往返其间者甚众。在这里，公路虽然只有不多几条，但拉铁摩尔说汽车可以不循道路而通行全蒙古的十之八九。外蒙古的地面，甚适于运用机动战术。

这片处于中、东亚洲的辽阔沙漠及平原，亦是中国与苏联东端各领土间的分隔地。但除了它北边之外，所有界线划得并不怎么清楚。它北面与西伯利亚接壤，直到阿尔泰山为止。在东面及南面，则与东三省毗连，可是蒙古与东三省的正确边界究竟在什么地点，这问题迄今未经当局决定。在它南边，便是内蒙古，内蒙古在日寇占领期间，曾被易名为蒙疆自治联合"国"；几包括察哈尔、绥远、宁夏各省的全部，以及山西省北端的一小块土地。它的西部是新疆。最新的地图对蒙古与新疆间的界线，所画的只是一条临时界线而已。

二 政治地位

外蒙古在政治上的地位究竟如何，亦和它在地理上那样难于加以详确说明。恰巧位于中国本部之北边的那片适于农业活动的地方，名内蒙古。该地许多年来一向是中国的属地，居民中间，亦是从中国来的移民占着有势力的地位。再向北去，在戈壁沙漠之北，连戈壁沙漠在内，则称为外蒙古。

内蒙与外蒙，向来是龃龉不和而互相分开的。这当然起因于地理的及各部落历史的基本因素。但最近一次的分裂则起于满清时代。满洲族发动内侵时，先是与内蒙古缔结同盟，以绝后顾之忧，而后全力进攻中国；这事把内蒙古建立成为一个边疆上强有力的单位，后来满清把统治势力扩展到外蒙古，亦是凭借着自己在内蒙的地位作支点而达成了目的。

一九一一年满清政府被推翻后，中国与蒙古间的重要连结环顿然失去。内外蒙古间部落的冲突、分裂立时又尖锐化起来；于是，外蒙古人民乘此机会建立了一个自治的国家。

外蒙古的地位，使它被卷入苏联与日本磨擦的轨道中，这是不可避免的。日本早已在蒙古人民中间发动"让亚洲人统治亚洲"一类的宣传。可是，日本人的贪婪行为，把他们宣传人员的成就完全打消了，当日本代表（十之七八是喇嘛僧）于巡视各部落中，宣述日本是天，而日本军队是受命替天行道，解除世界一切不平者时，这些大受称颂的日本军队却正在蒙古居民中间大肆劫掠奸淫，非刑拷打，放火杀人，这是何等矛盾而丑恶！

一九二一年三月十三日，蒙古人民成立了一个临时人民政府，"为的是要把蒙古从外国压迫者铁蹄下解放出来，并建立一个真正能够保护劳工利益，和真能保证蒙古各方面匀称发展的政治机构"。

同年四月十日，蒙古的临时政府请求苏联政府给予它武装援助，把全数日本宣传代表逐出蒙古境外。苏联答允援助。

蒙古人民得到了莫斯科方面的帮助，果然把日本势力驱逐出境。于是日本以宣传方式争取蒙古民心的计画归于失败。

苏联于一九二一年七月十一日正式承认蒙古人民共和国的独立；不过，后来它在各条约和宣言中又屡次承认中国对于蒙古的宗主权。蒙古人民共和国成立初期的几年间，中国作了好几次的努力，想使蒙古复归中国版图。计画尚未实现，日本在中国的行动已一天比一天越分。中国宁愿让苏联在蒙古占优胜地位，以制止日本侵略势力在亚洲大陆上的伸张，这是显而易见的。

中华民国现在准备正式承认外蒙古的独立了。蒋委员长于日本投降后所发表的演说中，曾证实此事。

但直到目前为止，正式承认外蒙古政府并与它保持外交关系的，只有苏联和渺小的唐弩〔努〕乌梁海共和国两国而已。据说西藏和暹罗亦与外蒙古有"外交"上的来往，但尚未经证实。

外蒙古人民共和国的边界，除了与苏联接壤的一面外，是完全封锁，不与外间作任何商业和其他往来的；外蒙古与外间世界的一切关系，老是通过苏联。

在日本人眼中，蒙古在军事上具有何等战略价值，这从田中奏折（无论其可信与否）上可以看出，该奏折说：

> 我们必须用满洲和蒙古作基地，以发展日本商业为借口，侵入中国的其他部分。……倘若大和民族立志要在亚洲大陆上建立惊人事业，则首先必需取得控制满洲和蒙古之权。

日人大崎于一九三五年撰文投日本《东亚》杂志，中有一段如下：

　　……依照军事专家们的一致论调，日本进攻苏联，取道外蒙古当远较取道满洲及苏俄边境，更易获得成功。

一九三四年十一月，苏联与蒙古成立了一个互助抵抗侵略的《君子协定》。后来日本军队开始大规模向蒙古边境进攻时，蒙古并未正式根据这个协定向苏联乞援。但大帮日本军队的猛烈攻势，屡次都被这人口不及五十万的国家击退了，在这些次接触中，究竟有多少兵力，多少坦克，多少飞机、大炮及船舰参加这苏蒙军事同盟，日本人始终未获侦悉；但他们对于红军和其远东盟友，很自然地发生了一种合理的尊敬之心。

一九三六年三月，苏联与蒙古人民共和国，把它们的《君子协定》改成为一个正式的同盟协定，订明："……两缔约国政府答允若苏联与外蒙共和国中任何一国遭第三国攻击时，未被攻的一国愿出全力帮助被攻国抵抗侵略。此处所谓'全力'，亦包括军事力量在内。"

一九四一年德国进攻苏联后不久，蒙古人民共和国〈乔〉巴山大元帅于库伦举行蒙古独立日纪念典礼时，对到会蒙民八万人说："我们对苏联是守信的，我们要竭尽一切力量帮助苏联在这次伟大斗争中抵抗野蛮的法西斯队伍。"

但我们无从查得蒙古人民共和国正式对德国宣战的消息。好像苏蒙同盟协定特别是要蒙古共和国秣马厉兵，专心预备，应付远东方面可能发生的剧变。因为一九四五年八月间苏联对日本宣战后，蒙古人民共和国立刻就加入战争，把它的全部军队都调往各地与日寇作战。

一九四五七月间，当宋子文到莫斯科与史达林委员长正进行谈判中，〈乔〉巴山元帅亦到达莫斯科。莫洛托夫亲往欢迎，见面时并由仪仗兵行敬礼，奏国歌致敬。他亦和宋子文一样，得与史达林会谈。

〈乔〉巴山元帅由于"领导动员蒙古人民共和国的物资力量，作红军之后盾，建有殊功"，得佩带列宁勋章。

三 以畜牧为基础的经济

蒙古人民共和国领土的面积约为五十八万方英里，几等于英伦三岛、法国、德国及意大利四国国土面积之总和，疏疏落落散布在这广袤平原上的居民，只有九十万强，所以蒙古的人口密度，每方英里只有一·六人。

整个地面均十分适于畜牧。游牧的蒙古人在这里照料生息他们的牛、马、羊群，已经有许多世纪了。直到现在，牲口仍然是蒙古人民生活的基础。刚刚开始发展的蒙古工业，大都是一些处理动物产品的工业。

蒙古在经济方面的贡献，虽远不如它的战备价值之大；但许多研究亚洲的学者都以为：假以充分时间，蒙古必可发展成为全世界一个最大的肉类和乳类食品供应地。据某些人估计，在适当的情形下，蒙古的各草原能够养活七千五百万只羊，二千五百万匹马，一千二百万匹骆驼。只要政府予以适当的鼓励，则单是蒙古所出产的皮革、兽毛、羊毛（竟不必把羊肉计算在内）几项，即很可能成为解决世界经济需要的一种实在贡献。

这种动物的财富，从军事的观点看是极为重要的，单以马群一项而论，在亚洲的各地平原——骑兵仍可占很大优势的地方——上，便是一桩很宝贵的资产。其他牲口群亦是一个大的军事基础，因其可以随时被转变作我们大量军用配备和腌藏的食粮。

据说蒙古所蕴藏的金、银、煤、铁、盐及其他矿产，均极为丰富，但关于此事的详确知识仍甚稀少，因为直到现在，各方于蒙古的矿藏，只作过一点初步察勘的工夫而已。在这里，天然资源的开发，尚未超越市场上所需要的那些东西以外。

《新闻资料》（周刊）

上海美国新闻处

1945 年 63 期

（李红权　整理）

关于外蒙独立以前之种种

鲁威　译

蒙古人民共和国位于中苏国境之间，普通称为外蒙古，多年以来，它的国际地位一向没有确定，到现在才算逐渐澄清了。中苏两国外长于八月十四日换文中，表明两国已同意承认外蒙于现有境界之内举行人民投票之后正式独立。这个问题的解决，使中苏两国消除了一个争端。至于外蒙人民本身，他们平常的生活当不致有多少变动。它那些人口，比诸土地幅员与工农业的富源实在为数很小，他们虽然一向只享有着名义上的独立，但是他们的确拥有受欢迎的真正自治。他们一向所最关心〈的〉是不受邻邦殖民化。目前的措施是能解除中国殖民的威胁，同时也足以为外界提供了明了苏联外交政策的重要端倪。

为了解目前发展的重要性，我们须追溯若干历史。蒙古人民共和国，是以前控制全亚以至大部欧洲的成吉思汗帝国的残迹。它的居民正同各中国邻省，以及苏联与中国突厥斯坦地带畜牧民族一般，随时越过各处边界，因此随时变更着国籍。

"大元帝国"崩溃之后

"大元帝国"崩溃之后，俄罗斯与中国的突厥斯坦、内外蒙古以及西伯利亚内部各地，有时按其自有的合法制度独立，有时又被认为归由中国或俄罗斯所统治，中国的主权往往只是个名义。纳贡品的搜集一向由督察使而不由中央政府的政策决定。好几百年来，外蒙人民一向采用一种双重公民资格的制度，他们一方面认为是他们本国的公民，一方面又得认为是中国、俄罗斯或任何其他占有领土国家的属民。

蒙古归化中国所得第一次国际承认，是一六八九年所订的中苏〔俄〕条约，俄罗斯按约放弃其已经住有俄罗斯移民的黑龙江流域的要求，条约虽只提到东部蒙古，但此事对蒙古归属中国作用极大。从此蒙古也就丧失了"以夷制夷"的希望。以后中国逐渐占有外蒙，但到十九世纪中叶，中国已把外蒙视为中苏〔俄〕的缓冲地，对蒙古的内政，或资源的榨取都已不感兴趣。

当嘉庆（一七九六至一八二〇）在位时，曾拟订过一个冗长的法令，使蒙人各项事务以至蒙古及其宗主国中国间的关系也有所规定。虽然嘉庆法令是中国皇帝片面的昭示，但中蒙双方都还把它看作一个具有国际效力的文件，它对两国均有拘束力，要非双方同意不能变更。到最近为止，虽然蒙古的政治机构已经有变更，它还承认嘉庆法令是它的基本宪法。它在理论上规定了蒙古各王公之间与中国政府之间的关系。但实际上唯一存在的问题是中国向外蒙的移民。法令宣称："所有居住中国境内之华人，禁止侵越边界耕种蒙古土地。"法令并定有人民违法与官员执行不力的刑律。

俄国建筑中东铁路后，使中国对蒙古的政策有所变更。当这个北方区域开始发展时，中国已不再当它缓冲区，而开始当它一块迁移过剩人口的地方，中国决定移民殖边，以免俄国殖民与掠夺，因此十九世纪末叶与二十世纪之初，中国移民大量增加。最初涌到东北与内蒙，以后开始进入外蒙东部各邦。

一九〇七年时蒙人的反响是连绵不绝的革命暴动，都以"自由蒙古"为口号。暴动最初发生的内蒙，因反对日本人而起，曾有日人数名被杀。一九〇七年至一九一〇年间，内外蒙古各地暴动到处发生。一九一一年大暴动发生，将中国驻军与官员全部逐出。中国商店被抢掠与捣毁，中国移民的田庄被焚毁，牲畜被杀或被充公，耕种的田地也被没收。一九一一年各邦王公、高级喇嘛举行代表大会，宣布蒙古独立，并选出"活佛"作为管辖内外蒙古的新政府的首长。

沙俄划外蒙为势力范围

但因新政府十分羸弱，因此中国虽有内乱，仍能轻易恢复其在蒙古的地位。以后俄国势力也已□然进入外蒙。它于一九〇七年与英国订约，为英、法、俄三国同盟的开端，这条约使它在远东有了自由行动的机会。以后日本也与俄国发生接触，两国订立俄日条约，相互约定以后对威胁东方现状各问题，须由两国共同决定。条约之外，并有划定中国势力范围的密件，所有内外蒙古与满洲都算是俄国的势力范围。

俄国鉴于中国意图恢复对蒙古的控制，正式承认外蒙自治并与活佛的政府正式订立条约。该约第一条就谈到中国殖民的问题，文称："帝俄政府将协助蒙古维持其已成立的自治政权，使有本国军队，不准中国部队进入蒙古境内，并不准中国人民在其土地上殖民。"根据这一条约及以后续订的若干条约，俄国获得了许多特权，包括实际上包办铁路建筑权在内。但在所有这些条约中俄国力避提到俄国于蒙古殖民特权的要求，而两国边界也没有明白确定。

以后到一九一三年十一月五日《中俄条约》成立，俄国承认中国在外蒙的所谓宗主权，而中国承认外蒙自治。该约有一条文称："中国不干与（外蒙）各项事务，并不在外蒙派驻军队，任何民政与军事官员，并不在该国殖民。"俄国也受同一条件之约束。

一九一七年俄国发生革命，它在远东的权威暂时崩溃以后，蒙古顿时陷于纷乱，政府此起彼落，最初政府得活佛允准，向中国请求重建"以往友谊关系并取消自治"。当时中国政府总统立即宣布取消外蒙自治（一九一九年十一月），略谓："我国五族共和，权力平等，蒙古领土……已成中华民国领土之一部。"徐树铮所率大军立即占领外蒙，仅留西部例外。徐树铮属于亲日的安福系，他在外蒙成立了一个完全由汉人主持的政府，并开始移殖大批中国农民到外蒙。这种土地政策与强制性的军事统治，对中国在外蒙的威望实屡致命打击，外蒙各地暴动与骚乱蜂起，到一九二〇年下半年，华军已仅仅占有库伦及其他少数几处据点，其余各地均形成自治状态。

人民政府产生

一九二一年，被苏维埃军队击败的白军将领史登堡（Ungern Sternberg）攻占库伦，以后他又被苏蒙联军所驱走，一个人民政府产生。同年十一月，俄罗斯社会主义联邦苏维埃共和国（当时组成苏联的七共和国之一）与蒙古人民政府订定条约，苏俄正式承认外蒙人民政府为蒙古唯一合法政府，协议中包括苏俄放弃治外法权，仅使用邮电权为例外，此外并建立混合委员会，以测定边界。

依据《中俄条约》以及以后中俄与外蒙自治邦所订中、苏、外蒙三国协定，乌梁海这一省——后称唐奴〔努〕吐伐——被认为外蒙自治邦的一部分。这地方四面皆山，中有盆地，有叶尼西河注入，农矿物资都概丰饶，四围山脉几无通道，俄国如占有这块地方，就可以使任何敌方陆军，不能攻入西伯利亚南部边境。彼得大帝政府早已认识了它在战略上的重要性，那时候俄罗斯人还没有进入乌梁海，只有少数移民留居沙扬山的北边（即现在西伯利亚的南方边境）。

西伯利亚内战结束以后，苏联政府开始注意于乌梁海，首先乌梁海这名称被按人种学的理由改成唐努吐伐。一九二一年八月十三日，唐努吐伐人民会议正式成立，苏联与外蒙人民政府都派有全权代表出席。这次会议宣布唐奴〔努〕吐伐独立，并草成宪法建立政府，苏联立即承认其独立（一九二一年九月九日），终结其作为保护国的身份，并建立永久的外交关系，蒙古人民政府及其后继的蒙古人民共和国，也随苏联之后承认了唐努吐伐的独立，派遣外交代表，并勘定边界。如果我们注意到唐奴〔努〕吐伐共和国，对苏联具有极大战略意义，人口不过七万五千，而面积较战前捷克犹大，当足以认识这种外交上的成就对苏联政府实在重要。

一九二五年，孙中山先生与苏联代表越飞会商后，中苏曾订立新约，苏联于约内宣称："苏联政府承认外蒙古为中华民国的一部分，并尊重中国的主权，苏联政府将及早由外蒙撤兵……全部苏军一律撤退……"

订约后一年，苏联政府经由驻北平大使正式通知中国政府，苏军已撤离外蒙古，但同昔〔时〕苏外长齐乞林向报界发表下列谈话："苏联政府承认外蒙为中华民国一部分，但仍须维持自治，使中国不致干涉其内政……外蒙经几度危难，情势已趋安定，并已形成与苏维埃制度类似之制度，渐形巩固。"

自然中苏双方对这条〈约〉文件各有其不同的解释，苏联内战初期过去以后，苏联政府于所订条约中，外蒙即不再被认为中国一部分，中国曾对这些条约表示抗议，但抗议中也从未特别提起唐奴〔努〕吐伐共和国，中国政府显然以为这国家的成立，只是蒙古问题的一个现象而已。

一九三六年起蒙军与日"满"军队之间的边境事件就接连发生，以后苏军开入蒙古，与日军继起的冲突中时形同大战，中国政府对苏军的开入并未抗议。

以后中国与蒙古人民共和国并无来往。中国当局曾倡言五族的权利义务平等，蒙古人民共和国对此点并无异议，只认为中国须成立一个真正的共和国，使五族能获有和平、自由与平等之机会，否则每族还是保持它自治的权力好。

现在中国行政院长宋子文与苏外交人民委员会委员长，已商订中苏条约，其中一部分附件是专门处理外蒙的文件，中国在附件中已宣布承认外蒙于公民投票证明独立为全民要求于现存境界内独立。同时苏联对中国实行上述办法表示信任，并尊重外蒙之独立与土地完整。

《永安月刊》

上海永安公司永安月刊社

1945 年 79 期

（朱宪　整理）

告我蒙族同胞

马天青　撰

报载德王飞重庆，晋谒蒋委员长，我视五族如手足、宽大为怀的蒋委员长，晤此沦陷八年蒙族领袖之时，想对此后共同建国方针，定多新的指示。不过吾人欲乘此迈入新的阶段时期，有不能已于言者，不觉词赘，冀我蒙民之清听面〔而〕详察。

我中国五族一家，全球共认，痛痒相关，休戚与共，譬之一身，满、蒙、回、藏，实如人身之四肢，汉族人数较多，地位亦较优，则似人身之头部，头部虽有视、听、嗅、食之五官各功用，终须赖四肢之辅助，始能相养相生，互存互长，未有目见有人以梃与刃将击或刺其四肢，而不思闪避或还击者，亦未有耳闻有人谋伤其四肢而不知防范者，因残其肢，全身即不良于运动，头部五官失其作用，手亦将不良于操作，足亦将不良于行路矣。相需之殷，故相爱亦切，势所使然，殊无丝毫虚伪藏于其中。敌人之所以挟持我某族而利用之，是欲伤我全身，而先断我一肢，一肢既断，全身即动作不灵，试问此一肢在伊手中。将有何用，任其腐化消灭耳。蒙族沦陷八载，饱受敌人之蹂躏，敲吸压榨，民不堪命，较之受统治于我中国时，其厚薄奚止霄壤？恐我德王个中甘苦，当亦自知。今我中国已迈上新的建设之途，凡我共和五族，宜如何互消畛域之见，精诚团结？

为我蒙族同胞计者，乘此时机，正宜卧薪尝胆，励精图治，振作民气，推行教育，改良土质，发掘矿藏，一切不合时势阻碍我蒙族之生机者，皆群思有以改革之，生聚教训，单独的发达其蒙族，拥护中央，共同的担负起建国的重任！

《塞光》（半月刊）

北平塞光杂志社

1945 年 1 卷 1 期

（丁冉 整理）

两位蒙古朋友

赵荫棠　撰

　　我有两位蒙古朋友，一位死了，一位还健在。死了的，固然是善始善终了；健在的，我想着决不会有什么意外。这并不是我的武断，而是对方有忠实可靠的人格，足以感动我。

　　忠实是朋友间至低的标准。因为人之所以交友，最高的要求，是道义；消极的来说，是不吃朋友的亏。你要是与忠实人相交，至少至少，你是不会有亏吃的。

　　但是在现在的都会里，俱是尔诈我虞，连这个至低的要求，都办不到。我忽然发见了死的白涤洲和健在的田园丁这两位忠实朋友，真好像从沙土中见了黄金，在粪壤中得了珠玉。他们何以那么忠实呢？我百思而不能得其解。后来无意之中，知道他们的血统，我非常高兴的大叫道："原来如此！他们是蒙古人！可爱的蒙古人！"

　　在十余年前我发表中州音韵论文之后，报馆的编者转来一封信，是白涤洲写的，他正在研究北音入声考。我们的友道便从此开始。

　　某年的暑假，我预备离开北京，去济南教书，他暗地里和钱先生说："憩之要出北京了，他一走，便是我们的损失。他那些音韵的材料，我们去哪里找？"钱先生说："拦住他，我给他介绍到北大，让他去教他所研究的东西。"这事我并没托他，他在事前也没有对我说。孔子所说的"先行其言后从之"的君子，恐怕就是这样吧？他不惟对我是如此，对于一切的朋友均是如此。魏氏建功给他作的传，也是这样的称道他 "君身量长，颧骨高，满腮胡髭，眼深，眉粗，谈论间睫毛频频眨，时时带笑，白牙与乌睛闪灼，映人心目。余以蒙古人称君，相与笑乐。间尝道义相尚，共愿以真诚实学于世，疾末俗幸进苟且之行，慷慨激昂，人莫之知；盖诚笃谨〔谦〕慎，无谄无骄，自许能得作人之道，所以显示于人者，更自逊抑也。"

但是他的诚笃谦慎的性格，果从何处来？在我想起来，谦慎是表示他所受的教育，诚笃便是他的系统的关系。由此我们可以类推蒙古的朋友，若是受相当的教育，必定都和涤洲一样。

可怜这个朋友，竟以为统一国语运动，劳瘁而死；时在民国二十三年十月十二日。

田园丁给我最深的印象，是在他初次恋爱的时候。在某一年的冬天，诗人于赓虞夫妻要给他介绍朋友。女的先到了，长等短等他还没有来。我们四个围着火炉，剥着花生等着他。迟了好久，他龇着牙歪着嘴，脸通红，两眼角有两堆白眼屎，手里提着一个药瓶子，原来他去医院拔牙回来了。我在心里又是笑他，又是恨他。恋爱何等事！他竟然拿着这样的不讲究面孔来会爱人？他就没想着第一次的印象要紧吗？诗人夫妻的心机算白费了，冬瓜汤当然没得喝成！

迟了两年，他与他现在的夫人结婚了。在一年的夏天，我们几个朋友去找他打牌，老妈子出来说他去公园了。迟了一个钟头儿又去找他，他出来说："对不起，太太生小孩了。"原来他刚才跑出去，就是躲这事儿。

这两场事，给我的印象，俱是老实可爱。

他是讲历史和地理的，他有一次在堂上对学生讲各地的民性，大夸奖我们河南的倔脾气。我说：

"老田，我要问你，你不要见怪，你是绥远的，离蒙古很近，我疑心你的血统是蒙古的，是不是？"

他很爽直的答道：

"是的，我起初自己也不知道。我写信问父亲，父亲说是的，一点都不错！"

"那么，你现在的夫人呢？"

"也是。我的岳父一向作的是蒙藏的事，他的蒙文在北京不数第一也数第二。"

我从此和他的交情更深一步。他从来没有说过谎。他对于朋友，早晚是忠忠实实的。他能喝酒，说干杯就干杯，未曾要过滑。牌打得非常硬，输起来便不可收拾。现在的教员，都穷得喊叫，他咬着牙关一声也不响。卖书籍，卖沙发，都在人不知鬼不觉之中，尤其令人赞叹的，是他的夫人，早晚带着笑脸，没有见她发过怒。她是四个孩子的母亲，没有用人，看不着她带疲乏的样子。我觉得这都是血统的关系。汉人的血是太老了，只能享福，不能受苦。汉人的积习是太深了，所以多数的人都夹杂着尔诈我虞的脾气。我因老田的关系，曾和他的老岳在一块吃过一次饭。他那爽直坦白的态度，能使我震惊。我自己觉得我就够胸无宿物了，一见他的面，我便惭愧。在杯酒之下，他能把年轻时候所办的事，好的与不好的，一件一件的全说出来。他不像我们平常所见的老先生，拿着老头架子，拔起道学面孔，故意装着玩儿。

我前年去满洲参观俄系学校，我看见那些儿童的整齐严肃，我说，他们的系统好。去年在上海，我发表一篇文章，说中国人不应该抽鸦片和白面，应该吃桂附理中丸。后来又写一篇文章，题为《傈》，盛夸山东人的刚直。我总觉得中国心想有办法，必须保持或恢复一点元气或原始气。现在我特别介绍这两位蒙古朋友，大家必能更明白这种意思吧？

《新蒙》（月刊）

张家口新蒙杂志社

1945 年 1 卷 1 期

（李红权　整理）

我对蒙古青年想说的几句话

巴靖远　撰

今天幸逢《新绥蒙》创刊的时机，并受到指署某负责人底嘱托，要我写一点蒙旗"材料"，我想在这文化低落，样样空虚贫乏而不景气的蒙旗里，还有什么"材料"可取！作建议吧？问题不是这样简单。宣布我们蒙□身旗□底政情吧？又觉得是"家丑"不应外扬。至于那些蒙旗地道的软性奇闻呢，更觉得无聊没劲，而且我也没有那种安闲逸致的心情来描写叙述。那么，我仅站在本身"青年"的立场上对我们蒙古青年同志，说几句话，倒比较合口味，而且同病相怜的"知心话"也似乎比较中听一点吧？

近年来我在蒙旗细心的观察，和实际同青年们接触所得到的经验，看出我们蒙古青年底一种通病，就是"彷徨莫为"病。多数的青年，因为有这病魔的缠绕，所以他底行动、思想，无形中变成一种颓萎、苦恼、悲观、消极、苟且、颠狂、自傲……种种的症候。那么为什么会患这种病症呢？要分析起这种病症的细菌来，当然不止一种，例如环境的恶劣、知识的低落、政制与思想的矛盾、生活的窘迫、外力的吸引，以及本身的不健全……等均是。但这不是根本的原因，而造成这种病态的根本原因，乃是因为我们蒙古民族早已就失去了前进的指标。换句话说，我们早已就没有了方向的罗盘，因为我们民族底罗盘被人破坏了，所以我们没有方向没有目标地乱撞，就如大海中的一叶扁舟，随波逐浪，任风漂流的一样。那么我们底罗盘针究竟是被谁破坏的呢？简单的说，就是被日本帝国主义和苏俄底共产主义双重吸引与压榨下所破坏的。你不信？请你只要翻开我们近数十年的历史，与日、俄帝国主义者侵略我们蒙古所使的手段，而造成我们自身种种的不团结、不一致、盲从、分裂等等的惨剧，即可证明我说的不谬。因此我们底民族到了今天，竟陷落在这左狼右虎万丈深崖的三岔口。我们青年若再不觉悟，再不急速安置我们故有罗盘，确定我们原来方向，那可怕的遭遇，可惨的灭亡厄运，就不能幸免了。

我们底民族到了今天这样的危险地步，所以我们唯一急救法，就是如何来恢复我们故有的罗盘，确定我们同一的方向。我们知道我们民族生存指标的向来方向，是指在南方中国。这可说是自从降生"蒙古"出世以来，一直到前清的末年，我们方向的指南针，始终没有变动过，所以蒙汉两民族□千年来接处〔触〕的事实，也始终没有间断过，因是中间虽然发生过不少的恶感与斗争，是更说明了蒙汉两民族不能分离的事实表现。这话是如何说呢？就是因为我们民族本身底文化、技艺，以及生活方面的必需品，样样仰给于中国，惟其有这种种□的求取行为，所以才发生了不可避免的冲突。这是数千来蒙汉两民族，时起纠纷的一个重要症结，也就是蒙汉两民族底相依互赖一直传续到现在而不怠的一个佐证。况且再拿我们蒙汉两民族底血统、地理、宗教、文化，种种的关系而论，实在不容许我们分开独创，各自维生。所以我们底领袖蒋委员长在他所著的《中国命运》里，开宗明义第一章就明白昭示我们说："我们中华民族在自然成长的过程中，由于共御外侮，以保障其生存，集中群力以缔造其国家。"因此我们底民族，要想繁荣，要想复兴，必须要一致倾向于中国，与国内其他民族密切合作，这样才能挽救我们民族底危亡。

尤其自从我们底国父孙中山先生创造三民主义，提倡五族共和，推翻专治，建立民国以来，我们对于三民主义的伟大，更需要有一个深刻的认识，因为三民主义底涵义，不是仅仅在救汉族，而三民主义底最大目的，乃在挽救我们整个的中华民族。所以要想挽救我们底蒙古民族，必须要依照三民主义底方针按步前进，积极推行，以期达到我们理想中的新蒙古，促成我们最完善的新中国。

说到这里我们大家要想一想，一个民族并不是王公贵族单独组成的，乃是由各单位的个人所组合而成的，而青年又是这组合体内的中坚分子，那么青年底好坏，青年底努力与否，则能影响到整个民族底安危与隆晋，这是古今中外民族强弱的一个铁律，所以既然明白了我们民族前进的方向以后，还看我们青年底努力与否，来决定我们民族底命运。因此我希望我们底蒙古青年同志们在这虎视鹰瞵、千钧一发的危险局面下，赶快觉悟吧！不要犹疑，更不要害怕，鼓起我们底勇气向前奋斗！我们底障碍和我们底仇敌一定会被我们战胜而消灭的。

亲爱的蒙古青年们，不要灰心不要彷徨，认清吧！三民主义是我们复兴的指针，挽救危亡是我们惟一的责任，记着吧！我们是蒙古民族底主人翁，我们是成吉思汉底继承人。

《新绥蒙》（月刊）

绥蒙指导长官公署新绥蒙社

1945 年 1 卷 1 期

（朱宪　整理）

蒙胞对国家民族应有的认识

巴云英　撰

抗战将要八年了，也许住在荒野的沙漠里，和偏僻山沟的蒙古同胞们！尚不知为什么要抗战！这或许是他们知识不够的缘故吧？谁都知道，我们中华民族是由汉、满、蒙、回、藏等这许多的宗族，组合而成这伟大的民族，我们蒙古就是这里面的一个民族，如有侵略我们的主权的敌人，则必须一致起来抵抗！这当是一种自然的趋势！

过去满清政府的愚昧，曾把我们强悍的蒙古，用愚民政策来奴化，甚至把我们削弱的几乎成为历史上一个名词，可是在国际上呢？都受到列强们的宰割！而列强们更用不平等条约把整个的民族，束缚的非常之紧（由于抗战现已取消）。总理有鉴于此国家民族的垂危，故而奔走呼号四十余年，唤醒了国内各民族，把满清政府推翻，创造了三民主义的中华民国，使国内各民族一律自由平等，而列强们，仍是不断的压迫与侵略，尤其是日寇，他□我们蒙古更是唾〔垂〕涎进一步的侵略，欲把我们世世代代子子孙孙，成为他们的奴隶、牛马，以至灭种而后已！

要知道日寇之所以夙兴夜寐的来侵略我蒙古，并非偶然的波及，他们的首相田中义一主张的"满蒙政策"和敌酋广田的"三原则"，这都是他们奉为传统的经典，他们在数十年前，就经营了这种侵略的准备。于是他们政策中有"欲征服中国，必先征服满蒙"的要点，而我蒙古正是首当其冲的第一刀！故东蒙随着东北的沦陷，先被攫取了，尚满足不了他的野心，于是有七七的事变，展开了全面的战争，跟着察哈尔整个的蒙旗，和绥远境的□部分蒙古地方也被日寇给蹂躏了。试观我们整个蒙古陷于敌手者约有十之七八，真是有史以来未遭受过一种奇耻大辱，凡有志之士能不痛心吗？

沦陷区的同胞们，被日寇的蹂躏，已经觉醒了，都了然了"亡国奴，不如丧家狗"的□然谚语，这种滋味，大家都是耳闻目睹的，无国何能有家？何能有自身？何能安享幸福呢？我们为了洗雪这千古未有的奇耻，为了这一连串的切身问题，必须埋头苦干，向着共同的目标，地无分畛域，人无分老幼，团结一致，和敌人作殊死的斗争，以打破其侵略的政策。

蒙古同胞们，我们屈指一计，八年来用血肉的搏斗，已经把疯狂的暴敌——日寇，给击败了，他的穷途末路，已日渐显明，这最后胜利，属于我们，这是毫无疑问的。最近以来更摆在我们面前许多堪以欣慰的事实，无论国际间，和国内各战场，都是显着一片光明。此外还有许多新生的因素，在发扬，在成长。我们道〔还〕有什么可犹豫、彷徨、迟滞的地方，在这千钧一发盛世将临的时候，我蒙古同胞应当挺起胸脯，咬紧牙齿，迎头赶上，去迎接这胜利的果实，完成我们所负的使命，不负国家对我边疆蒙胞的企望。

在这胜利将要来临的前夕，凡我蒙胞，无论在任何角落里，应赶快起来，站在青天白日的旗帜之下，不顾艰辛、危难，加紧的努力，摧毁了强暴敌人——日本，使我们的国家能巍然立于世界之上，民族永远的独立与生存，人人要坚定这国家至上民族至上的信念，为将来幸福与自由，实现三民主义的目的而奋斗。为完成建国的任务，我们要服从唯一的政府——国民政府，拥护唯一的领袖——蒋主席。

《新绥蒙》（月刊）

绥蒙指导长官公署新绥蒙社

1945 年 1 卷 1 期

（李红菊　整理）

我对绥蒙工作的回顾与前瞻

陈玉甲　撰

边政难于一般政治，这是无可否认的事实。稽古溯往，代有得失，惟究其得失的原因，完全是政策与方法的抉择不同，其中人事问题，尤为重要。绥蒙为边政的一部分，现在我们单就绥蒙工作的回顾与前瞻，略述梗概，用备关心蒙事同志的参考。

自辛亥鼎革，外人乘我国基未固，煽动外蒙独立。迄时乌、伊两盟王公，受哲布尊丹巴的调唆，亦彷徨歧途，摇摆不定。绥远城将军堃岫虽辖有后路巡防队、土默特蒙古步马营及新编陆军等数营之众，一筹莫展，束手无策，政令不出府门，形成两盟各旗与政府脱节数月之局面。后张绍曾先生接任绥远将军，于下车伊始，即召集西盟会议，乌、伊两盟王公麇集绥垣，莫不争先赴会，会期三月，始行闭幕。结果十三旗王公翊赞民国，拥护中央，竭诚接受政令。自斯不但挽回省旗脱节之危局，并且奠立二十余载绥蒙王公效忠党国之初基。其时笔者忝参戎幕，主办西蒙会议招待事宜，对会议内容详悉无遗，而西蒙会议能够顺利完成，博得蒙旗悦服，不外"诚信"二字使然。

其后内战频仍，政府无暇筹办，二十二年，德王借口高度自治，甘为日寇利用，企图造成割据局面。中枢因内忧外患，为顾全大局计，允许成立内蒙自治政务委员会于百灵庙。嗣因该会设施，不合蒙情，适绥境各旗王公要请分区自治，中央为俯顺舆情计，立允察、绥蒙旗分区自治。二十五年三月，绥境蒙政会在绥垣举行成立大会典礼，正值察北紧张，笔者其时主办省府蒙务事宜，秉承傅主席意旨，与各王公总管切取联系，推行政令，各旗官民，亦均竭诚拥护中央，服从省府，此一阶段艰难缔造，针对敌寇对蒙侵略阴谋与敌寇在政治上斗争时期。

迨七七事变后，绥、包相继沦陷，斯时傅主席奉命指挥军事转进太原，绥蒙工作形成中断。笔者适由汉口公毕，返抵太原，傅主席立命北上哈拉塞继续绥蒙中断工作，旋受命省府蒙务组与指署合并工作，在榆林成立指导长官公署办事处，派员分赴各旗工作，并恢复蒙政会，此际绥蒙已成山雨欲来风满楼之势。经笔者宣达中央对蒙旗德意，各旗官民闻讯无不欢跃，而阴霾混沌之局面，赖以明朗安定，傅主席于军书旁午之暇，尤不忘蒙旗，专电指示工作方针，绥蒙遂得以转危为安。

二十七年五月，札旗举行蒙政临时会议，安定蒙众，收集流亡，工作逐渐加强。二十八年四月，敌伪阴谋盗窃成陵，沙王电请中央移成陵于安全地带，尤表现蒙旗不受敌伪威胁利诱、一致拥戴中央之赤诚。并为实现全民动员，加强蒙旗抗日情绪，傅主席电令成立蒙古游击军第一、二、三区司令部，相机游击，争取伪军反正。他如打通四子王旗及中公旗之隔阂，同年冬季攻势，绥蒙游击军第二区配合国军收复察汗格尔庙敌伪据点等工作，粉碎敌寇割据乌盟之阴谋，给敌伪以严重打击，尤为绥蒙工作生色不少。

二十九、三十、三十一各年蒙旗安谧，直接间接对抗战助益颇多。自三十二年"三·二六"札乌事变发生，我贤明当局以敏捷手婉〔腕〕，完成迎沙（沙王）救奇（奇玉山）工作，并积极善后安定救济工作，于抚慰中尤不忘伸张法纪，树立政府威信。于三十三年二月二十四日，将札变祸首老赖（连长）正法，以振国家纪纲。其次调训蒙旗青年干部，设立伊盟保安队训练处，分区实施训练，使蒙旗人材渐趋充实，使保安队质的方面纪律化，思想方面正确化。同年夏季伪军那僧尔居、明吉等之率部反正；九月间我军继续克复中公旗王府，巴盟长林札萨克毅然携眷返回祖国；东、西公旗深入沦陷区游击，捕获敌酋小仓等，皆为我蒙政工作强化之表现。

总上所述，我们回顾卅三年的盟旗工作，因为前岁札乌事变影响及当前处境关系，多半精力均用于安维现局，进展工作甚少，吾人不能不引为愧憾。往者已矣，来日方长，今后希望遵照中央既定国策，本诸傅副长官"扶助蒙古同胞完成平等团结"之一贯原则，由安定中求进步，使蒙旗对各项抗建工作，得以顺利进行，使蒙汉平衡发展，不再有特殊落后现象。惟上述工作言之非艰，实有赖吾人之切实努力，尤企望我边疆工作同志，在一个原则下，先从观点、步调一致上着眼，相信任何艰巨工作，必有实现之日。否则彼东此西，想法不同，做法自异，将使吾大好边疆陷于错综复杂之境域，非惟工作无法推进，甚至滋生事端，为患将来，此点吾人尤应特加注意。

《新绥蒙》（月刊）
绥蒙指导长官公署新绥蒙社
1945 年 1 卷 1 期
（朱宪 整理）

蒙民对于抗战建国应有认识与努力

康济敏 撰

引言

蒙旗地处边陲，交通梗塞，致与内地各省多形隔阂，而一股〔般〕国人欲明了蒙旗情形者，亦无由而得悉，因此蒙汉文化不能相互交流，彼此不能融和，遂形成蒙旗之衰落与不进步。

今《新绥蒙》问世，可以沟通蒙汉文化，启迪民智，□可促进宗族团结，加强抗战力量，此乃抗战建国过程中最迫切最需要者。本人爰以拥护贵刊之热忱，特愿略抒管见，借增光辉，□学识浅陋，尚祈就正于明达。

一　蒙民应有之认识

甲、蒙汉问题　总裁于《中国〈之〉命运》一书中，首先昭示吾人者："我们中华民族自然成长的过程中，由于共御外侮以保障其生存，集中群力，以缔造其国家，中华民族因其宗支不断的融和，而其人口亦逐渐繁殖，乃至于强大，于是国家的领域亦相随扩张。然而中华民族，从来没有超越其自然成长所要求的界限，亦从没有向外伸张其国家武力的时候。如有外来的侵略的武力，击破我们国家的防线，占据我们民族生存所要求的领域，则我们中华民族，迫不得已，激于他所受的耻辱和他生存的要求，乃必起而誓图恢复，达成其复兴的目的。"续谓："我们中华民族是□数宗族融和而成的。"经历代的融和，均有增加，自五帝以后，史册历有记载可考。所有四海之内的各地宗族，若非同源于一个始祖，即是相结以累世的婚婚〔姻〕，并以《诗经》"文王孙子，本支百世"，说明统一血统的大小宗支，又以"岂伊异人，昆弟甥舅"，说明各宗族之间血统相维之外，还有婚婚〔姻〕的系属，这就是古代中国民族构成的因素，所以中国全体的国民，都有他"四海之内皆兄弟也"的崇高的伦理观念，与博大的仁爱精神，决不是凭空枉造的。旋后各宗族间由于生活的互赖，及文化的交流，各地的多数宗族到此早已融和，成为一个大中华民族了。吾人既知汉、满、蒙、回、藏五族同属一源，融和而成为中华民族，而中华民〔中〕国，即为各宗族之中华民国，并不是某一个宗族的中华民国，中国的领土，如有破碎割裂，即是整个的中国国防撤除，中华民族的被凌辱，即是我整个的国家民族被凌辱，亦即是我各宗族整个的被凌辱。关于这一点，希望我全体蒙胞首先要彻底明了这个意图，庶几我各宗族得能精诚团结，一致对外，保卫祖国，驱除日寇，争取我们中华民族之独立自由，光复我固有的河山，建设富强康乐的新中国，共享博爱、平等、自由的大同世界幸福生活。

　　乙、认清敌寇　现在我们沦陷区的一部分蒙民，因误受了敌伪的奸计与诱惑，竟不惜认贼作父，为虎作伥，如德王、李守信等甘心附逆，出卖祖国，但是我们全体的蒙民，对于敌寇不能不有个深切的认识，然后始能求得复兴之路，否则便永远沦为日寇之牛马奴隶。试看过去之朝鲜，在当初未尝不受日寇之争宠，一如现在优待我沦陷区之蒙民，曾几何时，已作日寇俎上之肉，任其宰割，今日寇对鲜民之压迫，更变本加厉，无所不用其极，惨苦情状，笔难尽述。再我东北四省同胞，被日寇蹂躏，其□痛情形，更甚于韩民。为此热望我全体蒙民，切勿忘日寇田中奏折内之大陆政策，先满蒙而后及于中国内地之侵华建议，勿为威吓勿为利诱，坚定信仰，一致拥护政府，拥护领袖，争取我中华民族最后之胜利。

丙、由于上述各点，所有吾人对于抗战建国的重大责任，是要我各宗族共同担负起来，凡我中华民国的国民，都应以所有的人力、物力、财力尽量贡献国家，努力于抗建工作，以达成我抗战必胜、建国必成之目的。

二　今后应有之努力

吾人对于抗战建国工作，不仅在认识，更应进而积极努力来担负这抗建的艰巨责任。惟因我蒙古年来之穷困落后，过去对于国家纵曾有所努力，但仍感觉不足之处尚多，仅再以力之所及，略陈数端，俾资供应国家，以发扬我整个之国力。

甲、严密防奸　我蒙旗逼近敌人，奸伪不时派人来我蒙旗境内，进行分化及挑拨离间等工作，同时并借以刺探我方军情。现各地省县因为保甲组织严密，锄奸工作推行有方，所以敌探、汉奸不易潜伏活动。惟我蒙旗地面辽阔，保甲组织尚在萌芽之期，又以防奸工作及盘查哨等设置，尚未完备，奸探易于潜…〔藏〕，与敌伪邻，势必加紧此项工作，以防不虞。故凡我蒙民，均应特别注意，对于过往行人，必须详细盘查，认为形迹可疑者，立即送交旗府讯问、法办。我蒙民全体如能切实负起这个责任，我想敌探、汉奸就不易在蒙境内活动，这是在抗战期间一项很重要的任务。

乙、不护庇壮丁逃兵　我蒙民对于壮丁逃兵，务要遵照国家法令办理，丝毫不得违背，因为庇护壮丁逃兵，均是违犯法令妨碍役政之罪人，倘经发觉有逃避嫌疑，应立即报告旗政府，按照规定手续，送交原部队，以维法令而杜绝逃匿。

丙、协助友军　凡我蒙旗境内，无论是蒙汉人民，或蒙旗部队，对于友军应尽量协助与爱护，一则略尽地主之谊，再则拥护国家法令，如帮助运输给养柴草，探听消息，派人引路，及抬运伤员等工作，务要给以办理，以资有益全部军事之胜利。

丁、努力捐款　今次世界大战，完全是国力的总决赛，凡人力、物力、财力充实者，或发挥人力、物力、财力，□最大效果者，即可操胜利之左券。我蒙民对于国家捐款，虽曾有过相当数字，但仍觉总是沧海一粟，未曾发生最大效力。现胜利临□，我们蒙民不但要特别出力，还要特别出钱，对国家要最大的努力。我蒙民虽然一切落后，但爱国决不后人，务要努力以求国力之充实，方能制胜，以达我整个民族生存于世界之目的。

戊、争取内向　我们对于沦陷区的蒙民，大都是因一时的愚昧，和被日寇威吓利诱，暂时摄服，我们应随时将盟国胜利消息，传给他们，利用宗族关系，努力争取其反正内向，以期增厚我抗战之力量。

三　结论

我中华民族，经过这几年的抗战，使我们的力量愈打愈强，我们的国际地位，已由次殖民地一跃而为四强之一，百年来不平等条约的束缚，已经解脱，最后的胜利已在目前。但是，总裁昭示吾人："胜利愈接近，艰苦亦愈多，黎明之前尚有一度的黑暗，这一刹那之黑暗，尚须吾人咬紧牙关，努力渡过，曙光自然照耀。"

愿我全体蒙民，在委员长与傅长官领导之下，抱定为国牺牲奋斗到底的决心，努力贡献所有力量完成抗战建国的大业，争取我国家民族之独立平等，永久生存于世界。此乃本人至切之希望也，愿与我蒙胞共勉之！

《新绥蒙》（月刊）

绥蒙指导长官公署新绥蒙社

1945 年 1 卷 1 期

（朱宪　整理）

蒙胞对抗战建国应有的认识

奇俊峰　撰

溯自芦桥烽火告急，抗战军兴以还，我最高统帅，于庐山宣言中恺切昭示国人：和平不到绝望时期，绝不放弃和平；牺牲不到最后关头，绝不轻言牺牲。今倭寇入侵，乃欲亡我国家，灭我种族，和平既已绝望，唯有牺牲到底。望全国同胞，地无分东西南北，人无分男女老幼，奋起抗战，共御外侮。国□务信此乃中华民族极危图强之唯一良机，必须坚定胜利信心，不中途妥协，不中途投降，不获最后胜利，绝不放弃抵抗。我全国同胞遂于领袖领导之下，一心一德，精诚团结，共赴国难。

抗战八年于兹，我国不唯独力负担世界反侵略之急先锋，使英、美、苏认识了中华民族力量之伟大，更认识了中国的抗战，不独是出于中国蒙胞笃信民族生存的要求，不独是亚洲的安定力，亦且是世界集体安全与永久和平之坚强的一环。欧战爆发后，轴心诸国与日寇暴露他们平分世界的野心，英、美、苏诸国知道中国的抗战，深陷日寇于泥潭，难以自拔，牵制了世界最凶狠的一个顽盗，分担了同盟国最重大的一分负担。中国的抗战，在世界尤其是在亚洲、太平洋的地位，古语所谓"作中流之砥柱，挽狂澜于既倒"，实在当之无愧。更且自太平洋战争爆发后，使我国抗战与世界上反侵略战争，汇合为同一洪流，世界的正义公道与人类的自由解放所激发的革命精神，实日益发惕〔扬〕于这个洪流之中。民国三十一年一月一日，世界上爱好和平的各国，在华盛顿签订的《反侵略共同宣言》，实为人类反抗强权的革命精神之结晶。我贤明政府乃本于革命建国的既定国策，亦于这一天与反侵略各国共同签字，我国乃于此列为四强之一。列强对我国的认识，随抗战的发展而加深。我国民政府本于"尽其在我"的古训，自抗战发动，即标明"自力更生"的主旨，抗战以来，其间国际形势虽曾有多次变迁，然我国外交方针，始终一贯，决不以环境的黯淡而悲观，亦不以局势的险恶的〔而〕馁气，不轻于树敌，亦不甘于迁就，不放弃可以要求友邦援助的机会，亦不丧失"有诸己而后求诸人"的精神。在消极方面，不诿卸责任，亦不依赖外援，在积极方面，不特"尽其在我"，亦且"推己及人"。我们的立国精神及外交政策，使英美深切认识中国的伟大，我们中华民族经五十年的革命流血，五年半①的抗战牺牲，乃使不平等条约百周年的沉痛历史，改写为不平等条约撤废的光荣记录。这不仅是中华民族在历史上起死回生最重的一页，而亦是英美各友邦对世界对人类的平等自由，建立了一座最光明的灯塔。

在我国历史上，民族战争，先例不少，然而此次的抗战，规模之广，牺牲之大，工作的艰难，关系的重大，五千年来实无伦比。抗战的性质，尤与历史上任何时代的民族战争有所不同。要知道此次抗战，不但是国民革命必有必至的阶段，且将使国民革命随抗战的胜利而成功，将使民族的解放与国家的建设，毕其功于此役。故在抗战初期，中国国民党与国民政府，即确定抗战与建国并行的方针，而订定其条目于《抗战建国纲领》。"天下无易事，天下无难事。"国民革命初步的成功，是中国全体国民百年来继续不断的奋斗，与五年半来坚苦抗战的收获，由此可见"天下无易

---

① 原文如此。本篇后同。——整理者注

事"。但是最近三十年间国民革命卒能将三千年君主政体推翻，乃至于世界上最残忍最坚强的不平等条约撤废，由此可知"天下无难事"！所以只要我们能群策群力，信仰救国救民的三民主义，向国民革命的大道迈进，建设富强康乐的新中国，是没有不成功的。自今日寇虽作困兽之斗，而我贤明政府，本《抗战建国纲领》之精神，调整政府机构，成立战时生产局，领袖更号召全国智识青年从军，此种措施均在在表明政府抗战之决心，与坚定不移之胜利信念。

中华民族是多数宗族融和而成的，在三千年前，我们黄河、长江、黑龙江、珠江诸流域，有多数宗族分布于其间，自五帝以后，文字记载较多，宗族的组织，更斑斑〔班班〕可考。四海之内，各地的宗族若非同源于一个始祖，即是相结以累世的婚姻。《诗经》上说"文王子孙，本枝百世"，就是说同一血统的大小宗支。《诗经》上又说"岂伊异人，昆弟甥舅"，就是说各宗族之间，血统相维以外，还靠婚姻的系属。中国古代的民族，就是这样构成的。蒙古的兴起，与宋代的契丹、女真事同一例。成吉斯汉〔汗〕马蹄残〔践〕踏的版图，超越了中华民族生存所要求的领域以外，然而自忽必烈称帝以后，中国固有领域以外的部分，即与中国的国家组织分离，因而忽必烈以下的宗支独同化于中华民族以内。在中国领域中，各宗族的习俗，各区域的生活，互有不同，然而合各宗族的习俗，以构成中国的民族文化；合各区域的生活，以构成中国的民族生存，为历史上显明的事实。我国固有的道德，足以维系各宗族内向的感情，足以感化各宗族固有的特性，而达成历史上共同的命运。中国五千年的历史，即为各宗族共同命运的纪录，此共同之记录构成了各宗族融和为中华民族，再由中华民族，为共御外侮以保障其生存，而造成中国国家悠久的历史。国父于辛亥革命成功，首先宣布"五族共和"的大义以解除国内各宗族的轧轹，而跻跻〔之〕于一律平等的境域，直至今日，政府仍一本国父遗教以及中国国民党历次宣言，一扫历代国内的卑劣政策，务使国内各民族一律平等，并积极扶助边疆各族的自治能力和地位，赋与以宗教、文化、经济均衡发展的机会，而增强我们边胞的向心力与团结力，对于整个国家与中央政府，共同爱戴，一致拥护，和衷共济，休戚相关，俾我中华民族，日益富强康乐，而三民主义亦得发扬光大于世界。

中华民族既是一个整个民族，所以蒙古同胞是中华民族的血轮，是中华民族的一环。因此国人对于抗战救国的认识，亦即蒙胞对抗战建国应有的认识。抑尤进者，日寇自《田中奏折》，阴蓄"大陆政策"后，即积极准备侵华，"九一八"事变，日寇既占我东北四省，继则觊觎内蒙，梦想使用"以华制华"之毒辣手段，逐渐蚕蚀之阴险方法，次第侵吞我中国，乃不惜卑鄙无耻，标新立异，□言谩语，挑拨我宗族间之情感，破坏我各宗族之内向力，更威胁利诱，无所不尽其极，百灵庙之役，即为最显著之事实。幸赖我傅副长官智勇超人，首揭抗日大纛，敉平叛乱。抗战后，蒙胞虽有附逆事实，但自我贤明政府以先发制人之卓见，恭请成陵内移，其后蒙胞纷纷来归之消息，不绝于报章什志，卒将日寇愚民诈骗之迷梦粉碎。且蒙胞蒙领袖多年之感召，自信在抗战中所荷负之责任，至重且巨，所谓"边防即国防"，同胞僻处边隅，首当国防要冲，往昔国土荒废，边疆空虚，以致国不成国，侵凌频至，然自抗战开始，边胞于领袖领导之下，起而御侮，蒙胞在抗战中所表现的功绩，固不足道，然蒙胞爱国之热忱，及对抗战建国认识之正确，自信绝不后人。全国同胞们！国家存亡，民族的祸福，明明白白的摆在我们面前，就要我们在这个时候，有所抉择。国际形势与世界潮流，都不允我们有观顾瞻望，或徘徊犹豫的余地。所以我全国同胞，不分汉、汉〔满〕、蒙、回、藏，为国家的独立，为民族的自由，为雪耻为图强，为使后世子孙不沦入奴隶牛马的恶运，就应该共同一致的在一个政府、一个主义、一个领袖领导之下，来完成我们国民的责任与义务。

最后，作者希望我蒙古同胞，深深体认所负责任的艰巨，在这个伟大的〈时〉代里本着我们的天职作应有努力。

第一，提高自信心：无可讳言的，蒙胞在政治上、教育上、经济上……较内地同〔同〕胞落后，然究其原因，实归于地处边塞，交通困难，以致影响教育不能广泛普及，政治不能迅速改进，经济不能日益振兴发展，并非蒙胞天赋鲁钝，资质低劣。国父说："万物皆备于我。"又说："人定胜天。"我们在前面讲过"天下无难事"，只要我们肯努力，自得日臻佳境，赶上时代。

第二，发扬尚武精神：我祖先成吉斯汗以尚武之精神，建立空前绝后地跨欧亚两洲的大帝国，使中华民族的威力，远涉异域。近几百年来，蒙胞笃信宗教，固执于保守，重未来，轻现实，乃使昔日尚武精神，一落千丈。今边疆扼国家的咽喉，边疆之安危，与整个国家有唇亡齿寒之密切关系，凡我蒙胞，亟应发扬祖先之尚武精神，巩固我边防，捍卫我国家，恢复我中华民族"勇以行仁"之固有道德。

第三，实事求是：虽然我们要提高自信心，发扬尚武精神，但我们绝不好高骛远，亦绝不妄自菲薄，更不固步自封，我们要在安定中求进步，脚踏实地的去努力。国父曾指示我们："聪明才力愈大的人，当尽其能力，以服千万人之务，造千万人之福。聪明才力略小的人，当尽其能力，以服十百人之务，造十百人之福。至于全无聪明才力的人，也应该尽一己之能力，服一己之务，造一己之福。"我们不但要人尽其才，更应该地尽其利，物其尽〔尽其〕用，货畅其流，使边疆无论在政治上、教育上、经济上，能循序渐进，日新月异。

　　总之，我蒙古同胞，唯有不断的努力，不断的求进步，始足以报答政府对蒙胞的期望和爱护。最重要的是在我们努力的过程中，务须时刻以三民主义为南〈针〉。因为三民主义是救中国，救人类，救世界的不二法门，中国的立国精神充分流露于三民主义中。翻开历史，我们可以知道中华民族各宗族的融和，其动力是文化而不是武力，其方法是同化而不是征服。这种立国精神的推演，使中华民族各宗族，皆能为大群牺牲小体，而养成其自卫则坚忍，处世则和平，而更进以"存亡继绝，济弱扶倾"的仁爱心行，"己立立人，己达达人"的忠恕之道。所以五千年来，国内各宗族或内附而同化，或相依而共保，或独立而自存，各顺其民心，各随其人情民俗，各发达其文化之所长，以贡献于人类共同的进步。蒙胞除了笃□地服膺三民主义以外，尤应深切认识我们不但人人有参加中国国民党的义务，而且有参加中国国民党权利，用我们笃信宗教的诚挚态度，信仰主义，拥护政府，服从领袖，共向抗战建国的大道前进，努力前进。

《新绥蒙》（月刊）

绥蒙指导长官公署新绥蒙社

1945 年 1 卷 1 期

（李红权　整理）

现阶段的蒙古问题

苏寿余　撰

蒙古问题是整个边疆问题的一部，边疆问题又是整个内政问题的一部，故研究蒙古问题，应从整个抗战建国大计着眼，以共御外侮复兴民族为目的。这是研究蒙古问题应本的态度，也是全国上下一致的要求。现在，反攻快要开始，全面真正建设，日益接近。在抗战的左翼，加强蒙务工作，解决蒙古问题，开展蒙旗建设，日渐重要。兹就观众感所及，试略陈述。

一　蒙族国防和国家

蒙古人民为构成中华民族的一部，从各面观察，由蒙古问题念及国家前途，我认为第一为血统文化之关系——蒙古居民虽然因地理环境的特殊，生产方式与生活方式和内地发生差距，但血统、语文等，因经历代之通婚，交通往还，人口移动，形成大一统的局面。今日蒙古地带周时为獯狁，秦汉为匈奴，唐时为突厥，晚唐、两宋为契丹，明清而后为蒙古，由此可知宗族融化力之大，所以国父说合汉、满、蒙、回、藏为国族，总裁说中国只有各宗族，并无少数民族之事实。第二〈为〉地理、经济、国防之关系——自地理环境而言"没有一个区域可以割裂，可以隔离，故亦没有一个区域可以自成一个独立的局面"。以经济而论："各个区域，各有其特殊的资源与特有的土壤。""其分工基余〔于〕自身的条件，其交易出于生活的必需"而形成共同的经济生活。以国防而论："如有一个区域受异民族占领，则全民族全国家即失其自卫上天然的屏障。"第三〈为〉政府与各宗族之对策——过去不但对内各宗族，向以四维八德为基础，即对邻邦，"则抵抗其武力，而不施以武力，吸收其文化，而广被以文化"，从无经济侵略及占人国土之野心。由此形成了各宗族共同的民族意义和历史共同命运，此理至为显明。日寇所说的"国民政府是少数民族□杀主义者"和有人谓我政府所采取的是"大汉族主义"，这种别有用心的言论之荒谬，实至明显。

二　力量的凝结

近百年来，我国政治、经济、教育各方面赶不上列强，而在蒙藏边疆区域，更其落后。因之，各盟旗之间经济与政治至今犹保持"原始"状态。所以对某些问题观点不能一致，这在消极方面，会使盟旗间感情未融洽无间，积极方面，妨碍了盟旗加速进步，故今后工作须群策群力，使大家精诚无间，亲密合作，则力量团结，自己所预期的工作目标，自会很容易达到。

三　沦陷区域之准备工作

蒙旗除西蒙大部外，其余皆已沦陷，蒙胞正处于水深火热中，为敌伪所蹂躏，受奴化教育，过牛马生活。而外蒙至今亦在不自然之状态下生存，其人民、血统、语文、地理、国防、经济等，基于前述，实有不可分之关系。今后用外交途径，解除国际纠葛，用政治、经济、教育力量，使之向心内附，本着正义与明智的见解，如何使失土早复，如何使外蒙得［得］到合理的解决，我们对于这些问题，都要立即着手，研究准备。

四　教育问题

普及教育，是政治统一与经济建设的基本工作。蒙旗工作最有效最根本的办法，也是教育。我们知道，从事社会建设、政治建设、经济建设，必须先从心理建设、伦理建设入手，心理建设和伦理建设，又是教育分内的事。

并且经济建设内的技术一项，尤须专门教育之训练。蒙旗现在虽有中小学之设，但为数极少，不能适应当前需要。现在要普及盟旗教育，作到像内地实行新县制后那种普及情形，自然情况不允许，其可能行通的办法：（一）就各盟旗政府所在地，可能的广设公费中小学校，提高待遇，以吸收有志从事蒙古文化工作之青年，发展蒙地教育。（二）中央委托邻省或比较接近省份办有成绩的学校吸收蒙籍学生，政府特发津贴，同时边疆学校，应扩设班次，大量吸收，待这些学生毕业后，仍派以蒙旗适当工作，让他们自己改造蒙旗现状，并由他们因求学而获得优势地位，而引起蒙民送子入学的兴趣。这工作虽然艰巨，但从政治观点看起来，是极为需要的事。

五　畜牧问题

畜牧是蒙民唯一的生产方式，唯一的生活资源，近年因天灾人祸的种种关系，一般蒙民生活水准，十分低下，几有不能维持饱暖之势，但他们固守成法，听其自然，以致现状日趋恶化。现在改良盟旗畜牧，就等于改善蒙民生活。现在应同时着手而做的事，似有这样几件：（一）各旗设立兽医药物站，专门从事盟旗牲畜疾病预防与治疗，如不能全数设置时，可设巡回组织，一面医治，一面传播防治知识。（二）择定中心区，设立畜种改良所，以资改良畜种品质。（三）设立新牧场，研究饲养方法之改善，以便推广全蒙旗。（四）皮毛、肉类直销。由政府设立机构，遴派思想正确、廉洁公正之人员，分地收购，同时以蒙民所需物资供应抵价，假如能够就地设厂制造更佳。如此国家有充分衣食资源可用，蒙民亦得实际生活之改善。（五）过去奸腐贪吏愚弄剥削蒙民情形，应予以严法制止。

六　放垦问题

蒙旗地方，有些部分可以农耕，有些地方根本不宜垦殖，只适宜于畜牧或植林。绥蒙沿黄河两岸及热、察、绥东一部，有大部草原，适于农耕，但经历代之人口互移，业已大部自然垦殖。今日尚能不开垦之地方，不是基于自然条件不良，便是蒙民对农耕不生兴趣，不肯放垦。前者原因有二：（一）缺乏水分，不适农作；（二）风沙移动甚烈，如伊克昭盟有些地方蒿草甚茂，但经开垦不及二年，地面肥土便被狂风吹刮一净，既不能继续耕作，又不能再事放牧，不数年间，尽成流沙之堆积，为害之烈，与□□烧山为田，断送水土者，同属饮鸩止渴。关于后者，虽属人民认识不清，但从经济观点言，颇值考虑。现在外蒙因政治问题尚未解决，放垦是否成为问题，姑置不论，至内蒙一代〔带〕，已垦各地，仅系粗放，□不完全，若加以集约精耕，尚可大量发展。像后套十六万顷地，已垦者，不过三万余顷，已能供给数十万军民之需，若全部开垦，至少可增耕民百万，若再将目前粗放状态，变为集约经营，则耕民之数，自将大量增加。其他各地可以类推。

所以强事放垦蒙地，在经济方面，无甚需要，在政治意义上，尤须谨慎。与其全事垦殖，倒不如分别土壤、地质划区，农、□、植林为有利。

七　结论

总上所言，可证蒙古问题是内政问题的一部，增进蒙汉团结，推行蒙旗建设，是国家自然的要求，也是政府应有的措施。至于如何建设，原则方面，正同其他各地一样，除一般（全国一致性的）以外，又须考虑特殊需要（因地制宜之性质），是则今日负有蒙旗建设之责者与国内有识之士共同之责任也。

《新绥蒙》（月刊）

绥蒙指导长官公署新绥蒙社

1945 年 1 卷 1 期

（朱宪　整理）

抗战中的绥省蒙政

曾厚载　撰

抗战的烽火，发端于二十五年的绥远战后，绥省蒙政，同时也在这一年打定了辉煌的基础。当时，察蒙野心分子，受了日寇的蛊惑煽动，掀起了民族分裂的浪潮，风云紧迫，险有席卷绥蒙的趋势。赖我各旗王公人民，信仰中央，坚定不移，毅然割绝了敌伪的牵涉，成立了绥境蒙政会，服从政府翊赞国策。同年绥远百灵庙、红格尔图战役的光荣胜利，得力于蒙胞协力之处实多。因此绥境蒙政会的成立，在绥省蒙政上实具有划时代的意义，在抗战中尤具有决定性的作用。也正由于国家积年的诚信相感，才得到这种坚定内向，融洽相安的基础。

七七抗战以来，到今天已有九个年头。绥蒙的情况，因时间的不同而生变化，蒙政的方针，也因时间的演进互有损益。大略说来，九年之间，可以分为不同的三个阶段：自事变发生以至二十八年春天以前，因初期军事的失利，当时绥蒙未沦陷者，仅存伊盟七旗，而敌寇的魔手，仍□继续延伸，地方波动，人心惶恐，因此这一阶段，是我们与敌伪争夺保卫伊盟时期。自二十八年四月国军进驻绥西，以至□十九年五原大捷，直至三十二年以前，伊盟完整的形势已定，但敌探汉奸以及奸伪分子，仍向各旗寻□活动，发展势力，这一阶段，是肃清敌奸，□安定中求进步时期。由三十三年起，抗战愈近胜利，伊盟安全之局已成，乌盟及绥东土默特沦陷各旗争取工作，已有相当基础，因此这一阶段，是协调蒙旗力量，配合反攻时期。在这不同的时期中，有一个共同的特征，就是蒙古同胞对国家民族的信念，非常坚定，未沦陷区不因军事的转进而趋离贰，沦陷各区，也不因敌寇的威胁而忘记了对祖国的怀念。

蒙古同胞对国家民族的这种真诚，可说是我们一贯的伟大国策感召而成的。国父手创三民主义为建国的最高原则，主张国内各民族一律平等。总裁继承遗教，笃实践履，发扬光大。乃至本党历次宣言、决议案，都明白的昭示着这种民族平等的精神。我们绥省的蒙政设施，就是本着国父遗教，总裁训示，以及本党一贯的精神，以扶助蒙古同胞，完成平等团结为原则；扶植王公，培养青年，协和蒙汉，福利人民。在自由区以稳健步调促使进步，对沦陷区以军政力量争取内向。差幸在抗战期间，还相当的□尽了应有的使命。

盟旗因在演化的进程中，一切尚未定型，情况相当复杂。如王公与事官之间、事官与人民之间、蒙民与汉民之间，观点不尽相同，要求亦不一致，纠纷时起，扰攘不宁，不仅当事双方难得其平，同时还给敌奸制造机会。因此融和蒙汉，调整内部关系，实为安定盟旗的基本做法。同时每一措置，还必须全盘考量，统筹兼顾的来进行。举事实说，如在伊盟定居垦殖的汉民，不下二十万之众，而蒙民仅有四五万人。过去达拉特旗和桃力民两地，垦民因地租及佃权问题，与旗方互不洽调，发生纠纷。垦民辄借武力，自卫抗租，旗方则以撤地罢租要挟，生业既受损失，旗方应得租粮，亦难正常收益。倘因此而使敌奸潜入，为祸地方，更堪顾虑。绥省府为消弭乱源，安定地方，并保障双方权益，遵奉委座组训盟旗民众电令，分别在两地设置组训办事机构，居间调处，于是纠纷得以解决，地方亦以相安。又去岁扎、乌事变，以及去年准噶尔旗、鄂托克旗、乌审旗内部发生纠纷，也都分别以军事、政治方法，调整处理，达成了融和安定的任务。

几年以来，蒙事措施，处处都是为了蒙民福利来着想。一面为蒙胞原有的权益，充分保障，一面对天时人事的灾患，随时救济，一切困难，更设法予以解除，加以优待。如战时兵役，全不负担，国家的捐税，全不征课；奖励蒙民自耕，除征四成军粮以外，所有田赋，全部豁免。三十一年为体念后套蒙民喇嘛艰苦，特由省经费项下，筹拨三十万元，购买土布、砖茶，发给领用。同时救济套内蒙民生活，每年拨给食粮，为数五百余石。三十二年扎、乌事变，官府流离，人民遭难，均经分别拨款救济，为数计达一百数十万元，救济粮食四百余石。再如盟旗各保安游击部队，虽系地方性质，均经呈请中央，给予补助经费，历年增加。最近合计，每年约达四百余万元，并每年补给部队单棉军服各三千套。此外，对于盟旗官民以及来归蒙胞，随时筹拨粮款，救济困难，种种方面，设法增进蒙胞福利，可说尽了最大的努力。

在促进盟旗进步上，基本方面，着重提高盟旗文化，培育盟旗人才。一方面宽筹教育经费，增加学校数额，同时举办盟旗干部训练，调训各旗优秀青年。三十三年度在绥干团内附设盟旗干部训练班，开始训练，第一期受训蒙藉〔籍〕学员九十四人，圆满结业，分发原来各旗从事工作。此项训练，三十四年度仍将继续举行。又为整训部队，加强防制敌奸，经请准设立伊盟保安队训练处，派员分赴各旗实施训练，并推行辅导员制度，协助盟旗地方自治的实施。现乌审旗、鄂托克旗、扎萨克旗、郡王旗、杭锦旗，均已分别派员，常川驻旗，辅导旗政。实行以来，成绩至为优良。此外，为促进蒙政更趋紧实进步，拟将各旗政府组织，按照中央颁布《盟部旗组织法》逐渐充实，以期增强工作发挥效率。

争取沦陷盟旗，是配合反攻加速胜利的基本工作。我们沦陷各旗的蒙胞，虽处在敌寇的淫威之下，仍对祖国具有深刻的□想，所以我们的争取工作，比较是有顺利的条件。但也正因为敌寇的高压监视，争取工作的进行，还是相当的困难。不过经这几年的积极策动，已经有了基础，所有乌盟各旗以及绥东四旗、土默特旗，甚至德王等，都曾经指派亲信，潜来与我联系。已经有事实表现的，三十年冬，土默特旗保安队长任殿邠率部反正来归；三十二年茂明安旗奇王夫人来归，三十三年伪西公旗保安队那森耳森、郝太保等率部来归，东公旗伪保安队一百二十余人投诚来归，中公旗巴盟长、林扎萨克并率全旗来归，所有来归部分，我们都有妥善安置。并且积极调理，继续加强策动，配合反攻需要。

盟旗同胞在抗战中的光荣表现，是有不可磨灭的价值的。二十八年绥西战役，蒙古游击军二军区所部，配合国军收复察汗格尔庙。同年杭锦旗公布营长、龙骥营长，担任河防，并出击敌伪，巴图沃气营长协助国军作战。二十九年杭旗铁帽营长打击进犯该旗敌伪。三十年达拉特旗保安队，参与收复柴磴战役，并历年协助河防国军作战，亦著成绩。三十二年准格尔旗保安队，协助东北挺进军，配合冬季攻势，在黄河两岸作战。三十三年东公旗部队袭击伪东旗王府，俘获日寇特务机关长山田道太郎，日蒙翻译官滨巴，并□获重要文件及电台、电线等物多件。西公旗部队游击后山，俘获伪西公旗日寇顾问小仓。这些事实都是值得提出的，自今以往，深望绥蒙同胞，加强国家民族认识，坚定拥护政府信念，一心一德，团结无间，共策反攻当前的胜利，求取建国来日的成功。赖信三民主义自由平等幸福的新中国，不久的将来，就会实现在我们眼前的。

《新绥蒙》（月刊）

绥蒙指导长官公署新绥蒙社

1945 年 1 卷 1 期

（朱宪　整理）

西北当前之重要行政

贾仙洲　撰

绪言

开发西北的呼声，已喊得于兹有年，有志国家之士，莫不以此为当务之急，国父孙中山先生在《建国方略》中，对此亦有详细的计划、深切的阐明。第以远之而满清，对之已失其措施，愚民政策，怀柔手段，利用其种族之互相排斥，从中施以挑拨与牵掣，敷衍一时，贻误后世；近之而军阀祸国，中央政权不能统一，国际交涉，又受到种种障碍，官斯土者，感到种种牵掣，一切设施，不得入于正轨，同时而我亲如手足骨肉之蒙古民族，历受政策之上流毒，与强邻之侵略，亦一变乃祖成吉斯汗奋发有为之英风，而陷于萎靡不振之状态，草上之风，随势俯仰，漠漠广原，笼罩上一种沉闷空气。事变前威震边陲的傅宜生将军，主持绥省，秉承中央意旨，励精图治，在军事上、建设上，推行了很多的德政，迭奏肤功，颂声载途，蒙民向化。讵狡邻启衅，芦沟变起，使我一步入正轨之西北，又陷入混乱之局，国军退守，豺狼肆虐，我西北同胞，又沉入人间地狱。烧杀淫掠，敲骨吸髓，八年的挣扎忍受，已有民不堪命之痛苦，思之痛心，言之发指。可幸者天理正义，尚在人间，扰乱世界的和平之魔群，相继授首，我浴血抗战八年之国军，获得最后胜利，青天白日庄严纯洁之国徽，又飘扬于边塞广漠之大地。我英武之傅将军，又由中央以善体民意之命令下，大旱云霓，重寄边域之重任，蒙族民众，宜如何鼓舞欣忭，夹道欢呼。同时而国步更新，为开发西北空前未有之机缘，我贤明英武的傅将军，一切行政建设，均可毫无顾忌，放开手作去，相信孟晋突飞，必有一日千里之成绩。笔者草成此文，附声赞助，计在唤起内地同胞一致对西北之注意。惟对西北问题，素欠研究，参考书籍，又感缺乏，战后之西北，又未亲予经历，未免隔靴搔痒，不着边际，仓卒为文，定多疏漏，自问殊觉愧恶。惟狂夫之言，圣人择焉，使因此而引对西北问题富有经验之人士，共起研究，或有所指导，别抒意见，使伟计宏韬，逐次刊布于《塞光》之内，抛砖引玉之计得售，实所企盼。同时而集思广益，询于刍荛，或可为我贤良当局之参考，有志之士，曷兴乎来！

　　开发西北，笔者以为可以简分为政治与建设两途，二者相辅为用，缺一不可。在行政上，西北上之所以较难于内地，实不外下列各种原因：一、西北上之荒凉困苦，物资缺乏，又益以数年沦陷，饱受压榨。二、蒙族对汉族畛域之见，对于善政，亦未免要生怀疑与误解。三、蒙族受教育程度之低下。四、蒙族生活之简陋，积习难除。五、蒙族受旧有制度之锢蔽，民性消极，空气沉闷。六、鸦片毒炽，贻害民食。对以上种种，务宜取相当措施，不过种种措施，切忌操之过急，所谓"攻心为上"，引起民众动机，感到迫切需要，再加以领导而提倡之，自能水到渠成，事半功倍，否则引起误会，反使格格不入，生出种种障碍。对于行政上，笔者以为有下列各要项。

一 抚恤流亡，以苏民困

刘文海先生在他的《西行见闻记》一书中，曾这样说过："吾国虽号称五族共和，然在事实上，所谓中央政府，可谓十分之八，由汉民操纵，满、回次之，此并非出于汉民之猜疑与仇视，殊因一则汉民额数远超乎四族之上，二则汉民智力亦非其他族所能望其项背也。彼不谙大势者，每以中央政府仅代表汉民利益，殊觉失之过谬。譬如一家兄弟五人，四弟皆幼稚，当然由老兄当家，但不能因此而即谓家即老兄独有之产业也。处老兄地位之中央政府当局，势不免有难为之处，一举一动，皆足引起四小弟之猜疑；惟不能因此细故，而玩忽当家义务及对四小弟之责任。申而言之，中央政府对满、蒙、回疆、西藏，有两重责任，即对五族全体之责任，及对地方特别责任。中央政府，应站在此立场上，抱定大公无私态度，扶助蒙古……"此论极为透彻得体。那末，此次事变，正好像家门不幸，突然来了一伙凶暴的强盗，翻箱倒箧，气势汹汹，在老兄救护不及的当儿，将小弟弟使强盗绑架了去，受尽了戏弄，受尽了污蔑，忍垢含辱过着肉票的生活，望眼欲穿的渴盼老兄去营救，结果为老兄的率领兄弟家人，拼命的与强盗厮杀，苦斗了八年之久，这才歼灭了盗匪，千辛万苦，才将小弟弟由强盗手中夺回来，兄弟重晤，悲喜交集，老兄以当时未能救护为歉，弟弟则以老兄为营救自己出生入死，浴血八年，而感激零涕。同时为老兄者，看见弟弟的憔悴劳顿的样子，更宜如何温恤，如何痛心，如何使他去好好的休养，所以此次在西北的行政上，首宜输入大批物资，抚恤流亡，广事赈济，以苏民困，使他感觉到兄弟终究是兄弟，骨肉终究是骨肉。

二 消除畛域，精诚团结

闲尝考满清时代对蒙族措施之失计，然后知前车已覆，后辙宜防。满清时代对蒙族是这样：一〈是〉利用喇嘛教：蒙族原信佛教，信喇嘛始自明季，清代特加奖励，雍正五年发国帑十万金，建大刹于库伦，以居活佛，因而积习日深，沉溺难返。这种愚民手段，实太毒辣而深刻：（一）是丁口日减，人才不出；（二）是习梵咒，戒杀生，使乃祖成吉斯汗之英风，销磨日尽；（三）喇嘛经胥系藏经，使弃其固有蒙文而不顾。这种诱其堕落，毁其文化，灭其丁口的毒计，竟忍心施之于自己兄弟的身上，残忍孰甚？此种遗毒，至今不能消弭，可怜识见幼稚的小弟弟，堕其縠中而不悟，甚且感念他的德惠。彼方自庆得计，据魏源所著《圣武纪》中有云："蒙古敬信黄教，不独明塞息五十年之烽燧，且开本朝二百年之太平。"不知此种办法，小弟弟虽然一时上了你的大当，无有力量来争夺你的家产，可是一到外御其侮的时候，岂不是失去了手足的帮助吗？清廷对蒙古的施政，二是利用阶级制度的遗毒：蒙古人阶级制度，划分綦严，平民为奴才，世世服役于王公，桎梏最深，难堪其苦，故清廷对当时王公之怀柔，极尽能事，娶其妇女为清帝皇后者，先后凡三人，清公主下嫁蒙古各公主〔王公〕之子孙者，为数更不可胜计。三是隔绝汉蒙之接触：（一）禁止蒙汉通婚；（二）是禁止蒙人用汉字姓名，禁习汉文；（三）限制内地商人往蒙古经商；（四）禁汉民开辟蒙荒。可是〔见〕清廷之锢蔽蒙族，无所不尽其能事。直至国际多事，边陲日危，方悟前此之非，而有李鸿章、刘坤一、左绍桢、岑春暄等，请求改变对蒙政略之奏议，略谓："蒙古生计，以游牧为主，但最近数十年来，蒙古益行贫弱，对于强邻侵略，实无防御之力，不可不乘此时，讲求变通之策"云云。苟安一时，贻害后世，直至近〔今〕日，仍未能消弭此种遗毒。此种近视之眼光，欺人自欺，可怜可笑。暴日攘夺我蒙数年，所施之政策，当不无仍袭满清故智之处，使我蒙族同胞，稍具深谋远虑，必能觉悟孰为兄弟，孰为仇敌。故笔者以为此后对蒙族之施政，当首先打破蒙汉畛域之理念，开诚布公，推心置腹，使知两民族唇齿相助，辅车相依，奖励蒙汉结婚，沟通蒙汉文化，严禁汉民对蒙民有轻慢污蔑之行动或言语、文字等。其动机之在汉族者，可尽量提倡，其动机之在蒙族者，则不必强迫，务使其自动自发，使知国父之三民主义，在扶植世界上弱小民族，对共和民族，更愿助成其繁育强大。

三　普及教育，提高蒙民智识

西北之行政与建设，既以蒙汉两族殊多隔阂而生出种种之障碍与误会，原因实出于蒙族民众智识之低下。教育为启导民众之利器，而推行蒙民教育，实为当务之急。考满清时代，以愚民政策削弱蒙族，历有年所，已陷蒙民智识于不易恢复之地位。张之洞、刘坤一请开蒙禁后，内蒙始有教授汉文私塾。据云光绪末叶，有喀喇沁亲王贡桑诺尔布者，潜游内地各省及日本各处，颇以提倡蒙古文化为己任，当游历回旗时，即召集附近各旗札萨克等，告以兴学之益，并于本旗设崇正学堂、守正武学堂、竞正女学堂等，复遴派本族优秀青年，留学天津、保定、北平、上海及日本等处，同时而外人传教入蒙，设立学校为数亦多。民初北京政府改理藩院为蒙藏院，以贡桑诺尔布任总裁，始于北平设蒙藏学校。国民政府成立后，教育部在中央大学附设蒙藏班，中央政治学校亦设蒙藏班，公布《蒙藏学生待遇条例》、《蒙藏学生就学北平、中央两大学办法》，自是蒙藏学生就学内地者日多，是事变前之中央政府，对蒙民教育之提倡，已相当竭力。不过教育之道，注重基础，推进普及教育，尤为要图，盖教育不普及，民众即不易领导，虽少数之优秀人才就学内地，返后亦不易为力，故小学、中学之教育，尤应竭力推行，先由蒙古儿童着手，彻底澄清，庶蒙民之智识，日渐提高，悟及自己现有之制度及生活，已不适合于现代，则以后一切改革蒙族〔旗〕之行政，较易推行矣。

四　改善蒙民生活，促其进化

任何一种民族，要常感到自己生活之不满足，对较高尚之生活，有一种迫切之需要，才能力思向上，日有进化。蒙民因受清政之锢蔽，及其种族观念之深，"勿使他族，实逼处此"之成见，牢不可破，拘守故辙，不能进化，一种简陋之生活，亦竟习焉不察，不知世界是竞争的，人类是进化的，否则必被世界潮流，抛弃于千里之外，而堕入天演淘汰之例。李陵《报苏武书》中有云："韦韝毳幕，以蔽风雨，膻肉酪浆，以充饥渴"，是在描写着该地人民的生活，直至今日，何常不仍是这种样子，有何丝毫之进化可言？生活上如此落伍，更有何科学文化之可言？刘文海在所著的《西行见闻记》一书中曾说："但就所见论起，'蒙古包'，系普通蒙古住宅；牧放牛、羊、骆驼，系普通蒙古人职业，换而言之，蒙古人居无定所，逐水草为生，所有文化，皆可容纳于蒙古包内，故直可称曰'蒙古包文化'。惟其容纳于'蒙古包'内，故其文化之性质，非附体佩带，即便于移动，读者试扪心一思，除锅、炉、火架、碗、盆、烟管之属，此外能有几何？"是不特蒙族为然，即汉族之处此者，甚至如绥远、大同各地之汉族平民，亦皆懒于治生产，生活简陋，十之八九，鸦片嗜好甚深，不重卫生，精神萎靡不振。宜如何一并倡导辅助，使其生活渐趋合理化，举止交际，处世对人等私德，爱护公物，注重公共卫生等公德，均讲求而提高之，如事变前，蒋委员长所倡导之新生活运动，不妨重推行于该地，同时使之感觉自己现在及以往衣食住行各方，亟待改善之处甚多，使知人生是要生活的，而生活务求美化，人与人是爱交际的，而交际是要周旋中矩的。此种办法，笔者以为要从教育入手，用小学教育，以改变其童年，用平民教育，以唤醒其民众，辅之以新生活运动，以限制其衣着、饮食、出入、交际之各方面，由内地大批输运精美之家庭什物及衣料食品等，使之引起美感，争相购用或摹造。

五　严禁种植鸦片，以丰粮产

鸦片害人之深，无待言述，而西北之种植之产量，甲于内地各省，沉溺烟毒之流，争以口货为上选，不独贻害西北之民众，抑且流毒于全国，于食粮之产量上，当更大受影响。过去中央政权不统一，北方当局，或赖此税收，挹注于行政经费，清廷官斯土者，以其地荒凉无可恋，竟存五日京兆之心，借此为大饱宦囊之收入，名为禁种，实反提倡，种种原因，贻害直至今日。国家已列强国之林，绝不能再留此污点，一切已步入新建设阶级，更绝不能以此戕害民族之毒品为经国之税收。故此后西北之禁种鸦片，消极办法，当以递减三年或五年禁尽，积极办法，当即马上施行，不使全国各地尤其是西北，再见一棵罂花，所谓"如知其非益，斯速已矣，何待来年"。盖清毒办法，如禁运、禁售、禁吸等，终不如禁种之较从根本入手也。

六　打破沉闷空气，提高民权

关于此层，施于蒙族者，因限于其种种成见，积习难拔，似宜因势利导，不可操之过急，引起种种之反感。同时蒙民智识欠充分，尚不能用民权。此不独蒙民为然，即内地汉民，此等处亦尚不少。此于教育上，亦有联带关系，一俟教育普及后，民众对此，自有所要求，同时而贵族子弟之优秀分子，来内地求学者，或能觉悟原有制度，不合世界情势，对此间接有帮助，则瓜熟蒂落，自可追随汉族，共趋一致。施之于汉民者，勿妨积极，如我国父三民主义、建国大纲、五权宪法等主张，务宜随时随地，召集民众，讲释而灌输之，或利用平民课本、小学课本，使知吾国已入新的阶段，中央已还政于民，人人为国家一分子，勿自暴弃，务使一换沉闷空气，而发动一种活泼泼的生机。

以上种种，为笔者对西北上当前行政之刍议，管窥蠡测，谫陋不文，如得高明之见教，借助他山，则幸甚。至关于建设方面，当另为文发起讨论之。

《塞光》（半月刊）

北平塞光杂志社

1945 年 1 卷 2 期

（李红权　整理）

喇嘛教与蒙古

孔宪珂　撰

一　喇嘛教传入蒙古及其发展

每个人都知道蒙古是崇信喇嘛教，考喇嘛教之传入蒙古，是在元世祖忽必烈时，初时喇嘛教仅是宫廷宗教，信仰者仅限于宫廷的官吏及一般贵族，一般蒙古老百姓依然信奉成吉斯汗时代的拜火教。

西历一五六六年，鄂尔多斯部的彻辰鸿台吉不辞万里跋涉去西藏皈依喇嘛教，归来时便将喇嘛教的经典带回，所以喇嘛首先便在鄂尔多斯部被人信奉。至一五七三年阿尔坦汗也皈依了喇嘛教，于是在西土默特部也出现了喇嘛教的信奉者。一五七五年察哈部的扎萨克图们由于噶尔喇嘛的劝化也入了喇嘛教，于是察哈尔地方也出现了喇嘛教徒的踪影。外蒙古喀尔喀部土谢图汉〔汗〕的始祖阿巴岱汉〔汗〕是蒙古拜火教的破坏者，同时也是蒙古喇嘛教最初的弘布者。一五七七年他亲到青海唐古特谒见达赖喇嘛，传授教戒。

由此可知喇嘛教的传入内蒙古是由鄂尔多斯部的彻辰鸿台吉及阿尔坦始，外蒙则是由阿巴岱汉〔汗〕开始的，以后随着年代的进展，喇嘛教便进入了蒙古各地，成为一般蒙人的信仰。满清征服了蒙古以后，对蒙古一味施用羁縻、削弱政策，表面上极力尊崇蒙古王公，骨子里限制蒙古人的活动，分散蒙古人的团结，利用蒙古人深信喇嘛教的习惯，便大倡喇嘛教，优待喇嘛，奖励老百姓去作喇嘛，以实行其宗教麻醉政策。于是喇嘛教便在蒙古各地盛行起来了。清廷遏止蒙古人口的繁衍，怠于武事的目的也达到了。于是蒙古人的生殖率日渐退减，昔日慓悍英武的精神也就一蹶不振了。

二　蒙古人信仰喇嘛教的程度

蒙古人对喇嘛教的信仰，真诚热烈，决不仅是形式。因为这种关系，所以在日常生活之一事一物、一举一动先全受喇嘛的支配。患病时不请医生诊疗，而请喇嘛念经祈祷，就是间或请医生治疗时也必须先得到喇嘛的允可。掘地恐怕惊动蛰虫，沐浴恐怕污了水。这些行为都充分表现出蒙古人对喇嘛教信仰的程度。

从前坐镇于库伦的哲布尊丹巴呼图克图，是蒙民信仰的中心。相传一个内蒙人为了要去库伦朝拜，一生省吃俭用积蓄了很多的金钱，他便全部携带着去库伦进香，在长途的旅程中，忽遇一劫〈路〉强盗。这位修士蓦然由梦中惊醒，便跪地求饶："请你留着我的生命罢，等我由库伦回来罢偿还了我的宿愿以后，必到你这里来，那时我欢欢喜喜的请你把我杀了。现在请你饶我一条命罢。"那强盗听了这话，便把刀放下说："原来如此，我还不知道呢！给佛爷磕头的人谁敢打劫？打劫的人就该万死，我在三年前就靠劫路为生，已经有九十九劫的罪恶，现在又打劫你，便是百劫满盈，我还不该死吗？"随后又继续的说："是啊！是啊！"突然把手中的钢刀刺入自己的腹中，往库伦进香的人大惊，慌忙的说："这是怎样的好！这是怎样的好！"那强盗说："请你饶恕我吧！你是去给佛爷磕头的人，我不该打劫你，我再打劫你便是罪孽滔天，永不能踏出地狱之门，我现在自愿早点死去。"不久便倒地死去。由于这个传说可见蒙人信仰的真诚了！

三 喇嘛教与蒙古人口

《蒙古律》卷二："凡彼□壮丁不得私为乌巴什，凡内外妇女不得为齐巴罕察。"反之□得剃发为僧。因蒙古人对喇嘛教之信仰笃诚，及过去满清政府优待喇嘛之原因，可〔所〕以一般老百姓均以出家为喇嘛为光荣，一家若有男子三人，必定送两个去当喇嘛。当喇嘛者不准结婚，因此蒙古人口逐渐减少。现拿绥远省各蒙旗的人口作例：据《绥远志略》估计，清初绥远境内的各旗的人口依额定佐领丁数计算为三〇〇，五〇〇人。据绥远省政府最近调查结果，约为一九七，三一九人，如此推算人口已减少三分之一，其中伊克昭盟清初为二〇六，五〇〇人，现为九三，二三三人。吾人每入蒙境，则见喇嘛成群，昭庙林立。兹将绥境乌、伊两盟之召庙及喇嘛，及绥远境内之喇嘛与蒙古人之比较统计如下表：

	召庙数	喇嘛数	蒙古人民
1. 乌盟	一一八	九，〇五〇人	一九七，三一九人
2. 伊盟	二七四	一八，〈一〉五三人	二七，二〇三人

由上表看来可知蒙古召庙之多，喇嘛之众，若以每五口有壮丁一人，即以五除一九七，三一九，则可得壮丁三九，八六三人，再以此数目与二七，二〇三之喇嘛数相比较，喇嘛占壮丁数的三分之一分多，换句话说，即十个蒙古壮丁有四人为喇嘛。其他各省之蒙旗，亦与〈此〉相差无几。此种喇嘛不准结婚，自不能负繁殖人口之责任，若再听其自然，将来蒙古人民将益减少。

四　喇嘛与性病之流传

喇嘛是特殊阶级，他们不参加劳动生产，他们的生活是享福的，他们除了穿着油光集垢的红紫法衣，除了作着照例的义务的佛事以外，都是过着优裕的生活。但是很少数破戒的堕落的喇嘛，他们虽然口中不断的念着佛经，但亦不遵照戒条，作一些不清洁的事情，虽然是喇嘛不准娶妻。并且在民间流传着迷信的传说"被喇嘛恋爱上的女人是幸福的，说是菩萨入怀，能生贵子。"这传说的荒唐，不问可知，然而就由这里发生性病传染的源泉，喇嘛的破戒与女人恋爱，促使性病传染的范围扩大，患性病人数增加，是蒙古各地一个可怕的疫病，这种恶果是不仅由于少数破戒的喇嘛，但是他们也不能不负相当责任。

五　喇嘛教与蒙古人的经济

蒙古是荒塞地带，农作物是极少的，所以大部分的蒙古同胞仍然过着游牧生活，他们的经济收入，当然有限，但是他们却负着供奉喇嘛衣食的重大责任。锡林果勒六万蒙古同胞背着二万食客，伊克昭盟九三，二三三俗人供奉一八，一五三喇嘛的衣食。蒙古人虽少利欲之念，但总要积蓄一些金钱以备朝□磕头之用——外蒙的朝山地是库伦，内蒙为多伦。在朝山献金愈多愈荣，并且民间还流传着多奉纳金钱可以去罪获福之说，所以蒙古的同胞，一生忙碌所得的血汗尽倾囊捐于喇嘛，所以说喇嘛是蒙古牧民血脂榨取者。

六 尾语

喇嘛教虽在蒙古已有数百年的历史，现因时代不停的前进着，已渐被时代所冲击，能否再在社会上维持着其尊严与经济特权，已成疑问。现在已有人喊出排斥宗教之声。这可以使盲目信仰喇嘛的牧民渐渐的觉悟，即让此后无人来打倒他，自己也要毁灭，喇嘛的堕落便是自己毁灭的象征。"倒罗马者不是外人，是罗马市民自己……"这是一句极有意义的徼语。

《边疆通讯》（月刊）

重庆蒙藏委员会边疆政教制度研究会

1945 年 3 卷 10 期

（李红权 整理）

独立声中话外蒙

华太清　撰

　　假使绝世英雄成吉思汗能从坟墓里走出来，回到老家库伦，听到年青的伙伴们口中嚷着种种政治术语，看到学校里挂着马克斯和苏海巴特鲁的照相，一切的一切，都〈会〉使他惊骇不已。你如果明白的告诉他，这里是新兴的外蒙古人民共和国，已经在本年十月，由于公民投票的结果，决定脱离母国而独立了，这一位横行欧亚的大汗，一定会向你呆视半天，不懂得你的意思。

　　外蒙古虽然在今年十月方始投票决定独立，事实上已有廿余年和我国不发生从属的关系，廿余年来，这悬案始终未曾解决。这次，我国民政府以极大的决心，毅然允诺外蒙古自行决定其国运，这种壮士断腕、尊重边疆民族自主的精神，可说是史无前例，外蒙投票的结果，据说是一致赞成独立，国民政府，也准备加以承认，今后中蒙之间，将确立敦善友睦的外交关系，国人之对于外蒙，实在有进一步认识的必要。

崎岖的建国过程

　　一九二一年七月六日，一队苏联和外蒙的联军经过激战后，攻占库伦。总司令苏海巴特鲁从马上跳下来，宣布外蒙古已经从白俄手里解放出来，从此，这一个拥有百万人口的荒漠，便展开了新的局面。溯本求源，蒙族的所以谋自治和独立，还是由于清廷对边疆各民族采取的高压政策使然，同时，沙皇受挫于日本以后，也就看中了这一地广土，暗中煽动，当辛亥革命爆发后不久，外蒙古便连忙宣布独立，拥哲布尊丹巴踏上龙庭，将全境置于俄国的保护之下。屡经交涉，我国才在民国二年，取得了一纸宗主权的空名。欧战将终，俄国革命，外蒙又自动内附，安福政府委任少壮派徐树铮率领西北军入驻库伦。但曾几时，安福失败，小徐走死，我国与外蒙间的关系，又似续而实离了。

以后，便是白俄谢米诺夫和巴伦琴的天下。

这时，许多外蒙古的青年，不甘奴役，开始组织了人民党，在苏联的援助下，成立革命军，经过了多次血战，才会同苏联军队，将全境的白俄，完全肃清。

人民党首先所建立的国家，是仿效欧洲的君主立宪政体的，哲布尊丹巴呼图克图依然是全国的元首，但绝无实权，连印玺都有人代为掌管。呼图克图死后，外蒙便更改为人民共和国，以迄于今。

人民党执政不久，内部便发生分裂。激烈派主张绝对效法苏联，国粹派则以为外蒙有外蒙的情形，应该另辟蹊径。于是，赞助前者的青年同盟，应运而兴，竭力打击国粹派。国粹派处于内外的压力之下，终告失败。其代表如建国元勋博特及邓强等，都在"主张神政"及"阴谋叛国"的罪名之下，被左派所枪决。

人民党经过这次内争，倾向就有了显著的转变，配合了青年同盟，循共产主义的途径而加速前进，正像有一个政论家所指出的：由于外蒙经济的落后，他的发展，将不经过资本主义的革命而直接趋向于马列主义了。

人民和风俗

有人说过这样的一个笑话："一个蒙古人绝对不能成为一个良好的厨司——除非你给他一匹马在厨房中驰骋。"马和蒙古人，的确是不可分的伴侣，外蒙的健儿，骑了骏马，绝尘而驰，一天可以走上三四百里路。这在我们文弱的江南人看来，岂非又是一桩奇迹。

关于外蒙古的人口，言人人殊，多者相差百万。由于人口繁殖率的低落（约 0.6%），外蒙人烟，真稀少得可怜，据最近的统计，全人口约在百万左右，就是说，每一方里的土地上，只住了百分之八十六个人。他们虽然都属蒙古种，却并不出源于同一个祖先，有成吉斯汗的后裔喀尔喀人，有西部的额鲁特人、和硕特人，有在政治上颇占优势的布里亚特蒙古人，此外还有廿余万华夏衣冠的汉人，和黄发碧眼的苏联人。

外蒙古风俗方面最显著的特点，便是"淫风"之盛，花柳病也因此大为盛行，据外蒙政府的统计：一千人之中，不患这病的仅有二三人，外蒙人口的增殖率，因此便大受影响。现在把外蒙风俗的略情具体的介绍如次。

衣饰　因为气候酷寒，蒙人皆着皮袍和皮大氅，冠皮帽，履毡鞋。奢华之风很盛，女子戴着高高的头饰，打扮成孔雀尾巴，竞以为美，男子则以戒指、烟管一类的零件为饰品。西部蒙人的头上，还插上羽毛，眩〔炫〕耀人前。

食物　李陵所说的"膻肉酪浆，以充饥渴"，便是蒙人食的写照。蒙人都畜羊，沙漠中还有黄羊、大头羊和野马等，畜牛的也不少。蒙人把羊畜在幕帐里，食息与俱，吃起羊来，更是精明异常，先将羊皮剥下，次食肉，最后连骨髓也都咕唉一空，真是"寝其皮而食其肉"了。

居室　外蒙黄沙连天，复无人烟。旅人们走了半天，才听得驼铃声响，渐近人烟，一只只蒙古包便在沙原上显露出来。"蒙古包"代表了外蒙的特色，决不会在世界的另一部发现。包的大小高低，依情形而互异，而且能随意迁移，只要圈地作圆，先竖起一根一根木桩，外面围上毛毡，顶上架上半圆形的盖子，正中嵌上天窗，就可以居息了。在包里，各人的座位，都一律固定，如果远客到来，便与主人和主妇同卧同起，亲若一家。

交通　蒙人善骑射，马是他们离不了的工具。至于运输重物，却非骆驼不可。另外还有一种叫做"布里雅"的车子，用马拖曳，但乘坐者并无舒适之感。外蒙的驿站，快马可以四日奔驰二千里，恐怕是世界上顶上的记录了。

社交和婚姻　蒙人社交，非常公开，十四五岁的男女，就都备有情侣。而且随地吐痰，任意小便，毫无顾忌。女子在十五六岁以后，更可以引男友回家共宿，并不为怪。未婚女子，生下的私生子，还有继承外祖父家产之权。萍水相逢，即赋同居之好的，也是件太普通的事。双方情尽，更可以随便分离，绝无责任和法律问题之可言。因此结婚的人，仅占了绝少的数目。

外蒙的娼妓，却是各大市集的特色，其中且包括足迹遍世界的日本卖淫妇，由于这一种淫风的炽盛和喇嘛的众多，种下了外蒙古不易富强的根因。

但是，在唐努乌梁海地方，对于贞操的重视，却应居世界首席，男女自幼订婚，十四五岁迎娶，事前，家长都须先检视儿女，有无不贞的行为，如果婚后发觉，不但退婚是必然的后果，而且，群议鼎沸，更将为社会所不齿了。

语言与文字　中国的文字是单缀音，外蒙的文字，却是多缀音，"阿尔泰乌拉尔语系"中的一支，通常把名词放在最前面，动词放在最后面，中间杂以其他各种词类，和日本语的结构法，倒有些类同。

　　蒙文中还分有许多方言，就是标准的蒙语，也有类似我国文言和白话的分化情形。

政制、外交和军事

　　外蒙全境分为四部，计罕肯特乌拉部（即车臣汗部）、博克达汗乌拉部（土谢图汗部）、基克尔赫格慢达拉部（三音诺颜汗部）及罕台西里乌拉部（扎萨克图汗部）。每部如我国之一省。部下设旗，每部辖十九至廿四旗不等。旗之下为百五十户，更下为五十户。各级行政长官，都从直接或间接的选举产生。除了上述四部之外，还有属地科布多十九旗及唐努乌梁海五旗。

　　外蒙自宣布为共和国后，就积极依照《苏联宪章》，制成《外蒙古人民共和国宪法》，取消私有财产制，确立劳动阶级优越的地位，改库伦的名字为乌兰巴图尔和特，意思是"红色英雄的城"。其政制如左：

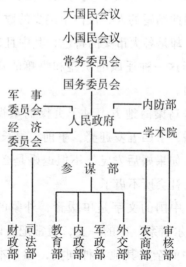

论外交，在外蒙根本便形同虚设，因为一者世界各国，多未承认其独立，二来则惟老大哥苏联的马首是瞻，但笼统地说，外交是以亲苏、和华、反日为宗旨的。

苏海巴特鲁建立了一支革命的军队，其后，外蒙政府，便在外援下积极整军，至今已颇有成绩，配备也达上现代化的途径。诺蒙亨一役中，蒙军曾有过辉煌的战绩。蒙军总额，据说有十万人。

日蹙千里的喇嘛教

喇嘛教始祖宗喀巴死时，遗言托生为班禅和达赖。其后喇嘛教盛行于外蒙，便决定在库伦迎立第三位活佛，作为外蒙的教主，尊号哲布尊丹巴，有法力预知来世的转生何处。教〔数〕百年来，不知有多少阴谋多少血泪，在王公大臣的篡夺中产生。那时的喇嘛，掌有政、教两方面的权力。为了信仰和企羡，蒙人十之八九都希望做喇嘛，喇嘛，是不能娶妻的，这也是外蒙的人口发展最大的打击。

人民党执政以后，对于阻碍国家发展的喇嘛教，亟思取缔，但宗教的势力，已在人民心的深处立了坚固的根基，轻举妄动，适足以肇祸。于是才采取了一个很聪明的政策，先拥活佛呼图克图为君主，但实际上剥夺一切政权，使他成为名义上的领袖。呼图克图一死，人民党政府便立刻下令，不准再有活佛后身的拥立，改体共和，完全脱离了喇嘛教的束缚。嗣后，政府对于老年的喇嘛，劝他们脱离尘世去修道养性，又规定未受小学教育的人，不准做喇嘛，小学教科书中，却竭力形容喇嘛的黑暗罪恶，这样，喇嘛的人数，便一年少如一年，喇嘛教在外蒙的势力，可以说是日蹙千里了。

但是，你别以为喇嘛教已不能在外蒙立足了，这却大大的不然，因为在信仰上，外蒙依然被喇嘛教所控制着，甚至大多数的人民党员及青年同盟会员仍然是它的虔诚信徒。

教育问题

外蒙的教育，最特殊的地方，就是不准设立私立学校。小学校和中学，均由国家设立，大学则颇不发达，因为中学毕业以后最简便的方法是向莫斯科一送，至今师资仍缺，人民的文化水准，更不易提高。

但人民党政府对民智的启迪，异常重视，尽量以画报册子和漫画等等，大批分发全国各地，学校内悬挂着马克斯及建国英雄苏海巴特鲁等的像片，印刷方面也不惜工本的讲求考究，触目和惊心。

学校授课，以蒙文为主，中文在满清时代是不准阅读的，其后开禁。不过近来外蒙研究中文的兴趣，已无形中减低了，俄文在课程中所占的地位，则蒸蒸日上着。

汉人在外蒙

汉人在外蒙古居住的，约十万人左右，祖裔相承，可以推溯到几代甚至十几代之久，大部分经营商业，由于勤劳和精明，颇占着经济上的优势。库伦到处有汉人开设的浴室和菜馆，由于汉人敦厚纯朴的特性，与蒙人颇能相安。

但外蒙古人民共和国成立以后，汉人的命运开始变更了，人民党政府，因为以前徐树铮及直系的陈毅，对他们压迫过甚，同时由于一种超度的宗族意识的煽动，就采取了歧视汉人的政策。关于汉人开设的商行的债务，下令不准归还，迫令有百余年历史的商店份份〔纷纷〕歇业，汉商贩卖牛羊牲畜者，处处留难，沿路纳税达五六次之多。假使有国人从内蒙进入外蒙的境内，内防部骑警的踪影，便一刻不停地在四周旋转，稍有不慎，至少，铁窗风味是免不了的。

外蒙政府这种措施，因为国际的暗潮，和自治独立的悬案，始终未能解决而继续维持着。中蒙的有识之士，能不为之扼腕太息？

现在，外蒙古的独立，只剩下国际承认的最后一步了，我国已准备加以承认，并即将派遣外交使节。中央政府这种光明宽厚的措施，固然不希望外蒙古有所感激，但至少外蒙亦能有以善遇我国在外蒙的侨胞。因为最近热、察二省的情形，免不了使我们抱有杞忧。国际的善意是相互的，外蒙如能认清这一点，恐怕不仅是中华民国及外蒙古人民共和国的福祉罢！

《青光》（半月刊）

上海青光半月刊社

1945 年复刊 1 卷 3 期

（李红权　整理）

承认外蒙独立的前因后果

余森 撰

一 外蒙独立不自今日始

在听到日本无条件投降的胜利呼声当中，又看到《中苏友好同盟条约》公布，从此远东和平格外获得保障，中苏亲善格外可以共同防止日本将来再起侵略的可能，我们不胜庆幸。可是还有少数人对于承认外蒙古独立一项有所怀疑，这是不明白历史的经过，不能不加以说明。

我国与外蒙发生关系，前后虽已有几个世纪，但从未显著地努力移民到这一块以游牧为生的蒙古草原。在一八七〇年及该年之后，腐败的满清曾经移殖过少数汉族人民到外蒙外部接近西伯利亚边境的地方，用以防止帝俄的东进，而仍无效果。再加之满汉〔清〕政府对于蒙古民族的歧视，实施毒辣的喇嘛政策，企图消灭蒙古民族的人口，不免引起有民族觉悟的少数蒙古人民的不满，于是渐渐种下了蒙古民族对中国的离心力的根源；而野心勃勃的日本与帝俄亦顿生其觊觎外蒙的决心，尤以日本为最积极。日本自一九一八年以后即已出兵西伯利亚，力助俄旧党谢米诺夫，煽惑外蒙独立。因为外蒙拒绝接受，致遭失败，谢米诺夫乃借口于中国已违犯《中俄蒙协约》进兵外蒙，于一九一九年九月杪扬言将由恰克图进攻库伦。其时我国在外蒙军队已有增加，俄国红军又复逼近恰克图境界，谢党无力抵抗，只好向东逃匿无踪。中国都护使充库伦办事大员陈毅见有机可乘，乃于一九一九年出兵逐渐收复乌梁海地方，科布多所属蒙旗亦于是年先后归顺。

当一九一九年六月十三日，我国的北京政府已特派徐树铮为西北筹边使兼西北边防总司令，以管理西北边防事宜。外蒙有自请撤销自治之议，乃于一九一九年十月杪驰赴库伦。可是自请撤销自治的，只是代表外蒙少数贵族与特殊阶级的王公与活佛，那时候大多数的蒙古人民还在被压制之下。另一方面，委遣徐树铮的北京政府是一个彻头彻尾的亲日政府，是一个无耻地出卖国家民族利益的政府；而徐树铮本人事实上也是日本政府的一个经纪人和清道夫。所以当时他们的行动，并不是代表中国人民的利益，而是代表日本帝国主义的利益；他们事实上也不会比帝俄对外蒙的行为更好。于是活佛亲信的王公、喇嘛等复倡议恢复自治，派人与谢米诺夫重新勾结，且一方派员至哈尔滨，向日本特务局借款购械，遂于一九二〇年八月进兵外蒙，十月攻袭库伦。于是在日本阴谋的挑拨离间之下，中国的内部的民族又发生了自相残杀的局面。不幸那时北京政府的军队既不敷应用，饷费又复支绌，库伦终于陷落，防守库伦的褚其祥旅也就退守恰克图了。

在一九二一年三月二十一日外蒙独立政府成立，以活佛为首领，谢米诺夫的部属恩格为最高军事顾问；旋派兵收复科布多、乌里雅苏台等地。并派代表入京，请求停战，但须以外蒙恢复自治为条件。〈糊涂的〉北京政府［的糊涂］，久无办法，反而想利用谢米诺夫与苏俄冲突以期苟安。

须知外蒙民族中的贵族与特殊阶级如活佛、喇嘛等，只占全人口的百分之二十，其余百分之八十则为平民及家奴。他们一向在满清政府的高利贷政策下翻不过身来，为自身的利益而奋斗计，既不满于徐树铮的统治，更不会投降日本仰其鼻息，像外蒙的王公、活佛一样。再则大家亲眼看见俄国人民已经起来反抗帝俄的残酷统治，建立独立自由的政府成功，所以也于一九一九年底组成了人民革命党，这是外蒙独立的原动力，是自动的，不是被动的。

为了腐败的北京政府的军队无力赶跑恩格，外蒙与苏俄的人民，终于联合起来打倒恩格，判处死刑，而日本在外蒙的侵略根基也就从此铲除。因为苏俄人民帮助外蒙人民，肃清反动势力，于是有些人便污蔑苏俄有侵占外蒙的用意。其实，苏俄的作风与帝俄迥然不同，其政策更与日本有别，他决不是当外蒙如伪满，只有外蒙人民自己认识很清楚，这是研究外蒙问题的人应该先要明白的前提。

外蒙共和国不是贸然而来的，经过了一九二一年人民革命党的三年间的奋斗，才于一九二四年改称蒙古人民共和国。有七十万的人口，四十八万方哩的面积，并且制定宪政，训练新军，改良产业，在政治上及社会改革上都有了很大的变动，具备了独立自治条件，一直到现在已经整整二十五年。他是民族自主的向上的自然要求，不是形式的傀儡的组织，水到渠成，极其合理，我国又怎能不加以承认呢？

二　承认外蒙独立是实行民族主义

蒋主席在八月二十四日出席国防中常联会的训辞中有一段说得很清楚：

外蒙自北京政府时代民国十一年起，事实上已完成其独立的体制，如今已届二十五年，当此世运一新之会，正重敦旧好之时，我们必须秉承国民革命的原则，和本党一贯的方针，用断然的决心，经和平的程序，承认外蒙之独立，建立友好的关系，使得这个问题能够完满的解决。否则将使中国与外蒙古之间，永无亲善之可言，其对国内安定与世界和平，更将因此而发生重大的影响。

因为国民革命的两大目标，既然对外在求国家的独立解放，对内在求国内各民族的平等自由，而民族主义的实行，更应充分地扶助弱小民族的自主向上，不容摧残，不容压迫。新兴的外蒙，尽管风俗习惯有些和中国相同，已经不是中国的藩属，有他的独立语言、独立生活和独立政治制度。以凭借苏俄协力而建立国家的外蒙，曾经有一个时期想附属于苏维埃政府的一部而不为苏俄所同意，以免世界上评议苏俄有并吞外蒙之嫌，何况于我国。凡是贤明的政治家，应该权衡利害，具有远大眼光，作毅然的决定，以保持较大的和平，维护国家永久的利益，这一次承认外蒙独立便是一个例。

观于双方照会中关于外蒙问题：中国声明日本战败后，依据外蒙人民投票证实其独立愿望，中国当承认外蒙之独立，即以其现在之边界为边界；苏联声明苏方尊重外蒙之政治独立与领土完整；那末，外蒙独立还要看外蒙人民的整个意志，投票多数的结果而定（按外蒙已于十月二十日开始公民投票，国府并派员监视），这是尊重国家民族自主的惯例；边界既无问题，则双方各得其利便，不致发生纠纷；尤其是苏联声明可以证明其毫无侵略外蒙的野心，而使外蒙得完成其独立自主的体制。

这一个缓冲地带，中立于中苏两大国之间，对于中苏未来亲善，一定互收其益；立法院孙院长谓为"远交近亲"的外交政策初步成功，我们极其相信，深佩外交当局的跋涉辛劳。

而尤感愉快，可以告慰的，是克践了国父的遗志，实行了民族主义，中国爱和平爱自由的博大精神，大白于天下。中国是讲道

义与亲爱的国家，不但对于外蒙的态度是如此，就是希望西藏的
将来进步也是如此。我们决不因丧失历史上徒具名义的外蒙宗主
权而有所扼腕。我们也不激励外蒙人民，蹈习他们的原始的民族
英雄像成吉司汗那样的霸道作风。我们只保持只互勉，中蒙民族
各安其所，各尽其能，使得蒙古真正做到我们陆上的万里长城，
以互助者自助，保障东亚永久的和平，建设国家于隆盛，那末，
我国承认外蒙独立才有很深的意义。我们想，新兴的外蒙，少壮
的外蒙，他们的革命同志，建国元勋，一定不会辜负我们的盛意。
我国同苏联，要好好地继续不断地培植他，辅助他，使得他在新
时代的国际间开出灿烂的鲜花，不要忘记掉脱离了我们所给予他
的恩惠。

《新时代》（半月刊）

上海新时代出版社

1945 年复刊 1 卷 3 期

（朱宪　整理）

蒙古内幕

[美] 史诺　著　　陈澄之　译

本文原题是《俄国在何处遭遇日本》（Where Russia Meets Japan）。

一　蒙古传来的新闻

我在莫斯科时，发现内阁总理周博山（Choy Bolson）率领着三十六位男女代表团，来自成吉思汗的家乡，古老的喀尔喀部落，现在已名之为"蒙古人民共和国"的外蒙古。自苏德战事发生以来，常有这样的代表团，携了慰劳红军的礼物，长川跋踄，往来不绝于库伦（Urga，今已改名为"乌兰巴图尔"，Ulan Bator Khot），其意义为"赤色英雄之市"——译注）与莫斯科之间。但无论何人都一概被拒绝在他们的境外，他们根本与外界隔绝着整整的一个世代了。其孤立的理由，乃是为了蒙古政治上独立的情势。

由于苏联波尔什维克党人的协助，"蒙古人民革命党"推翻了旧有的统制，跟有宗主权关系的中国北京政府"脱离依附"而宣布独立，而在一九二一年成立了"共和国"。一九二六年下令废止喇嘛寺院和蒙古王公的特殊权能。这才算摆脱了若干世纪以来腐败而愚昧的宗教阶级的统治权，即因此而使一度巍巍赫赫的中国的一个宗族沦于没落。

这"共和国"是在莫斯科的扶植与保护之下滋长起来，到了一九三六年，这两个国家曾签订了一个相互防守的协定。现在一般人都觉得蒙古是被俄国吞并了，但苏联不论在法律抑或事实上均未作如是观。俄国在库伦设有使馆，而"蒙古政府"也有使馆设在莫斯科。俄国在条约上依然承认中国对蒙古的宗主权，外蒙古他们自己却不作如是想。在战争发动之初，事实上唯一"正式"和苏联同盟的只有蒙古一个。当一九三九年〈日本〉侵犯他们的时候，红军确实准备好了来帮他们的忙，现在蒙古人之助苏联攻打德国乃是义不容辞的。

这是外面的一般看法。可是今日蒙古的内形如何？是不是人民喜欢这新的政府？内部的变化如何？蒙古人对中国和日本是如何想法？是不是他们仍旧希望由中国来统治或保护？我深知道直到现在，就没有一个人跟蒙古人谈到过这些问题。

当周博山将军慰劳前方将士回到莫斯科，由于苏联人民外交委员会的介绍，我曾去拜访过他。据他告诉我，蒙古是一个"独立的国家"，在他们的官厅里并没有俄国人，俄国人也决不过问他们的内政。

即蒙古公使馆里的人说起来，周将军到了莫斯科不是在国内，而是出了国。

当时在苏京的大都会饭店里挤满了蒙古的人，他们都穿着很华丽的黄色、橘色和金色的长袍子，有几位穿的是制服，戴着远东区红军的高顶帽子。他们在旅馆里住了好几个礼拜，等候着谒见史大林，而他们的一切在这当儿却占满了各大报纸的篇幅。我曾乘机拜访了他们当中的十几位。其中有几位是平生第一次跟美国人交往，他们知道我乃来自中国，倍感兴奋而喜悦。

从这几度的访谈中，我发现一两件目前尚未便宣布的奇异事实，但给予我印象最深的莫过于自"革命"以来，他们变迁得这样的迅速，这在远东还是少见的哩。决不能说他们这样的演变不会直接影响到内蒙和东北四省，我们要承认这在亚洲东北部算得是一件不可或忽的大事了。

我所接谈的那一群蒙古人，既不是军官也不是行政官员，只不过是从他们组织中挑选出来慰劳红军的一些工人和智识分子的代表。有一位是受过很健全教育的，他的中文造诣得和俄文一样的渊博，曾对我表示："蒙古现行的是一种新式的布尔乔亚的民主政体，既非社会主义，也不是资本主义，但采用各者之特长，而政治的组织则与苏联的相仿佛。例如全境里只有一个被认为合法的政党——蒙古人民党。这正如苏联仅有共产党是合法的一样。他们的政府也是由代表大会产生的，正如苏维埃。""这个'国家'在'革命'之后把全国分成十八个省份（Oblast），省下分县分区。过去他们有各个部落的政府，每一个王公和喇嘛寺院绝对有权管治牧畜和田地。那制度我们在一九二四年把它全部取消了，并贬废了王公和喇嘛，同时把他们过去所拥有的牲口全分配给了人民。"

今日土地完全归政府所有，那在从前乃是喇嘛和王公的私产，而他们过去是把土地和畜牧分佃给人民而他们坐收其成。我访晤的蒙古妇女代表中的一位，身上挂畜牧专家的奖牌，我就问她是不是她自己也拥有些牲口。

"我自己有三十八匹马，一百多只羊，四头母牛，还有三头小公牛，"她回答着。

"那你在俄国〔蒙古〕总算得是一位出色的阔人，是不是？"

"也许是这样，"她笑着，"可是我们不是一个社会主义的国家，而我们的生活是靠饲养牲口来维持的，我们得不到一个社会主义者工人所得到的利益。跟大多数的蒙古人比较起来，我拥有的牲口是稍微多一点儿，但这由于我早年勤恳所致。在'革命'前，我是一无所有。当牲口最初分配给人民时，我才得了两匹马、两头母牛和几只羊，可是到了最后一次重行分配的时候，我那么努力，结果也并未再多给一些什么。"

这"政府"的目的计划，把外蒙古从一个完全游牧的国家，变成一个实行农田匀分、畜牧经济的社会，以广阔蒙古人生活及文化之基础。很少的集体农场和政府办的农场已经建树了起来，而许多蒙古家庭现在都有他们自己的小型田园，蒙古人现在饮食上有一个新的改良，就是他们吃蔬菜和一切绿的植物了。每一个蒙古人都有权利耕用二英亩半（约合十五华亩上下）的土地。如果要领用超过二英亩半时，其超额面积的田地中所有收获的农产课以三分之一的税赋。牲口也有限定的自由私有权，超过限额也要课税，每年清查一次。

"你的牲口每年繁殖得多了起来，会不会发生什么意外？"我问那蒙古村姑道，"政府会不会把它们全当做课税收了去呢？畜牧税是怎么课的？"

"这种税额是不定的，他随每年全国畜牧的总数字变。今日我们拥有一千五百万头的牲畜，但在'共和国'成立之初，我们才有五百万头。所以如果每一类牲畜数字后来增加时，政府向每一个课纳的数字就逐渐减少，而人民慢慢地富有了起来了。"

这一些蒙古人从"革命"以来，对于他们"国家"文化教育的改进非常热心。在从前，任何学校的设立都是在喇嘛的统制之下，并且无论哪一个蒙古人离开了寺院便一无可读。他们自己表示，现在他们全体人民的五分之三都是受过教育的了。自从把蒙古文的字母简化过一次之后，教育的推进方便得多，最近他们更采用了俄文字母了！

单丁苏里，卅五岁，是一位外表很像样的蒙古人，他是库伦《真理报》（Unes）的编辑，据他对我表示，自从贬废了喇嘛之后，蒙古族不论在精神与物质上都获得了复生。在"革命"之前，蒙古人口每年激降得可怕，多半由于梅毒，致不孕和死亡日有增加，在全数人口中患梅毒的占百分之九十。最后一世大喇嘛布格图济善汉（The Bogdo Gegen-Khan），是当时蒙古人在神圣及实际上的唯一统治者即死于梅毒。"政府"第一件迅速有力的功绩，便是扑灭这一种殃患，如今已全部防止住了。

"喇嘛宗教主义乃是成吉思汗介绍给我们的。"单丁苏里说，"在几个世代里，它毁灭了我们。在以前，全人类都崇敬蒙古人；后来他们反而鄙弃我们了。喇嘛宗教主义教导我人怕死，我们的人民就都以为如果他们不信服喇嘛的话，他们来世便会投生为狗、猪、驴等。近来我在蒙古大学里，翻阅我们历史文学的残本，对我们祖先当年确信以为真实的一些纪载，不胜可笑之至。现在我终于明白了为什么我们近二百多年来毫无进步的缘故。在内蒙古，他们今日还在信奉着。在日本人的怂恿下，喇嘛们依旧不断对我们的人民施行这愚毒的政策。我真可怜他们。"

这倒是蛮有趣味的，蒙古居然能在一个世代的工夫里，把蒙古社会愚弄了好几个世纪的宗教废弃掉。"今日没有一个青年还觉得需要喇嘛宗教了，"单丁苏里说，"我们如今把它当做博物院里和部落时代的古弓箭一样的看法。"

我看出这些蒙古人确实深盼他们的族人重行团结起来。他们很希望跟老伙伴、老弟兄们再联合在一块儿，他们更惦念中国国民政府统一下的内蒙、察哈尔、热河和绥远的蒙古同胞。他们很希望中国政府恢复在满清时代对他们的统治，但中国政府能准许蒙古的这种要求么？

"我们很愿意跟中国，我们的老祖国重行言归于好。"他们代表之中的另一位说："我们的历史和文化都跟中国有密切的关系而不容分割的。我们所希望的是永远跟中苏站在一条阵线上，相互谅解，相互协助，共同努力——可是在目前，还是不可能办到的。"

中国政府的政策是国内各宗族一律平等，但目前重庆与库伦之间还没有找到相互接近、开诚相对的机会。长此以往，恐怕蒙古为了自己的安全，惟有联俄的一着可走了。

"我希望在这一次战争以后，我们能够获得自由相互访问的机会，"一个蒙古朋友喊着，"你到库伦去逛一趟，我能够到美国去观光！"

这差不多是每一个蒙古青年所渴望的：从他们那隐居的世界里跑出来看看。而我发现俄国人事实上很不愿意他们有这样的想法，亦不愿意他们宽阔了国际的关系，俄国人亦已看到远东的战争再延续下去，颇足以激起他们希望要返于旧日的团结，因为他们是中国的宗族之一，而况中国人今日良善的作风，他们也耳闻到了。

在这一群蒙古人当中，有一位曾遍游过内蒙和华北，最近他还由百灵庙到北平跟那里的蒙古人说过。他说他发现蒙古同胞当中没有一个人是跟日本人有好感的。他深悉内蒙古全体蒙胞正和东北四省的中国同胞一样，机会一来到，内外蒙古和东北同胞会协助中国政府一起痛击日本的。

二　蒙古与日本

在日苏发生了战争，这"新时代"的喀尔喀蒙古人所居的地位极其重要，不仅是为了他们是攻守同盟，而是为了外蒙古的地势关系战略至巨。蒙古的疆界和今日日本侵占下的东北四省和内蒙古接壤之长达二千五百哩，同时其北部紧连着中部西伯利亚的心腹长达二千哩。日本军阀老早就常常不断地著论说：由蒙古比较由东北四省的北部进攻西伯利亚要容易得多。

可是时代变迁了，日本是不是敢深入蒙古，在今日她已经没有轻易尝试的胆量了。蒙古军队早已时代化了起来，装备极其完善，据说有好几个坦克师团和机械化部队。大多由俄国训练成的蒙古工程师和技士在库伦建立了好多工厂，并有不少服务在部队里。蒙古没有独立编制的空军，但俄国为他们训练了很多的飞行人员。"被选派了入航空学校是我们蒙古青年〈当〉今最大的愿望，"他们当中的一位告诉我："我们可以被训练成很好的飞行人员，就是为我们是很好的骑士——因为我们有一对明灼的眼睛！"

他们实行着男女都要强服兵役的制度。他们告诉我常备的陆军约八万人，若以其人口只有九十万的情形来说，这军队的数目算得是很庞大的了。他们有好几个单位今日在欧洲战场上服务，因此而得到了运用现代化军器的良机。自一九三六年以来，蒙古人民军是由红军边防分遣队和红军的空军扶助着的。现代化的飞机场在蒙古各地遍建了起来，全境军用公路网早已铺成了，库伦跟库苏古（Kosso Gol）泊上的恰克图，以及红军贝加尔区总部所在的赤塔密切地联系了起来，且直达劲邻的坦那杜温（Tanna Tuvat）、布利亚蒙古两共和国。

蒙古朋友们告诉我，自从一九三九年他们在喀尔喀古（Khalkhyn Gol）泊上大败了日本之后，便再也没有把日本军队当做有勇气的敌手。这班朋友对我表示："日本人决不会忘记了这一场的教训。"这一场沿贝尔池（Buir Nor）以西喀尔喀河上，由五月到九月的恶战的意义极其深长，盖不久即示出德国侵占波兰的结果，同时那四个月的不宣而战，无疑地乃是日本试探苏联武力的锋钝，这使他们后来决定不作侵苏之想。我曾碰到好几位曾经参加喀尔喀河战役的俄国军官，他们的说法跟这几位蒙古人的观感完全相符。

指挥这场战役的便是后来晋升为史大林的参谋总长的朱可夫（Georgi Zhukov）将军，他亦复由此役而成名。在蒙古大草原上巧妙地运用喷火坦克，他包围了日"满"混合部队五万之众至于全军覆没。甚至于日本官方的公报上亦自认损失在一万八千人以上，这是日本人事前万所不料的惨败。在莫斯科，那后来是德国大使馆武官的卡塞林（Koestring）将军，也曾亲对美联社驻莫斯科记者萧必罗（Henry Shapiro）表示，经此一役，朱可夫将军被公认为"坦克的圣手"。当时将喀尔喀河战役实况报告柏林时，曾一再警惕地说明红军将领中人才济济，国内现代武备极其充实。

从此日本军人深惧红军，再也不敢莽撞。经此一场沉痛的教训，神异地便是边界上不时的蠢动顿时消弭，接着在一九四〇年，日本跟苏联订下了互不侵犯相互中立的协定，由此可见日本主要的是害怕苏联，竟致后来在希特勒没有攻打到乌克兰之前，日本不敢过分对英美挑战。

这至今很少数的人相信的，而事实上自一九四二年八月以来，西伯利亚与东北四省一线上红军的基本实力已充实健全，而日本自那时直到现在，并未能有同等军力的布署。西伯利亚和远东区自那时以来，已经能自给自足，可以单独动员大军，而不倚仗欧洲俄国一丝一毫了。

三　西伯利亚准备妥了么

欧美人士洞察战时西伯利亚内情的很少，且远不及那班曾亲身游历过蒙古的人知道得多。关于这〔这〕方面洞察得最透切的美国人，恐怕就要数到华德（Angus Ward）先生了，他是我们美国的俄国通，现任驻海参威〔崴〕的领事，在我们外交界里他是惟一能说能读蒙古语文的一个。他是一位长了满腮胡髭的五十岁的人，他爱好俄国的东方，据说他愿为国家效命，而老死在海参威〔崴〕。

在战争发动以后，我相信除了华德先生和很少几位海军人员外，差不多任何美国人都是不许旅行到赤塔以东的地区去的。我的要求旅行西伯利亚和别的人们一样遭受到严刻的拒绝。有时候美国全副武装的飞机横越西伯利亚，则必须在俄国指定的航线防范以内飞行。最初横越西伯利亚的是运载威尔基那一群的飞机。可是他们除了在雅库次克（Yakutsk）停留了一下，在那 B 二四型里惟有仰望晴空，俯视皓雪而已。

可是在俄国居留过六个月以上，虽未碰到过一个由西伯利亚来的人，但皆能得到一般俄国人对日本人的态度。我便没有遇到过一个俄国军官对日本表示有丝毫好感的。同时毫无例外可言，我曾请教过我所熟识的每一位俄国朋友，他们都坦白地对我说，希望日本垮台，并且他们大多数表示，关于击溃日寇，他们很乐意从旁协助。

四十年间度过了，并且换了一个政体，但每一个俄国人迄未丝毫忘怀了一九〇五年惨败于日本人手里的那件奇耻大辱，所有的布尔什维克党人永久记着日本侵略者的野蛮。一九三五年乘俄国在西伯利亚尚未准备就绪，俄国内部正在发生问题，力不暇给的当儿，她又赏了他们一个闷棍，逼住莫斯科以极低微的代价把中东铁路俄方的权益廉让，也可以说是白送给日本。当时我正在东北四省，曾对很多俄国人提到这件事，他们莫不咬牙切齿，痛心疾首地认为是无可容忍的耻辱。

从那时候起，红军在百忙中把他们在西伯〈利〉亚的防务赶建了起来。在中国东北沿着黑龙江，日本关东军中的少壮激烈分子时刻制造无由的寻衅，希望激起俄国人大规模的报复，然后他们便想借此唆使东京参谋本部来发动大战。其中有一件寻衅的事端就是发生在张鼓峰，曾轰动过一时；不料这一次下了决心抵抗的俄军给予东京的印象很深，这一群好战的日本年青军人终没有把过分小心的参谋本部激了起来。后来在一九三九年在外蒙古的喀尔喀古泊上大规模地挑战了一次，结果即使关东军也深深地体会到苟不以全力出动，万难侵略苏联的远东。

西伯利亚在战略的安全上大加改善，稳固了整个苏维埃统治的实力，有计划的工业机构建立了起来，交通改进了，人口增加了，同时苏维埃防御的力量在各方面都坚强了。这种发展，大部分完成于苏德战争发动以前，那时候，俄国是准备两线作战的——关于这一点，后来反共协定的分子们很喧嚷了一阵子。

这是一个惊人的组织。俄国的远东从欧洲的俄国去，相当于英国去美国路程的两倍，这也许就是一九〇五年俄国惨败的主因，那时候一切的一切都要由欧洲在单线的铁路上运送到六千哩外去作战。今日已经有一条新的铁路把海参威〔崴〕和北部的城市尼科拉夫斯克（Nikolaevsk——庙街——日本人名之曰尼港）和苏维埃港都贯连了起来。最近新铺的在一九四四年完成的另一条新的铁路线，起自苏维埃港，经古姆索莫尔斯克（Komsomolsk）城，西去贝加尔湖以北威提（Vitim）河畔的波德波（Bodaibo）城，完成了贯穿西伯利亚外围的铁路线，形成了接达欧洲的第二条主要供应线。

贝加尔湖以东的红军不再仰给于欧洲。在这后方有三大工业供应中心区，除了乌拉尔区和库斯尼次克（Kusnetsk）区的，还有在远东新兴成立的一个大工业区。在黑龙江流域与中国东北四省交界处的煤矿和铁矿都开采了，在赤塔和古姆索莫尔斯克附近成立了钢铁厂，而设立在喀布罗夫斯克（Kharbarovsk）（伯力）的重工业机构则制造坦克、飞机和一切机械，事实上一切精巧的器材也都在伯力区制造，这是远东最重要的工业中心。最近我看到一付俄国造最新式的莱康照像机，上面标明了是伯力工厂里制造的。

远东边防红军的干部，都是由俄国最好的师团独立运用的战区总部，有一个总部设在伯力，另一个在赤塔。外面的人士谁也不知道红军从欧洲抽调了多少部队驻防在这地方，除了正规军，红军边防队（这是受 N. K. V. D.——特务警备队——指挥的）的人数据一般人估计约二十万。许多新式机场和供应站都很健全，惟第一线空军咸〔威〕信还很小，此区内红色海军在一九四三年众猜包括六十艘潜水舰，在黑龙江和乌苏里两河内布满了鱼雷艇。

在军事基地的后面，西伯利亚的工厂里受过严格训练的技工有好几十万人，好几百万的农民全以军事方式组织起来的。后备尤为充实，妇女都曾受过训练，服务在各式军事机构里。西伯利亚的人口较过去二十年增加了三倍。今日在西伯利亚的大后方据说有一千七百万人。

尽管在各方面的准备都极其充实，而苏联政府对日本始终保持着严肃的中立，虽自一九四二年以后在情绪上时有动乱之势，远在莫斯科会议之前，苏方已经很正确地看到在今次的战争中，日本万无胜利的希望。在签订四强宣言时，中国乃签字国之一，苏联承认中国将为战胜国之一员，同时对中国，她将有若干的战后问题与之商洽。

在莫斯科，以及后来在德黑兰，联合国家的外交人员对苏联在太平洋战争中的态度似已了解。一般人尚未深悉，即使有人知道，也以为苏联今日下手乃是大好的良机，日本人当然害怕大家一致地攻击她。

可是有一点要明白，既非苏联政府，亦非苏联人民觉得为我们而帮助我们征服日本乃完全出于不得已。他们以为他们在攻打轴心这件工作上已经出了他们所应该出的力。在沦陷各地，他们单独抵挡了德军将近整整三年，故不论在攻击希特勒，抑进攻日本，他们给予了我们很多准备的时间。即以驻守西伯利亚的红军言，他们牵制住日本大军不敢抽调到别处去跟我们作战。

如果苏军对日作战的话，那便是为了他们自己的目的而作战。史大林本人曾亲口对一位盟国的外交官员说："日本和我们之间有着许多的问题，那些都是非要用战争来解决不可的。"

他的心里很明白，同时今日俄国已经把对日的武备准备妥当了。不必说过去的耻辱犹在心头，而且有许多事实令人不堪容忍。日本人仍强占着由海参威〔崴〕直达卜鲁巴甫罗斯克（Petropav-lask）的渔权，这令苏联难堪之至，库页岛的一半犹在日本人的手里，库页岛乃是波尼亚（Borneo）以北，东亚最大的产油区。更往东去便是千岛群岛，这把苏联封锁在鄂霍次克海里。苏联海军早就蓄意要把日本人从这些地带里赶跑。他们需要那么一次最后的战争，从这一次的战争里使任何外国海军得驶入他们的海港。

海参威〔崴〕港在冬天里是要结冰的，惟有大连和旅顺在冬日不冰。在半世纪以前，最初经营一〔这〕些港口的是俄国人，可是在一九〇五年他们把这些签让给了日本。为了经东三省而达这两个港口，较贯穿西伯利亚而抵海参威〔崴〕要节省二千多哩的行程，所以沙皇时代才筑的中东铁路。东三省具有的这一特点，今日的俄国人并不比当日的俄国人的兴趣稍逊。（中略两段）

由开罗会议的公报来看，苏联决不能坐视东方问题只由英美来解决，她是非要置身其间过问不可的。但苏联打算用什么态度来过问呢？显然地苏联在德国没有完全被打败之前，是决不会攻打日本的——或者让我"利用她的基地"，这曾有人建议，她可能不参加对日的战争而照办。将来怎么样呢？苏联和盟国如果日后对欧洲问题处置得顺当的话，东方的问题也就不成其为问题了。

在德国没有完全瓦解之前，苏联是绝对不会对日作战的，这并不是说西伯利亚的军力不够，而是为了红军真正的主力仍在欧洲，故苏联东方问题是非问不可的，但不愿自己是对日的一个交战国。

去年三月间，苏联表示得很明白，他们要用储备的雄力给日本人看着而交出他们过去被日本人抢夺去的许多权益和领土。日本人要是聪明的话，会得原物奉归的。同时苏联鉴于美国的强大，并不希望日本脆弱得不可收拾，倒是有心借用她来作为西太平洋上的义务前哨。有人以为盟国在波兰问题上对苏联让步，苏联便会参加太平洋的战争，问题决不如是简单。

苏联似乎决不至于直接参加东方上的战争，但可能支持日本人民起来革命，当然更希望日本共产党乘势掌握日本的大权。她还可能不跟伪满及日本短兵相见，而扩大中国的援助，也可能遣派红军义勇队经新疆和外蒙古到中国去助战，更可能多辟几条空运航线和陆上运输线让大批的飞机、军队和军火经西伯利亚而攻打华北的日军，或许以武器供给中国共产党的游击队，鼓励他们深入到敌后东北四省和朝鲜去。（本章最后一节为《苏联与中国》，暂时从略——译者注。）

《新中华》（半月刊）

上海新中华杂志社

1945 年复刊 3 卷 5 期

（李红权 整理）

由外蒙古独立说到五千里的国境

再励 撰

回忆民国十九年中央委员吴铁城先生代表中央到东北来的时候，曾经说过："不到东北不知东北之大，不到东北不知东北之危险。"这两句话发表之后，不仅使我们东北人知道中央的重视东北，同时东北处于赤白两帝国之间，益因其重要性，犹如爆药被导火线击引着一般，只要稍一燃触即有爆发之虞，果然民国二十年的九月十八日爆发了，可是这个爆发的危险终于被我们八年抗战的结晶，得到复归祖国的怀抱里。然而现在的东北是否仍存着危险，这只有我们知道。

回想过去的伪满当李顿调查团来东北实地调查的时候，所谓民族自决的人民意见书，有如雪片般的飞扬，我们不管他是被迫也罢，假的也罢，或由日本人捏名代写也罢，但是伪满的伪国是在三千万人民的总意与民族自决的名称下发布的宣言而诞生的，只要看当时的对外宣言即可知道。

现在外蒙古的独立已经由于中苏友好条约之缔结，并经我国政府派遣大员的监视之下，人民的投票而决定的，固然从一九二四年以后外蒙仅在版图上属于我国，实际已成独立国家，但在民国二十六年八月中苏签订互不侵犯协定时，苏联尚承认为我国之宗族〔主〕权，时仅数年，其已成为独立国家矣。如其说"民族主义的实现"，倒莫如说我们的国力达不到，因为我国自推倒满清创建民国以来，是在五族共和的前提下而产生，汉、满、蒙、回、藏五族，并无种族之分，畛域之见，而今外蒙既已独立，内蒙如果援例而起，其他如新疆的哈萨克人，云南的猫族、猺族，西藏的藏族，以及宁古塔的满族，相继独立，则我国之国族，仅有汉族而已，所以国父说，我国的"民族主义，即是国族主义"，根本没有种族之分，其理至明，其言至当。

我们在抗战期间为求加速日本溃败起见，所以与苏联订立友好条约，以外蒙独立及中长铁路共管与旅顺作为两国军港，大连辟为自由港为代价，而促使苏联履行联合国盟约，我们现在不管苏联在外蒙的势力是多大，也不管苏联与外蒙的密切合作、共同防御的程度是怎样，更不管距离统治外蒙尚有多远，我们也不必研讨中国承认外蒙古共和国是一件最大事件，也不必研讨由于雅尔达会议的影响，更不必研讨我们承认外蒙古的压力是否出自苏联，我们但看蒋主席在他发表的对外蒙新政策的声明中，不愿提及上述压力，而代之以中国对于外蒙政策的理论与实践的审慎声明，这声明中说道："中国由于他自身具有的'革命主义'，必须以勇敢的决定与合法的手续，承认外蒙的独立。"此实为环境所使，有不得已之衷理所在，亦为国人皆知之事实。然而反观日本投降后，苏军已完全占领东北全域，设或无中苏条约"为对日作战进入东三省之苏军，至迟在战争终了后三个月内撤尽"的规定，则东北苏军之撤退问题，恐怕外交上又多一波折，未必能有今日之情势亦未可知，所以中苏友好条约虽有不利于我国之处（苏联为恢复旧帝俄时代的野望），然亦有他的代价，不过回忆我们在幼年时，对于国境的印象，是"北有乌梁海，西有喜马拉亚山"，而今乌梁海哪里去了？喜马拉雅山虽尚在我们手中，然昔日兄弟，今成过继，展视版图，缅怀往事，不禁使我们有涕零双坠之感。

试观我国地图，由东北的吉林省珲春县与海参崴相对的张鼓峰起，经由绥芬河、乌苏里江、黑龙江流域，逆朔而上至黑河以迄满洲里（昔日之恰克图今成蒙古国矣），越过外蒙界，再由新疆之塔城以至帕米尔为止，约有五千余里之国境，在此广大遥长之国境上，值得我们重视的是由东北到西北的边疆如何维护，无论任何一点寸土都是值得宝贵，不能再使其稍有脱离祖国之怀抱，其方法只有端赖我政府以及地方上的诸大员，能否拿出良心、血性为国家为民族前途努力与否，以为基础。言念及此，不禁使我们想到此次清查团来东北清查的结果，最值得我们重视的，是中长铁路监视，高伦锦、裴维荣，私擅订立丧权辱国条约，以及中长路沈阳分局长纪若岚勾结奸商剥削旅客案件，我国抗战胜利，光荣、灿烂、辉煌的史实，正在羡映于我们眼帘上的今日，竟有此卖国发财之奸徒出现，这实在是我国民一种痛心的事，现在唯有希望贪污卖国之辈，悬崖勒马，拿出精忠之寸衷，与斯民相对于骨狱血渊之中，冀其塞绝横流之人欲，以挽回厌乱之天心，则国家前途，民族福利，胥赖于斯。

《凯旋》（月刊）

沈阳凯旋杂志社

1946 年 15 期

（李红权　整理）

内蒙建省议之回忆

含凉 撰

陈佩忍先生奔走革命，足迹半天下，曾出居庸关，即明妃青冢，见长城天险，沙漠广大，颇以闲置为可惜。且感于俄罗斯眈眈欲逐，为巩固边圉言，宣〔宜〕早推行地方政制，使渐与中土相化。乃于《国粹学报》著论，主张将内蒙改建行省。其文以历史地理为经纬，足与《天下郡国利病书》同为极有经济之作。观于今日之内蒙，若即若离，益成前辈先生之高瞻远瞩矣。民初民党曾有拓殖学校之创立，分蒙、藏两科，用意甚大，惜无人支援，成为昙花一现。当时在留园左侧盛氏宗祠招生，余往投试，可见少年意气甚豪，无如名落孙山，未偿所愿也。

《新上海》（周刊）
新上海周报社
1946 年 24 期
（丁冉 整理）

外蒙古归客谈

流客　撰

　　外蒙古已经是边疆，就是古书上所谓塞北。蒙古上再加外字，其远可知。昔为国人漠视，现在因苏俄的请求，中央已准许他自治，等于脱离中国，而投入苏俄的怀抱了。现在对于外蒙古的情形，知者更鲜，日前有客自外蒙古来，说及该地情形，殊多可记者，特志之如下。

　　从张家口到外蒙古首府库伦有四千多里，在二十五年前，外蒙古已成立蒙古人民共和国。他们从愚昧的宗教制度的枷锁下挣扎出来，现在已进步到文明而组织的社会了。

　　一九四二〔一九二四〕年春天，在外蒙古共产党人指挥之下，召开过人民代表大会，推翻了活佛制和元首，并且规定了一九一一年为蒙古共和国元年。他们从喇嘛和王公手内夺取了政权，并且设立了国家银行，废除了奴隶制度，并停宗教方面征税。又改定新的行政系统，废除了汉、旗盟的制度，改成了"爱马克、贺旬、司蒙、巴克、阿尔班"，等于国、省、县、区、乡的五级制度。

　　他们还施行了适合游牧社会□新经济政策，教育文化方面，也有新的发展。并且也改革文字，因为接近苏俄的关系，文字上也采取了俄文的拼音方法。

　　由于苏俄的控制，他们相当的机械化武器，在莽荡的草原和横梗中枢的大沙漠，他们以迅速的姿态参加了保卫祖国的战争。在"诺蒙罕"一役，日军伤亡五万人以上。一九三六年后，国院〔防〕更外〔形〕增强，并建立了若干飞机制造厂，在巴山元帅的领导下，他们的铁幕一直范〔笼〕罩到内蒙的草原。他们还计划把沙漠造成绿洲，其雄图大略，皆在其操纵指挥下扮演。

今天的蒙古共和国，在苏俄的支持操纵之下独立了自由了，对于祖国的依恋，是愈去愈远了。

言说之下，不胜慨叹，外蒙古，外蒙古，不知外到什么时候，才由外再变到内呢。

《大地》（周报）

南京大地周报社

1946 年 39 期

（朱宪　整理）

半节傀儡：德王自述

冉冉　撰

日寇发动侵略战争之后，为谋实现其分割步骤，完成整个之奴化政策，以南口之北，划为"蒙疆政府"，即以现成之"德王"为其傀儡。日寇屈膝之后，德王潜来故都，幽居于北平东四七条六号，虽目前以未暇整理蒙事，德王尚未为国人注意，然此暂告冷落之半节傀儡，他日必将亦为国人指唾之对象也。笔者在平时，为欲更明了此半节傀儡之被日人侮弄情形，作了一次访问。

东四七条六号，可以说是很有"王府"的气派，大门漆着，只是黯淡了，正象征这里面流寓的主人。一进门就令人感到奇怪的，那些侍卫，还是穿的日本式的军装。那德王穿着一件深蓝色的毛布大褂，看他留在上头短发的样子，可以知道他的辫子，不久才剪去的，面色是苍白而又笼着一层黑雾，精神也显着颓丧。他自述过去是为家族而奋斗，但在民国二十三年以后，日本即有觊觎之意，频施无法抗御的侵略手段。那时曾向中央请示办法，中央嘱咐随机应付。后来日本国军派人商洽"日蒙"亲善，经济合作，话是说得很动听，及至日军入了蒙疆，情形全变了。起初蒙疆政府只有日本顾问，到了后来，一处官厅的二百多个职员，日本人占了一百八十余个，那时我很想到重庆去，可是我的行动，都须经日本人的许可，甚么〈都〉不自由，也就只得忍辱负重下去了。我们听了德王的话，可是〔知〕他实在是溥仪第二，同时，也不能不令人感到感叹：中国的甘为傀儡的，实在太多了。

《新上海》（周刊）

新上海周报社

1946 年 39 期

（朱宪　整理）

德王变成孤家寡人

清风　撰

　　在日寇占领时期，内蒙方面的德王，也像王揖唐、汪精卫一般地甘心做日寇的傀儡，而担任着伪蒙疆政府主席，驻在张家口，也是一位名符其实的汉奸首领。可是在胜利以后，其他首脑汉奸，一个个皆被拘捕定罪，而德王则因为讨巧于民族问题方面，不但不曾被逮捕请〔问〕罪，而且还悠闲自在地、很自由的住在北平，过着相当舒服的生活。他的生活费用，完全由公家供给，以前是每月五十万元，后来改为一百万元，十一月份起又增为二百五十万元。这样多的费用给一个王府里开销自然是不够的，但现在的德王，已变成孤家寡人一个，他是孤零零一个人住在北平。原来在去年八月苏联出兵东北后，势如破竹，八月十二日苏联的军队就开到张家口，德王只逃出了一个人的性命，其余妻孥儿女，均被苏联军队俘虏了去，至于所有财产衣饰，也一切被苏联军队取去。他逃出以后，一溜烟到了北平，幸当局不曾把他当汉奸看待，仍以蒙古贵胄相待，在北平市东四七条胡同中，拨一巨大宅院，以供居住，并有巨额的生活津贴。生活是不愁了，不过妻孥子女，飘零苏联，过着俘虏生活。德王今日的境地，也正如李后主一样，日以眼泪洗面哩！

《新上海》（周刊）

新上海周报社

1946 年 47 期

（朱岩　整理）

外蒙独立与东北问题

编者　撰

张帆先生：

外蒙是一个少数民族，外蒙的独立是根据《国民党第一次代表大会宣言》和《大西洋宪章》民族自决的原则的。孙中山先生说："国民党敢郑重宣言，承认中国以内各民族之自决权。"蒋主席和一切民主党派、民主〈人〉士是赞成这种政策的，所以国民政府派遣代表赴外蒙，监督外蒙人民投票，结果才正式承认外蒙独立。对于其他边疆各民族的自治问题，也并不是什么人在煽动和什么"分离"运动的问题，如果抱着"大汉族主义"的法西斯思想，抹煞少数民族的存在和少数民族的自决权，显然是背叛孙中山先生的。政府当局，近年来这种正确的措施，就是本月一日蒋主席所说的"对于扶助边疆民族自治，以贯彻民族主义，亦根据总理遗教，而有具体决定"的成绩。

关于你引用某报的那段话，我们实在不敢苟同。孙院长过港时对此类反苏叫嚣，早已有所指斥。蒋主席最近看到重庆的反苏运动后，上月廿六日在纪念周上指出："中苏友谊必须保持，并且要继续增进。"蒋主席昭示我们"必须信任政府，对于东北问题，必能有合理解决，切不可轻听外间无根据之传闻"。

关于你说那团体黑暗重重，晶〔请〕你把事实写来，至感。

——编者

《正报》（周刊）

香港正报社

1946 年 48 期

（朱宪　整理）

外蒙的新宪法

译自《外交季刊》七月号

［美］拉铁摩尔（Owen Lattimore）　作

中国所承认的外蒙人民共和国的政府制度也和中国国民政府相像。两国的制度都在卅年代苏联的影响之下草拟。不过目前蒙古人民党所拟订的宪法已付诸实施，而国民党的宪法仍是草案，这一点并不相同。外蒙的新宪法系一九四〇年由第八届"大呼拉尔"（按蒙文"呼拉尔"（Hural）同俄文"苏维埃"，即会议之意）。一九四四年七月美国副总统华莱士访华，归途中经过库伦，笔者偕华氏同行，当时曾获赠外蒙《宪法》与外蒙《劳工法》一份，并据告其时《宪法》尚无任何其他文字的译文（连俄文也在其内）。外蒙《宪法》分十二章九十二条。其中较重要的几条经摘译如左：

第一章：（第五条）土地、自然资源、工厂、矿场、金属工业、交通、银行，以及为牧人国家现代化重要因素的机械化干草制造站均由国家经营。（第六条）保障牛、设备、工具、居住地点（营地）等私有权。

大小呼拉尔

第三章：（第十三条）最高执行机关为大呼拉尔。（第十四条）

出席大呼拉尔的会员由各阿曼克（省）的呼拉尔选出，首都所在地呼拉尔的会员按每人代表一千五百人之规定选出。（第十六条）大呼拉尔由小呼拉尔召开，每三年至少一次。大呼拉尔的特别会议可由小呼拉尔三分之一以上会员提议召开。（第十五条）大呼拉尔选出小呼拉尔之会员。（第十七条）大呼拉尔休会期间，小呼拉尔为政府最高机关。

第四章：（第十八条）小呼拉尔系由大呼拉尔按每一会员代表一万人口之规定选出（按外蒙人口约百万，因此小呼拉尔之会员约百名左右）。（第二十条）小呼拉尔的常务委员会每年必须开会一次。（第二十一条）小呼拉尔选七人任主席团。（第廿二条）小呼拉尔休会时，主席团为政府最高机关。

第五章：（第廿七条）政府之经常事务由部长会议处理之。（第廿八条）部长会议对小呼拉尔之主席团，或会议期间之小呼拉尔或大呼拉尔负责。（第卅三条）各部为陆军、外交、畜农、劳工、交通、商务、财政、内政、启蒙与司法等。

第六章：（第三十七条）地方政务由阿曼克、首都及更小地方单位的人民呼拉尔推行。（第卅八条）各级呼拉尔之会员由其所属下级呼拉尔之会员中选出。首都库伦呼拉尔每一会员代表二百人口。阿曼克呼拉尔每一会员代表四百人。索莫或阿里雅呼拉尔每一会员代表五十人。在最小地方单位培克与阿里中，全体选举人可举行会议推选。

人民权利

第九章：（第七十一条）男女人民年在十八年岁以上均有选举权，不分宗教、种族、个人能力、游牧或定居、贫富，仅神经衰弱例外，犯有罪案者损失其选举权。

以后几章各条款列举权利、自由与义务如休息权、社会安全、言论集会自由、宗教信仰自由以及军役之义务等。宪法第十二章为最后之一章，内容仅一条，第九十五条：宪法经大呼拉尔三分之二以上会员举手表决得修改之。

宪法通常是政府机构的计划，但目前它运用的大多数政治机构，并不与我们料想中外蒙这样的国家相合。不过外蒙究竟是怎样的一个国家这问题此刻还回答不出。

说到这一点我们必须承认自己见闻不够，见闻不足限制了我们合理的推论与猜测，因而只能采取保留态度。不过有一点可以毫无保留地指出，即所有外蒙发出的蒙文印刷品显示着马克斯思想的强烈色彩，不过同样很清楚的是这种渗透的马克斯主义的影响不容误会是对苏联人及其制度的奴隶性的模仿。外蒙宪法上每一页都显现着强烈的蒙古人特性与蒙古人的自尊心。

并非模仿苏联

也许更重要的一点是事实的承认，即新的一定是从旧的中间产生；蒙古人的作为系根据下列条件决定：他们从过去承继得来的不是"封建主义"、"落后"或"宗教迷信"，而是历史所形成的比众不同的社会，它特别的经济制度包含着土地族有与牲畜及可移动的住宅私有的特点。外蒙的马克斯主义者虽然揭橥反帝反封建，但也都相信实现与共产主义有辽远距离的社会主义也还有很长的路程。他们认为他们的问题与苏联的不同，苏联人业已生活在社会主义之中。

也许外蒙局势最主要的特色可以这样说：蒙人正迅速改变各种旧的方式，而其中有些改变较任何其他国家尤为迅速。其改变时，并不按诸东方或西方任何其他民主思想，而完全按诸马克斯主义各学说。不过对于问题还是按国情处理，并不一味模仿苏联。

《新闻资料》（周刊）

上海美国新闻处

1946 年 111 期

（丁冉　整理）

四个月的蒙联

巴图　撰

　　多难的内蒙古，从前，和其他沦陷区一样，在敌人铁蹄下呻吟了八年；今天，和其他解放区一样，浴着鲜艳的阳光，呼吸着民主自由的空气，张开觉醒的眼光，认清了自己应走的方向。

　　从西边的阿拉善、阿济纳旗直到东北的呼伦贝尔和布特哈部，广袤的地区，生活着二百万以上的人民，由于八路军以及苏蒙军队的帮助，使这些在泥坑里被蹂躏的人民翻过身来，获得他们久所渴望的解放。

　　长时期的熬煎，惨痛的斗争，有力的教育了内蒙人民，他们需要一个真正为内蒙民族谋利益的自己的组织，这个愿望实现了，解放后的各盟旗，基于大家的一致要求，以最民主的方式，立刻选出代表，齐集张垣；去年十一月，这为全内蒙群众服务的机关——内蒙古自治运动联合会，正式成立。

　　经过民主大会的热烈讨论，它首先确定了明白的纲领：它的路线不是蒙汉分裂，而是蒙汉团结；不是独立，而是和全国各民族完全一致的要求民族平等，实现和全国各地一样的地方自治，就现有条件下，推进内蒙古经济建设工作，繁荣与提高内蒙人民的经济生活，有利于内蒙人民大众的政治、经济、文化设施，达成全内蒙的地方性的自治政权。它所奉行的是孙中山先生在国民党第一次全国代表大会明白宣布的诺言；更没有任何地方超越了政治协商会议关于民族民主的决议。

就这样明白坚定地铺下了第一块内蒙民族光明的基石。

着手第一个工作，是给受敌伪与法西斯匪徒摧残剥削，饿着肚子的蒙古人找到了饭吃，广泛展开救济与就业的工作。以张垣一地蒙人为例，他们得到过两次救济粮，一次年关救济金，青年入了学，工人有了职业，妇女也组织起来，准备参加大生产运动。

紧跟着就着手加强政治教育工作，不放松地改造那些从敌人模子里翻版的政治机关和学校，普遍地发动各盟旗群众，清洗了残存的法西斯走狗与坏蛋，选出新的能为群众办事的负责人，在巴盟东四旗，乌盟四子王旗和察、锡两盟各旗出现了许多地方群众组织与新的学校。

其次是为了蒙古人的业安居乐，保卫自己的田园牧场与牲畜，渐渐把各盟旗旧有的保安队，组成人民自己的武装。他们人数很少，枪械也不全，但是为了保卫自己的生命财产，他们具有顽强的战斗力量。

由于环境和工作的需要，它举办了内蒙古学院，培养自己政治、文化干部，有了经常供给内蒙人民读物与教材的印刷机关——内蒙古报社，它的目的是为群众，为蒙古，管理它的是蒙人，自由处理他们的业务，这在内蒙历史上要算是创举了！

另外为发展内蒙古实业，帮助张市蒙汉人士组织了内蒙古实业公司，使内蒙各地区得到大批日用品的供给，并输出皮毛、牲畜、盐和食粮，解决了蒙汉之间物资滞涩的现象，对蒙汉地区都有很大益处，这在内蒙经济建设上起了良好的传导作用。

最近，将要分头派工作团到各盟旗去，更深入具体的布置各地大生产运动，重新建立蒙古人的家务，使他们有饭吃，有衣穿，有工作，受教育，有娱乐，一句话：尽力要使蒙古人的生活过的美满！

以上就是内蒙古自治运动联合会活动的全貌，它的全部工作是使内蒙人民从敌伪统治下觉醒翻身的复活工作；也是内蒙与国内各地，蒙族与国内各族，向民主政治携手并进的基础工作。

这里应该特别提出：中国共产党的少数民族政策，在事实上的具体化的执行，又得到它有力的明证，中共关怀了少数民族，帮助了他们的进步事业，诚心诚意地愿意内蒙古民族自己起来，担负他们在中国民族共同解放任务中的岗位。去年当蒙民的救济工作一开始，就由民主的察哈尔省政府拨给了大批粮食，还帮助解决了交通运输问题，这样使内蒙人民少受许多冻馁之苦，也更加强了蒙汉团结的力量。

再一个特点是：蒙古人民彻底认识了谁是帮助自己的，谁是摧残自己的，他们的眼睛亮起来，所有的工作，到处都得到地方上的热烈拥护与合作。内蒙古学院成立日子不多，已有二百多名学生，跑几百里，冒着风雪，来锻炼自己，准备为内蒙人民尽力。

内蒙是中国领土的一部分，蒙古民族是中华民族的一部分，今天，内蒙人民要和全国人民一样地自由安排自己的生活，难道这是不应该吗？

反动派的叫嚣，不但向内蒙人民挑战，也向全国要求民主的广大人民挑战，很清楚地表现了少数特权统治的垂死挣扎，内蒙自治运动的基本任务就是反对法西斯及其残余以及大汉族主义的特权统治来君临内蒙，使内蒙人永远过着黑暗而愚昧的生活！

自然这个伟大艰巨的工作，并不是没有遇到困难，如乌盟、巴盟、热北，还有一些"土匪"，以及暗藏的法西斯残余和德穆楚克、李守信等的奸细破坏活动，他们对蒙古人的烧杀之惨，无异日寇的三光政策，他们在乌盟四子王旗抢去老百姓一千多头牲口，他们自己说是抗日（？）有功，要那里的蒙古人来慰劳他们，其实他们给予内蒙的恢复工作只有麻烦，丝毫也没有好处的。

　　交通困难，干部缺乏，也限制了工作的进展。但是，依靠内蒙人民政治上的觉醒与云泽主席的正确领导，在放手发动群众的工作原则下，问题是不难迎刃而解的。

《内蒙古周报》

张家口内蒙古周报社

1946 年 1 卷 1 期

（李红权　整理）

蒙古人和八路军

奎璧　撰

……二十日由正黄旗送来五十只大绵羊，慰劳我八路的英勇战士，交办事处转给司令部，和姚司令玉铎同志商议的结果，因为顾念蒙人的困苦，只好仍退回去……蒙人送来羊是表现蒙人对八路军的爱护，送来又退回去，又表示了我们体念蒙人的困苦！……

编者按：这封信是奎璧部长从正黄旗寄来的，虽然是简短的几个字，但我们从这里可以看出蒙古人对八路军朋友的爱护，以及八路军对蒙古人民的如何体念了。

《内蒙古周报》

张家口内蒙古周报社

1946 年 1 卷 1 期

（丁冉　整理）

我的祝辞

——为《内蒙古周报》创刊志贺

萧军　撰

不久以前，我们兄弟民族外蒙古，在全民一致决定下，他们成立了自己的共和国。这不独是他们底光荣，也是我们底光荣！这不独是体现了他们新生的力量，也是标志着我们底进步。更扩大一点说，这应该是此次大战以后，继续波兰……又一朵标志着人类向上鲜美而可贵的花朵！虽然这花朵在今天能够这般自由地开放在这世界的花园里，并不是一件太容易的事情，但它终于是壮实而美丽地开放在我们底眼前了！这不独我们兄弟民族外蒙古自身要欢喜；就是作为这一英勇朴实的民族底真正朋友和弟兄的我们，不是也应该认真而欢喜的么？人类需要进步，民族需要自决……这在今天已是不能够怀疑，更不能够违背的真理了。谁要违背，谁就要在真理的轮子下面来灭亡！

如今我们又将要看到这另一枝自由的花朵在准备开放了。它也许开放得迟一些或艰难一些……但是不管艰难或容易，迟或早……它却是终之有开放的一天罢。

冬天已去，这已是春天的季节了。……

一九四六年二月十二日夜写于张家口

《内蒙古周报》
张家口内蒙古周报社
1946 年 1 卷 1 期
（李红权　整理）

赠内蒙古同胞

萧三　撰

蒙人，汉人——本是一家人。

中国各个民族都是兄弟。

现在我们打败了日本侵略者，

争取了国内和平，

民主建设还要大家努力。

要建设一个独立，自由，富强的新中国

就需要国内各民族互相信任，合作。

民族之间绝不能互相仇视，欺压

要过着友谊的，兄弟的，和偕的生活。

孙中山先生的遗训说得好：

各个民族都有自治的权利。

主张民族平等的有共产党，

有我们英明伟大的毛主席。

打倒压迫其他民族的大汉族主义！

高度发展蒙古民族的文化，经济！

蒙人，汉人……本是一家人。

全世界各民族都是兄弟。

《内蒙古周报》出版，谨书此数行志贺，并以赠内蒙同胞同志。

一九四六年二月二十日于张家口

《内蒙古周报》
张家口内蒙古周报社
1946 年 1 卷 1 期
（李红权　整理）

归来话张垣——蒙旗问题及其他

魏麦人　撰

笔者于十一月十四日曾参加平、张间试车典礼，在张盘桓，所见所闻，除写成《访问张家口》，发表于十一、十九两日《世界日报》外，再就张垣目下政治及经济上之问题，加综合检讨，草成此文，读者可与《访问张家口》一文参照阅读，对张垣当可有更深一层之了解。

一　蒙旗问题

察哈尔一省，据日人马场锹太郎所著《华北八省之资源》一书所载，共有人口一百九十九万九千，面积为九万九千九百二十八方里，在华北八省——河北、山东、河南、山西、陕西、甘肃、察哈尔、绥远——中，论面积仅次于甘肃与绥远，而论人口则为八省中之最少者，用地旷人稀形容最为恰当。

日本人在这里演了一出傀儡戏，即所谓"蒙古联盟自治政府"，云王和德王分任政府主席，把归绥改成厚和豪特，傀儡政府就设在此处。随着日本的战败，傀儡政府自然解体，但所谓蒙旗问题，仍然是横在目下的一件未决事项。

满清时对蒙人以同盟地位待之，设理藩院管理蒙藏事务，予以有限度之自治。民国改元，以五族共和号召，公布《蒙古待遇条例》，且民元《约治〔法〕》规定，议会中有蒙古代表之参加，是为蒙古过问中央政治之始。此外并承认蒙古享有自治之权利。后来热、察、绥三区设立，增设县治，民十七又设区为省，并拟废旗为县，于是在内蒙发生省县与盟旗之争。民二十东北事件发生，东蒙变色，民二十一敌侵占热河，使昭乌达、卓索图两盟入其掌握。民二十三年经政府许可，在百灵庙设立蒙古地方自治政务委员会，但省县与盟旗之事愈趋严重。二十五年察北失守，锡盟又为日人控制，于是蒙政会撤销，而代之以绥境、察境两蒙政会。七七事变发生，敌人曾成立所谓"蒙古军政府"，又树立三傀儡政权，一为"察南自治政府"，二为"晋北自治政府"，三为"蒙古联盟自治政府"，后来三伪政权合流，改为"蒙疆联合自治政府"。

　　国民党二中全会虽对蒙旗有所规定，但未能兑现，蒙旗人的愿望，曾由留平内蒙人士向张继、鹿钟麟陈述过：（一）请求中央公布对内蒙之基本方针，遵奉国父遗教，在国家领土主权完整之下，实行高度自治，设立统一的自治机关，坚决反对以省区划分内蒙的办法。（二）调整盟旗与省县之关系，划分二者之权限与疆界，要求政府保障原有盟旗，撤销在盟旗上所设立之县，废除二重政治之压迫。（三）要求停止移民屯垦，振兴蒙地牧业，调整土地关系，维护蒙人生计，以谋蒙旗经济之发展。（四）要求中央尊重知识分子之意见，革新对蒙政策，强化蒙事机关，充分发展蒙人之参政机会。这几项意见，当然两专使答代为转陈，然而也还没有下文。

　　笔者在张垣见到政府派去的蒙旗特派员马鹤天，谈起蒙旗，说了一套提高教育、注重卫生的政府方针，至于蒙旗问题的症结，高说没有什么问题，是有人在那里借题发挥。张垣市内仅有蒙古人三百名左右。

善后救济总署晋绥察分署副署长兼察省办事处主任童秀明告记者，对蒙人将予以特别之救济，并将为之训练一部分医生。

此外，在十二战区也有一蒙旗指导长官公署，专管对蒙旗工作，由傅作义兼任长官，十五日晚间在解放饭店后身察哈尔饭店开座谈会时，曾由察盟太仆寺左旗代表穆嘉祥以蒙语致词，希望中央能改善他们的生活，不要有所歧视。

二　土地政策

中共的土地政策，是一般人所最关心的，据记者各方调查，大致可归纳为下列几点：

（一）共产主义原则上否认财产私有，所以同样否认土地私有。

（二）中共的土地革命是否认农地私有的具体政策。

（三）中共在阶级斗争理论之下，分农村社会为有土地与无土地两绝对阵线，并利用"无"者向"有"者革命。

（四）"解放区"的政治措施，不是合法的政府，而是党与其所组织的人民团体为主动，如清算会，斗争会，穷人翻身会之类。因此各地政策原则虽同，而做法各有不同。

（五）解放区内的地主与一切反动派是没有生存资格的，如他们不愿死于斗争之下，只有逃亡一条生路。

（六）中共对农地另一具体政策，是耕者有其田，当然这有以下的限制，即一，"耕者"是党所认为革命的农民，二，"有"还是过渡的，因为最后仍要社会化。

（七）中共在斗争中阶段中的土地政策，形式上仍是均贫主义，对土地利用与农业经营制度尚无新作法，但将来可能仿效苏联集体农场与国营农场方式。

　　至在张垣附近所实行的，中共所实行的"二五"减租，分死租、活租两种，地则分原地、山地两种，原地每亩产量一斗以下者不纳租，一斗以上者扣〔纳〕百分之六到百分之四十。山地每亩六升以下不纳租，六升以上者纳百分之一到百分之四十。其产额起〔超〕过经常量者另纳活租。此外尚有所谓就地法。所有租皆系按起〔超〕额累进规计算。

　　国军进占后，根据政府所公布之绥靖区土地处理办法，就县及街镇组织地权调处委员会，调处有关土地权利之纠纷，不服其调处者，仍得诉请司法机关受理。其办法要点如下：

　　一、绥靖区内之农地，其所有权人为自耕农者，依原有证件或保甲四邻证明文件，收回自耕。

　　二、其所有权人非自耕农时，在政府未依法处理前，准依原有证件或保甲四邻证明文件，保持其所有权，并须由现耕农民继续佃耕。其佃租额不得超过农产正产品三分之一，其约定以钱租交租者，不得超过农产正产物三分之一折价。

　　三、在变乱期间农民所缴之佃租，一律免予追缴。

　　四、绥靖区内之农地如无法分配，地主失踪，或无从恢复原况者，一律由县政府依法征收之。

　　五、前条被征收土地之地价，由县政府依法估定后，折合农产物以土地债券分年补偿之，土地债券以农产物为本位，其偿付期间，最多不得超过十五年。

三　教育及其他

　　目前张垣另一个问题是教员荒与学生荒，中共在这里时，原有华北联大，但联大的八百学生都跟着中共走了，此外医科大学的学生也走的只剩了八人。其他各中学情形如下：

学校别	原有级数	学生人数			教员人数		
		原有	裹走	现有	原有	裹走	现有
市立中学	二三	八六二	五四五	三一七	三二	二九	三
市立女中	四	一四六	一一八	二八	八	八	一
商科职业学校	五	二三九	一八〇	五九	一七	一四	三
工业专科学校	四	八〇	八〇	—	一三	一三	一
农业专科学校	六	二六八	二六八	—	二一	二一	一
合计	四二	〈一〉五九五	〈一〉一九一	四〇四	九一	八五	六

小学生差不多都留下了，笔者在张时已有四十一所小学开学，但师资、教课书都非常缺乏。

币制问题也还无法解决。中共在时使用所谓"边区票"，最大数为一千元，今年二月间时发行额已达五十亿，彼时金价仅七万，目下已达二十八万，以此计算，边区票发行额现已近二百亿。国军进城后，明令废止不准使用，一时与法币还不能兑换，因为怕中共继续发行，用来收买政府军占领区的物资。笔者在一个小商店里问过，平均每家都有几万边区票，据说有暗盘，法币学〔与〕边票的比值是一与五，因为有的商人收买边票到中共区里收买物资，因为是商人的自发营业行为，中共也无可如何。小额法币非常缺，汇兑又还不通，一般商业皆是奄奄一息。

四　无限宝藏

察省铁矿埋藏量，据调查约为九千一百六十四万五千〈吨〉，为华北各省之冠。其石炭埋藏量如下（单位：百万〈吨〉）：

县别	炭田	面积（平方）	炭层（米）	无烟炭	沥青炭	计
阳原	蔚县广陵	七〇·〇	五·五	九	四三八	四四八
怀原	八宝山	一·二	六			九
宣化及涿鹿	玉带山	二·〇	三		七	七
同	鸡鸣山	一·五	四		七	七
同	糸沟	二·六	六		一五	一五
同	紫坡窑	一·五	二		四	五
同	武家沟		一二		六	六
张北	土木路	一·二	二		四	四
同	马莲	二·〇	二	四		四
计			一	七	四八七	五〇四①

　　察省有五亿四百万吨石炭埋藏量，有将近一亿吨的铁的埋藏量，日本人曾计划着在这里大批开采，在下花园设有发电所，可惜一切设备，被中〈共〉毁〈掉〉。藏宝不少，今后察省经济有无办法，要看地下这许多［共］是［掉］否能加以利用了。

《北方杂志》（月刊）

武安华北新华书店

1946 年 1 卷 2 期

（朱宪　整理）

---

　　①　各数字照录底本。——整理者注

扑朔迷离的东蒙大局

黄大受　撰

一　东蒙问题的喧嚣

胜利后的新年里，各地的报纸，各地的同胞，都发出了我们要知道东北真相的要求！特别是抑郁久了的中国青年，再也忍耐不住了。从一月底起到二月中，如火如荼的学生爱国运动，蔓延了国内各地。成千成万的青年，在山城里，在文化圈里，在商业都市里，在偏僻小镇里，举行着游行大示威。这一次示威的运动，在中国学生运动史上，写下了崭新而辉煌的一页，人类打破〔打破人类〕历次游行的记录，根据报纸报导数字，统计人数是超过了卅万。

这一次的游行，和历来游行的意义不同，过去的游行，都是反对政府的措置不当，可是这一次，却是督促政府要完全接收东北，拥护政府措置，做政府的后盾。

每一个地方的游行，都叫出了响亮的口号："彻底维护东北主权和领土的完整"；"东北不容许特殊化"。前一个口号，是针对苏联而发的，由于苏军的进驻东北，公私的物资，可以说是已搜括殆尽，所遗留下来的，只是贫寒交迫的四千五百万同胞。就是这样的空虚，苏军在一延再延而始行撤退之后，也不让原物归还故主，东北境内，已经造出了有损主权的所谓"自治政府"。后一个口号，是针对高唱民主的共党而发的，但今天共党却借了外力到了东北，占了大量的地方，已造成了无所谓的"民主政府"，建立了所谓的民主联军了。

今年二月八日和九日的《申报》社论里，指出了"东蒙共和国"和"东土耳其斯垣共和国"的存在，最近的《大公报》，又载了东蒙要人在热河境内正确〔在〕商谈自治的消息，一鳞半爪，令人扑朔迷离，真把人闷死了。笔者因身处东北，根据数月来所得的正确资料，人们亲身的经历，向读者们作一个忠实的报导。

二 什么是东蒙

我们知道整个的蒙古地方，共分二百四十七旗，现在除外蒙独立的一百零九旗以外，只剩一百三十八旗。这一百三十八旗分布极广，东起东北，西到青海，横贯热、察、绥、宁一带。位置靠东的一部分，包括东北和热河境内的蒙旗，叫做东蒙。这里把东北和热河的蒙旗，过去和现在的名称及分布省区，开列一个对照表，让读者明了一些大概：

东北及热河蒙旗一览表

原有旗数及名称	现有旗数及名称	现在所属省区	伪满时代所属省区
哲里木盟计十县			
科尔沁右翼前旗	同上	辽北省	兴安总省兴中地区
科尔沁右翼中旗	同上	同	同
科尔沁右翼后旗	同上	同	同
科尔沁左翼前旗	同上	同	兴安总省兴南地区
科尔沁左翼中旗	同上	同	同
科尔沁左翼后旗	同上	同	同
扎赉特旗	同上	同	兴安总省兴中地区

原有旗数及名称	现有旗数及名称	现在所属省区	伪满时代所属省区
郭尔罗斯前旗	同上	吉林省	吉林省
郭尔罗斯后旗	同上	松江省	滨江省
杜尔伯特旗	同上	嫩江省	龙江省
依克明安旗独立旗	依克明安旗	同	同

三 伪满时代的蒙旗

呼伦贝尔部计八旗

索伦左翼旗	索伦旗	兴安旗〔省〕	兴安总省兴北地区
索伦右翼旗	巴彦旗	同	兴安总省兴安地区
新巴尔虎右翼旗	新巴虎右翼旗	同	兴安总省兴北地区
新巴尔虎左翼旗	新巴虎左翼旗	同	同
陈巴尔特〔虎〕旗	陈巴尔特〔虎〕旗	同	同
额鲁特旗	莫〈力〉达瓦旗	同	兴安总省兴安地区
布里雅特旗	喜扎戈尔旗	同	兴安总省兴中地区
鄂伦春旗	阿荣旗	同	兴安总省兴安地区
布哈特〔特哈〕二旗	布哈特〔特哈〕旗	同	同
东布哈特〔特哈〕旗	额尔克纳左翼旗	同	兴安总省兴北地区
西布哈特〔特哈〕旗	额尔克纳右翼旗	同	同
卓索图明〔盟〕计七旗			
吐默特右旗	同上	热河省	锦州省
吐默特左旗	吐默特中、左旗	同	同
喀喇沁右旗	同上	同	热河省
喀喇沁中旗	同上	同	同
喀喇沁左旗	同上	同	同
唐古特喀尔喀旗		同	
锡埒图库伦旗	库伦旗	同	兴安总省兴南地区
昭乌明达〔达盟〕计十三旗			
翁牛特右旗	同上	热河省	热河省
翁牛特左旗	同上	同	同

索伦左翼旗	索伦旗	兴安旗〔省〕	兴安总省兴北地区
巴村〔林〕左翼旗	同上	同	兴安总省兴西地区
巴村〔林〕右翼旗	同上	同	同
奈曼旗	同上	同	兴安总省兴南地区
阿鲁科尔沁旗	同上	同	兴安总省兴西地区
扎鲁特右旗 扎鲁特左旗	扎鲁特旗	同	兴安总省兴中地区
敖汉右旗 敖〈汉〉左〔汗南喀喀汗〕旗	敖汉旗	同	热河省
喀喇〔尔〕喀尔〔左〕翼旗		同	
克什克腾旗	同上	同	兴安总省兴西地区

附记：

一、原左〔有〕旗数系指九一八以前而言，现有旗数系以光复时之旗数为限〔样〕。

二、东西布特哈，曾设布西设治局，由旗总管兼任局长。

敌人的统制东北蒙旗，主要的是用挑拨离间手段，对于蒙汉同胞的界限，特别划分得清清楚楚。伪满成立时，敌人为了统治东北的便利起见，便将纯蒙旗地带的十四旗画出，设置了兴安省，后来又划分了东、南、北三个分省，民国二十一年（伪大同元年）五月，伪国务总理下面设置了直属的兴安局，专门办理特殊的蒙旗行政，同年七月，组织了旧蒙旗务整理委员会，做蒙旗公务监督上的咨询机关，八月，兴安局改为兴安总署。民国二十二年（伪大同二年）五月，热河设伪肃清工作告成，又将热河省北部划为兴安第四分省。民国二十三年（伪康德元年）十二月，兴安总署又扩大成了蒙政部，同时又把兴安第四分省附近地区并入，正式改成兴安〈西〉分省。民国二十五年（伪康德三年）废止了北满特别区，将海拉尔和满洲里也并入了兴安省。民国二十四年（伪康德二年）十二月，兴安省以外四旗（吉林一旗，滨江一旗，龙江二旗）也移交到蒙政部直接管辖。民国二十六年（康德四年）一月，热河、锦州两省下的蒙旗，仍旧准许实施制。于是整个的蒙旗行政，便全在蒙政部管辖之下，蒙政部成了伪满最高的蒙旗机构。

三〔四〕　伪满时代的蒙务

伪满建国〈二〉年进入了所谓第二建国时代，为了强化行政机构，中央行关〔政〕机构实行全部改革，撤销了蒙政部，于伪国务张总理之下，设置直属兴安局，做蒙政联络的机关，原来蒙政部所管的业务，拨归主管各部办理。至于处理后面所列的特殊事项，事前要得到国务总理大臣的承认，兴安局对于这些事情，只协助国务总理大臣，担任咨询工作。这些特殊事项是：

一　关于蒙地特殊权利事项。

二　关于蒙旗原有权益事项。

三　关于喇嘛事项。

四　关于旧王公处置事项。

五　关于蒙古特殊社会制度事项。

就是这一个专供咨询的兴安局，实际大权也在日人手里，民国三十一年除了该局要员总裁巴特玛拉布坦第一参事官室的乌云达赖，第二参事官室庶务科长的吴椿龄是蒙人以外，其余参与官一人，参事官三人和调查科一人，都是日人，可知所谓蒙人主政，不过就是装做傀儡而已。

四〔五〕　王爷庙的兴趣

伪满时代兴安总省的省会设在王爷庙，可以说是东北蒙旗的政治中心，位置约当北纬四五度、东经一二二度的交叉点，在现今辽北的西北部分。王爷庙原是科尔沁右翼前旗的属地，四面环山，南面临河，整个市的基址，都向下凹，宛如盆底一般，所以冬天较暖，但是夏天却因为市区缺少树木，在正午的时候，因为四面无法通风，显得非常酷热。不过在早晨太阳未出或晚上太阳西落以后，仍可穿着夹衣，可以说是一块〔是〕不毛之地。

在九一八以前是从来没有人注意过，到了事变以后，敌寇修筑了白阿线，从白城子到阿尔山温泉，经过了王爷庙，兴安南分省（后改南省）的省公署又从通辽来，兴安省学校和兴安学院，也曾在这里陆续成立，于是王爷庙的名气，便渐渐被大家知道了。

兴安南省省公署的从通辽移过来，主要的原因，乃是纯粹为避免华旗〔族〕势力的侵入，要在纯蒙旗地带，造成一个政治中心。通辽虽然是原来的达尔罕王府地，但是已经开辟了商埠多年，人烟稠密，市外在辽河两岸的土地异常肥沃，物产丰饶，交通方面，铁路向东可达四平街，南可至大虎山，汽车可以直达林西和开鲁等地，而居民大〈部〉分都是内地移来的汉人。伪满的兴安南省省长博彦满都和吗尼巴达喇二人，以及各旗的王公均一致主张迁移省会到纯蒙地带，而且当时日寇的政客正在极力挑拨民族情感，发动分化以使〔便〕利用的情形之下，便允许该省省会迁移。

当时，开始多方选择，结果纯蒙旗地带，并没有交通方便而位置适中的方案，最后，只好决定设在王爷〈庙〉，但是这地方部位，也偏居全省的北部，且地形上，除了军事方面稍有价值以外，真可以说是地瘠民贫，毫无出产的荒凉之地，这种造成省会的条件，可说纯粹是人为的。

兴安南省公署，从移设王爷庙以后，所成立的兴安学院和兴安军官学校，便大事招收学生，所容的学生，除兴安省所属的各旗青年以外，热河、锦州两省的喀喇沁三旗和吐默特两旗（后改三旗）的青年，仍占多数，因为这几旗文化程度较高的缘故。后来成立了蒙民厚生会兴安军管区（后改第十一军管区），也从通辽搬来，于是王爷庙便真的成了兴安四平〔分〕省的政治、军事、文化、社会事业的中心，而四省的重要人物，常常在这里开会聚商，王爷庙的地位便渐渐提高，博彦满都、玛尼巴达喇等的□划也可说是大功告成。民国二六〔八〕年（伪满康德六年）夏天诺门坎事件发生，日寇原来打算用伪满军做牺牲品先作试验，不料伪满军乘〔发〕觉，未到战地，即行自动散为流〈匪〉，只有少数的兴安军，因为头脑较为单纯，便被利用，余〔除〕大部分死伤以外，后来又因苏方炮火已烈，接济不上，生存的也因为饥饿而流散。日寇比较之下，对兴安四省的军政更加重〔加〕重来做北方的阻障，所以王爷庙的地位，更加巩固了。

五〔六〕 自治运动的中心人物

要了解东蒙自治运动的发现，首先把几个重要的人物，作一个简单的介绍。

一 博彦满都，华名博宝臣，是哲里木盟科尔沁右翼中旗人，曾在黑龙江的西边师范学堂毕业，现年五十二岁。九一八以前，曾和克兴额等同办东蒙书局和《蒙文周刊》的编译工作，第一次召开国民大会代表〔代表大会〕时，蒙胞并没有选举他做代表，但他自己到南京请愿自任代表，当时政府见他关心政治和国事，准许旁听。据说也曾和毛泽东会见，又曾到外蒙和〔似〕苏联旅行过一次。九一八事变当时，曾在葛根庙召东蒙民首会议，对日本的军事行动加以帮助。国联调查团到东北察时，他和吗〔玛〕尼巴达喇等，曾经控诉中国虐待蒙民。等到伪满政府成立，成立了蒙政部，被任做司长，〈后〉来改组兴安局，又担任了参与官，都是简任。光复前〈一〉年，才出任伪满兴安南省省长。为人阴险，只知逢迎日寇。不过哲里木盟人士，团结〈很〉是坚固，更兼玛呢巴达喇野心勃勃，而玛本人，人微言轻，得不到一般青年的拥护，便利用博彦满都做傀儡，好便利他实际操纵，所以便使博彦满都渐渐地得到了领〈袖〉的地位，后来又做了兴安总省省长。

　　二　吗〔玛〕尼巴达喇，华名马鸣洲，四十五岁，和博彦满都是同旗人。曾经在北平俄文法政专〈门〉学校读书，毕业与否不得而知。早期曾参加蒙古革命党，为人聪敏果敢，口才敏捷，长于词，不幸在三十岁以后，家事中落。民国十九年，南京召开蒙民会议时，曾经任过代表。这时虽然南北奔波，仍然毫无发展，只得在东北军担任一个上尉编遣的名义，因为是额外散员，没有薪给，在沈阳市内穿到〔着〕军服，专向各旗王公讹诈以维生活，吃喝嫖赌无所不为。九一八事变以后，在伪满蒙政部弄得科长来干，生活才转入〔变〕。不过因为有〈过〉去的劣点，人皆对之望而生畏，所以不得不在博彦满都的下面来求个人的发展。□他能应付周到，便渐渐得到一般人的认识和博彦满都的信任，后来便做了兴安南省的民生厅长。民国二八年（伪康德六年）日寇强令兴安各省所属蒙古王公举行地奉上后，怀柔蒙古王公和一般蒙民，特由伪满国库〈发〉行裕生公债，每年除按寿日爵祺支付各王公利息金外，并支付一般蒙民二百万满币，用来推进各蒙旗的文化、社会、福利事业。但是日寇为了便利操纵，为施行愚民政策，这笔资金，打节〔算〕交兴安局来筹办，吗〔玛〕呢巴达喇等乃拼死力事，日寇才允许〈单〉独设立意〔机〕构，便组织了财团法人蒙民原生会，总会设在王爷庙，兴安四省［为］所属各旗设支部，理事长由兴安南省长兼任，各〈王〉公任议员，自〈任〉常务理事，掌握了实队〔际〕的事务，直到光复为止。苏军进驻到王爷庙以后，玛氏因为通俄语，用他灵浦〔活〕的手腕，和一般军人来往，左右逢源，成了最活跃的一员，后来便又做到了兴安总省的秘书长。今年二月〈曾〉经以代表名义飞平，向东北行营熊主任请命去〈库〉伦，结果未成。后来返长后，曾利用共党盘据的时机，曾将流落长春的少数蒙古青年和厚生、裕生两会的全部动产搜括而去，并将一部分房产出卖。

《边疆建设》（月刊）

长春东北边疆问题研究社

1946 年 1 卷 2 期，1947 年 2 卷 1 期

（李红权　整理）

帝俄时代与外蒙古之关系

刘为权　撰

帝俄自对日战争失败之后，虽然失去辽东半岛之特殊利权，而其野心并未止息，仍然发挥其侵略政策。于是转变方向，想对中国北部施行分割，划出攫为己有的势力范围，最明显的事实，如在蒙疆地带开辟大道，设立领事馆，奖励移民，训练蒙古青年，诱蒙古青年赴俄留学，其用心之深，可谓无微不至矣。

于清宣统三年时，帝俄曾强迫清政府承认彼之一切无理要求，更以库伦开矿优先权要求清政府，然均遭拒绝，但为达成侵略之目的，遂联络库伦活佛哲布尊丹，以种种卑劣手段以抗中国。复乘我国辛亥革命之机会，无暇顾及边陲，帝俄遂趁火打劫，诱哲布尊丹独立，自称为"大蒙古国"，并设俄人内阁及文武官员柄政。斯时外蒙已成了俄国之东方傀儡国，造成属于自己的势力范围。帝俄更视清政府之昏愦，于是提出下列诸项要求：

一、清政府须承认俄人自库伦至俄边境有筑路权；

二、清政府须与蒙古订约，声明中国此后不在外蒙驻兵，在外蒙殖民，及干涉蒙人自治；

三、中国在蒙如有改革，须先与俄国商酌。

彼时因清政府对于革命军尚无法应付，故无力于帝俄交涉。及至国民政府成立之后，继而又有军阀之战乱，国内问题尚不能一时解决，故无暇顾及外蒙问题。

一九一二〔三〕年（民国二年）九月始有《俄蒙协约》之缔结，规定：帝俄扶助外蒙政府，不许中国军队入境；蒙政府如与他国订约，须得俄国许可，蒙政府允俄人与之通商。此外又有商订专约十七条，将外蒙权利尽列入帝俄支配之下。于是外蒙无异为帝俄之保护领，同时帝俄并公然通告日、英、法及中国政府。

于民国二年，中国政府向俄国提出抗议，谓外蒙为中国领土之一部分，并无有与任何国家订立条约之资格。然此时帝俄在外蒙之势力范围已经根深蒂固，同时更得到日、英、法的默认，故其态度尤为强硬，一连磋商十余次，遂结成《中俄协约》六款，但参议院始终否决之。俄使更提出四项大纲条件，一时交涉陷于停顿状态。而后国民党议员为袁氏取消资格，始成立《中俄声明文件》五款，中国仅争回了一个对外蒙的名义宗主权，而承认外蒙之自治权，也就是等于承认帝俄在外蒙之一切利权，自此约订后，帝俄在外蒙之势力益强大，同时对蒙人之压迫日甚，迨至俄国革命后，始稍放弃帝俄时代对外蒙之侵略政策。在革命当时白党领袖谢米诺夫欲取得外蒙为根据地，曾派人至库伦游说活佛怂恿独立。此时日本正在威胁俄国，亦强迫活佛宣布独立，并允许供给财政及军火。至一九二一年民国九〔十〕年，苏联〔俄〕政府恐白党以外蒙为根据地于自己不利，于是要求中国政府出兵防止白党活动，此时正是中国收回外蒙主权的唯一机会，奈因日本欲利用白俄进攻苏联，甚为反对，在日苏相互角逐之下，中国政府终因实力不足只得宣布中立，坐待外蒙为外国之侵略。白党乃嗾使库伦王公，谋二次独立，有白党领袖谢米诺夫为外蒙独立之策动者。于是白俄与蒙人围攻库伦日急，打败中国军队，夺取活佛且进攻镇署。不久恰克图被攻陷，唐努乌梁海、科布多相继失守。后因苏联政府以中国政府无力抵抗坐令白俄横行于外蒙，乃派兵攻破库伦，驱逐白党。而后外蒙乃有革命发生。此次抗战胜利后，本应收回一切领土主权，清算所有耻辱，解除往日帝国主义之一切不平等条约，方不负胜利之虚名也。岂奈我们自己的事，反为别人所规定，而有改头换面的所谓友好条约之存在。然而外蒙之自治，由过去历史之记载，是有前因故结后果，虽时代之不同，恐事亦出于一辙，物必先腐也而后虫生之。考蒙族乃吾国五大民族之一也，外蒙乃中国领土，如今观之地图亦变颜色，自治欤！独立欤！或为某国之侵略欤！外蒙之域中，究为谁家之天下，不待智者而后知也。唇亡而不觉齿寒者，是乃痴人也。

《边疆建设》（月刊）

长春东北边疆问题研究社

1946 年 1 卷 2 期

（陈静　整理）

一个蒙古人眼中的八路军和三十五军

福仓　撰

我是在三月一日早晨六点的时候，与巴图、拉色楞二位同志乘马由绥远城出来的，绥远城里的老百姓，生活很困难，城里东西很缺乏，而且又贵得利害，白面每斤四百元，高粱面每斤一百二十元，太阳烟每盒八百元，白市布每尺一千二百元，简直没有办法生活，现在又要开始拔兵，由十五岁到四十五岁，不许登记口户，以备入伍，补充骑兵第四师、第十一师，市民甚觉恐慌，叫苦连天。

又国民党乔县长领部下二百余名，在绥远附近搜集粮秣，抢劫民物，奸淫青年妇女，郭长清、王有功、鄢友三部也是如此，到处伤害人民。城里的部队也是每天出城要粮草，若不按数交时，将村长和老百姓拿去压〔押〕起来，老百姓们都叹惜着说，今年春天不能耕种了，老百姓都说"日本来得了一场病"，"傅作义来要了命"，"等八路军来救命"。

对于蒙古人更加毒害，他们的口号是"叫男的拉洋车"，"叫女的当妓女"，一般蒙古青年们苦于没有出路，他们对蒙古民族自治是很热心的，但在国民党大汉族主义压迫之下，常常有牺牲性命的危险！

我现在正要求入内蒙古学院，我来的目的是要为蒙古人民而奋斗，牺牲一切，我认为八路军的确是为人民服务的军队，我来的时候，路上遇见八路军战士们的裤子、鞋，破的不像样子，每天吃小米饭，烩山药汤，可是在他们的谈话中，工作上，精神上都不觉苦，而且他们说"我们是为人民服务的军队，吃些苦不算什么一回事！我们是为全国人民的利益，并不是为我们个人的利益"，所以每个战士的情绪都是很好的！

《内蒙古周报》

张家口内蒙古周报社

1946 年 1 卷 2 期

（李红菊　整理）

读报小感

含之　撰

一

最近北平的一些报纸，担心内蒙要自治，故意捏造一些消息，说内蒙要脱离中国版图而独立，建立一个内蒙的国家，像煞有介事的，描摩得纵情纵色。这些先生们，平素是造谣惯了的，信笔胡说，已经认为生理上的□□，无可挽救了。内蒙人民今天应不应自治呢，美国情报处的白智仁先生，在应东阿巴哈那尔旗旗长、扎萨克的宴席上，曾代表美国人民预祝内蒙自治运动的成功，可见内蒙自治运动的实现，不仅是内蒙人民斗争的目标，而且是国际朋友的愿望！

内蒙的自治，是决定于内蒙人民本身的意旨的，造谣污蔑对于内蒙人民的神圣的事业是丝毫不足为损的。

二

二月二十八号的《北平新报》，发表了一篇文章，认为内蒙是一个历史上的名词，今天不应再有内蒙的提法。日本法西斯要消灭内蒙古这个民族，曾经说过成吉斯汗原是日本人，所谓蒙古民族不过是历史上的一个误会，《北平新报》这位记者的论调，倒颇像是"日本朋友"的口气的！

<h1 style="text-align:center">三</h1>

北平的一家报纸，二月十六号发表了一条消息，德王、吴鹤龄等竟以蒙旗代表（？）的资格，出席一个什么茶话会，战犯一跃而为蒙旗的代表，难怪法国的卖国贼当被判死刑的时候，要叹惜自己不幸而不是一个中国人了。

《内蒙古周报》

张家口内蒙古周报社

1946 年 1 卷 2 期

（李红权　整理）

为蒙古人民服务

——云泽主席对内蒙古学院全体学生的讲话

云泽　讲话　　福仓　王贤明　庄坤　笔记

我们的学校，虽然开办了不久，但已派出去了好几批，为什么时间这样短，不多学习一个时候呢？原因很简单，就是要等着工作。我们的学校是为各盟旗的老百姓服务的，现在老百姓等着大家去替他们做事，我们便应该很好的学习，很快的出去！

我们学习什么呢？学习内蒙古自治的道理，为人民服务的道理，我们没有什么架子，也不需要什么派头，老老实实的学习替蒙古人做事！

有些人反对我们这样做，不愿我们替蒙古人做事，最近北平有些报纸，甚至连"内蒙古"这几个字都不准提，认为这是历史上的名词，这些先生们实在狂妄得可以，内蒙古不仅是过去而且是现在，同时也是将来的名词，它有自己的民族，自己的历史，自己的地域，为什么不应该叫呢，我们要叫，一定要叫我们内蒙古民族自治万岁！

什么人不让我们叫呢？是日本法西斯，是大汉族主义，是出卖蒙古民族的败类，这些人，都和希特勒有血缘的，希特勒已经死了，他们还想附着他的鬼魂起来，其实这真是白费心机，一个人到了这步田地，不仅无耻，而且它委实太可怜了！

这些人的心思，他们的企图，我们应当看清楚，在抗战以前，大汉族主义对待我们怎样？你们其中有不少人应当知道的，抗战以后，敌伪统治的八年，你们当然知道的更多，它们对待蒙古人究竟怎样呢？举土默特旗作例吧，民国十八年该旗曾比丁过一次，当时比丁有当兵之一说，故埋名的很多，但还有四万多人，敌伪统治以后，只剩两万多人，几乎减少了一半。日本法西斯高唱"日蒙亲善"，实际要想灭亡蒙古人，而今天国内某些反动派，竟比日本法西斯还要露骨，连"内蒙古"三字都不准说了，他们的企图，不是比法西斯更毒辣吗？

同学们，我们的事业是正义的，我们相信自己的行动是正确的，我们有力量能够实现内蒙古人民的愿望！但是，比如我刚才对你们讲的那些话，你们应当警惕，革命不是一件容易的事，民族平等、民主自治是一条艰辛的道路，你们应当时刻认清那些凶恶的反动派，扫清建设民主、团结、自治的内蒙古道路上的障碍物！

我刚才对你们讲，我们应当学习为老百姓做事的道理，这句话，是对的，在我们内蒙古人民中有没有我们的榜样呢？有的，如明末清初时察盟的林丹汗，额鲁特的格尔旦，这些人都是我们的民族英雄，大革命时期中的李裕智，大青山的康福成，也同样是我们内蒙古民族中的优秀人物，他们都是为人民服务的，为内蒙古民族的民主、自治、平等而终身奋斗的，我们应该向他们学习，依他们做榜样！

现在，你们学了不久就要出去，出去为蒙古人民办事情了，这是好的，完全应当的，应当为革命做事，不应当为反革命做事。你们其中有些人，当傅作义在绥远向八路军进攻的时候，曾起过积极的表现，这是好的，蒙古人应当这样做！如果伪政权里面的蒙古人，都能够像你们这样，日本人早就完蛋了！今天内蒙古人民需要你们做的，便是如何实现民族平等、民主自治的问题，这是全内蒙古人民目前迫切的要求！也是你们所必需要学会的事情！

什么是民族平等呢？内蒙古民族好多年来，便为着两个问题而斗争，一是自治问题，一是民主问题，我们不是闹独立，而是要求中国各民族平等自治，是要求中国各民族民主的问题。孙中山先生在大革命时代把民族平等提得很高，可是孙中山先生的不肖之徒，却把他的话扔在一边，实行欺凌弱小民族的法西斯的政策。二十年来，我们一本初衷，为着内蒙古民族的平等而斗争！其次，便是民主问题，实行民主与实行民族平等自治是一个问题，中国没有民主，事实上也不可能有各民族平等自治，因之，我们一定要发动群众，组织群众，领导群众，和各民族人民团结在一起为实现全国的民主而斗争！我们要替老百姓办事，替他们解决困难，只有这样，才能获得老百姓的拥护！今天我们成立实业公司，办学校，搞报纸，没有一件不是为老百姓打算的！凡是为老百姓做事的，才是最光荣的！

你们在学校要专心学习，学习毛主席的民族政策，研究蒙古革命运动史，发动我们民族的光荣，我们的学校是培养革命干部的学校，要培养几千几万，为蒙古老百姓做事，使得大家有衣穿，有饭吃，政治上不被人压迫，经济上不被人剥削，愿你们努力学习，天天进步。

三月十五日

《内蒙古周报》
张家口内蒙古周报社
1946 年 1 卷 2 期
（朱宪　整理）

记巴图、伯晋毕力克图的谈话

庄坤　撰

巴图和伯晋毕力克图，是新从归绥来张家口内蒙古学院学习的两个蒙古人。在抗战时期，他们受尽敌伪的压迫，抗战以后，他们又受国民党反动派的摧残，他们听说张家口那里是一个民主的进步的地区，有一所内蒙古学院，因此，就不顾一切地负笈前来。

巴图是黑龙江省哲里木盟扎赉特旗人，年纪很青，才二十三岁，他告诉记者说：黑龙江的蒙古人，都痛恨敌伪的残酷统治，一切都掌握在敌人手里。举一个区政府做例子吧，里面的办事人员，日本人便占了三分之二，其他如铁路、公路的重要职员，也都是日本人。我是洮南铁路学院毕业的，日本人却叫我在平青线火车头上烧煤炭，日本人虽然没有才干，半年的功夫反可以当到站长、司机，蒙古人虽有能力，一辈子也不给你干。在东北的蒙古人，因为手无寸铁，文化程度不高，他们所受的压迫也特别惨烈。日本投降后，我从敌伪的虎口下跑了出来，不幸又走了错误的道路，当了傅作义的牺牲者。在傅作义的炮兵队里，亲傅作义的，有吃有穿，干坏事的也不受处分，蒙古人在那里受到了极坏的待遇，他们污蔑共产党"共产公妻"，"杀人放火"，其实这都是无耻的谎话，傅作义的部队才是这样的。当记者问他扎赉特旗对于自治的意见怎样，他说："扎赉特旗人，十几年来，已经完全看清了敌伪的真面目，由于长期的痛苦的教训，使他们有了比较清醒的认识，今天他们所希望的，正如全内蒙古人民一样，能够建立一个民主的幸福的新内蒙古，如果在文化上给予提高，政治上给予帮助，他们是有充分的自治能力的。"接着，记者便转向伯晋毕力克图——

他是卓索图盟喀喇沁右旗人，年二十三岁，他最痛恨傅作义，他热情地画图给记者看，这是归绥，那是新城，这里又是旧城，傅作义在两城的外围挖掘有壕沟，壕沟里面是电网，电网里面是地雷，地雷布置在各条街道，各条巷间。他并告诉记者："傅作义在归绥设有很多告密箱，允许老百姓可以无记名的告密，据说这是为了'民主'（?），但老百姓所告密的都是傅作义自己，开箱的时候，满箱都是控告傅作义的，控告他狠毒地收官粮用伪币，控告他庇护汉奸乱杀老百姓。"当记者询以老百姓为什么这样痛恨傅作义时，伯氏答称："在美人桥上天天枪毙老百姓，多则十几个，少则两三个，又凡五十岁以下、十五岁以上的老百姓，都要被迫修壕沟，为补充十三师起见到处乱抓壮丁，弄得老百姓有把手砍掉的，有把一只眼睛搞瞎的，有全家失掉供养而自杀的。"傅作义真是我们蒙古人的罪人！

《内蒙古周报》
张家口内蒙古周报社
1946 年 1 卷 2 期
（李红权　整理）

荣祥谈"内蒙自治"

香港《华商报》

作者不详

（南京航讯）"国民大会"揭幕三天后，来自塞上的蒙古代表联合着在京的内蒙参政员、蒙古各盟旗驻京人员、蒙古旅京同乡、蒙古文化促进会、抗日蒙旗庆祝胜利还都代表团……在大会之外喊出了"内蒙要求自治"的呼声。内蒙各旗国大代表团团长荣祥并郑重表示，"如果国民大会不能解决内蒙自治问题，全体内蒙代表即将退出国民大会"，给这平静的湖面掀起了一阵风波。

这浪涛正在会外滚荡着，浪花一天比一天汹涌。

十七日黄昏，在洪武路蒙古招待所的客厅里，我又会到了荣祥先生。

荣祥先生穿着黑色的中山服，戴着呢帽，若不是他的眼神流露着一股蒙古的风情，很难使人相信，他是草原上蒙古包里长大的蒙古同胞。荣先生说："蒙古的同胞要求的自治，并不是分裂，而是要政府实践他三番五次对我们的诺言。蒙古的同胞在抗战的时候，忍着牺牲，忍着痛苦，追随政府，支持抗战，争取胜利，所有的指望，就是中央在诺言中，给我们的自治！"

他指着一张纸上，白纸黑字印出的二中全会对边疆及内蒙的决议说："远的，北伐宣言，第一次全国代表大会宣言不说，就看这张决议吧。抗战胜利了，所有的诺言，内蒙数千万同胞的希望，该要实现了。"

荣先生婉转的说："在历代政府矛盾的心理的政策之下，内蒙同胞的苦是吃够了。"他说："蒙古同胞的自治并不可怕，只要三民主义真的实现，民生问题真的解决，游牧的蒙古人是不会向农业的长城内的同胞来抢吃的。历史所谓的'入寇入侵'，实在是一件不得已的悲剧。塞上的雪灾，蒙古人的马、牛、羊遭受了大的损害，他们没有吃的，他们不能看着自己活活的饿死，向较暖的南方来找草原了，这就成了战争。世界是在进步的，历史上的可怕已经是过去的事了，在自己的国土上大家都有饭吃了，绝不会再演历史的悲剧。内蒙的自治，使内蒙的人民不再受'垦荒'来毁坏他们草原的灾害，蒙古并不是可怕的名词。"

他喝了一口茶，继续的说："人类相互卑视的观念早经科学家认为是不正确了。蒙古同胞并不是笨伯，也不是野蛮的民族，牧业生产科学化的收入，确比原始农业要强不少倍。蒙古人并不是只爱麻油灯而不爱电灯、永远住蒙古包而不喜欢洋房的野蛮人；蒙人受了文明的洗礼，并不比别人差，蒙古人不应该永远受人的卑视。"他更说："蒙古人要的是文明的自治，而不是军事与政治的压迫。"

他说："蒙古人并不是反对傅作义、熊式辉个人，反对的而是这个制度。"

谈到党派的问题，他说："固然党派斗争也影响蒙古，但，好坏事实在那里，用不着我来评论，人民的眼睛是雪亮的。蒙古，今天自顾不暇，哪配来批评党派。蒙古人要的是自治，是政府实践给我们的诺言，我们不管甚么党派。"

社会贤达代表中没有一个蒙古人，他说："我不信蒙古人中一个贤达也没有吗。这样做是多么的不公平。"

他又说："我是五十几岁的人了，该回家抱孙子了，没有任何政治的企图，只是蒙古的年轻人已经是普遍懂得要自治了，为了爱护政府，我们不得不来提醒政府，不要叫下一代的蒙古人再对中央失望。"最后他告诉我说："政府曾允许我们自觉自治，现在自治却不可得，那么我们只好自觉了。"

（十一月十七日寄）

《时代文摘》（半月刊）

成都华西晚报社

1946年1卷2期

（陈静　整理）

去掉坏思想

——内蒙古学院学生进行思想回忆

李子欣　撰

内蒙古学院学生，绝大多数都是蒙古青年中的优秀分子，他们都是为着追求真理，为着蒙古人民的自治运动而奋斗的，但由于过去在敌人长期的统治下，思想上或多或少存在着一些坏的东西，为了使大家的思想能够得到一个很好的改造，以便很快的出去为蒙古人民做事，最近他们举行了一次回忆检讨大会，把过去在旧社会里受到的一些坏影响，全部给揭发出来。

行政班第一班的同学，孟根舍同志，他很严肃的批判了自己过去的错误，他说："以前有人说德王、李守信是战犯，是出卖蒙古民族的蒙奸，他的为（？）蒙古，完全是为了个人的富贵，当时我听了很不乐意，认为这是一种不近情理的说法，现在经过学习以后，知道德王真是一个魔王，他欺骗我们，玩弄我们，真是民族的罪人，今后我再也不会受他的骗了。"

沙金格勒尔同志说："以前我在包头做事的时候，每天都在灯红酒绿中过生活，打牌，狂〔逛〕窑子，过着糜烂的生活，有些朋友教我学好，我还认为他多管闲事，来张家口学习后，才知道自己过去的生活是太不应该了。"

张桐礼同志说："以前我在张家口车站货厂里作事，对待老百姓，轻则恫吓，重则打骂，还以为自己很威风。"他说到这里，眼里流出泪来了，痛悔自己过去的错误！

　　那逊巴雅尔同志，在提到自己的嗜好时，很惭愧的说："在旧社会里，我学会了抽大烟，不但坏了自己的身子，而且不能替老百姓做事，今后我一定要戒除这个坏嗜好！"

　　还有一位同志，他说："过去我受了敌人的宣传，说共产党杀人放火，共产共妻，今天很悔过去不应接受敌人的欺骗的宣传。"

　　经过这次思想回忆后，大家一致认为，只有把自己的坏习惯、坏作风、坏思想完全去了，才能真真为蒙古人民自治事业而奋斗，他们并号召全体同学有什么讲什么，做到不保留一点坏意识！

《内蒙古周报》
张家口内蒙古周报社
1946 年 1 卷 3 期
（李红权　整理）

边吏与边治

谢再善　撰

抗战胜利后，我们的边疆上，曾连续的发生了几件大事：首先是外蒙独立的承认，使这三十多年来若断若续的塞上河山终于脱离祖国而自立了，这件事曾经使国人万分不愉快，好好的兄弟一旦分襟，难免有些依依惜别的情绪，可是最高当局决定，在抗战最紧张的关头，为了争取全民族的胜利，为了加强友邦的援手以及团结边疆弟兄的信心，与其让那个事实早已存在的"蒙古人民共和国"在暗地里自己在做自己的事，倒不如干脆揭开来，使他参加世界集团公开活动倒也不失为上策。第二，是新疆的伊宁事件的发生，这事是件〔件是〕发生在抗战的最紧张的阶段中，政府曾经尽最大的努力以求合理解决，到在现〔现在〕算是已经完全解决了。其次是内蒙问题的再提出，而且又有个什么"东蒙古人民共和国"的出现。这一连串的事件，是说明了我们的边疆是在整个的动摇中。这真是中国目前的大问题，不禁令人想起我们的历史上每逢改朝换代内政不修之际，北疆的国防辄起叛乱，以至于动摇整个国本。现在是不是历史再重演呢？这倒很难说。沿着长城线，这个地区从来就是内地人民与边疆牧民互相消长的地带。我们不往远说，明代边患在北边，而清朝继明之后，历朝三代，经百余年之经营始平息漠北烽火，以迄清季，边庭遂又多故，辛亥之际，外蒙揭起自治招牌，并出兵内蒙，其情势之危，不下于唐初之突厥寇边，五代之契丹南下，明末之鞑靼作乱。其后则西藏出兵屡窥青、康，新疆亦变乱频仍。这在边民的观念中，未始不想乘中原无备忙于内患之际，别有企图，他们或者还曾记忆着历代的故事：牧马中原，另开拓一片新天地罢！正在这个当儿，恰巧在我们的边疆之边疆上正是帝国主义的势力圈，为了确保自己的边疆，帝国主义者不得不更侵略人家的边疆，而我们对于自己的边疆，不但不能确保，甚至连照顾也谈不到了，于是内因外诱，相携俱来，边疆问题，便一发不可收拾。

现在国人已稍稍注意边政了，提出治边的方策也不在少数，例如经济、文化的建设，交通、国防的加强，在在都是切要之图，可是抗战胜利后，国内仍未安定，纷扰的局面，益启边民轻视之心，这问题是不容再漠视了。所以我们以为边疆问题，是应当迅即予以解决，这是关系国家民族的大问题。

边疆多事，扰攘不安，这固然有许多因素，但是我们以为与治边的官吏贤不肖大有关系。昔顾亭林曾经说过："自古以来，边事之败，有不始于贪求者哉！"这句话确是一语破的。第一，先从历史上看：东汉灵帝光和五年，板楯蛮寇乱巴郡，连年讨之不能克，帝欲大发兵，问计于益州计吏程苞，对曰："板楯蛮数有功于汉，本无恶心。长吏乡亭，更赋至重，仆役棰楚，过于奴虏，亦有嫁妻卖子，或乃至自割剄〔剄割〕。虽陈冤州县，而牧守不为通理。阙庭悠远，不能自闻，含怨呼天，无所叩诉，故邑落相聚以叛戾，非有谋主僭号，以图不轨。今但选明能牧守，自然安集，不烦征讨〔伐〕也。"帝从其言，选用太守，宣诏赦之，即时皆降。五代时刘知远为河东节度使，利其界内吐浑之孳畜财宝，诛杀吐浑首领白永福等以下凡四百余口。郭彦钦刺庆州，兼掌榷盐，彦钦擅加榷钱，民夷流怨。州北十五里寡妇山有蕃部曰野鸡族，彦钦作法扰之，蕃人大苦贪政，时有叛行。彦钦奏之掠夺纲商，出兵讨伐，官军大败，坠朝廷威信，彦钦撒〔撤〕职，其叛始平。在明代，边患几乎完全是由于边吏不肖所致，例如土木之变，江彬之奸，至于出没于沿边之狄，也多由边吏贪虐，不明治道有以启之！仇鸾总兵宣大，敌至，无术御之，遣亲信重贿之，使移寇他塞，勿犯大同。寇得贿东去，由蓟州塞入，肆虐京畿，遂有庚戌之变。当时俺答实无意中原，不然"变且晋愍、宋钦矣"！及寇掳掠志满，捆载以去，诸道兵悉属大将军仇鸾，凡十余万骑，相视莫敢前发一矢！边吏的庸愚贪浊（仇鸾是以贿削职，又以贿严嵩得为边将）败坏国家大事，竟至若是！

以上是随便举出来的历史上的治边的例子，巴郡的牧守，刘知远、郭彦钦、仇鸾这些治边大吏皆因贪虐而失败，但这个失败决不是个人的损失，而是整个国家的损失，朝廷威信既失，边疆也滋扰了。我们相信由东汉迄明朝的蛮夷是没有什么帝国主义在诱发的，他们也不是要有志中原，"非有谋主僭号，以图不轨"。一个是"长吏乡亭，更赋至重，仆役棰楚，过于奴虏，亦有嫁妻卖子，或乃至自刭割。虽陈怨州县，而牧守不为通理，阙庭悠远，不能上闻，含怨呼天，无所叩诉"；一个是边疆大吏利其财宝予以杀夺，或增其捐赋，蕃民痛苦莫伸；一个是以重贿请狄入寇，寇去又不能追，这更是个极大的笑话。这么一些边吏真是死有余辜了。但是这种情形到现在是否仍然存在呢？现在的边吏是不是还有刘知远、郭彦钦、仇鸾之流的人物呢？我们也很难予以确切的回答。

清末的理藩院，其腐败情形，简直是令人难以相信，蒙藏的王公、喇嘛年班入觐，非重贿不予招待，迨觐见之日，王公们又得多备财礼送致理藩院大小官吏，不然就诸多不便。袭爵的王公为了领取谱牒，往往在北京等候二三年，一个小小的官员出使边地，便是"钦差"大臣，边民政府一定要远接近迎，多备礼物奉送，不然则受呵责受申斥，还会因此诬以罪名，受罚削爵。驻库伦办事大臣三多因急功好利，忽略了蒙民的自身利益，只顾个人的予取予求，以致怨言载道，终于被逐，外蒙就独立了。新疆自民国以来便形成隔绝，历任疆吏如杨增新、金树仁、盛世才辈，哪个不是在做土皇帝？他们治理新疆有什么政绩？增加赋税，滥发纸币，人民痛苦达于极点，终于有伊宁事件的发生，这不是偶然的，过去那些边吏不能辞其咎。至于蒙情汹涌，也多是因边吏扰害，牧地日削而提出种种问题。这太够我们警惕了，我们的边境多事在在是受了人谋之不臧所致，所以讲边治还是应从慎选边吏始。

在我们的边疆之边疆尚未被帝国主义染指的时代，边疆多故就每起于治边不得其人，何况现在我们的边疆已在强邻虎视眈眈之下，随时都有被人家造成"亲×政府"的可能，我们还能马虎下去吗？

边疆建设无论是政治、经济、文化、交通、国防哪一样，若是一不得人便会反受其害。所以派赴边疆工作的人员，上至独当方面的大吏，下至夫役逻卒都应慎重将事，不可疏忽。我们以为边疆工作人员，最低限度应坚守下列两点：一、不贪求私贿；二、不营求私利。贪求营利都是极大的恶患。到边疆去不是为了发财，如果向边民身上搜括财物，那太不成话了。边疆工作者学识可以稍差，才能可以平庸，但人格必须伟大。一优秀献身边疆事业者，必须持身清廉，举止足可为边民表率，这样才可以使边民心悦诚服。孔子曾说过："言忠信，行笃敬，虽蛮貊之邦，行矣。"这诚是边疆工作者极好的格言，"忠信"、"笃敬"，坚持以赴，庶几边治才能有希望。此后我们的边政不是使边民畏威的时代了，而是要使边民怀惠的，"怀惠"便不是武力可以屈服的，着重点将是经济的及文化的工作之开展，作这类工作的人选，更应特别注意。苟使一唯利是图的小人，置身边区，营利求贿，作害边民，就是没有强邻的诱发，变乱还是会发生的。这是今日谈边疆建设者应该注意的事情。

《天地人》（月刊）

西安天地人月刊社

1946 年 1 卷 3 期

（李红权　整理）

外蒙古独立的国际背景

刘家治　撰

一、前言

如果我们只见到报纸的记载，只以冠冕堂皇的报道为根据的话，外蒙古的独立，是已经毫无异议，但是，如果我们还肯理智时，冷静地以研究的态度去探讨它的话，外蒙古的独立，决不是一个单纯的独立，决不是像中国、英国，甚至于今日朝鲜的独立，因此，很显然的，外蒙古的独立，是有一个国际背景，具体言之，它纯粹是一个被动力量的副产物而已。

我们当然不能否认，过去我们对边疆的失策，过去对于外蒙古的忽略，但是，外蒙民族，究竟还是中华民族之构成分子，是我们同胞的一环，我敢相信，也敢武断，外蒙的同胞，他们决不肯轻轻地遗弃了祖国，也决没有轻轻地忘怀了祖国的同胞，他们每个人都恐怕有一个幻梦，即是在一个叫纪念的一日，他们又能重新回到祖国的怀抱。

外蒙古独立的背景是什么？独立的被动力是在哪里？凡是一个爱中国的同胞，都该知道，不只知道，都该去仔细地想，想完之后再一步一步地做，做到使外蒙同胞们的幻梦，一旦实现的时候！

二、帝俄之对外蒙

今日的苏联拥于〔有〕广大的土地，在帝俄时代也是如此，它虽然足跨欧亚，但是，却缺少一个理想的出海口，大彼得时代（一六七二——一七五二〔二五〕）没有一天不在汲汲地想在海上谋得出口，在芬兰湾头，帝俄虽然已经有一个所谓"俯览欧洲的窗户"，但是，这个港口每年有半年以上的结冰期，这种天然的缺欠，实在不能满足大斯拉夫民族一贯的极端与现实的特性，因此，"如何能获得良好之港口，确已列为帝俄政府之中心问题"。

然而，就当时帝俄之环境而论，帝俄可取得之海上出口有四：

1. 直捣挪威、瑞典，出大西洋；
2. 南下略土耳其，支配鞑靼尼尔海峡；
3. 侵略阿富汗、波斯以出波斯湾；
4. 绕道西伯利亚，略我东北、朝鲜而出中国海。

这四条道路，以南下略土尔其而支配鞑靼尼尔海峡最为方便，也最为合宜，第一，当时的土耳其国内四分五裂，政治不上正轨，俄皇辄以"近东病夫"称之，以当时帝俄的武力去征服土耳其，可以说是易如反掌。第二，土尔其之巴尔干半岛部分，恰恰形成帝俄之必然膨胀区域，俄兵一鼓南下，有绝对的优势。第三，土耳其境内有相当数目的斯拉夫民族，他们无日不盼望自己祖国的南下，以求贯彻其大斯拉夫主义。根据以上三个理由，所以从十八世纪末叶起到十九世纪末叶，一百多年之间，俄皇对土尔其的压迫，和对巴尔干半岛的干涉，无所不用其极，一八七七年到一八七八年之俄土战争就是帝俄南下政策的具体表现。但是，好梦不长，帝俄的雄心狂图，卒被英、法、奥一掌击破，柏林会议之后，帝俄觉得此道难行，所以它不得已，又另行寻觅出路，另谋发展。

　　俄皇既然失败于支配鞑靼尼尔之计划，所以不得已又把他的眼光移向波斯湾，但是波斯湾，恰又威胁英伦到印度的航路，假使俄国能安然通过，还不啻是给大英帝国一致命伤，所以英国再三阻挠，一八八四年，因为波斯出口的问题，英俄险以兵戎相见。后来俄皇感觉英国海上的威权，所以又不得已而中止，乃另改换方向，将路线转向远东，一则因为当时之中国已老弱不堪，日本虽然已经维新，但是还不太露出锋芒，所以俄皇竟以远东出口最为理想，大刀阔斧，对远东之干涉与侵略不一而足，卒引起一九〇四之日俄战役，结果俄国大败，俄皇才知道日本之不可侮，怅惘之余，遂把出海之雄心暂且收回，而锐意要去经营中国的外蒙和新疆北部，先与日本订立一秘约，再渐次援助外蒙，阴谋外蒙之独立，视外蒙为外围势力，中国边疆之多事遂由此时始。

三、苏联之不变政策

　　一九一七年帝国失败于西欧战场，由此引起国内空前的大革命，结果尼古拉第二退位，布尔雪维党人成立劳农政府，在政体上从帝制变为苏维埃联邦。底确是一个空前改变，但是，它对于对外蒙古之经营，仍旧是帝俄时代之一贯作风，不稍改变，虽然苏联政府曾屡次宣言放弃帝俄时代之一切条约，但是，在事实上，对外蒙古决不放弃，二十年来外蒙古的多事，纯粹是苏联承袭帝俄之政策而造成。

四、结论

　　苏联政策的成功，也就是外蒙古的独立，它巧妙地利用第二次世界大战的机会，既在太平洋取得港口，同时又卵翼了整个的外蒙，苏联代表们在安理会的踌躇满志，得意洋洋，史太林在红军节十足侵略性的讲演，东北红军扯毁《中稣〔苏〕友好条约》，当然是得意结果的一点具体表现。

但是，我敢大胆地说，苏联的得意是完全建筑在中国的痛苦上，外蒙古虽然已经独立，但是，外蒙古的同胞，决不甘心遗弃了祖国，汉、满、蒙、回、藏是组成中华民族的健全的分子，外蒙的独立，非但在中华民族的组成上是一个不可弥补的缺欠，同时这个对于四万万五千万人一个空前的嘲笑，实在也是孰〔是〕可忍孰不可忍。

中国人，如果他还有一点点良心的话，他决不该忘记了西北、西北的外蒙、外蒙的同胞们！

《新动力》（月刊）

天津新动力月刊社

1946 年 1 卷 3 期

（李红菊 整理）

一个内蒙儿童——关鹤云的回忆

吉鲁木兰　撰

我叫关鹤云，今年十四岁啦，老家在东盟中克中旗①，父亲叫高尼齐格达赉，敌人在的时候，我在市立五校和一校念过五年书，没学下多的东西，五年净挨了打啦，他们拿着打人跟说话一样，一个字答不上来，就是一鼻斗（拳头），一句话答不上来就是一板子，把手打得肿得多高，吃饭连筷子都抓不住。

一天上一堂日文，一上日文我就害怕，怕的直打哆嗦。

那时候还兴"缴储金"，一月交一回，说是毕业的时候再还给你，以后毕了业也没见给。还要"献铜献铁"，交少了还不行，放假了也不得玩，给你来个"勤劳奉仕"，叫你到日本神社里去撅〔拔〕草，你不干就揍你。日本人把你打成什么样子，都是你没理，把人都打愣了，一天到晚就恐怕出错，没心念书。幸亏八路军解放张家口，"联合会"又给我们办了内蒙古学院，我这才高兴啦！我说我这一下非要进去念书不可，因为我年纪小，学校就叫我住了中学部。

进了学校，什么也不要，白吃，白穿，白教我们上课，一有什么不好的地方，都和和气气的给你说；别说是打，老师们连吓唬都没有吓唬过我们。老师还给我们上蒙文，我学的更高兴，上课我用心听，上自习我用心学，一有不懂的地方，我就去问老师，老师也一点不嫌麻烦，当下就讲给我听，因此只要老师一讲过，我便能用心的记住了。同学们有不认得的字，我就告诉他们，学习上互相帮助，同学们即使有了错，我也不和他们打架，也不和他们吵，开检讨会检讨他们，和他们讲道理。

　　这回，考算术我考了第一名，政治课我考了第十二名，可是我不能骄傲，我要好好的学习，长大了好为蒙古人民服务！

《内蒙古周报》

张家口内蒙古周报社

1946 年 1 卷 4 期

（李红权　整理）

迎接张市的民主大选

作者不详

政治协商会议闭幕以来，全国出现两种完全相反的情况：一方面是国民党统治地区，国民党内法西斯分子，竭尽全力的进行各种破坏和平、反对民主的勾当，力图撕毁全国人民艰辛奋斗所得来而为各党派、各阶级人士所共同拥护的政协会决议，最近国民党二中全会的决议案，使这种阴谋更加露骨，更加明显，因而破坏政协决议的各种倒行逆施，也就愈来愈加严重。另一方面是政协各项决议在中国解放区被忠实的一一付诸实施，举如停战、恢复交通、复员等等，无一不证明了与能□证明着只有我们解放区，才是言行一致的坚决执行了政协决议，最近张家口市着手进行的全市普选，成立市参议会与民选市长，更加清楚的说明了我们是如何为实现政协决议而积极努力。

但中国法西斯分子，不仅妄想扭转时代前进的车轮，公开的阻止中国人民的和平民主事业，而且还在民主的假幌子下玩弄一党专政的花腔，想用民主的脂粉，装点他们反动的面孔，最近在平、津、保定、石家庄等地大喊大叫进行的所谓国大代表选举，就是这样一出没有观众的丑剧，他们把包办、专权、指定、强奸民意、威胁利诱，美其名曰"民主"，他们拒国民党统治地区的民主开明人士与抗战有功的真正优秀人民代表于千里之外，而圈定不少汉奸、特务、法西斯分子为所谓国大代表或候选人，对于这种反动无耻的老把戏，不仅有识之士嗤之以鼻，就在他们看来是"阿斗"的人民也早看穿了他们的西洋镜，不肯上当了，于是在滦县到会的所谓七千选民，除了六百人之外皆纷纷弃权。

经过长期斗争的中国人民，已学得乖了，他们已有高度的政治觉悟，学会了明辨真假是非，任何花样的欺骗阴谋与任何阻碍困难，决不能改变他们为民主斗争的决心，中国解放区八年来民主政治实施所获得的伟大成就，给予他们争取民主改革的无限信心，这一次的张家口的民主大选，将再一次鼓舞全国人民为民主事业而斗争的坚强意志。

张市解放不及八个月的时间，但它与国民党所统治的平、津等大中城市的黑暗情况完全相反，在平、津特务横行人身自由毫无保障，战犯、汉奸优游自得，爱国志士却仍被监禁，人民言论自由遭受限制与禁止，法西斯分子制造反苏、反共、反民主，公然捣毁执行部等反动的破坏罪行，在平、津是法西斯分子接收人员发财致富，而人民则粮食恐慌，嗷嗷待哺，饿莩载道，民不聊生，民怒〔怨〕沸腾。而张家口市于解放不久便迅速的稳定了战后的紊乱局面，救济了失业贫民，惩治了罪大恶极的汉奸、战犯，贯彻了减租减息，发动群众，调整了劳资关系，正确的发展经济的政策为工商业的恢复与繁荣铺平了康庄的大道，因之物价稳定，人民生活日益改善，十七万人民无不欢欣鼓舞，称赞民主政治的伟大建树。平、津与张家口相距咫尺，而情景何以有如此天地般的悬殊，借用国民党二中全会的话来说，那就因为他们与民众脱离，就因为他们实施的是专制政治，不仅压迫广大人民，而且也在压迫与排斥他们党内的民主人士，就因为他们嘴上喊着三民主义，而实际上违背了三民主义，就因为他们执行的是违反政协决议的破坏和平、破坏民主、破坏团结的方针；而我们特别从解放区八年战争中深深的了解了孙中山先生"必须唤起民众"之重要，因此，我们解放张市之初，即与张市十七万人民，工商业界以及社会各界贤达，蒙、回少数民族，实行民主合作，实施了真正的民主政治。特别自停战协定以后，因为我们以忠实态度，执行停战、恢复交通、复员以及政协各项决议，遂使张市和平建设更加突飞猛进。在这两种地区，两种不同的做法所得到的两种不同效果，难道还不昭彰在人耳目吗？反动派还有什么脸皮血口诬蔑解放区呢？

当然我们不能满足于已有的这些成就，相反的，我们工作中仍存在着缺点，此次市选当使张市建设百尺竿头更进一步，而为全国大中等城市作出民主建设的好榜样，以推动全国彻底实现政协决议，进而彻底实行民主政治。

目前张市轰轰烈烈的选举运动即将开始，本报仅以数点意见陈于张市各族、各界、各阶层同胞之前：

张家口市的建设是张家口十七万人民责无旁贷的共同任务，人民需要什么建设，就可以进行什么建设，我们就秉承着人民这种意志从事七个多月来的恢复与建设工作，我们工作是有成绩的，是得到人民拥护的。这次全市普选将经过全体公民直接、平等的、无记名的选举市教职员与市长。市参议会是全市人民的代表机关，是代表各阶层、各民族利益的，是全市最高权力机关，经过它以实现张市十七万人民对于建设张市的共同主张，这种普遍的民选，这个人民最高权力机关的建设，是张家口历史上的空前创举，这种不分性别、职业、民族、阶级、党派、信仰、文化程度的全民普选，才是真正的民主，张家口的各界、各阶层人士，一切劳动人民，都将毫无限制的选举能为自己办事的人到政权里去，而所有的人民都可当选为人民的代表，这是每个选民神圣不可侵犯的权利，每个公民就要像管理自己家务一样，来执行这种主人的权利，百分之百的参加选举。张家口有万余蒙、回少数民族，而在国民党地区，他们是被大汉族主义者歧视与压迫的，但在这里他们是完全平等而得到帮助的，因此我蒙、回同胞当以更大的热忱参加选举，把自己的代表选到市议会中来，以帮助政府更具体、更完全的实现民族平等与自决的政策。

在这里的普选与国民党圈定包办相反，各民主党派、各群众团体、机关、工厂、学校及公民自由组合，均得提出竞选名单及竞选纲领，在不妨碍选举秩序下自由竞选的，这就要求工商界以及社会各界贤达，各民主党派，各民族，妇女，特别是工人、农民的选民们，你们应该勇敢的积极的参加到竞选运动中来，大胆的提出你们对市政建设的各种主张，人民对任何有利于他们的政策与主张都将是欢迎的，拥护的。

这次市选将更进一步的贯彻中共三三制政策，这个政策经过我晋察冀解放区以及各个解放区执行结果，证明是唯一适合于中国国情的，真正合乎革命三民主义的政策，这个政策，而且只有这个政策，才能达到各个阶层、各民族，都有人权、政权、财权，都有说话的机会，都有衣穿，有饭吃，有事做，有书读，都能各得其所（毛泽东同志）。

我们共产党人，深深理解无论如何我们忠心为人民服务，但我们在人民中永远还是占很少的比例，广大人民中蕴蓄着无限的智慧，有广大有识有才之士，有许多社会贤达，如果脱离人民，则任何政党都是无能为力的，因此我们对我党领袖毛泽东同志所教导我们的与党外人士民主合作的方针，是永远遵守不变的，过去是这样做了，而今天在张市的市选中，以至今后一切建设中都要这样做下去。我们认为只有与张市所有的工农人民大众，各民族，工商业以及各界社会贤达，实行民主合作，一心一德，才能建设一个民主的、繁荣的新张家口。

因此，我们所有共产党员同志们必须牢牢记住我党领袖毛泽东同志的指示："共产党员只有对党外人士实行民主合作的义务，而无排斥别人、垄断一切的权利。"我们必须打开大门与党外人士亲密合作，一切可能产生的左倾关门主义，都将是此次市选中的障碍，是必须极力避免的。

张家口市选开始了，我们预祝他的成功。我们相信以张家口十七万人民的力量，将为全国执行政协决议与大中城市民主建设做出更好的榜样。

（《晋察冀日报》社论，三月二十九日）

《内蒙古周报》

张家口内蒙古周报社

1946 年 1 卷 4 期

（李红权　整理）

内蒙古自治运动联合会召开
成吉思汗大祭筹备会

柏音仓　撰

四月二十二日（旧历三月二十一日）为成吉思汗大祭日，内蒙古自治运动联合会特于四月十六日晚召集所属各机关代表筹备纪念，经议决成立筹备会，推出刘景平、亢仁为主任，下设总务、典礼、宣传、交际四组。决定是日召集全市蒙民并邀请本市各机关参加，开纪念大会举行祭礼，《内蒙古周报》出特刊，内蒙古学院除在本校报告成吉思汗历史外，并组织宣传队到各蒙民家中进行宣传，内蒙古女工团演出《血案》、《牛永贵挂彩》、蒙古民歌、联奏等精彩节目，现各单位正进行准备工作，这是张家口解放后第一次隆重举行大祭。

《内蒙古周报》
张家口内蒙古周报社
1946 年 1 卷 5 期
（丁冉　整理）

纪念我们民族的祖先

——伟大的成吉思汗

作者不详

　　古历三月二十一日是我们蒙古民族的祖先，伟大的成吉思汗的大祭，这位民族英雄，离开我们已有六百多年了，然而他的事业，他在前期为了民族的统一，为了反抗异族侵入的精神，直到现在，犹深深的刻在人们的记忆里！

　　回顾我蒙古民族数百年来，无刻不是处在被压迫与奴役的状态，远者勿论，近如民国：所谓"五族共和"，实际则为大汉族主义所包办，大革命失败后，国民党反动派统治了中国，对外采取了不抵抗主义，对国内各少数民族则用镇压、屠杀，实行法西斯恐怖政策，结果，招致了日本帝国主义的侵入，使我广大的内蒙古人民，陷于不可忍受的境地，人口逐渐减少，牛羊一天天减少，二百余万蒙古人民濒于死亡的边缘，广大的蒙古草原，变成向来未有的悽惨景象。

　　现在，由于我们伟大的朋友——中国共产党的帮助，由于全国各民主力量给我们的赤忱的鼓励，我们内蒙古人民已经开始获得了解放，我们不仅有了代表蒙古人民自己的组织——内蒙古自治运动联合会，而且正在逐步建立与恢复我们民族的文化、经济，逐步争取与实现一个民族的应有的平等自治的待遇，这种成果，不是一旦所能得到的，是数世纪来牺牲无数志士仁人得来的，是继成吉思汗之后蒙古民族精神的再现。我们应当珍视这个初步的成果，继续巩固与扩大这个成果。

目前，国内一部分反动派、法西斯残余、大汉族主义者，正在竭尽心计污蔑我蒙古民族的神圣事业，正在加紧破坏我内蒙古民族的自治运动，他们甚至公然否认我蒙古民族的存在，他们这种阴谋诡计，企图奴役我蒙古民族的那种恶毒的想法，是丝毫也不能实现的，我们的事业是正义的，我们的胜利一定要实现的！我们要坚决反对大汉族主义者，坚持政协决议："聚住于一定地区内的少数民族应保障其自治权。"坚持政协、停战、整军三大协定百分之百的实现。同时要加强我们内部的团结，肃清蒙古民族中的败类——德穆楚克栋鲁普等，消灭法西斯残余，与全国各民族人民亲密合作，为实现独立、自由和富强的新中国而奋斗。

今天我们在这里纪念伟大的祖先——成吉思汗，我们要发扬他团结御侮的精神，发扬我们蒙古民族的固有的光荣传统，实现全内蒙的平等自治，我们高呼：

内蒙古自治运动万岁！

《内蒙古周报》
张家口内蒙古周报社
1946 年 1 卷 5 期
（丁冉　整理）

我们的控诉

乌云比力格　通志忠　买其勒图　张祖荣
通志华　周志龙　张兰亭　王金成　郭其安
李岗春等　谈　　福仓　吉鲁木兰　记

　　我们从集宁到张家口来住学，走到官屯堡，碰上王英的队伍出来进犯，被他们捉住了，一捉住，就把浑身上下的东西抢了个光，大衣、棉衣、帽子、皮靴都抢了去不用说，连裤腰带也没剩下。东西抢完后，把我们一捆，他们骑在马上，叫我们赤脚片子在口里跑，跑的慢了还得挨揍，风又大，天又冷，跑了两天，没给吃一口东西。

　　到了大同，审问过以后，就把我们往"领导组"（大同最高权力机关）送，领导组犯人都住满了，又往城防司令部送，城防司令部也没房子，又送到宪兵队，从宪兵队又送到大同县政府，县政府也是满满的了，又把我们送到城防司令部，一到城防司令部，说十三师还有空房子，又把我们押到十三师师部。

　　二十三个人都关在一个冷房子里，只有很小一点的木炕，人坐都坐不下，睡觉得一个压着一个睡，四个人看守着我们，端的刺刀，带的手榴弹，连望都不能望他们一眼，一看他就说是想刁枪哩，拿枪托子打你；夜里睡觉，翻翻身都得先报告人家，人家说准你翻了，你才能翻，不准你翻你就不能翻，王元堂因为冻的受不住，从炕边上往里挪了一挪，就挨了一顿饱打，有一个从左云抓来的老乡，就这样被活活的冻死了；还有一个老乡，冻的已不能走路了。

一天两顿高粱米饭，连土带砂，还不煮熟，水喝不上，盐也吃不上，好几天大便不下来，蹲在毛厕房里哭。□世怕支持不住，病了三四天后，没吃口东西，若不是我们苦苦要求送了点开水，他的命几乎完了。

在这里，我们整整被关了十八天，到腊月二十九，叫我们出来当兵，可是只挑了十个人，把我们十三个人，又送到了第三监狱，每人上了五六斤重的脚镣子，还叫去拉炭，五个人拉一车，连脚镣子也不给卸，步都跨不开，可是走慢了还要挨揍，来回一二十里地，把通志忠的腿都磨破了，现在还没有好。

在那里过大年，是吃的四六米的稀粥，没碗没筷，就拿手捧着吃。可是一些罪大恶极的汉奸们，却享受着优待，我们十三个人都住在六号，其中有大同人人痛恨的警察队小队长齐太长，街长苟志兴，宪兵赵全，警察局股长于某等，他们过去不知道害了多少人命，可是他们在狱里，却还能够随便活动（他们也不带脚镣子），随便谈话，随便抽料面，抽大烟，随便吃肉吃饺子，我们一天连冷水都喝不上，他们一天两三遍用热水洗脸，茶水、纸烟一天不断，我们连盐都吃不上，他们却一口袋一口袋的存着。这些人都本应该判处死刑的，因为拿钱运动，已经快释放完了。

管犯人的是个姓张的科长，人们都叫他"张鬼子"，他一开口就是"臭屄犯人"、"臭屄犯人"的骂我们。

在这里审过我们一次，逼着我们非承认是八路军不可，有不承认的，就用"大柱子"烧你，有一个同志，肉都烧烂了。

我们以为这回算完了，没想到八路军给我们积极交涉，好容易在阴历三月十六日只放了我们十一个人，里面还关着一百二十个八路军，可是连个路条都不给开，他们说："你们的脑袋就是路条，你们这些灰脑袋，谁还不知道是犯人啊！"这时候我们的头发都长了寸把长，脸上白寡寡的，像鬼一样，你揆着我，我揆着你，才走了七里地，赶上个村子，叫马均营子，我们进去找房子，走到哪家，哪家不敢留，都怕落嫌疑，我们只好讨了些吃的，找了看场的一个老乡的冷房子住了一宿。

　　第二天走到小站村，又碰上王英的队伍，非要路条不行，我们又哀求了半天，才放我们过来。

　　走到官屯堡，碰到一块被俘的云光林，他也从三十八师跑出的，他谈到在"阎老西"军队里，当兵的只能吃高粱米，一人一天十两，只能吃个半肚子，而日本人，却还是和旧日一样，一天三顿大米白面，白□、烟卷随便拿着吃，阎老西的军官说："日本人无条件投降，我们应该好好的优待以后年老的送回国，年青的还要编日本军哩！"我们听了，都非常气愤，阎老西拿着日本当亲老子，拿着我们当仇人，我们非得和他算账不行！

《内蒙古周报》

张家口内蒙古周报社

1946 年 1 卷 5 期

（李红权　整理）

纪念成吉思汗——在成吉思汗纪念会上的演说辞

勇夫　讲

各位来宾，各位同志，各位先生：

今天是成吉思汗的大祭。在六百多年前，他经过了艰难困苦的斗争，团结了蒙古民族，反抗了异族的压迫，开创了蒙古民族的伟大基业，他这种为民族为自由的精神，是值得我每一个蒙古子孙发扬和纪念的。

今天我们纪念成吉思汗，首先要回想一下数世纪来，我们蒙古民族所走的惨痛的道路。满清统治蒙古，造成蒙古民族的空前危机：政治的分裂，经济的停顿，文化的落后，喇嘛教非常兴盛，人口日趋减少，使整个蒙古民族坠入愚昧、贫穷、落后的悲惨境地。迨乎民国，国民党反动派大汉族主义者因袭满清统治的方法，甚且变本加厉，所谓设省置县，移民开恳〔垦〕，实际上不过是更进一步的向蒙古民族侵略而已。其后日本法西斯统治了蒙古，迫使蒙古人民给伪满洲国、伪蒙古自治邦当奴隶，造成蒙古民族空前的大灾难，是满目疮痍，是人民流离失所。所谓"蒙古自治政府"，不过是日本法西斯的鬼把戏，所谓"蒙古军"，仅是残杀自己的同胞，给敌人当炮灰罢了，而蒙奸德王、李守信、吴鹤龄等人，美其名曰"为蒙古"，这真是无耻极了。他们哪里是为蒙古，他们只是为了个人升官发财，不惜牺牲民族的利益，开门揖盗，认贼作父，他们是民族的败类，千古的罪人，是成吉思汗不肖的子孙，他们所走的路，不是我们蒙古人民所走的路！

今天我们应该怎样呢？应该团结内部，团结各阶层，在察哈尔民主政府的领导下，在内蒙古自治运动联合会的领导下，坚决的为内蒙古的自由平等而奋斗到底。我完全赞成孙中山先生的"中国境内各民族一律平等"的主张，中国共产党对于少数民族的政策，以及政治协商会议对少数民族的决议，并为这一决议百分之百的实现而奋斗，只有这样，才是纪念成吉思汗的真正的态度！

《内蒙古周报》

张家口内蒙古周报社

1946 年 1 卷 6 期

（李红权　整理）

厢〔镶〕红旗民主政府展开调整"随缺地"运动

松林 撰

厢〔镶〕红旗在民主政权的领导下，最近展开了调整"随缺地"运动，把以前满清政府遗留下的封建世袭制度——孔都（拥有一顷多地）；章盖（拥有两顷多地）、转达（拥有一顷五十亩地）的土地，让出给贫穷人家耕种。现在厢〔镶〕红旗四苏木的老百姓已和过去在大汉族主义者及敌伪的压迫统治下完全不同了，他们都敢于挺身出来说话，提出罢免过去损害人民的坏孔都，用无记名投票的选举方式，选出真正为人民办事的新孔都。厢〔镶〕红旗四苏木新孔都巴应巴图（汉名巴振龙）在四苏木群众调整随缺地的大会上，自动地把一顷三十亩随缺地交给公家，以便分配给贫穷的蒙民耕种。因为巴应巴图并不是很富的，家里又有老婆娃娃，有人向他提议："你何必把孔都的随缺地一顷三十亩给人家种呢？你自己种上，扛下谷子，修盖房子，不是很好吗？"巴应巴图说："现在不和从前一样了，咱们是替大家办事，应该吃苦在先、享福在后，才算真正是蒙古人民大众的勤务员。"

《内蒙古周报》

张家口内蒙古周报社

1946 年 1 卷 7 期

（李红权 整理）

我始终拥护八路军、共产党

——本社机器部工人　王光连

王光连　撰

从前我在德王府印刷所当工人，一月挣六七百元，不能维持生活，下了班也不敢闲，星期日也不敢闲，在街上贩卖纸烟，补助生活，买点高粮〔粱〕面吃，每月配给点高粮〔粱〕米，其实，他们想给就给，不想给就不给，弄的连高粮〔粱〕米都吃不上，旁的更不用提，一年连一套衣服都穿不上，日本鬼子可以随便欺负我们，拿我们当牛马，只作工不管工人死活。

现在不一样了，自从八路军、共产党解放了张家口，我们工人也翻了身，八路军帮我们组织了总工会，生活也改善了，能吃上白面大米，而且也不受那样的气了，还很多的好处，都是八路军、共产党给我们的，所以我们被解放的工人，要努力工作，拥护八路军、共产党！

《内蒙古周报》
张家口内蒙古周报社
1946 年 1 卷 7 期
（李红权　整理）

"五一"简史

作者不详

"五一"劳动节，是工人阶级团结起来反对资本家压迫和剥削工人的日子，也是检阅工人阶级自己力量的日子，很早以前全世界工人阶级的伟大领袖——马克思就提出三八制（一天廿四小时，八小时工作，八小时教育，八小时息休）。一八六六年世界工人代表大会，正式通过这个决定，以后三八制就成为全世界工人阶级奋斗的目标。一八八六年五月一日美国工人首先举行总同盟罢工，游行示威，要求资本家实行三八制，在芝加哥还发生军警枪杀工人的流血事件，但工人斗争终于得到胜利，到了一八八九年全世界工人代表大会，正式宣布规定"五一"为国际劳动节，此后每年到"五一"都要举行盛大的游行示威来纪念，并提出新的斗争任务和纲领。

中国工人阶级纪念"五一"是从一九二一年起，在工人阶级自己的先锋队——中国共产党领导下，在上海、武汉、广洲〔州〕、平汉线上都举行纪念。一九二三年在广州举行轰轰烈烈的"五一"大示威运动，并召开第一次工人代表大会，讨论参加民族民主革命问题，从此中国工人阶级就站在反帝反封建的最前线，开展各种斗争，如轰轰烈烈的"五四"运动、大革命等。工人阶级流血牺牲前仆后继的斗争使帝国主义和一切反人民的黑暗努〔势〕力吓得战战兢兢，想尽一切办法禁止人民纪念"五一"节。

　　在全世界"五一"任务最早完成的是苏联，在中国首先完成"五一"任务的是在中国共产党所领导的各个解放区。

《内蒙古周报》
张家口内蒙古周报社
1946 年 1 卷 7 期
（李红权　整理）

察哈尔盟政府所在地

——勃舍得诺

作者不详

勃舍得诺，离哈布嘎一百里地，是明安旗的中心地区，是察盟政府的所在地，它的周围有一百多户的蒙古营子，盟政府是一所拥有三座院子、十八幢房子的建筑，不论从外表或内容来看，都是非常庄严而且雅致的，这地方就是由于有一个阔大的勃舍得诺（池）而得名的。

察哈尔盟以明安旗的土地面积最大，人口最多，满清的时候，这里是牛羊集散的中心，所以现在明安旗的人民，就包括了察盟各旗的人民，由于各不相同的旗共同生活和在文化、经济上互相交流的结果，使得明安旗的人民，具有比别的地方更为进步的条件。

从地理上和行政上来看，勃舍得诺可以说是察哈尔盟各旗的"领袖"。盟政府设在勃舍得诺，从西南面它可以照顾商都旗、厢〔镶〕黄旗、正白旗，从东南面，它可以照顾太仆寺左旗与右旗以及多伦旗，而又便利于正蓝与正白旗的交通。

明安旗的老百姓谈到盟政府住在勃舍得诺，心头都有说不出的高兴：原来盟政府这几所院子是明安旗老百姓在六七年前，用他们自己的血汗换来的，他们想起当年用自己的牛车到多伦县来回二十多天运载木料，自己填砖瓦建筑起来的房子现在是自己的民主政府的所在地，每个人的面上都呈现着快乐的微笑。他们又听到了盟政府要在离勃舍得诺八里地的察哈西勒一所旧喇嘛庙里，开办一个合作社，解决他们的布匹困难，于是他们对自己的政府便更加关心与爱护。清晨，当牛羊群涌现在勃舍得诺的岸旁，大风从蓝色的低山跨过金黄的沙窝，吹到蒙古人的面上，我们可以常常看到在清早来访问他们自己的民主政府的许多蒙民。

《内蒙古周报》

张家口内蒙古周报社

1946 年 1 卷 7 期

（李红权　整理）

胜利后的绥远①

孙凯 撰

日寇投降后，第十二战区傅作义司令长官即奉命率军东进，接收热、察、绥三省，八年来傅长官以绥西土壤极其窄小的陕坝地方为根据地，从事抗战，陕坝距绥远千余里，无铁路的建设，交通非常困难，行军只有跋涉。于是当国军主力未登包头之时，共军即企图直迫绥远，然伪军固守绥远省会归绥市，否认共军的接收行动，双方遂发生争城战，共军以"夜没"的行军政策，"侵入"市内，伪军在未施防守中，将被击溃而撤退时，有十二战区的游击司令郭长清及其参谋长杨星甫率部突入绥市，共军不敌，遂行撤退。市内死尸遍巷，商民死亡甚多。

国军于日寇撤退两周后，始进驻绥远，且突破共军的"阻挠"，继续东进，此时残余的日寇偕伪军向大同及张家口东退，途沿尽量实施其最后杀夺人民的暴行，游击队视老百姓皆为汉奸，大发胜利财，共军征收八年的欠税，惩罚所有的忘〔老〕财。八年来在日寇的毒政之下人民所存的鸦片烟，成为他们光复后最大的接收物品，比于国家的土地，敌人的武器，其重要不下百倍。未尝有一个军士在衣兜中和马备袋内不充满着黑色的大个板子。

① 作者的反共立场十分明显，为保存资料的完整性，我们照录原稿并适当处理，请读者明鉴。——整理者注

绥远的治安陷于极级〔度〕混乱中，人民由胜利的狂欢刹那间变为恐慌，与生命财产毫无保障的绝望中。

国军前进未达大同，共军已接收张家口，始而双方对峙，继而共军以城〔破〕竹之势逼迫国军于归绥市，继而归绥和包头便陷于围攻中。国军党政军人员的家眷、八年来才归家乡的同胞、教育机关、青年学生，比七七事变还可怕、紧张，拼命的向西逃。因为在凉城县国军被击退时，曾由白灵庙派来大鼻子洋人三名，指挥共军攻城，此消息传来，使尝受了八年亡国痛苦的人民，感到了十足的恐佈〔怖〕，且给以国军精神上一个很大的战抖。

共军攻城是夜兴日没，不怕枪弹的要命，不吝生命的牺牲，非至直冲城底扶梯登墙而被击毙后，绝不中止，因为若要畏缩的表现，后面的大刀会削掉他们的脑袋。黎明之光一出，枪炮之声便止，城周死体狼藉，没有一个人，连打仗的兵士，无不流出自相残杀的痛心泪，因为他们最初从戎的志愿，是救中国人，并非杀中国人，昼间城内的国军，加紧筑堡塞巷，城外的共军，急速征兵练战，一日如一秒的短促，太阳一没，枪声四起，城内人民除了去掘战壕外，皆潜伏于地窟内，暗祷着不要使枪弹落于他〔题〕的身上。城外人民，除了被掳编为担架队外，都在暗地里痛哭，求天，盼望他们的兄弟父子平安的担架着伤兵归来。

战争渐趋紧张，城内的食粮已非常恐慌，大炭每斤一千二百元，白面每斤八百多元，市民一天一天陷入饥饿的痛苦中，苦工、乞丐、洋车夫、小贩，很多因饥饿致命者。一天晚上，共军"侵入"包头市内，枪声忽希，巷战开始，后由百动〔自卫〕军努力奋战，又将共军击出，次夜攻势更烈，炮弹落于市内百余枚，但都未爆炸，据说张家口日寇移交时，将爆发管取消，这是绥远人民的幸运，不然恐怕都作了炮下的死鬼。

战争延长一月半，共军攻城未遂，便宣告退却。绥、包附近的村庄已都付之一炬，人民流亡失所，父母妻子离散，境内一切皆破坏不堪，农民大都没有实行冬藏，满场熟禾，尽被抛弃，人民的生命虽然暂时度过了枪炮的威胁，但在所谓××区的消积①的痛苦，一天比一天加多在他们身上。第一就是要公粮，比要命都怕，一家八口只存两石粗粮，无情的民兵都给呈报工作队尽数拿走，这是没有问题要活饿死他们的。其次就是算账、翻身、闻香等三种怕死老百姓的革命工作，"翻身"是号召所有的穷人，起来报仇复冤，打倒剥削人欺压人的老主财们，不但夺了他的产，还要革了他的命，绝对不许小有产的人再过好日月，要彻底把无产业的人，翻身起来，解放出来。"算账"是根据不论任何人的秘密告发，不加调查，也不要证据，尽数将家产甚至连生命都清算拿走，以铲除社会中反革命反民主的顽固势力。"闻香"是工作人员在暗中退避在窗外、墙角或门后，侦探每个老百姓的言语、行动，甚至于思想的表情，如果有反动嫌疑，则于夜中劫持而去，倒埋于自掘的坟墓中，要杀尽这些有害于新民主主义新中国的东西，人民瞒怨着日本人不如不退，因为今天更无路可活啦！

在国军占领地人民虽不那么闭目封口的谨防嫌疑，但是可怕的游摩〔击〕队，随时可以把他们的财产、生命，连妇女作为战利品，长官部虽屡次颁发命令，布告军队不可丝毫欺压人民，但是毫不生效，等于废文，故使人民对政府起了更大的疑惧。

绥远对于汉奸的处置看去非常民主且合情理，实际里完全违反了政府处置汉奸的条例。国军占领地区，将汉奸分为两种，一种是异地人；一种是本地人。异地人不问在敌伪时期的罪恶大小，先行捕囚，而本地人，以其现有资产状况，及敌伪时期的罪行，合并决定其以钱赎罪的标准，并不使之入狱，或判决徒刑（经人

---

① 原文如此。——整理者注

民告发者例外），罪重而有资产的人，其出钱的数字无限量，罪轻
而贫穷的人，像马夫、厨役等，也得出现洋两三元，以赎自己的
汉奸罪。但据闻这不是傅司令长官的命令，恐怕是干部的独断行
为，近来听说傅长官枪毙了几头大员，以惩戒贪污，这便是证明。
至于在共军占领区，只要肯以诚必〔心〕为他们效死，则罪行完
全赦免，如不加入工作，则多数处以活埋的判决〔心〕。

　　绥远的伪币，胜利后不久即下令停止流通，原因是共军接收了
张家口的蒙疆银行以及伪币的票版，这样一来，使拥有数百万元
的老财们，马上变为赤贫如洗，毫无生路，因而自杀者触目皆是，
不过这些人的钱也因不是好来的，也活该。

　　绥远乡间的在外求学的青年，更遭了大殃，因为他们的家庭多
被没收，罪名就是他们参加顽固军，反对民主革命。共军占领区
虽设有学校，但青年们不敢进去，都往国军占领地区逃，国军认
为是密探，则扣押入监，幸而获免危险，也毫无出路，再返回故
乡，又被共军判以勾结反动派的罪，其生命更落于危险中，哪里
能提到学业前途呢！总之，大部分人民目前急迫的要求，还没有
想到什么民主、自由，他们只盼望双方严厉的戒严，及非常的专
制，手段稍为放松一点，使他们缓一口气！

《新路周刊》
北平新路周刊社
1946 年 1 卷 7 期
（朱宪　整理）

东蒙"自治"内幕

作者不详

据东北方面消息：内蒙已于苏联掩护下，在兴安省王爷庙成立自治政府。此项自治政府，共有委员十九人，其中并有共产党代表参加在内，由蒙古前保安司令巴兴恩中将为主席，自上月中旬以来即已行使职权，或当于下月初宣布内蒙为缓冲国，与苏联控制之外蒙类似。自治政府委员会中并有苏联军官数人列席，王爷庙并驻有苏联骑兵。巴军所部闻有四千人，配备日军军械，此外尚有军队六千人，其中一千八百名系属中共军。内蒙设立缓冲国运动，闻已波及兴安省其他三城。一方面苏联已在大连自由港加速设防，今又在亚洲北部制造新的独立国，则苏联在亚洲方面之安全地带可以完成，与苏联近东及东欧所圈划之势力范围，正遥遥相对。（二月十一日联合社天津电）

据《世纪报》载称：东北政务员会，已设立三人小组委员会，负责处理散居兴安岭东西草原，及满洲西北部之蒙古游牧民族。该地近已成立自治组织，小组委员之任务，即设法接收该区行政，并就地解决一切问题。查沈阳事变前，该区分为东四旗，不受中央政府管理，已数十年于兹。三人委员会委员万福麟将军向《益世报》记者谈称：满洲境内蒙古牧人之处理，为首要问题，与内蒙古人之处理，有直接关系。（二月十日法国新闻社北平电）

美国务卿于记者招待会上，被询及外传中国内蒙在苏联势力下建立自治政府时答称：关于此事，渠未接获任何情报。但就渠所知，内蒙地位实不应发生任何问题，盖均认内蒙实为中国领土上不可分之一部也。（二月十二日合众社华盛顿电）

《报报》（周刊）
重庆报报出版社
1946 年 1 卷 8 期
（朱宪　整理）

绥远城中开一个路条子化三千多元

柏音仓　撰

　　吴浩龄是新由绥远城来张家口的蒙古人，他告诉记者说本应该早就到这里了，因为开路条子跑了七八天。保甲长盖章还不算，还要一个大字号做保。头一次我到警备司令部的传达室要"请求书"的时候，那传达说："不行，你有身份证明书和国民证吗?"我告诉他有，他看子一看说："有证明书，依然不行。"我告诉他说："我是退伍军人，这儿的生活太高，一斤面就四百多元，家里人口多，不回家没有办法。"他说："不行，理由不充足。"我知道非化钱不行了，便问他在什么地方住，晚晌好去拜访，他很高兴的说："在小召后二十九号住。"同时把请求书给我了。晚晌我到他家里，给他两小孩一人一千块钱，我和他说："开路条子的事情，请多帮一点忙。"他说："不要紧，不要紧，这一点小事放心!"第二天他领我到办公地去，路上告诉我："不要说你是退伍军人，不要说是蒙古人。"到了办公厅见了开路条子的人，我把一千块钱放在桌上，他什么也没有说就给我开了路条子了。

《内蒙古周报》

张家口内蒙古周报社

1946 年 1 卷 8 期

（朱宪　整理）

察蒙工作团在明安旗开展工作

作者不详

察、锡两蒙工作团，自从到达明安旗海恩多拉汗以后，团员们都有吃苦耐劳的精神，一般地说蒙古人是善于骑马而不善于步行的，但为了不打扰老百姓，由海恩多拉汗至勃舍得诺，由勃舍得诺到十四、五组，他们都是步行的。他们的皮鞋都堆在明安旗政府的一所空房子里，每一个人只带一条薄被单。明安旗长索图那木查木差告诉他们，明安旗十四、五组过去在生产上曾有一些成绩，希望他们把十四、五组的生产发动起来。他们到十四、五组以后，配合着救济粮食的分发，阐明生产的意义。组织了巡回识字班，解决青年和妇女的识字问题，征求老百姓对地方自治政府的意见，并深入地解释蒙联的纲领与会章，同时把他们自己带的普通药品，按照老百姓的需要供给。本年四月底察、锡两蒙工作团团长方洁同志现已由哈布嘎赶到十四、五组进一步开展该地工作。

《内蒙古周报》

张家口内蒙古周报社

1946 年 2 卷 8 期

（丁冉　整理）

赤承参观团青年代表陶克谈话

作者不详

陶克先生是热蒙翁牛特左旗的青年，富于热情，是参观团蒙古青年的代表，他告诉记者，他来参观张市主要的任务是把张市蒙古人民自治运动的情形介绍给热蒙青年，他曾参观张市内蒙古学院，并访问医大蒙族学生，对张市蒙古青年的进步与自由赞仰备至。记者询以热蒙的青年们对于自治运动态度怎样时，陶克先生答："热蒙的青年，知识分子比较多，特别是喀喇沁左旗、右旗、中旗。他们对于自治的要求也就更加迫切。一般青年都认为：现在是人民的时代，是民族自治的时代！他们都这样说：在共产党的帮助下，再加上自己主观的努力，蒙古民族的自治和解放是完全可以获得胜利的。"接着陶克先生说："此次云泽主席到热河的时候，受到蒙古人民和青年的热烈欢迎，热蒙的青年说：云泽主席是我们蒙古民族的杰出人才，是我们蒙古人民的领袖，我们有他而引为骄傲。"

其次，陶克先生谈及热蒙的人民已经和从前大不相同了："广大的人民以及嘛喇与王公也参加旗、区、乡的各种会议，拥有百顷土地的王公，常常捐钱开办学校。喇嘛在赤峰、翁牛特左旗和翁牛特右旗人数不多，但他们同样能获得参加政治的机会，因此对各方面的建设也抱着积极的态度，从赤峰到王爷庙有一千多里地，嘛喇庙对来往行旅进行着招待的职责，他们说：在民主政权的领导之下，这一点是我们喇嘛阶层所应做到的。"最后告以赤峰虽然蒙汉杂居，但互相间关系是异常和睦的。

《内蒙古周报》
张家口内蒙古周报社
1946 年 1 卷 8 期
（李红权　整理）

欢迎赤承参观团青年代表陶克先生，内蒙自治运动联合会召开座谈会

作者不详

内蒙古自治运动联合会为欢迎莅张之赤承参观团蒙古青年代表陶克先生，于本月六日下午一时特召集张市各内蒙古机关、学校、团体，暨察、锡两盟在张市的工作人员，举行东西蒙交换工作经验座谈会，到会者共三十余人，内蒙古自治运动联合会刘处长在介绍座谈会的意义中强调地说："现在不论东蒙、西蒙，青年、妇女、喇嘛各阶层，对内蒙古自治运动，在思想上已经获得一致，我们只有交换东西蒙的工作经验，才能应付目前整个内蒙古自治运动工作的开展。"内蒙古学院朱教育长在介绍该学院的各方面以后说："内蒙古学院，其所以能够在短短的四个月中间，使蒙古青年在思想上进步的主要原因是我们的教育方式，不是单纯的上政治课，〈了解〉国际、国内时事，而是把教育中心放在让学员们讨论、争辩、互相教育，以及自我教育等方法上。"当座谈会进入茶点时，王宗洛老先生恳切地盼望陶克先生把他的意见带回东蒙去，他沉痛的说："我们蒙古民族，历年受法西斯教育，无形中形成凡汉人就是大汉族主义者，压迫我们。就我个人说吧，我过去总认为，蒙古民族是一个被糟蹋的民族，无人能够帮助我们，也无人肯帮助我们，强权即公理，无论哪一个国家，哪一个政党都是一样。"但现实的生动事实已使王宗洛老先生有了不同的看法，他

说："我因为看到在共产党帮助下，由各个不同的盟旗，集各种不同的阶层，在一个学院，能够进行团结的学习，搞得很好，我的观点也改变了，我现在不但在内蒙古学院任职，而且，实际上也在锻炼着自己。"察盟分会主任苏剑啸介绍了察盟分会的进展及选举工作，他说："察盟人民普遍参加选举工作，这在历史上是第一次，妇女当选了代表，有的在地方自治政府工作。"在谈到蒙民积极参加选举的热烈情形时，他举出例子说："当明安旗进行选举工作的时候，一个五十岁的老太太，听说蒙古人要选举代表，管理蒙古人的事情，她冒着风雪，借别人的骆驼，从几十里地来开会。"最后他力称，蒙汉团结，东蒙、西蒙团结，各盟旗团结，交换自治工作经验以完成自治工作任务而努力。

最后，陶克先生介绍热蒙人民在民主政权领导下经济、教育等工作的进展情形，热蒙青年知识分子较多，他们积极参加自治运动，妇女表现着〔得〕非常活泼，各旗的学校已普遍开设，学生人数超过已往任何时候。热蒙的老百姓希望有一个规模较大的皮毛合作社以购买他们的皮毛。最后他并希望《内蒙古周报》今后能多介绍东蒙、西蒙的工作经验，使工作做得更好。座谈会直延至下午六时始行散会。

《内蒙古周报》

张家口内蒙古周报社

1946 年 1 卷 8 期

（李红权　整理）

蒙古共和国新划行政区

作者不详

省名	省会	原属部盟
都尔比	乌兰固木	科布多地方
科布多	科布多	科布多地方
札布干	乌里雅苏台	札萨克图汗部
阿尔泰	汗泰西里	札萨克图汗部
库苏古尔	克特哈尔	三音诺颜汗部
乌布尔浑	推台	三音诺颜汗部
鄂尔浑	齐齐尔里克	三音诺颜汗及土谢图汗二部
南戈壁	达尔吉尔浑	三音诺颜汗及土谢图汗二部
中央	库伦	土谢图汗部
农业	买卖城	土谢图汗部
东戈壁	赛音乌苏	土谢图汗及车臣汗二部
肯特	东库伦	车臣汗部
东方	克鲁伦	车臣汗部

《内蒙古周报》
张家口内蒙古周报社
1946 年 1 卷 8 期
（朱岩　整理）

外蒙古独立运动简史

作者不详

外蒙古在满清时代，满清专制皇帝把它看做"藩属"，满清专制皇帝一方面收买蒙古的王公贵族，利用他们去统治蒙古人民，另方面自己又派官吏到蒙古去，设立许多机关，大肆收括剥削，当时一般的蒙古人对满清专制皇帝非常痛恨的。

沙俄帝国主义利用这个空隙，又看到当时的满清政府昏聩腐朽，于是对外蒙古积极进行侵略，一九○一年的清俄第二次密约，把蒙古划进了沙俄的势力范围，一九○五年日俄战争俄国战败后，沙皇又进一步实行吞并外蒙古的诡计，一九一一年沙皇派兵南下，威胁并诱勒哲布尊丹巴活佛（喇嘛教最高的教主）脱离中国"独立"，就是这个诡计的实现，所以一九一一年外蒙古的"独立"实际上是受沙俄帝国主义所唆使，变成了沙俄帝国主义的保护国。辛亥革命后，中国政府与沙俄几次交涉，在一九一四〔五〕年订立了《中俄〈蒙〉条约》，沙俄承认中国在外蒙古有宗主权，中国承认沙俄在外蒙古有领事裁判权，并承认一切外蒙政治问题，都由中俄两方商量办理。外蒙古人民在王公贵族、中国北洋军阀政府和俄国沙皇三位一体的重重压迫下，痛恨是更加深重了。

一九一七年俄国的十月革命，为被压迫民族开辟了一条光明的道路，苏维埃政府根据民族平等的政策，立即自动地把革命前俄国在外蒙古的特权废除了，束缚着蒙古人民的绳索，从此解除了一根。但是北洋军阀政府仍旧继续着满清政府反动的民族政策，压迫和剥削蒙古人民。一九一九年，白俄匪首谢米诺夫勾结蒙奸，在外蒙捣乱，外蒙活佛觉得危机严重，向北京政府求援，由北洋军阀政府派去"帮助"蒙古的西北筹边使徐树铮，对蒙古王公、活佛，却仗势欺凌，对蒙古人民更以"蛮民"相待，拼命压迫，要用武力解决蒙古，结果，蒙汉之间的矛盾更深。在这种情形下，一九二一年二月，谢米诺夫和日本帝国主义勾结一气，又侵入蒙古，并强占了库伦，威胁活佛，要他再宣布"独立"，实际上就是要把外蒙古变成进攻苏维埃俄国的反革命的根据地。

这时，外蒙古人民看到民族危机千钧一发，北洋军阀政府又不能"保护"他们，摆在面前的只有民族革命一条出路了，于是大家起来征集志士，在恰克图组织国民党，招集蒙古军，组织革命政府，并派代表到赤塔去要求红军帮助，结果，外蒙古军民和苏维埃远东共和国的红军联合一起，赶走了白俄军队，扫除了日本帝国主义的势力，第二年宣布独立，和中国脱离关系，从此外蒙古就真正从民族压迫中解放出来了。当时，王公贵族和喇嘛的封建势力还很大，到一九二四年，活佛死去，人民又推翻了教权的统治，宣布废除元首制度，实行民主制度，召开了国民大会，建立了国民政府，制定民主宪法，改国号为"蒙古人民共和国"，并规定了经济政策，逐渐把封建势力剥削的特权也取消了。当时的北洋军阀政府，虽然不承认外蒙古独立，但是外患频仍，内战不已，大革命运动又起来了，他本身已无力北顾，外蒙古人民就埋头苦干，努力于自己民主政治和经济、文化、教育的建设。在此期间，苏联给外蒙古很多帮助，例如一九二四年，苏联分三期借款给外蒙古筑铁路，第一期没有利息，后两次只取底利；又如一九三〇年苏蒙关于卫生的条约，关于预防牲畜流行病的条约；一九三四年苏蒙订立通商、贸易及付帐条约，都是根据友谊、互助的原则签订的。在外蒙古人民共同努力下，在苏联友谊的帮助下，外蒙古人民逐渐斩除压迫和奴役他们的锁枷，开始过着独立的、自由的、幸福的、富裕的生活。可是没有几年"九一八"事变发生了，我国东北四省相继沦亡，外蒙古的独立也直接受到威胁，自从出现了伪满，外蒙古国境有七百公里被傀儡国所包围，日寇侵略外蒙古的野心也日趋积极，除去策动反动的旧王公、喇嘛叛变外，又屡次出兵侵犯外蒙古的国境，一九三五年哈尔哈社〔庙〕的冲突，贝尔湖畔的冲突，都发展到很严重的地步。在这种局面下，外蒙古政府一面加强武装，坚决自卫，一面与苏联密切合作，于一九三六年三月签订《苏蒙互助公约》，规定以全力互相帮助，避免及防止任何武装的攻击和威胁，这个公约的签订，给远东侵略魔王——日本帝国主义及其豢养的伪蒙军以有力的打击，当时，世界上许多爱好和平的人士，都认为这是"建立太平洋集体安全制度的起点"。去年八月八日，苏联政府对日宣战，外蒙古根据《互助公约》也跟着发表了对日本宣战宣言，并派出大量机械化骑兵部队，越过沙漠区，参加作战，在打败日本帝国主义战争中，外蒙古军队是有功劳的。

去年在中苏条约所附照会中关于由外蒙古人民自己决定其独立的规定，中国政府始派员赴外蒙监察全体公民投票自决，从十月十日到二十日经外蒙古各省全民投票的结果，没有一个外蒙古人不赞成蒙古人民共和国独立，因此中国政府乃正式承认外蒙古为独立的国家。

《内蒙古周报》

张家口内蒙古周报社

1946 年 1 卷 8 期

（朱宪　整理）

论内蒙盟旗地方制度

张问童　撰

一　前言

　　此次国民大会，内蒙代表于十二月九日在南京集会，讨论内蒙问题，当即决定三点：（一）蒙旗组织系经国府明令规定，应列入宪法中。（二）蒙旗所要求者，非高度自治，而系在三民主义及领土完整之原则下，获得合法之自治。（三）要求中央实现二中全会决议案，恢复整个蒙政会，并调整及充实中央边政机构。以此三点联名上书蒋主席，并发表声明，阐述内蒙问题，其中有谓："内蒙除去极南部边疆和铁路沿线是蒙汉杂居外，其余的大部分或全部分，仍然是仅有少数汉商往来，那一片广大的土地上，并没有县，省区仅不过是地图上染块颜色而已。在行政上对于我们蒙古人民无密切关系，就是在农耕地带上，其土地所有权仍归蒙人，佃耕的汉民始终对于盟旗政府及其地主缴纳着地租。盟旗是几百年原有的政治组织，县是到明末清初（原文为清末明初）才设立的，省则只有十余年的历史，它只管理汉民的事务，并不干涉蒙旗行政的权利……关于蒙汉人口问题，我们承认汉多于蒙……"由这段声明，即知内蒙仍望维持着盟旗地度制度，而且要把它列入宪法中，奔走呼喊，至为激烈。由近几天报纸上的消息，终于《宪法》

第一百十九条规定"蒙古各盟旗地方自治制度以法律定之"。由此条文之推测，内蒙的地方自治制度，将来也许不会实施省县式的地方制度，但盟旗式的地方制度之不能原样保存，亦属意中事。此即说明盟旗地方制度，虽有其历史渊源，但不适宜于今日，亦极明显。今《宪法》规定以法律定之，自在考虑其何种地方制度，始适宜于内蒙。今在未决定之前，谨就盟旗制度之利弊，及何种形式的地方制度，始能适宜，以客观的态度而分析，就教于贤达。

二　盟旗地方制度之源起

内蒙代表有谓盟等于省，旗等〈于〉县，无庸盟省县旗重叠，在一个行政区域内，不应有两个主权相等的政府，诚为天经地义，惟盟是否即等于省，旗是否即等于县，确有研究讨论的必要。内蒙在清朝时的行政区划，最小者为旗，合旗为部，合部为盟，共有六盟，二十四部，四十九旗，兹列表如下：

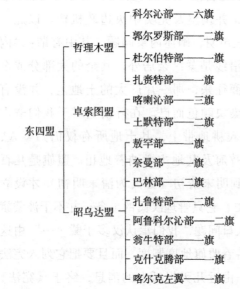

东四盟　
哲理木盟
- 科尔沁部——六旗
- 郭尔罗斯部——二旗
- 杜尔伯特部——一旗
- 扎赉特部——一旗

卓索图盟
- 喀喇沁部——三旗
- 土默特部——二旗

昭乌达盟
- 敖罕部——一旗
- 奈曼部——一旗
- 巴林部——二旗
- 扎鲁特部——二旗
- 阿鲁科尔沁部——二旗
- 翁牛特部——一旗
- 克什克腾部——一旗
- 喀尔克左翼——一旗

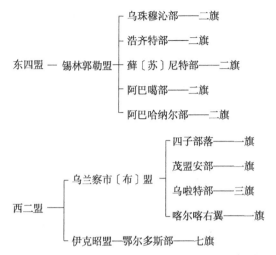

东四盟 — 锡林郭勒盟 ┬ 乌珠穆沁部——二旗
　　　　　　　　　├ 浩齐特部——二旗
　　　　　　　　　├ 薛〔苏〕尼特部——二旗
　　　　　　　　　├ 阿巴噶部——二旗
　　　　　　　　　└ 阿巴哈纳尔部——二旗

西二盟 ┬ 乌兰察市〔布〕盟 ┬ 四子部落——一旗
　　　　　　　　　　　　├ 茂盟安部——一旗
　　　　　　　　　　　　├ 乌啦特部——三旗
　　　　　　　　　　　　└ 喀尔喀右翼——一旗
　　　└ 伊克昭盟—鄂尔多斯部——七旗

　　清廷对于内蒙古之治理，兼采自治与官治两种。所谓自治，不过为部落酋长之治理而已，非如今日之自治，由人民选举官吏，人民自己决定政策；所谓官治，则由中央任命官吏，驻于交通要道，率兵镇压，以任控御之责。盖满清对于边疆政策是消极的，求无"寇边"之患，即达其最大目的，对于边民的教养事宜，自不过问。彼时内蒙自治机关，旗设旗长，盟设盟长，旗长世治其民，关于领内行政，名虽受理藩院及将军、都统大臣之监督，实则不敢牵制，各札萨克除每年贺贡、围班、行走外，即与中央无关。旗长蒙音曰札萨克，总理旗务，外有协理台吉二人或四人，助理旗务，若有员缺，则由札萨克与盟长会同择闲散王以下，台吉、塔布囊以上，保举正副二人，送之理藩院，奏请引见补任。其下有管旗章京一人，副章京二人或四人，每六佐领，有参领一人，每百丁、两百丁或二百五十丁，有佐领一人及骁骑校（每佐领下一人）等官，均选补于台吉、塔市〔布〕囊及部众内。盟长由理藩院开列盟内各部之札萨克，奏请裁任，并以同样方式，选任副盟长，助理盟务。盟长与札萨克无异，不过德威较大而已。

除各旗相互间遇有重大事件不能解决，请盟长裁判外，各旗之行政，则无力过问。每三年各旗会盟于一地，盟长为会主，解决各种议题，中央则派钦差大臣参与，盟之来，即由此也。至于旗之由来，实非蒙古故有，原出于康熙时，即公元一六七五年察哈尔部布尔尼亲王叛乱，经满清平定，乃分察哈尔部为镶黄、正黄、正红、镶红、正白、镶白、正蓝、镶蓝八旗，沿用迄今，越两百余年，几为蒙胞不知其所由。

从盟旗制度之源起及制度之本身而看，盟旗制度只有旗一级是实际的，而盟是几个旗或十余旗的札萨克的一种会议形式，会议地点之所在，即盟部名称之由来。最早的盟长，系由札萨克选举，完全为氏族部落联盟制度，至清氏族联盟制度中的盟长选举，徒具形式，理藩院指谁为盟长谁即为盟长，且满清以自身文化较低，骤然统治文化较高之汉族，难免无戒惧，复实行王公制度以联蒙，分封蒙古诸王，以之充任札萨克，但又惧蒙古之强大而自危，乃以其旗制部勒之，使其力量分散，因此，今日盟旗制度可纳为下列几种形态：

1. 盟旗制度是满清联蒙而又防蒙下的产物。

2. 盟是氏族部落联盟时代的遗物，但经清廷的政治运用，盟已为虚级的组织。

3. 旗制是来自满清，非蒙族固有的制度。

4. 盟旗制度杂以王公制度的实际运用，已不合符时代的需要。

5. 盟旗制度对于区域划分，不十分重视。

三　今日内蒙概况

1　盟旗分布情形

盟旗之分布，非常分散，因为满清统治者，嫉蒙古之强大，实行分散以弱其势，已叙于前，再以经济条件之□□□□牧生活，实难固定于〈某〉个区域集中繁衍。我们之所谓盟旗，务须要明白除外蒙唐努乌梁海部诸旗、毕都哩雅诺尔□□□□□齐玺哩克盟诸旗、汗山盟诸旗、克鲁伦巴尔城盟诸旗是集聚于整个区域之外，其余所谓盟旗地理的分布，自东北的辽北、嫩江、吉林、辽宁迤逶〔逦〕西向，经热河、察哈尔、绥远、青海以至新疆，几可以说从东北至西北的国防线，都是蒙旗的分布线，其大概情形如下：

甲　东北（辽北、嫩江、吉林、辽宁）辖一部一盟，共十九旗，即呼伦贝尔部，辖有索伦左翼、右翼两旗，新巴尔虎左翼、右翼两旗，陈巴尔虎旗，额鲁特旗，布里雅特旗，鄂伦春旗共八旗，外有伊克明特别旗；哲里木盟辖有杜尔伯特旗，扎赉特旗，郭尔罗斯后、前两旗，科尔沁右翼前、后、中三旗，科尔沁左翼前、后、中三旗，共十旗。

乙　热河省内有两盟，共辖二十旗，即卓索图盟，辖喀喇沁左翼、右翼两旗，喀喇沁中旗，土默特右翼、左翼两旗，唐古特喀尔喀旗，锡埒图库伦旗共七旗。昭乌达盟辖巴林右翼、左翼两旗，克什克腾旗，翁牛特右翼、左翼两旗，敖汉右、左、南三旗，奈曼旗，喀尔喀左翼旗，扎鲁特左、右翼两旗，阿鲁科尔沁旗共十三旗。

丙　察哈尔省有一盟一部，共辖十八旗四群，即锡林郭勒盟，辖有乌珠穆沁左右翼两旗，浩齐特左右翼两旗，阿巴噶左右翼两旗，阿巴哈那尔左右翼两旗，苏尼特左右翼两旗，共十旗。察哈尔部辖有商都群、牛羊群、右翼牧群、左翼牧群共四群及察哈尔左翼正蓝、镶白、正白、镶黄四旗，察哈尔右翼正黄、正红、镶红、镶蓝四旗。

丁　绥远省有两盟一特别旗，合计十四旗，即乌兰察布盟，辖有四子部落旗，喀尔喀右翼旗，茂明安旗，乌拉特后、中、前三旗，归化土默特特别旗。伊克昭盟，辖有鄂尔多斯左翼前、中、后三旗，鄂尔多斯右翼前、中、后、前末四旗。

2　宗族分布概况

一提内蒙，一定会联想到其居民尽为蒙族，或者大多数是蒙族，其实亦不尽然。除蒙族而外，尚有汉、满、回各族，如辽北、嫩江、吉林、辽宁、热河、察哈尔、绥远诸省都有盟旗的分布，不但大部分为汉人，即以盟旗称谓的地方，亦是各族杂居，绝少纯粹蒙胞，而且许多旗的辖境内，汉人反居多数，如热、察、绥三省共人口一千二百万，而蒙人仅四百万，要找到人口调查的确实数字，非常困难。上月南京《中央日报》刊有曾资生先生《盟旗自治问题评议》一文中，搜集有一部内蒙人口的调查数字，此数字是伪满康德七年时的调查，如此调查无政治作用而且精确的话，即可证明适所述之不谬，兹转录于后：

县、旗名称	总人口数	汉人口数	蒙人口数	满、回及其他数
承　德	三二八，四二四	三一二，四六七	二九二	一五，六九五
滦　平	二四九，三二五	二二九，八九七	二四	一九，四〇四
丰　宁	二七〇，四一五	二四九，四二九	三，五三六	一七，四五〇
隆　化	一九二二三九	一六六，四九〇	一，七三四	二四，〇一五
围　场	二八〇，四八一	二七四，五七二	二〇一	五，七〇八
赤峰翁牛特右旗	三一二，七四二	三〇一，七三五	五，五二〇	五，四八七
赤峰翁牛特左旗	一三〇，七〇二	一一八，三八六	一二，一六三	一五三
建平敖汉旗	三〇一，〇四七	二八七，二六四	一三，〇二六	七五七
建平喀喇沁右旗	五八五，五七四	五五二，一九七	二九，〇八五	四，二九二
平泉喀喇沁中旗	五二五，八三四	四八五，二五九	三三，七八一	六，七九四
凌县喀喇沁左旗	七七五，〇八八	三二，二一一	三五，四八三	七，三四九

县、旗名称	总人口数	汉人口数	蒙人口数	满、回及其他数
朝阳土默特右旗	四四九，五六九	四二〇，二四一	一八，五三三	七九五
朝阳土默特中旗	三六六，七六五	三四四，一四三	二〇，九二〇	三一，七〇二
阜新〔阜新〕市	一三一，八七六	一二三，三六一	五，五九八	二，九一七
阜新土默特左旗	三六一，〇九九	二八七，一四九	七二，四二〇	一，五三〇

　　从这简单而不完全的调查数字看，其他各族占多数，实无庸疑，设即少数，亦无所关，盖中国根本就无严格区别的种族，就是内地的汉族，亦无绝对的纯血统，边疆的宗族，亦莫不如是。蒙汉之间，只有文化先后的区别，经济生活的不尽同而已。司马迁《史记》说明蒙汉是同一民族的分支，是有力的历史同源论。又从历来的事实看，自战国到现在，其间不知经过了多少次的战争，多少次的民族迁徙，蒙汉之间，实已经过了多少次的混血，对于内蒙的地方制度问题，故只可就文化、经济而立论，实无以有民族条件渗〔掺〕杂其间的必要。

3　蒙汉杂居的实情

　　蒙汉杂居，并不是武力的后果，而是自然力量的促成。考其事实，不外后述四种原因：一为朝代兴替，因战乱而迁徙，已如前述；二为汉民的自往垦殖；三为蒙古贵族之招佃；四为汉人前往经营商贩。因为是自然力量的形成，故相处至极融洽，更因为生活环境相同，社会意识接近，及历来通婚的关系，不但相处甚洽，而且有许多就不清楚其谁为汉人抑为蒙人。诚然，我们也不能否认，有时亦有些小冲突，但是，这些冲突是人间相处不免的现象，即汉人与汉人之间，甚而同姓之间，亦是常有的事情，无庸小题大看。近年以来，在中央对蒙胞优待的政策之下，蒙胞对国家的权利多而义务少，就教育而言，蒙胞子弟可以免费入县立学校，甚而有优待者，然汉人入旗校常受限制。就政治方面言，绥远省参议会二十六名议员中，蒙胞有四名，若以人口比例计，绥远省有乌、伊两盟十三旗，东蒙四旗，及土默特旗共十八旗，人口总数不过五十万，最多只有两名，今竟有四名，即可概知政府对于边民之提携与关怀矣。就义务而言，抗战期间，亦极少负担兵工役及出粮之应尽义务，以是杂居于内蒙的汉民，对政府发生怀疑怨愤，不知政府用心之苦，只感到政府厚于蒙人而薄于汉人。所以傅作义先生执政于绥远时，常引起汉民的不满和批评，衡之以理，如此优待，何异姑息。蒙族既为中国构成之一员，凡属权利和义务自应平等。

4　王公制度之残余

内蒙远在边陲，而从前满清对边疆政策，只求其如何无边患，即达其最大目的，乃借用王公制度而羁縻其边民，相沿迄今。虽民主之声高唱入云，而内蒙平民未得其闻，此种制度之存在，实不应为时代所有。因为王公是统治阶级，王位世袭不变，对于旗政之措施，平民绝无过问之权。又因为牧畜关系，皆为单独住户，每户平均常相距五六公里，人民既无表达意见的机构，王公亦无接受人民意见的义务。再为蒙俗尊重喇嘛，轻视黑人，而喇嘛又终身不婚，不服兵役，特权尤多。黑人（即有发辫之男子）可以结婚，但必服兵役，劳苦终身，仍役于人，以是少数男子皆愿为喇嘛，彼等协助王公统治人民，其政治势力越大，性尚保守而忽视改进，故行政只知守常循旧，惟传统的政治是遵。

因为王公制度就是专制制度，故在治权方面亦不分理，常操之于势力较大的一人，既主行政，又受理诉讼，且其诉讼之审判，大半沿其习俗与审判者之意志而定其是非。不论民刑案件，均须征收马工差费，诉讼当事人之两造，于审判前后，以厚礼赠送审判案件者，以此王公视诉讼受理为权利，竭力以求把持包揽，甚至取代。王公、仕官、达度、达古（均蒙古官名）甚或召庙喇嘛，均可受理案件，无如彼等毫无法律智识，复以作威异己，以夸耀于平民，审讼无正式程序，惟以酷刑为唯一手段，如是司法不统一，何异国内之有国也。

四　省县与盟旗地方制度之比较

在未谈到两种制度的比较时，我们首须明了，任何一种制度，并非是固定不变的，相反地，它是随着时代之进化而异。人民的需要而各不相同，批评哪种制度或优或劣，不应从制度本身的理论上去探讨，而应看制度的本身是否适合人民和时代的需要以定。以省县制度来说，虽有几百年的历史，但其间的变化，则不知有若干次。仅就民国以来的省制而言，民国二年是实行行政公署的组织，民国三年改行巡按使公署，民国五年实行省长公署，民国十四年以后又实行省政府制，为何时常变更呢？此即说明推行省政的组织有其缺点，不适合需要，亦可说明制度是随时代而异，就县制而言，亦莫不如是。此上所述，是以省县制度的内容而论，至其形式，则不甚重要。自〈宋〉元历［宋］明清，省制之名，均未更改，但其组织及职权之划分，则各不相同。所以今天讨论地方制度时，无斤斤计较于省等盟县等旗的必要，应看两者的内容有否差异，何者的内容适合于时代和人民的需要，何者即为优良的制度。至今日是什么时代，凡人皆知今日为人民世纪，民主的时代，然盟旗制度是不适合时代的需要，非常显然，主持盟旗政的首长，既为世袭的王公，平民不但没有参政的权利，且而没有过问的机会。试思人民自己的事情，没有参政的权利和过问的机会，揆之于理，岂得谓为平？就地方实况而言，内蒙是农牧并行的地带，汉蒙杂居的地方，如勉强以不合时代的旗盟制度而实行于今日之内蒙，蒙民已感其无参政、过问等权利之痛苦，又何况汉族及其他各族。反过来看省县制度，今日的省级组织，是实行合议的委员制，政策之决定，重大事务之处理，采取会议的办法，既无专断独行之弊，复有集思广益之利，且而从旁有省参议会之过问与建议，自较以王公世袭盟旗首长为尚。就将来而言，《宪法》既经公布，不日即将实施，人民自选省长以办理省政，自选代表以组织议会，举凡各种政权均握于人民之手，显然更适合时代和人民的需要。内蒙各省既为各族杂居，如是各族必有参政与过问省政的机会。无论谁族执政，绝无一族专政之弊或订出一种歧视的法规与发出偏袒的政令，因为《宪法》第五条已经规定"中华民国各民族一律平等"。设有歧视、轻重的事件发生，即与《宪法》抵触，自属无效。再论到县，今日的县级组织，是采取行政一元制，由省府任命，虽未出自民选，但有县参议会的监督与建议，无庸置疑，且《宪法》业已颁布，越年即实施，设今日县级组织，容有瑕疵，亦将成过去。《宪法》第一百二十六条规定县长由县民选举，关于县之立法权，依《宪法》第一百二十四条规定，操之于县民所选组的议会，如是纯为蒙民之县，其权必纯操之于蒙民，杂居之县，其权操之于杂居各族，何况杂居各族，相处极洽，已无种族界限之可惧。

五　结论

今观《宪法》第一百十九条所定"蒙古各盟旗地方自治制度以法律定之"，不知如何定法。在未颁布以前，自难遽断，惟其盟旗制度之无容保存，事理俱在，已论述于前。省县制度可以代替盟旗制度，纵即盟旗制度有其历史渊源，省县制度亦可包罗无遗。

结论数点于后：

（一）一盟区域之内，不能有两个主权相等的政府，是为天经地义。今日内蒙省县与盟旗并存，不当至明，而盟旗制度是部落社会的遗物，不合时代和人民的需要，已论之于前，故盟旗制度无庸保存。

（二）内蒙既系各族杂居，不能以适合一族之制度而施行于各族并存的地方，而省县制度则适合于各族，如中国西南各省，均不只汉族一种，而西南各省均未论及省县制度之有瑕疵。新疆有宗支族凡十余种，文字、风俗、习惯以及经济、生活均各不相同，省县制度亦行之无弊（诚然今日新疆省级组织与内地特殊，但《宪法》实行后的省县制度亦不亚于此），内蒙又何须独异。又如瑞士、英、美各国土内，其民族之复杂，远胜于吾国，然瑞士、英、美各国之地方制度，并不因种族之区别而各异。

（三）盟旗制度偏狭无概括性，而省县制度适反。盟旗制度在清朝，并无一详细具体的组织法。民国二十年十月十二日，国府始公布《蒙古盟部旗组织法》。今日内蒙代表一再请将其组织法列入《宪法》，其法实已有毛病，如该法第三条规定："蒙古各盟、部、旗境内居住之蒙人即为各该盟、部、旗之人民，权利义务一律平等。"此条文规定极显然，只能适用蒙人，然今日内蒙为各族杂居，境内非蒙人之权利义务究如何规定，又无明文，与蒙人平等与否，受盟旗管理与否，不无疑问。设施省县制度，一视同仁，自无此种困难，故盟旗制度，不容保存。

（四）盟旗与省县并存，职权及辖属划分的困难。因为内蒙〔蒙汉〕杂居，而盟旗组织只管理蒙人，其境内之他族，又设省县组织以管理，困难重重，不论可知。故其辖属的划分，备极困难，且两者间职权关系，亦难确定，如《盟部旗组织法》第六条："蒙古各盟及各特别旗，遇有关涉省之事件，商承省政府办理。"又第七条："蒙古各旗直隶现在所属之盟，遇有关涉县之事件，应与县政府会商办理。"及第八条："蒙古地方所设之省县，遇有关涉盟旗之事件，应与盟旗官署妥商办理。"此三条文规定省县与盟旗间的关系，余认为颇不当，用"商承"甚至"妥商"等辞规定，实嫌柔性，如以刚性的规定，地方事务又非常琐屑，且不能一纸规定得完，不能以"承商"、"会商"而解决的事件，在所难免。〈至〉于诉之于上级的蒙藏委员会或行政院，则上级必厌其烦，设无此，而有些事件具有时间性，经磋商考虑及公文往返，则其事件已成过去，若施以省县制度而废除盟旗制度，则无此种困难。

《边铎月刊》

贵阳贵州省政府边胞文化研究会

1946 年 1 卷 9 期

（付艳云　整理）

东西南北

作者不详

热河

热河于去年十二月召开有史以来的第一次人民代表大会，少数民族代表共二十九人（计蒙民十七人，回民九人，满民三人），其中金起先（蒙民）、杨润田、刘□□被选为省府委员。金起先先生在会上讲演，号召蒙汉民族亲密团结。他说："过去蒙族与汉族生活上、经济上都有很密切的关系，本来没有什么隔膜，中间虽然经过日本的挑拨离间，可是我们都是一样的受过痛苦，今后也要一样的建国，有事共作，有福同享。"

东北

辽西省法库、昌图、康平、彰武等县，先后召开参议会，成立了民主政府，各县被选参议员中，蒙、回民族代表有十五名。

伊盟

伊盟西〔之〕乌审旗、鄂托旗蒙民选出尔景林、尔计巴图两位先生为陕甘宁边区参议会议员。

《内蒙古周报》
张家口内蒙古周报社
1946 年 1 卷 10 期
（丁冉　整理）

建昌国民党当局扣留蒙古学生

公然谬为"剿共不剿匪"

作者不详

四月十日东蒙喀喇沁左旗刘振堂、白秀荣等二十五个蒙古青年，听见了赤峰内蒙古自治运动正蓬勃开展，赤峰内蒙古学院正在招收学生，他们怀抱着热烈的愿望，将自身的学业和民族自治结合起来，脱离长年窒息着的生活，不辞劳苦地打算通过建昌抵赤峰内蒙古学院学习。当行抵建昌县北公营子时，突被建昌国民党当局发觉，顿时派兵遣众如临大敌将公营子团团包围，说什么"中华民族乃是一个国家，用不着自治"等谬论，无理地扣留了刘振堂、白秀荣、白秀龄、白秀金四学生，并公然对他们说："你们要当心，我们是剿共不剿匪的。"据赤峰蒙古学生梁国玉语记者，在建昌、凌源、叶柏寿等国民党统治地区，的确实行了"剿共不剿匪"的反动政策，他们对于土匪任其昼夜不分地抢劫老百姓，一听到有共产党的风声，就不分皂白，绝不饶恕，尤其是建昌新编保安队于大川等，因为他们原来是敌伪的走狗，他们因为是土匪，所以作恶也更甚。

《内蒙古周报》

张家口内蒙古周报社

1946 年 1 卷 10 期

（朱宪　整理）

看看傅作义统治下的绥远

石以久　撰

一、老百姓遭了殃

傅作义的人一进城，别的不管，首先就是发洋财，大大小小，是财就发，有些老百姓过去化钱买的日本衣裳、钟表，请人做的日本式的桌椅板凳，一切日本式的东西都犯了法，都得被"没收"，气得有些人就把凳子劈作柴烧了。

其次就是抓壮丁，萨县五区包同河村，只五百家人，就抓走了两千人，村上的四五家蒙古人也被抓跑了，抓来抓去，抓不到了，十二战区司令长官部就利用唱戏的办法来哄捉壮丁，在沙拉齐县陶思浩车站就被他们抓走了好多，逼得人民鬼哭狼嚎，痛骂他们说："这些挨刀子的官土匪，他们光说八路军拉老百姓去挡枪眼，我们可没见着，就光见他们拉老百姓去挡枪眼！"

弄得河套现在简直成了"女人国"了，连赶牛车的都是老婆婆、媳妇子，就没有男人。

最近又开始拔四期壮丁，有几个的就拔几个，孤丁也得出，旧城一个老婆婆，因独子被抽走，断了烟火，被逼上吊死了。

傅作义到绥远的时候，说给老百姓免三年的税，可是别说三年，连三个月都没出去，税就收上啦，屠宰税，又是房捐、娱乐捐、妓女捐，还有车马营业牌照税、车马摊派捐等等，一亩地只能出六斗，他就要交八斗，三百元的一张戏票，就要上五十元的税。

傅军走到哪里，就抢到哪里，骑四师十二团抢了察素旗把什村的草，反过去又卖给老百姓，他们到了老百姓家，一边和你拉着话，一边就偷你的东西，他们霸占民房，无恶不作，归绥城东北一个李家村，被三十五军将房子霸占，当兵的和老百姓家公公、婆婆、儿子、媳妇齐挤到一个房子里，媳妇要生孩子，请求他们腾房子，他们偏不给腾，她又不敢在屋子里生，怕挨他们的打，于是跑到院子里生，结果把孩子冻死了，大人也冻死了。

傅作义只知发财，不顾人民死活。头一天发的蒙疆票，第二天就不准用了，于是物价飞涨，一斤白面一百八十元，一盒太阳烟五百元，一匹土布二万四千元，一斤煤八十元（去年冬天还曾涨到过每斤一百八十元，比面还要贵），煤是官卖的，可是常买不到，又不准老百姓去拉，一拉就要被没收，没收了他们再拿来卖给老百姓，外县来的面、粮食走到卡子上，化的钱多了没收的少一点，不化钱就要统统被没收。

二、裤腰带上的宪政及其他

最近，傅作义也说要"实施宪政"、"实行民主"了，老百姓谁也知道这是骗人的，因为作大官握实权的还都是那些会说山西话的"皇亲国舅"，故有人把他这种宪政称为"裤腰带上的宪政"。老百姓连讲话、居住的自由都没有，到城里去先要报告甲长，甲长报告保长，保长再报告区长，区长批下来说了能行了才可以，旧城小西街高老寡妇，因为对别人谈到八路军在她门口打了一天仗，连她的门都没进，就被扣上"思想不良"的罪名，把房子没收了, 人也抓走了。

傅作义不准蒙古人说蒙古话, 不准蒙古人用蒙古文, 不兴用"内蒙"两个字, 蒙古人受的是双重的压迫, 缴税要缴两回, 旗政府要了, 区政府还要要; 出了也得出两回, 旗政府拔一回, 区政府还要拔一回, 归绥市政府到城东陶浩板收税, 在蒙民云老太太家大骂了一顿, 临走她问了一句, 就被打了一顿。萨县五区大岱村蒙民的牧地也被县长霸占了, 他们这样作是按照傅作义说的"要在三个月叫蒙古人都去要饭吃"。

对待八路军被俘的伤员不如牛马, 让他们睡在湿地上, 也不给盖的, 不给上药; 吃的时候不给吃, 喝的时候不给喝, 小便的时候不给小便, 在新城十三卫生大队的二十来个八路军, 就给这样折腾死了好几十个。

享受着自由的只有欺压了我们八年多的敌人和汉奸特务, 敌人住在伪蒙古军官学校里, 他们可以耀武扬威的在街上开坦克, 他们可以自由的辱骂中国人民, 耻笑中国人民, 汉奸、特务们可以自由的逮捕居民, 自由的暗杀居民, 杀害了汉人还出个布告, 杀了蒙古人就随便暗杀了, 连个布告都不出, 因此, 一般人民就和得了病一样, 都是愁眉不展, 闷闷不乐, 走在街上, 就跟害怕被狗咬着似的。

三、"阎王爷怎么还不要傅作义的命哩?!"

不论是当兵的、老百姓, 就连几岁的小孩, 没一个不骂傅作义的。他们见面就说: 傅作义作了这么多恶的事情, "阎王爷怎么还不要他的命哩?!"人们当中流行着这样的歌谣: "傅作义, 来的快, 大米洋面你都卖, 蒙疆票子把章盖, 大红戳子扣了个快, 八路军抓住你割脑袋(蒙疆票子原已不能用, 但他盖章后强逼人民用)！"

"这里没法活了，咱们逃吧！"可是要打路条，得找三个铺保，得经过保甲长、区长、警备司令部几个关口，还不准到解放区来，但是人民为了要活下去是不怕任何艰难危险的，他们已经找到了自己应走的道路，前天又有四十三人跑到张家口来了。

《内蒙古周报》
张家口内蒙古周报社
1946 年 1 卷 11 期
（李红权　整理）

察、锡二盟工作团受到群众热烈欢迎

作者不详

　　察、锡二盟工作团，在团长方洁领导下，转赴各旗、各佐、各乡村，开展群众工作，帮助群众组织生产。太右旗的贡森拉什说："工作团的同志，帮助我们解决疑难，开化我们的脑子，真令人感激！"其坚苦耐劳的精神，曾得到当地群众一致的赞扬。

《内蒙古周报》
张家口内蒙古周报社
1946 年 1 卷 11 期
（丁冉　整理）

察盟干部训练班正式开课

作者不详

　　察盟来讯：察蒙政府鉴于盟内各旗青年，过去长期的受到敌伪的奴化教育，思想上自不免有不纯之处，现为贯彻新民主主义的教育宗旨，培养为内蒙古自治运动事业服务的干部，特于盟政府所在地成立干部训练班一所，所需书籍、膳宿费用，统由盟政府负责供给，业于五月七日正式开课。

《内蒙古周报》

张家口内蒙古周报社

1946 年 1 卷 11 期

（丁冉　整理）

一个老百姓的希望

作者不详

察锡二盟工作团格日勒图来信报导：他在明安旗十四佐第三组工作，曾和一个妇人谈话，据称：她有一条牛得病没了，不知如何治法，她的母亲得了病，也因为找不到医生而苦恼着，她希望能够得到医药的供给，和对病畜治疗的方法。

编者案：希望各地报导这项消息的同志，能把患病的经过，症状的表现，详细的告诉给我们。我们当根据病况，请医生解答，求得合理的治疗。

《内蒙古周报》
张家口内蒙古周报社
1946 年 1 卷 11 期
（李红权　整理）

察盟分会发展快，镶黄旗有会员七百名

作者不详

顷据察盟盟长陈炳宇、分会主任苏剑啸谈：察盟现已正式成立了九个旗支会，六十七个苏木支会和四百三十七个小组，参加的会员计达四〇九一名，其中包括女的四三九名，喇嘛五三六名。□□发展最快的为镶黄旗，全旗二八〇五名蒙人中，即有会员七百名，占全人口四分之一。

《内蒙古周报》

张家口内蒙古周报社

1946 年 1 卷 12 期

（丁冉　整理）

蒙、回、汉亲密团结互相尊重互相帮助

作者不详

　　蒙、汉、回三个民族杂居的多伦，现在民族间的关系，已经呈现出空前的团结。大家能互相尊重对方的风俗习惯，而且能做到互相帮助、互相往来。回民和汉民一样的获得了参政权，在国大选举当中，村代表中回民占了十分之二，同时，当地回民并组织了回建会，领导当地回民运动。当地回教负责人穆文芳说："过去我们是没有抬头的机会的，八路军来到这里以后，真正实现了各民族平等，街上也没有猪向回民家里跑了。"蒙民和汉民、回民的关系也是很密切的，据经常到蒙旗交易的复兴斋等六家商号谈，他们三次到蒙旗做买卖，蒙民们自愿无代价的供给宿食，并替他们充当向导。到多伦的蒙商，也同样受到汉人的招待。为了沟通蒙汉贸易，许多汉人都学习蒙语，蒙民也学习汉话。现多伦县干部决定每天学习蒙语一小时，多伦蒙民自治旗政府干部也规定了学习国语的计划。在共产党正确的民族政策执行下，无疑的今后各民族关系将更加亲密。

《内蒙古周报》

张家口内蒙古周报社

1946 年 1 卷 12 期

（李红权　整理）

云主席返张

作者不详

云泽主席，月前亲赴赤、承等地慰问热蒙同胞，已于本月四日事毕返张。张垣内蒙古各机关团体干部闻讯，均纷纷前往谒见，主席精神焕发，对热蒙各阶层团结一致，为争取自治实现而努力深为赞许。谈及国民党反动派在东北扩大内战，主席称："蒙汉兄弟正准备随时给进犯者以打击。"

《内蒙古周报》

张家口内蒙古周报社

1946 年 1 卷 12 期

（朱宪　整理）

绥远在饥饿中！[1]

作者不详

（归绥通讯）说起近来绥远的文化工作，就好像前些时那些庄稼人急着盼下雨，天老爷终于睁开了眼赐了几场，又把上细小的幼苗挺壮起来似的。

六月给绥远文化工作者不少的兴奋，奋斗日报社的招待作者茶话会后，接着就是本省傅主席作义在胜利后初次招待在绥垣的五十多个文化人士，在这茶话会中傅主席亲自主持，在大家热烈发言中产生了一个"文化联谊会"，在这会议以后，许多文化人踊跃的在报纸副刊上发表意见，三个五个爱好写作的朋友一聚齐也就谈到开拓、发展、建树等议论，这个文化运动的呼声，已经冲破旧日的沉闷气氛。

一些爱好话剧的朋友们，在空军地区司令部帮助之下，又要上演《雷雨》，这是胜利后绥垣话剧第二次的上演。接着话剧之后，本市社会闻人又发起组织塞上社会教育剧团，由《一颗赤心》的作家赵傲时负责筹备成立，并闻将演清末政治、武昌起义、袁氏叛国等新剧。

在文化食粮贫乏之绥远，在开拓文化呼声高彻云霄的今天，那应时的"文化之家"开幕了。这文化之家是公家办的，经费、条

---

① 作者的反共立场十分明显，请读者留意。——整理者注

件都相当充足，开张头一批就有二百多种书刊什志，其来源主要
靠的是由北平空运，成本虽然大，卖价也不小，往往一些小公务
员翻了哪一本也好也想买，一问价钱不由〔不〕得望书兴叹。

联合国善后救济物资，在绥远配给是第一次，一些绥、包围城
遭受灾难的百姓，是亟盼这批实物早一天得到手，好容易晋察绥
分署给绥远配给了二百吨的物资，那里面是旧衣、皮鞋、药棉花
和牛奶四种。决定共军盘据的集宁配给五十吨，绥远其他各地
（指政府所在地）一百五十吨。在国际人士帮助之下，从太原到集
宁都很顺利平安，可是到集宁把应留下的物资放下后，再启程西
运，困难的问题就层出不穷了。运费的价格，运输工具的来源，
这些问题都没法使这任务达成，从每里每斤二三十元的运价，一
下直涨到六十五元，在这刁难阻挠的日子里，最奇怪的是一些当
地的老百姓会悄悄的来告诉你，他们愿意以半数的运费给他们拉
运，可是在这所谓"自由区"的"自由"民哪里有拉运的自由哩？

因此负责的人不得来绥远请助运输车辆，在顺利的商洽中，可
以比他们减少一半，他们得到这个消息，又不愿失此"体面"，在
忍气吞声讨价中减少了三分之一，这个波折总算过去了，可是当
物资从他们保护的仓库里上车时，却发觉失去了衣服十三包，牛
奶两箱，这些东西都在他们自吹的"夜不闭户"的仓库后墙，有
计划的掘洞有计划的补洞下拿走的。

这个丑闻一传播到绥远，就激起一般人对共产党又多了一种注
解，从这注解的评语里他们想起党格、党德与国家的体面。

当太阳还灼热的晌午一些市民不知从哪儿得到的消息，说自动
投降的八路军要经过旧城，他们和她们自动的参加，比公家下命
令还来得齐心，三个五一个〔个一〕群老早就在路上等待着。

小孩，小媳妇，老汉，后生小子，他们和她们用一种新奇愉快
的神情在那里揣想着，这批八路军一定是老弱残兵，一定是神情

不定，他们指手划脚的说着共产党刁滑，他们回忆着去年冬季绥、包围城艰苦境况。说着笑着，五点，六点，七点，很快的过去了，性急的人们等得不耐烦，发动着，探望着，肚饥着，可是虽然饥，虽然急，然而被一种无形的力量捉住了，使人们不愿失去这个机会。

太阳下山了，夏令的火炎消煞了许多，像电似的这个消息已经传播到全城，沿途上的人们不见走，反而一会比一会增加，一直到黄昏八点钟的时候，从东面灰土里发现了有两辆卡车，在车的前面挂着一幅白布红字的大纛，上面写着"欢迎反对中国共产党先觉反正同志"，车顶、车厢上站满了人，拳头一上一下的在空中飞舞着，汽车开进了城市，四十三个"晋绥区野战军"（第七团第三营第八连第一排）一个整排的弟兄高呼着"反对内乱割据"、"打倒中国共产党"的口号，街上的老百姓嚷着拥护蒋委员长。

"啊！你看那不都是十八九二十几岁的年青小伙子！"一位老者拿着烟杆指着车上，路上的人们前头后头左面右〈面〉把车子挤得不得不慢开，车上的呼声与地上的呼声混合在一起，车上的人和地上的人他们虽然谁也不认识谁，可是被一种思想一种热烈的感情所交流，只有在远远的一角，站着二三个驻绥执行小组里的八路军，脸色是那样的难看，呼吸是那样的短促，可是这都不被人们所注意了。

《新生中国》（月刊）

上海新生中国社

1946 年 1 卷 12 期

（朱宪　整理）

蒋介石委派蒙奸当司令成立第二"满洲国"

孔飞　撰

　　顷据东蒙来人谈：蒋介石近授蒙奸沁布道尔为中将衔，成立热北第一保安支队，沁布道尔为司令。现有四个团，约二千余人，并发给弹药一二〇余箱，派有特工人员在内工作。又于同时设立卓索图盟政府，委达克丹苏克为盟长。该盟成立后，即加紧敛括，苛杂繁重，老百姓苦不堪言，都说："这不是第二个满洲国出现了吗？"

《内蒙古周报》
张家口内蒙古周报社
1946 年 2 卷 1 期
（李红权　整理）

值得学习的工作方式

根据群众自愿 大家商量讨论
厢〔镶〕红旗朝贵赎地问题圆满解决

石以久 撰

厢〔镶〕红旗十一苏木蒙人朝贵，有四十亩"随缺地"，因家贫无钱，去年以一万八千元伪币，活约典给了四苏木汉人王万义，今年朝贵想赎回来，自己没有钱，旗政府借给了他，可是王万义去年已经把地耕过了，他要赎回去，王万义今年就找不到地种了，双方意见发生了矛盾。旗政府为了合理的解决这个问题，就邀请了当地有名望的两个蒙人，五个汉人〔人〕和典地者双方来共同商量，政府只派了个保安科长巴音巴图来听取群众意见，大家认为地应让朝贵赎回，可是今年再让王万义种，分收一年，按二八分收，朝贵二成，王万义八成，这样解决，朝贵能将地赎回，王万义今年仍然也有地种，双方都很满意。这种解决问题的工作方式，是值得我们各地干部好好学习的。

《内蒙古周报》
张家口内蒙古周报社
1946 年 2 卷 1 期

（丁冉 整理）

没收蒙奸战犯财产分配给贫苦蒙胞

庄坤　撰

喀喇沁右旗，原为蒙奸战犯吴鹤龄、李守信等所在地。解放以后，群众纷纷要求卓索图盟分会组织清算委员会，清算战犯资财。自四月十四日清算委员会成立后，即在喀喇沁右旗展开清算斗争运动，在这当中有将近一百个蒙古老百姓控告了恶霸陈子善损害八十多个人命，霸占良民的田地和山林，分会除给予圆满处理外，又将吴鹤龄二百多顷土地没收，经过详细研究和调查分配给贫苦的蒙民，和无土地可耕种的抗日军人家属，以及一小部分蒙难烈士的家属。每家约有七十亩土地，足够维持他们生活。在耕者有其田的原则下并各发给地□，规定如在万不得已时要把土地变卖，须得经旗政府同意。另一方面，前喀喇沁右旗绝大部分的山林都为战犯吴鹤龄所据有，蒙民日常所需的柴火，得先购买始准砍伐，大约每小捆要付伪满票十元。这次分会亦把所有吴犯山林没收，归人民所有，依地势划归区政府，由人民按照次序和户口的比例自由采伐，今后人民再无薪桂之苦了。

《内蒙古周报》

张家口内蒙古周报社

1946 年 2 卷 1 期

（朱宪　整理）

蒙胞热烈劳军

作者不详

张市内蒙古自治运动联合会各机关、学校，为响应市参议员号召募捐慰劳张市卫戍部队，以便进一步密切军民关系，加强拥军优抗工作，最近掀起热烈的募捐运动。内蒙古学院已捐得边币六万六千五百七十五元，牙粉四十三包，手巾十二条，牙刷二十一把，墨一锭，毛笔一枝，饭包一个，便裤一条，香皂八块，肥皂九十七块，书两本。实业公司已募得边币三万零六百元，布鞋一双。招待所已募得边币一千九百五十元，毛巾一条，肥皂一块。内蒙古报社已募得边币九千四百三十元。其他如医务所、秘书处、妇女部等机关亦已募得边币与物品甚多。

《内蒙古周报》
张家口内蒙古周报社
1946 年 2 卷 1 期
（朱宪　整理）

蒙汉农民联合起来控诉建昌土匪于大川

作者不详

热河凌源县第三区黄家店农民代表七十人，海道营子村全村蒙汉代表七人，村政委员会四人，联名签字上书李运昌主席、军区段司令员，控告四月十二日自建昌到来之土匪抢劫暴行，并呈请"火速来铲除建昌驻防土匪于大川，以靖地方而安百姓"。原控告书要点如下：

（一）黄家店被抢去白布七十六匹，鞋十一双，手巾、白布口袋、鸡子、旱烟等甚多，伪满币一万元。海道营子村被劫去女人裤子三件（蓝色），五色花线一斤，其他布尺、鞋袜、衣服、绸缎、腿带子、酒肉、满币等物品不可数计。

（二）海道营子村全村被毒打者四十余名，其中有妊妇和七十岁之老太婆。拉去全村公选的村政委员辛万福一名，现生死不明。黄家店被毒打者七十余名，其中有七旬以外之老人十名，十五以下小孩五名，七八岁姑娘四名。因此，人民异常痛恨。

《内蒙古周报》

张家口内蒙古周报社

1946 年 2 卷 1 期

（李红权　整理）

锡盟工作团协助人民选举帮助
政府调查敌伪物资

作者不详

　　锡盟工作团四月初即在贝子旗开始工作，在短短的一月期间，进行了蒙联自治运动的深入宣传，并协助老百姓选举各苏木的支会与旗支会，锡盟老百姓第一次知道了民主，对于无记名的投票选举，特别感到兴趣。当选完了阿人会达纳加与旗公所的负责人以后，一个喇嘛说："我从前不知道选举是怎么一回事情，现在才知道没有选举，就不会选出好人来。"

　　另一方面，工作团在进行调查敌伪的物资工作中，也获得良好的成绩，工作的方法主要地是劝告老百姓自动报告，给予奖励。军用之类的敌伪物资，一律交给盟政府处理，当运动开展之时，贝子旗老百姓均纷纷自动缴交敌伪的布匹、皮毛、茶砖、铁桶。其中有一个喇嘛扛了一挺他从日本特务机关拿到手的轻机枪缴交盟政府。

《内蒙古周报》

张家口内蒙古周报社

1946 年 2 卷 1 期

（李红权　整理）

厢〔镶〕红旗政府工作开始走向正规化

作者不详

厢〔镶〕红旗政府工作已开始走向正规化，他们现在已经建立了各种工作制度：

一、旗务会议，普通一月召开两次，用以检查和布置全旗工作（有特别事情临时再召开）。

二、请假制度，工作人员按离家远近规定，最远的一月请假不能超过五天。

三、学习时间每天两小时，主要学习时事，阅读《晋察冀日报》、《抗战报》、《内蒙古周报》和其他新民主主义的书籍。

四、劳动时间，每天两小时，进行种菜和修理房舍等事。

五、设一值日员，由干部轮流担任，管理起居、作息等日常生活。

这些制度从六月初已开始实行，希望他们能坚持下去。

《内蒙古周报》

张家口内蒙古周报社

1946 年 2 卷 1 期

（李红权　整理）

卓盟在前进

凌燕　撰

　　受了七百多年灾难的卓盟，已经完全改变了样子；内蒙自治联合会卓盟工作委员会领导着土默特旗、敖汉旗、库伦和奈曼等地的内蒙人民翻天覆地的创造了许多大事件——特别是这一两个月来，七百多年来所作的也赶不上。

　　在卓盟的蒙古人民自由大声的唱着成吉思汗的歌曲——《三十万大军》。这支古老的蒙古民歌给今天的内蒙人民增加了新的力量，他们要民主，要自治；但是占据了北票县城的蒋军的美械枪炮正对着他们，而且三番四次的出动了大批匪军来抢他们心爱的马、粮食和姑娘、钱，要年青的男人去当"国兵"，为了要活命，卓盟人民已经组织了三支强有力的队伍，这是热蒙人民的队伍啊！十一支队是最早成立的。蒙古青年听说要"自治运动"，听说蒙古人民的领袖云泽主席来领导，带着枪和马都来参加队伍了，中队长乌音代来，这个有名"打一方"的炮手，就是一个最好的好汉，国民党进犯到北票，他宁饿死也不当中央军，和十多个弟兄从城里逃出来了。

　　他们在山沟里转来转去转了四个多月，这一回，听说"内蒙古要自治运动"，他们都带着武器来参加了。

　　这些都是很有文化的自卫的队伍，在第十一支队成立后第七天，就正式开始了学习。他们对于蒙古人民真是亲如家人，帮助老百姓生产、送□。有一回，有一个自卫军战士性子急骂了老百姓，给支队长知道了，在群众大会上，支队长亲自向蒙古弟兄们道歉，他说："这是我们的错误！为蒙民自治运动的自卫军，骂了老百姓，这还能成？我们已经批评了这个战士，他也要给大家道歉。"老百姓都说：做梦也想不到有这样的队伍。在两个月以前，这里的蒙古人民还不知道有了一个内蒙自治运动联合会，还不知道有云主席。东蒙工作团由赤峰只派了一个女同志到这个地区，蒙民都起来了，听说要"自治"，只是一个月间，就发展了五千多个会员，工作委员会也成立了，各阶层的蒙古人民都参加了这个组织，例如黑城子的人民永远也不会忘记三月二十一日，那是该处苏木支会成立的一天，远离六十多里路的妇女都骑着马赶来参加大会，那一天，成吉思汗的军歌又响遍了整个黑城子，内蒙人民第一次投票选举蒙古人来为自己办事情；有一个老太婆用香火在自己推选的姓名上穿了一个洞，就虔诚的念了一次佛，她把自己心里要选的人都点完了，把票折好，闭着眼睛又念了一遍，祈祷她心目中的好人都选上。这些支会的执委是包括各阶层的人，例如七星台选出的主任谢巴图（教育界的老先生），副主任马凤亭（贫农），秘书放青山（兴安学院的青年学生），组织尔勒觉木图（厚于喇嘛寺的喇嘛），宣传宝海苏（台吉——贵族），妇女干事附登奇木格。

内蒙人民选出了自己的代表，同时，也提出了许多意见：首先，大多数农民所迫切提出来的，是要□□蒙民和□□□□自己丧失的土地，例如□名□□的蒙汗察□贤（又名□子□），是日本用以屠杀蒙民的"□生会"的负责人，日本投降了，他□了□□□子向国民党买了一个"中将"，这个"中将"曾害死过不少的蒙民，特别是对于农民，一些好的土地他都以"土地奉公"的名义霸占了，他的地租给农民，但是租金把蒙民的骨头都要压碎了，三□地□交七石粮，□□的一亩地也要交三斗三。副主任马□亭就□了清算委员会的委员，领导斗争，管□□□在北票当官，农民都把自己的土地要回来了，一个多月来，农民共收回了八千多亩土地。许多地区，都自动的进行了减租退粮，清算斗争了五个蒙奸，胜利的果实共一百多石粮，都退回给农民，而且还分给一些北票城里的旗警队员的家属，旗警队员的父亲和妻子是多么的感激啊！都用各种方法告诉那些还是十分胡涂的子弟，不要再当蒋军的奴隶了。这一次蒋军命令北票的旗警队去进犯蒙古营子的时候，有三分之二都半路逃跑了。

工作委员会还团结了一大批蒙古青年，办了两个蒙古完小，四个蒙文的黑板报，还出了一个报纸，《新土木特》，开始只是用□□□□□□□的写，现在已改用油印了。这些事情，都是第一次在卓盟发生的，而且，也仅仅是在开始。这一次他们派了代表来见云主席，对于今后的工作，将会有更大的开展。

《内蒙古周报》

张家口内蒙古周报社

1946 年 2 卷 2 期

（朱宪　整理）

正黄旗干部训练班开学

永彤　撰

正黄旗为迅速开展各苏木工作起见，最近成立干部训练班一所，已于六月一日开始正式上课。现在学员二十人，预计名额为四十人，刻正陆续招收新生。学习时间暂定为两个月。所授课程有蒙旗地方自治、政治常识、军事须知、生产知识、卫生概要、算术及识字等。教□则由该旗政府及蒙运支会各干部分别担任。

《内蒙古周报》

张家口内蒙古周报社

1946 年 2 卷 2 期

（朱宪　整理）

蒙古青年是怎样认识八路军的

云继光等　撰

日本鬼子在的时候，我在包头伪蒙古军第十二师司令部副官处担任文书上士，我曾听各长官说，大青山的八路军可厉害呢，日本军每一次出去，不但打不赢，还总要被打伤几个。这次出去，一下便被八路军打死了二十多个。

我不知道八路军是谁的队伍，便去问我们的副官，他也不清楚，只知道八路军的头儿是毛泽东、朱德，总部在延安。

我问八路军有多少。他说："多得很，到处都是，也不晓得是从哪里来的。"

从这次谈话以后，我才知道八路军的一点情形。

以后日本警察队出去"讨伐"，听说他们总和八路打仗，可从没有听说和蒋委员长打过仗。我觉得很奇怪，又去问我们的副官，他告诉我说："蒋介石打不过日本军，退到重庆去了。"

我问重庆在哪里？

他说，远得很，三国时刘备做皇帝的地方。

我也不好多问，也摸不清四川究竟在什么地方。这是民国三十二年的话。

民国三十四年七月间，傅作义队伍进了包头，贴出了布告，我才知道日本投降了。傅作义一到包头，什么也不管，只是抢东西，欺侮老百姓。老百姓怨声载道，都说"日本来了害一场病，傅作义来了要了命"。给傅长官起了一个外号叫傅作孽。

傅作义一进包头，第一个命令，就叫十二师到绥远受编制。由包头出发，第三天我就病了。在大车上躺着，迷迷胡胡，什么也不明白。走了八九天，到了绥远。次日，入军病院，那时，我已人事不知了。医官布和哈达杨生嘎给我打了五百瓦的药，病势才有起色。休养一个时期，便出发到和林打八路军。我也不明白日本投降了，傅作义要和八路打仗，心里很丧气。到了和林，我每天去姓韩的一个老太太家里玩。我问："老太太，八路军待你们怎样？"

韩老太太说："八路军待我们最好也没有了。晚上睡觉，他们在屋地下，叫我们在炕上。吃一点咸菜，也给我们钱。哪像你们这个军队，非打就骂，就像匪徒一样。"

队伍驻在和林，傅作义比日本人待我们还坏。吃不上，穿不上，死了没人管。不把蒙古人当人，动不动就挨揍。听韩老太太说：八路队伍里可讲平等呢，官长和士兵都在一起，真像一个和气的家庭。说得我更羡慕八路了。

一天晚上，我打听不远的龙素村，有"六〇九"的一个支队驻在那里。我们一共有三个人，便在当晚开了小差。

到了那儿，他们非常客气，口口声声叫同志。吃了晚饭，熊支队长、于股长又和我们谈了话，征求我们的意见。我们说，想来解放区进学校，如果不成，便回家。于股长说，来我们这儿，学习、回家都不成问题。并且把国内局面给我们解释了一下。第二天早晨，派了两个战士，准备了一个驴，把我们的东西驼在驴上，送到营部。营长见了我们，以上宾款待，要我们多留几天再送我们走。我们说，不要休息，还是走罢。住了一宿，又给我们一匹乘马，把我们送到团部。团长待我们也是一样，问我们在部队里担负什么工作，有会打机关枪的没有。包景明说，我会打会修理。

原来他们得了一挺机关枪，只能单放，不能连射。包景明便给他们□好了。晚上，李参谋长和我们一道吃饭，告诉我们很多道理。说八路军是老百姓的队伍，要爱护老百姓。又说：八路军不但会打仗，还会生产。最后，他说：现在日本投降了，国内要成立联合政府，军队要国家化，政治要民主化……休息了一天，又把我们送到凉城旅部。政治部□科长是个湖北人，给我们看报纸，告诉我们国民党所作的许多坏事。在旅部休息了四五天，又给我们送到丰镇野战师政治部。师部李参谋长问我们的意见。我们请他介绍进学校。他说："这个问题，我不能作主。因为你们是少数民族，给你们介绍到集宁绥蒙政府杨主席那儿去吧！"

我们拿了介绍信见了杨主席，杨主席又给我们介绍到内蒙办事处。在办事处，听到张家口有个联合会，还有一个内蒙古学院，我们听了非常高兴。住了两宿，便拿了车费和粮票到张家口来了。

——行政二班鲍玉清

过去我在绥远伪蒙古军辎重队上充差时，听日本人说，八路要是见着人，决不容你说话，一见就杀。今年二月二十九日我与马占山开汽车，走到丰镇，八路军请我们吃饭。临走时，派人送到凉城，又由凉城送到绥远。全是和和气气，有礼有貌。回想过去听到的事情，才知道全是日本人造的谣。后来听说张家口有一个蒙古人的联合会，我想，我是蒙古人，应当为蒙古人办事情，跟着我便来张家口了。

——行政二班白宝□

去年日寇投降后，我回到家中，在哥哥家里收割秋谷。一天，傅作义忽然派下几个便衣队，对我们说："八路军离城不远了，你们快逃吧。不然，给他们抓去要杀头呢！"我听了非常害怕，便跑到城南五十里外的亲戚家里，住不到三天，八路军果真来了。我赶忙跑到一个暗屋子里，坐着一直等到太阳落山。等了好久，又不见动静，出去打听一下，才知道八路军要在这里过夜，也没有杀人，也没有拉人。我便去问姐姐："八路军会不会拉人？"

"哪里的话！"姐姐说："八路军对老百姓可好呢。不打人，不骂人。饭还是他们自己做，一点也不用老百姓。还叫老百姓把那无用的伪蒙疆票买他们的东西呢。"我听她说过以后，也不害怕了，便走到住八路军的一个屋子里。走到那里，八路军正对老百姓说话呢！一个八路话〔说〕，"老百姓是国家的主人，一切官员都要由老百姓选举"，态度非常和气。到这时我才知道，傅作义的特务所讲的一套，全是胡说八道。过了几天，我又碰到几个八路军，其中一个是我小学时代的同学，彼此一见，非常高兴，他也在八路军里工作。他告诉我，八路军帮助蒙古人成立自治会，办学校……八路军是咱们的好朋友。问我愿不愿意去张家口上学，我当时因为家里的事情还没有办完，没有走得成。直到三四个月后，才来张家口……

——行政二班威正

我在小学读书的时候，天天都听到日本人说要"歼灭共党八路军"，不打倒八路军，中、日、蒙就不得安宁。老师也说："你们赶快献金，献□。如果不献，八路军来了，看你们还能活得成？"当时也莫名其妙，不知八路究竟怎样。

后来我在商都住着，八路军对老百姓可好呢，才知道日本人以前宣传的，全是屁话。

——行政二班□占魁

去年敌人一投降，我便由张家口回到绥远。第二天晚上，天上正下着大雨，就在这时，八路军打进城内来了。和敌人敌战了半夜，敌人正要缴械的时候，不想王有功的土匪部队来增援，八路军才不得不退出城外。

次日，我跑去看恒老师，恒老师告诉我："中国已正式承认外蒙独立了。外蒙革命成功，是苏联共产党帮助的。内蒙革命，也要靠中国共产党帮助。傅作义是大汉族主义，不可靠。蒋介石也是一样。"他又对我说："昨天蒙古军不应当打八路军，宝参谋（王有功部）这个家伙，一点没有民族意识，共产党是无产阶级的政党，是代表少数民族利益的，八路军是共产党的队伍，我们应当拥护他。"晚上，我回去想了一下，觉得恒老师的话很对。

不久，我便入了绥蒙建国学院。

——行政二班□珍□

解放前，日寇宣传共产党、八路军杀人放火，说得非常可怖。解放后，看到八路军实施民主政策，老百姓有集会、言论、信仰……的自由，对弱小民族扶助自治，帮我们成立联合会，办学校，救济蒙人。所说所做的，全是为蒙古人的。我看到这种情形，就决计变卖一切，赶到张家口学习。

——行政二班拉希德勒格

我于五月二十一日由绥远出发，当天就进了解放区。我问了许多老百姓，他们都以诚恳的态度，告诉我许多关于八路军的情形。他们对于八路军似乎很熟悉，都像谈家常似的，讲着八路军的好处。我走到福生庄东边，遇见几个赶驴的老乡，大家在一起聊天，我说："老乡，八路军比日本人在时怎么样？"

"这怎么能比呢！好的多□。"

我是一个受了日本鬼子欺骗宣传多年的青年，对于八路军总有些怀疑，觉得他们说的话未必完全可靠，我又问："我在绥远的时候，听人说八路军是共产共妻的，到底有这事没啦？"

老乡朝我瞪了一眼，气愤愤的说："没有的事，这是胡说。"说完，他再也不搭理我了。一个不到十五岁的孩子接着说："在我们村里驻着一排八路军，村里有一个坏女人，她素日是个不守规矩的。她见队伍住下了，就去调戏当兵的。这件事被排长知道了，就把那个弟兄教训了一顿。他还不放心，又在她家门前放了一个哨，不管白天晚上自己还去亲自巡视。跟着，排长又和村里的老□人，设法规劝那个女的，后来那个女人也觉悟了，知道自己过去的行为不对，以后也就好好的守矩规过日子了。"这是一个小老乡亲口对我说的，我听过他的话以后，我才知道从前完全受骗了。

——云继光

《内蒙古周报》
张家口内蒙古周报社
1946 年 2 卷 2 期
（朱宪　整理）

伪总管当场承认贪污，
正黄旗清算"豪利希亚"

朱靖臣　　石以久　　撰

正黄旗于六月十二日在旗政府召开清算"豪利希亚"大会，到各佐人民代表共一八七名（内有女人二名），各代表均热烈发言，对前总管兼理事长额勒彦格、经理满都尔太等贪污弊端，纷纷予以揭露，提出质问，要求赔偿。五佐图木尔说：盟公署规定每次收洋烟十两，他们每次收十七两，用的是加二的□子，五佐蒙萨庙三宝，应交十一两，可是交了三十两还没称够。六佐那丹珠说：我的烟地被了灾，已经报过，还要向我要，我交不上，就被关了一天半的板房，"卖"了烟又不给钱，规定领办的时间只有三天，三天以内拖拖延延不给，过了三天，就更不给了。有时甚至上午说发，下午来了就不给了。

"豪利希亚"领来的东西，不配给老百姓。三佐白林阿说：我入了二十块的股，股票也没有见着，东西分一厘也没有领到。十二佐代表说：只十二佐即有二十七家未领到丝毫东西，五年来每股有的只领到两条线、七钱黑糖、一两白糖、一两生烟、三两棉花、五盒洋火，少数有面子的才能领到一尺五寸布，余下的东西都叫经理、总管等贪污了。大前年全正黄旗"配给"的东西，都被经理满都尔太和总管私人卖掉。以后旗公署知道了又扣了一年，没给东西，老百姓两年的东西都未得到一点。群众纷纷提出质问：

“我们的东西哪里去了？”前额总管、满经理等当场承认曾将“毫利［西］希亚”的东西私分过，额总管得了洋烟一九〇两、市布一匹、生烟三斤、火柴五包、轴线六轴，总务股长武登举分得洋烟六十两。群众都气愤愤的说：“敌人没给你们薪水呀，你们为什么吃私二份啊？为什么把众人的东西都叫你们几个人给分了？你们非得赔偿不可！”当场全体一致通过要清算账目，并选出白林阿等十六个代表，组织清算委员会，由白林阿、图木尔任正副主任，现正在清算账目，据已查明贪污物资达三百六十五万元，预计周内算完后，即可分发给群众。

《内蒙古周报》
张家口内蒙古周报社
1946 年 2 卷 2 期
（李红权　整理）

蒙奸陈子善被枪毙

作者不详

客拉沁右旗蒙奸陈逆子善，系东川人，民国四年在王爷府、旗公署当小职员。九一八事变后，厚颜事敌，任伪保安队长，后又任伪旗公署税务科长。自此仗势欺人，常以"滚利霸产"、"老虎牌子压人"的办法，吞并农民的土地，并污辱霸占良民妇女。八路军解放热河之初，他又混上了维持长，暗中勾结张国良、金休鬼子、孙幸珍等惯匪，指使孙幸珍匪部两次袭击我区公所，杀害政府工作人员。又秘密指使奸匪，强迫百姓买枪买马，组织"自卫队"、"联庄会"，与我军直接对抗。三月十五日，他亲自指导"自卫队"、"联庄会"袭击我炮兵旅。民主旗政府成立，他又欺蒙百姓选他当旗长，制造谣言，不让群众缴枪，准备乘机暴动。但终被我政府逮捕，经过人民法庭公审，依照蒙汉同胞的要求，判处死刑，民众莫不称快。

《内蒙古周报》
张家口内蒙古周报社
1946 年 2 卷 2 期
（朱宪　整理）

兴安省政府、临参会正式成立

——民族自治与地方自治的标志

作者不详

　　据《晋察冀日报》载新华社哈尔滨十四日电：代表二百余万蒙汉人的兴安省民主政府及省临参会，已于全省人民代表大会上宣告正式成立。大会在五月二十六日开幕，历时五天。出席代表五百余人。会上曾讨论了今后兴安省民主和经济建设等各项重大问题，并选出特木尔巴根为省主席，张策为副主席，博彦满都为议长。此次大会的举行，标志着兴安省开始走向地方自治与民族自治的道路。按兴安省为东北九省中面积最大者，直辖四个盟，二十九个旗，两个县，和两个市，全省二百余万人口中，八十余万蒙胞都以务农和畜牧为主，一百二十余万汉人以务□和经商为主。蒙胞生性强悍，勤于劳动，该省于"八一五"解放时，曾在蒙汉人民亲密团结下举行武装起义，消灭敌伪势力，仅王爷庙一带即杀死日寇官兵千余人。此次为加强全省汉蒙人民团结，共同建设民主的兴安省，根据政协决议中以省为单位实行地方自治与实行民族自治的决议，正式成立省政府与临参会，全省人民对此莫不欢欣鼓舞与竭诚拥护。

《内蒙古周报》

张家口内蒙古周报社

1946 年 2 卷 2 期

（李红权　整理）

蒙旗工作之商榷

陈玉甲　撰

蒙旗工作，就是蒙务工作，推行政令，如党务、政治、军事、教育、自治、民运、牧畜、农林、交通、建设、自卫、保甲、调查等事，均为蒙务工作。蒙胞系国家五大民族之一，向住北边，人口约一百余万人，可以说是少数民族问题。因传统关系，历代沿革变迁，颇有历史性，又可说是历史问题。因地处边疆，更可以说是边疆问题。自海禁大开，科学昌明，列强争逐，瞬息万变；蒙旗位置极北边防，于国防占重要地位，尤可以说是国防问题。现在日本投降了，允许外蒙独立了，蒙旗工作，尤其有重要性；各蒙旗大半为游牧之区，且多沙漠，人民极少，交通不便，物质不丰，一切资源不够，人生需要与享受谈不到。所以在蒙旗工作人员，非有坚苦卓绝之精神，吃苦耐劳之毅力，不能担当此项任务。蒙胞个性，除智识青年外，上至王公、仕官，下至黑人、喇嘛，大半认话不认人，认人不认事，若负蒙旗工作者，一不会蒙古话，二不认识人，蒙旗地理再不明了，敢断言之，蒙旗工作，绝对的不能开展。况人类系感情动物，而蒙胞又特别注意感情，故作蒙旗工作者，应该熟习边疆及熟习蒙情之人，并且认识蒙人最多之人，方可胜任愉快。蒙胞好佛，崇拜偶像，负蒙旗重要任务者，或有地位，或有资格，或有声望，或在边疆带有历史性者，蒙胞绝对信仰，凡事均可迎刃而解。蒙胞性缓，凡事消极，担任蒙旗工作者，不可性急，应当因势利导，方能水乳，故非熟习蒙情者不为功。倘工作者不暗〔谙〕蒙情，走一处先递片子，再报牌子，似此情形，工作绝对不会有效果。再者蒙胞好佛，有习惯，有忌讳，如工作人员不明白蒙胞的习惯，不知蒙胞的忌讳，微特无效果，反而起反感，焉能谈到工作深入呢？按以上种种观测，担任蒙旗工作者，应用一种专门人材，或熟习边务人员，或接近蒙旗服务者，方为合格。作蒙旗工作之要诀，应本六不主义：一不怕苦；二不畏难；三不着急；四不求功；五不讨厌；六不轻视。蒙旗多半沙漠，人民稀少，交通不便，物资不够，衣食住行，均感困难，若无吃苦耐劳之精神，绝不能负蒙旗工作，此其所以应当不怕苦也。蒙旗用品极难，语言习惯又异，忌讳又多，见面办事均感困难，畏难绝不能作蒙旗工作，此其所以应当不畏难也。蒙胞性缓，凡事消极，性急人不能作蒙旗工作，此其所以应当不着急也。党政军学各部门工作，卖一分的力气，就有一分的效果，尽一分的责任，就有一分的成功，立杆见影，其效易成，惟蒙旗工作，诸凡应付，难见成效，此其所以不宜急求功也。蒙胞好佛，有习惯，有忌讳，如作工作者不明白蒙胞习惯与忌讳，一味讨厌，引起反感，焉能谈到工作？此其所以应当不讨厌也。蒙胞衣食住行，与汉胞多有不同之点，因各种人力、物力不够，卫生差池，应当彼此牵就，互相接近，他有他的长处，万不可稍存鄙视之心，至伤情感，有碍工作。例如西洋人来中国传教士，改易西服而着长袍，即彼此易于接近之意，此其所以不应当轻视也。

抗战阶段，曾激起伊盟扎乌三二六事变，杀害了多少工作人员，损失了多少国力，为蒙旗有史以来的创变，就是当事者未本诸六不主义之故。玉甲在边疆三十五载，主办蒙旗工作，在傅长官领导之下，解决蒙旗事件，大小数千案，自渐〔惭〕虽无建树，

尚能顺利推行，即本六不之意。边疆工作同志，不乏贤哲，或以
玉甲之言不为谬也！

《新绥蒙》（月刊）
绥蒙指导长官公署新绥蒙社
1946 年 2 卷 2 期
（丁冉　整理）

蒙古自治短谭

栾传业　撰

　　蒙古民族要想达到"蒙古自治"的使命，必须首先自己反省：检讨自己是不是想到了"民族"？是不是更想到"国家"？尤其对于日寇的分化毒素，是不是铲除净尽，然后有了心理上的革新？就笔者之见闻所及，写出几点意见来，不防〔妨〕作一番研讨，尚希博学方闻之士，加以指正。

　　傅长官在"九一八"庆祝胜利大会的席上，曾发表过一段对蒙旗自治的重要宣示，他说："促进'蒙旗自治'，我要说明的，就是我们从来没有反对过蒙旗自治，所反对的是'日本人的分化政策'！"由此可见，蒙古的自治是光明的，只是自治的途径分为两种，一为"团结的自治"，二为"分化自治"，今天我们需要的是"团结自治"。我们更须要政府给与我们"扶助"。试看，我们蒙族的建设、文化、经济，一切的一切，绝对不容我们再误入日本人"分化政策"的歧途！一面，我们要自振自强，不要羡慕外蒙的独立，那种独立并不简单，也没有羡慕的必要！本题篇幅所限，也不便多说！今后我们"蒙古自治"的途径，第一是要向着蒙汉团结的方面迈进，以我大中华民族的精神，团结强国为目的，勿效乌力吉敖喜尔之受了邪说煽动，自误误人：领着一些蒙古同胞，走向黑暗的道路！可是，他的部属现在已经醒悟了，所以其部下之反正者，时有所闻！至于所谓"内蒙自治解放主义"，已日趋穷途末路！现在，仅仅是暴露其"神经颠狂"的丑态，徒为世人讥笑而已！并且，我们要放弃"消极苟安"的人生观，坚定"为蒙族"、"为国家造福利，为大中华民族强盛"的信念！过去，蒙古人所以被人轻视的原因，就是因为我们"知识不开"，"文化落后"，"缺乏自觉观念"，"欠缺国家民族的热情"，多数人只知道"活着"，只知道"享福"，并不懂得国家民族的上进，所以我们的民族就日渐趋于危亡。试想，没有民族和国家的存在，我们怎么能够生活下去？更从何处再寻求幸福呢？一个民族生存的条件，建筑在"自觉自决"的意义上，要求温暖，必先求民族的健全存在。所以，我们现在希望一般有志的蒙胞，不要只在无病嗟伤，也不必大言不惭的"非非作想"；更不要逃避现实的去作"消闲美梦"，我们须要认识时代，认清环境，用理智研究新的是非，虚心地接受他人的忠告。所谓"心理革新"，即是精神的建设，在热爱真理的精神下，来企求心理的自新与真〈理〉的实现！作一些对自己有益更对社会有益的工作，这是正途。我们要拥有这个勇气，踏上这个正途，寻求我们的出路。同时，我们更切盼蒙古人，都能够把持着忍耐与坚决的毅力，孜孜不息的向前努力，必如是，蒙旗前途，庶有展望！

《新绥蒙》（月刊）

绥蒙指导长官公署新绥蒙社

1946 年 2 卷 2 期

（朱宪　整理）

蒙旗工作当前之要务

王则鼎　撰

本省地处西北边陲，位居国防前线，全省二百余万人口中，蒙汉杂处，守望相助，形同一家；虽然在蒙汉之间，语言有所不同，习俗各有差异，但并没有严重的影响了蒙汉之间感情的建立，更没有阻碍着蒙汉之间团结的发展，尤其在坚苦的抗战期间，蒙古同胞曾以极大的人力、物力，贡献国家，这是值得全国人民赞扬的！现在抗战虽告结束，但建国前途尚多荆棘，因之，我们不仅要求增进蒙汉间的感情，加强蒙汉间的团结，更进而要在蒙胞的福利上，积极推行，因为只有如此，我们的工作才能适应蒙胞的需要，也惟有如此，我们才〈能〉希望在极短的期间以内，使蒙汉同胞齐头并进，同享康乐。兹就管见所及，对本省境内蒙旗当前工作的要务，提供一得之愚，以供参考。

大家知道，蒙古同胞，自来以游牧和骑猎为生，大多数人民的生活，完全依赖着天时地利，一旦遭遇了荒旱之年，或者牲畜发生了瘟疫，大家便会立刻陷入了窘境！抗战以还，因为各种物价都以"几何级"数加速的飞涨，而蒙胞由于不习于农业生产、工业制造、商业营运，结果，他们的生活水准也和其他一般国民同样迅速的降低，而感到极度的贫困。大部分蒙胞所能倚以为生的，仅是从事于畜牧事业，以多年辛苦喂养的牛、马、骡、驼、羊，以及各种皮毛原料，换取汉胞的粮食、茶、布、纸、糖，和其他的各种日用必需品，除了少数人以外，他们日常的生活，简直贫困到极端——往往一件衣裳、一双皮鞋，以至于一件日常使用的器具物件，都必须要计划使用若干年代！贫困的经济条件，限制了他们更换新的物件的愿望，虽然在美丽的记忆里，他们的牲畜曾达到相当庞大的数量，但是，由于畜牧的设备不良，兽疫防治欠缺，牲畜的死亡率相当之高，而实际每年增产的数字很小。例如冬天意外的一场大雪，往往使成百的羊群饿死；而一次牛马瘟疫，也可以使满厩的牲口倒毙；这使得他们的生活，如何能不贫困呢？同时，由于他们衣履的不周，饮食起居的不洁，蒙胞们很多的都患了严重的疾病，这不但影响到他们本身的寿命，同时更影响到整个蒙胞的繁殖！有清时代的愚民政策，以及喇嘛宗教的迷信，更使得蒙胞人口的生殖率，萎缩到极小的限度，这种种情形，如果不加纠正，不但千百万的蒙旗同胞将要长久的沦于恶劣的环境，便〔更〕是作为中华民族的重要单元之一的蒙旗同胞，都整个的蒙其影响！所以在推行蒙旗工作的时候，首先要注意左列各点：

　　第一，改善蒙胞生活——蒙旗同胞的生活既然这样的困苦，我们要想增进他们的福利，无疑的应该以改善蒙胞生活方式、提高蒙民生活水准为中心。因为，惟有为人谋福利的工作，才能充分获得人民的欢迎，也惟有获得人民欢迎的工作，才作得好！但是，在现状之下，我们怎样才能够改善蒙胞的生活呢？我们以为在积极的方面，应该迅速普遍的加强新式的科学畜牧方法之指导，充实各盟旗兽疫防治的机构，借以减少蒙胞个人及社会的财富损失；个别的发起组织消费合作社，借以避免商人的中间剥削；尽可能的传授蒙胞耕种、制造等使用土地原料的方法，借使他们能够变游牧生活而为农业生产或工业制造的定居生活。同时，在消极的方面，更减轻蒙胞负担，免除一切不合理的苛杂，将各种税捐彻底加以整顿，不让消费公款落到私人的腰囊，或作不合理的滥费。

这样，不但蒙胞的生活会得到改善提高，同时在整个蒙胞社会上也会发生良好的进步的影响。

第二，发扬蒙胞力量——蒙胞目前的生活虽然不好，但是这并不是他们的错，而应该归罪于满清政府的愚民政策；在五百年以前，蒙古宗族曾因了他们强健的体魄和娴熟的弓马而称雄华夏，建立了史无前例、地跨欧亚非三洲的大元帝国，在当时它们的力量，是被目为"黄祸"，至今欧洲人士提起来，还大有谈虎色变的情态！到后来，因为文化的落后，终于自然的形成今天的状况。现在各蒙胞，因为住居的分散，教育不普及，差不多十分之八九以上的蒙胞，都是一字不识的文盲，在各地宗教迷信的色彩，非常浓厚；而生活的不进步，更使得少数人在二十世纪科学进步的原子能时代，在心理上还或多或少存在着若干封建的意识，以致阻碍了蒙胞文化的进步！所以我们一方面要积极的普及蒙胞教育，提高蒙胞的国家意识，一方面更要组织蒙胞，使他们发挥传统的尚武精神，来进行团结卫国的神圣工作！

第三，培植优良环境——俗语说，"英雄造时势"，"时势造英雄"，一般人差不多都是社会的产物，深刻的受着环境的影响，傅长官昭示我们，"要培植优良的环境"，也就是这个意思。蒙胞之所以贫困，并不是他们本身的能力不够，或是个人的勤奋不足，大多数都是受着环境的影响。假使大家都患着传染病，自然一个人也难例外。所以在推行工作的时候，更要特别的注意"新生活"的励行、不良习俗的禁绝。但要想优良环境培植成功，仍需要蒙旗的领导者，以及蒙旗内中坚分子的知识阶层努力倡导，自然"风行草偃"，良好的风气能以养成，而优良环境的培植，也就事半功倍了！

以上几点，不过略举大端，也都是一些"老生常谈"，无甚高论。希望大家都能体认国家当前的局势、本省目前工作的重心，共同在建设统一、民主、富强、康乐的三民主义新中国的光明大道上迈进，完成时代赋予我们的使命！

《新绥蒙》（月刊）

绥蒙指导长官公署新绥蒙社

1946 年 2 卷 2 期

（朱宪 整理）

对于绥蒙应有之认识与希望

赵城璧　撰

绥蒙疆域辽阔，民情敦厚强劲，重游牧，长骑射，亘古以来，未尝稍衰。往者狡黠之倭寇，洞悉蒙旗在中国国防上的重要，便决定了所谓"满蒙政策"，积极拉排〔拢〕，挑拨离间，以便达到侵华袭苏之目的！其狼子野心，不利于我蒙旗，无可疑义。今者倭寇虽然一蹶不振，得以光复蒙旗，澄清政治，但吾人应该深知，蒙旗之重要性实在重于其他一切！为在保全蒙旗，巩固国防，尤其觉得我们责任的重大，"人弃我取"之原则，亦不容吾人有所忽视！但欲保持蒙旗，巩固边防，这件事非徒托空谈而见成功，亦非一蹴而可实现，必须就历史之过程，配合当今之需要，切实整顿，慎重施行，务使人尽其才，地尽其利！必如是，才可以保我蒙古，亦必如是，才可以固我国防。惟欲达成上述之愿望，首须注意下列几点：

（一）促成蒙汉民族之合作——蒙汉两大民族，证之历史过去事实，本属一体；虽因地理有所隔绝，风俗难免异同，然以彼此共居一舆，相互融成一体，便系同宗子孙，则利害息息相关，两族人民应当和衷共济，同心勠力，共守疆土，确保我中华民族永存于世界。尤须携手合力，建设我们的环境，实现我们的幸福。

（二）发展蒙旗教育——蒙旗文化，固然落后，但一考蒙人的天赋，并不下于任何民族，徒以教育不兴，于是不能不相形而见绌矣！更加之以奸人之活动，几几乎步于误径者，所在多有！今欲挽其狂澜，莫如推广教育。但推广教育，须由切实提倡做起，或劝导，或强迫入学，然后可奏肤功，并非有名无实，敷衍了事，可以见效也。待民智日开，人才日广，能自治然后才能自强，能自强然后才能自立。现在若言巩固边防，则巩固边防［则］莫重于此尔。

（三）整顿经济与交通——蒙旗地域，在国防上固有其重要特性，则经济建设实为刻不容缓之事；盖以经济基础不能稳固，则人民生活便不能安定；故欲使其蒙汉人民安居乐业，必须使此二大民族之意志集中，力量集中，树立蒙旗经济基础，发展农牧及工商业及交通等事业，然后蒙旗可臻发展。今绥蒙一切建设之不进步，大半因于交通不便；如国家能尽量出资，地方出人，或化兵为工，整顿交通，则文化可以交流，经济自然繁荣，事业畅旺，自属不成问题。

以上三点，苟能立下基础，则他如改良风俗，破除迷信，根绝嗜好……均不难次第改善，可能与内地并驾齐驱焉！笔者籍隶蒙旗，见闻较切，知之较详，故不惮直陈。设能脚踏实地，努力推行，不出数年，必定成绩斐然可观！区区管见，尚希各界贤达暨边疆专家，共同商确，则边疆幸甚，国家幸甚！

《新绥蒙》（月刊）

绥蒙指导长官公署新绥蒙社

1946 年 2 卷 2 期

（朱宪　整理）

东蒙问题三阶段

作者不详

"东蒙代表"玛尼巴达拉等一行十四人，来平将近两月，已于七日乘机飞长返回王爷庙。彼等在平之初，曾迭与熊主任式辉作非正式晤谈，提出要求高度之自治〔自治之〕意见，此已经熊主任及白云梯转达中央。惟彼等所提之要求，如组织最高自治机构，已由二中全会通过，组织蒙古地方自治政务委员会及成立边政部，而予以无形之回答。又关于恢复盟旗制，中央亦早已有所决定，故彼等要求赴渝，失其必要。至于对蒙族施行保护政策，以保护蒙族经济及教育之发展，恐将留待未来解决。综观"东蒙"问题之发展，可分三期：第一期为急进派阿木巴尔根（东蒙国民代表大会常委）等"北向派"力主独立时期，但因该派尚占少数，乃于一月十五日召开"国民代表大会"之后，未经一月，即复为较稳健之玛尼民遍〔巴达〕拉（东蒙国民代表大会常务会委员长）等掌达〔握〕主流，而有玛等此次来平之向当局要求高度自治，此为第二期。迄决定恢复盟旗制及二中全会通过成立蒙政会并边政部，此蒙古问题乃复进入第三期。

（四月十三日重庆《世界日报》）

《报报》（周刊）
重庆报报出版社
1946 年 2 卷 3 期
（朱岩　整理）

论蒙古的前途①

毡乡弃才　撰

我们要认清时代，改正错觉，走向光明正当的前途。

一

蒙古同胞们，我们生存在这烽火遍地的动乱期间，自去秋以来，内蒙各地频遭浩劫，西蒙的枪炮声尚未平息，而东蒙方面已大杀起来，东蒙的战斗方酣，西蒙几处又发现了捣乱分子。蒙古同胞，目击身受，真是气结心惊。所以我们在这样紊乱的环境里，可能走上一条光明的大道，也可能走上一条黑暗的穷途，其间的得失，无论一个人或是一个民族，非认清时代不可。孔子是中国自古以来唯一的圣人，孔子的好处就在能认清时代。后人说："孔子，圣之时者也。"春秋之时，宇内大乱，于是孔子一切治学传道，完全针对时代，始终不变的向着这个方向走，才有了大成，这是很可以给我们效法的。

一个民族的存在，就如同一个活的人。人所以能活着，是因为灵魂的没有离开肉体。民族所以能存在，是因为所具有的特性未

失。这种特性就是"民族性"，是延之于民族的先人。先人又是延之于先人的先人，是由种种因素养成的。我们蒙古民族是炎黄的后代，自成吉斯汗相传迄今七百余年，本具有英勇刚毅的美德。但是元亡以后，既受宗教的影响、满清治蒙政策的麻醉，近十数年，外蒙且不谈了，单以内蒙来说，一部蒙古同胞，又受日寇侵略势力的摧残，以及近些时内战刀兵的破坏，已闹得支离破碎。有的蒙古同胞，忘本逐末，孺弱怠惰，差不多把旧有的良风美俗，斫丧殆尽，而陷于苦闷的深渊。向左向右，踟蹰不决，结果在个人是为时代所淘汰，在民族是日趋没落，面临着严重的危机。固然我们在暴风雨中寻求光明正当的出路，是需要坚苦的奋斗，和绝大的智慧；但是光明正当与黑暗歪曲，在两者的分歧点上，我们总还有选择的机会、认清的可能，何去何从，自应有一个清楚的判断。

二

过去内蒙古，有些蒙古同胞，是安睡在求〔深〕睡状态之中，尤其因为是在遐荒漠野，一向未曾被人重视，故而对于自己估价太低，以为民族国家的大事，当道诸公，衮衮名流，自有他们负责，区区我辈，无关重要，马马糊糊的过了下去。在个人的前途是暗淡无光，在民族的前途，也是不堪设想。又有的蒙古同胞，是办法很多，说起来头头是道，可是不去做；其不做的结果，仍等于无办法。我们要活着，就要有意义的活下去；醉生梦死的"但说不做"，是永久没有希望的。年来更有些蒙古同胞，或被威迫，或出自愿，到了共产区，这是事实，不必讳言，但是共产主义之不适于中国国情，三民主义之伟大精深，不但可以救中国，并且可以救世界，是不可相提并论的，不容许歧途错走的。这是蒙古青年唯一抉择的前途。一个人为了实现自己的希望，走入自己以为是理想的乌托邦，这种前进的心理，追求光明的欲望，也不能妄加菲薄；不过我们抱着崇高的"民族意识"及伟大的"国家观念"向着前进的路上走，诚然是值得钦佩的。但是，所可以注意的，是他们是否认清了路线。

蒙古同胞，尤其是内蒙同胞，回溯既往，瞻顾未来，世界上，"挂羊头，卖狗肉"的假面具太多了，我们不要再把表面上看着，是足以滋润蒙古民族的维生素，而实际上却是含有砒霜一般的性质，足以危害蒙古民族的一些事，误认为是有利于我们的。以前日寇的统制蒙古，虽然是过去的事了，我们对这个教训，回想起来，还是心酸泪流！可是"前事不忘，后事之师"，现在东蒙由于复杂的环境，表面上看来，好像是蒙古人很活跃，实际分析其现状、其动向，则不无疑问，所以，我们假如不能把握今日潜伏存在的一些问题，或没有勇气去解决这些问题，往往就发生了错觉。只是在人生的路上，有些过错是不能避免的。孔子还指他自己说："五十以学《易》，可以无大过矣。"蘧伯玉还是"年五十而知四十九之非"，何况常人？不过，即使是错了，倘如目标正当，而发生的错误，乃是一种人生的磨练。如果在基本的条件上，就发生了错觉，则必需以英勇的精神、刚毅的力量，彻底改悔。人生是要知道了哪一面是"是"，才会明白哪一面是"非"。在"是"和"非"的分歧点上，对于现实的判断，一部分蒙古同胞，容或有缺乏充分的认识，偏执成见，误会曲解，如不加以改正，即致影响民族的态度，进而左右政府的政策。笔者不愿意说，哪些人是错的，但是却愿意以最大的期待，盼着他们，"觉迷途其未远，知今是而昨非"。

三

记得蒋主席在他所著的《中国之命运》里说："中国从前的命运，就是操在外国的帝国主义之手，而今后的命运，则全在内政，就是操在全国国民的掌上。"这一段是对全中国的同胞说的，当然包括我们蒙古同胞也在内。我们再看到去年日本投降的时候"卓索图盟，有十几万头牛羊被人拉到外蒙"的消息，我们更不能不警惕外力的残暴与求助他人协助，是不如求助国民政府了。

中国现下是在"更生"时期，国民大会虽经千难万阻，终于"已然招开"，宪法业经修正通过，全中国即将步入实施宪政的新阶段，虽然是抗战甫毕，内患方殷，喘息着又言"制宪"，实在益觉今后此种工作的艰巨。至于从"抱无我之公，立百年之法"的观点来看，宪法是国家的根本大法，也是国家的政治制度。我们有了完好的根本大法和政治制度，才能奠定国家的巩固基础。只是在这训政与宪政的转换期，国民政府，虽然是对内蒙古，殷拳垂注，备示关怀，整个的内蒙古民族，仍不免有的地方还孕育着新的变化，所以，我们对于民族的前途和自身的前进方向，自当有透辟的见解、坚定的自信。眼前内蒙在情势上，有东西的局面。我们知道三民主义，是复兴民族、建设国家的最高原则，我国几千年的历史，都是一治一乱，现在的人民，已然是乱极思治，不过在这人民的世纪，如果有人以民主的招牌，而违反民意的鼓动内乱，用斗争的手段、破坏的办法，在自我相杀的血泊中，企图达成统一和复兴建设，我们是难于赞同的。因之，使我们想到，君主时代的贤明帝王，还知道"民为邦本，本固邦宁"，为什么民主时代的共产主义者，竟视人民尚不如草芥呢？

四

"生于忧患，死于安乐"，这句话是孟子曾经说过的。个人如此，民族也是如此。蒙古同胞，肩负着国家在边疆上复员建设的重任，要知道造成现在内蒙时局的症结，一方面自然是日寇分化政策的遗毒，主要的关键，还是近时野心好战者，情势猖獗、邪说扰乱的结果。我们无需因为这种情形而苦恼、而消沉，要从这种苦恼中，放射出热情来，纠正这种趋势。傅长官说："时机已经不允许我们蹉跎，所以多一天的努力，就有一天的效果；多一时的准备，就有一时的代价。"现在，我们是东隅已逝，桑榆非晚。至盼我们内蒙同胞，勿再存"道在迩，而求诸远；事在易，而求诸难"的见解。我们应该用清楚的头脑、明锐的目光审察一下，一切不适合时代的条件，都须要自己反省，迅速敏快的确定前进路线，走向光明正当的前途！

不过我们走向光明正当的途径，必要首先树立正确的民族观念，兴〔与〕正确的国家观念。最近，白瑞监察委员在谈话中，有一段很可以供给我们参考的，他说："我们蒙古人，应循规蹈矩，不可标奇立异，我们有三民主义及蒋主席，我们当然要求自治，是国民政府之下的自治，我们要求的自决，是不分裂的自决；我们既要有国家立场，又要有地方的立场。"由是我们应该明白：现在民族所需要的是"亲爱团结"，凡是反对亲爱团结的，就是民族的罪人，现在国家所需要的是"统一民主"，凡是阻扰统一民主的，就是中国的罪人。我们更要知道，个体的自由与全体的自由不可分，民族的关系与国家的关系不可分。以此正确的民族观念，是以大中华民族整个的亲爱团结为最高原则，联合所有中国各同宗的民族，追求全体的生存，谋求共同的发展。正确的国家观念是"发扬中国的固有文化"与"三民主义的精神",奉行国父遗教,统一民主,以期蒙旗的复兴与建设,进而完成中国的复兴与建设!富于热情、具有民族精神、爱国精神的蒙古同胞们,起来吧!我们要依此目标,努力奋斗,走向光明正当的前途!

三十五年,十一月,二十七日,于归绥

《新绥蒙》(月刊)

绥蒙指导长官公署新绥蒙社

1946 年 2 卷 3 期

(李红权　整理)

承认外蒙古独立

何国祥　撰

外蒙的独立，诚然是一九一一年以来外蒙人民一贯的企求，却也是中国国民革命为实行其民族主义的理想而奋斗的鹄的，五十年来，只以中华民族自求解放运动未获完遂，中国不能在国际上作充分自主的活动，和克尽一个完全独立国家应尽的责任，才把事件辗〔展〕延到现在，所以今天我们对于这个兄弟民族的脱离祖国，绝无蹙国百里之感，而只感觉达成历史所给与我们的使命而欣慰。

如果从更现实的国际情势来审度，那末国府此次承认外蒙独立，尤足显示中国已有积极适应环境的力量。历史告诉我们，自一九〇七年以来，外蒙始终是中苏国交上一片不易消散的阴霾，过去中苏间若干不愉快的史实，我们已不愿回忆，去年中苏订立《友好同盟条约》，其中规定"外蒙经人民投票后中国即承认其独立，苏联则保证其独立"，这一中苏悬案的解决，不但是两国善邻政策之胜利，同时更表示着两国调整国际关系的智慧，因为就中国说，为了坚持对外蒙的一个宗主的虚名而失去和平建国的时机，固是天大的错误，就苏联着想，那末中苏之间的友谊和世界各邦的信心，实较一个外蒙更重要。

外蒙独立了，我们希望这民族英雄成吉思汗的故里，今后是民族自由解放的乐园，而不是爆发远东锋〔烽〕火的火山。外蒙独立了，我们要庆贺外蒙民族自决的成功，要庆贺中华民族革命的胜利，更要庆贺苏联宁欲中国的友谊及世界各国的同情而舍弃其领土之攫夺！

《胜流》（半月刊）

杭州胜流半月刊社

1946 年 3 卷 2 期

（丁冉　整理）

外蒙古是怎样的一个国家?

一青　撰

外蒙古的独立,我们已在本刊四十六期里面提及。对于这个国家,我国政府,在今年一月五日,已经正式加以承认。现在,我来把她介绍给小朋友们认识认识。

外蒙古是怎样的一个国家呢?

她的名称,在我国的地图上,一向叫做"蒙古地方",现在的名称叫做"外蒙古人民共和国"。她底位置就在我国的北部。东、南、西三面都和我国接壤,北面和苏联的西伯利亚相连。

外蒙古里面有好多大沙漠,分布南部和东部。这些沙漠地方,四围都是白沙,水和草木都很少,全无人烟。冬天和夏天,都有暴风,吹得满天沙石,很是可怕!但在晴和的时候,沙漠的上空,却有亭台楼阁和风景人物的反映,和海市蜃楼一样,很是美观。境内有阿尔泰、唐努、杭爱、肯特、萨彦岭等山脉,分布在西北部和中部。有克鲁伦河、鄂嫩河、色楞格河和乌鲁克木河分布在东部及北部。

她的面积有四百八十八万方里。

她的首部叫做库伦,现在政府的主席叫做蔡巴山。

她的人口有六百多万。

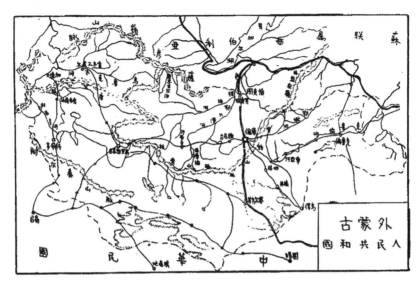

境内物产，动物有马、牛、羊、骆驼等家畜；有羚羊、猿、猴、熊、鹿、野猪、狐狸、狼、栗鼠、黄鼠、鹰、鸢、鹫、鸷、雉等兽类和鸟类；植物有松、杉、柏、枞、杨、桦、黄蓍、大黄等；矿物以库伦、库苏古尔泊和阿尔泰山等地的金最有名，其他如银、铜、铁、铅等也很多。

蒙古人的性情很勇敢，对于骑马和射箭很是精练。元代成吉思汗崛起称雄欧亚两洲的时候，最能表现她这种尚武精神。直到我国清朝时候，她才被康熙皇帝征服，成了中国的藩属。

原来外蒙古是一个落后的封建的民族，阶级分得很严。活佛、王公、贵族、喇嘛，都是些特殊阶级，他们经常欺压平民。自被满清统治后，平民更受尽种种的压迫。后来，俄国和日本也时常来侵略他们，他们所受的痛苦更深。

在一九一七年的时候，俄国发生革命。我国的北京政府趁着这个机会，就派兵侵入外蒙古。到一九一九年，帝俄的残余军队（白俄）又攻入外蒙古，排除了我国北京政府的势力。

这时，外蒙古的人民已经觉醒了。他们在恰克图集合自己的军队，组织外蒙古国民革命政府，并请苏联派红军来帮忙，把白俄军队肃清了。

在一九一九年的夏天，外蒙古人民共和国正式成立。

由于外蒙古人民的彻底革命，他们推翻了宗教（活佛和喇嘛）和封建（王公和贵族）的势力，把政权交给人民，成立了"国民议会"。人民不再受那些特殊阶级的压迫。男女平等，民族平等；言论、思想、集会、结社都是自由的。

在生产上，他们运用了科学的方法，使家畜的数量增加得很快，使农业发展为国营农场和集体农场，耕种都用机器。人民使用土地可以不纳地租，还可以向政府借钱，借种子和农具来耕种，因此，收获一年多过一年。工业方面，由政府有计划地推动，采用现代化的技术，设立了各种各样的工厂，实行八小时工作制。商业方面，从前是以物换物的，现已改成了货币交易，实行关税自主，禁止走私，办了许多合作社，并已和外国通起商来了。

这样一来，外蒙古人民的生活改善了。过去，他们住的是蒙古包，现已改住砖瓦造成的房屋了。过去交通很不方便，全仗骆驼队来运输，现在却有了汽车、火车、飞机和轮船，邮政、电信也很普遍。过去在教育和医药卫生上，平民差不多全没机会享受的，现在不但每个人都有受教育的机会，还由国家设立许多文化、教育和医药卫生的场所，人民可以完全免费享用。

外蒙古人民的军队有着强大的实力和现代新式的装备的。尤其是他们的骑兵是特别精锐。这一支人民的军队最先打过了白俄军队，"九一八"以后，他们屡次抵抗了日本的侵略。一九四五年八月八日，他们更起而对日本宣战，成为和我们并肩作战的友军。

　　廿六年来，外蒙古人民用自己的力量，创造了自己的幸福和自由，使世界上多一个民主的国家，这是值得我们敬仰的。

《新儿童》（半月刊）

香港进步教育出版社

1946 年 10 卷 3 期

（朱宪　整理）

外蒙独立后的蒙古问题

吴壮达　撰

根据三十四年八月十四日，我国外交当局对苏联提出，愿以投票方式决定外蒙独立地位的照会，本年一月五日，国民政府公布"决定承认外蒙之独立"。

从外蒙古开始要求独立，至获得我方的完全承认，整整满了三十五年。自宣统三年以来，外蒙古独立问题一直纠缠着，使中蒙的关系时紧时弛。中蒙的裂痕，乃随时间的延长而扩大。民国三年，《中俄蒙协约》成立，民国的政府获得俄蒙双方承认，继承满清对外蒙古的宗主权。外蒙乃暂时放弃独立，而实行自治。民国八年，受俄国革命影响，外蒙古活佛与王公们自动请求取消《中俄蒙协定》与自治权利。不久，帝俄的谢米诺夫党人控制了外蒙，外蒙古又有第二次脱离中国的活动。十年七月，外蒙革命党人得苏联红军之助，收复库伦，仍拥活佛博克多为首领，成立"蒙古国民政府"。其后，革命党人与活佛、王公发生裂痕，旧派势力崩溃，王公及喇嘛首要相继被杀。十三年春，残余的外蒙王公代表至呼伦贝尔，请求仍归中国保护。进行中，活佛博克多死，旧派势力遂不复振。

十三年六月以后，由于外蒙古革命党向中国政府宣布脱离关系（这是外蒙古向中国宣布独立的第三次），建立"蒙古人民共和国"，中蒙的关系才趋于完全断绝。从那时起至现今，已是第二十三年，国民政府本年一月五日的公布，算是结束了这个长期的悬案。

然而，外蒙古独立悬案虽告解决，整个的蒙古民族问题却还未有解决。外蒙古只是蒙古人居住的一个区域，而蒙古人在我国境内的分布，则不仅限于外蒙古。在蒙古大戈壁以南诸省，东起黑龙江省的西南隅，西达新疆与青海，都有至今犹以游牧为生的蒙古人散布着，几百万的蒙古人口，有他们自己的语文，和不同于内地人的生活方式。已经完全汉化的少数蒙人不必说，陈腐的王公制度，愚昧的喇嘛教义，并未消灭蒙古人的民族意识，蒙古人至今还憧憬于十三世纪全盛时代的光荣，民族主义的浪潮，早经触动了他们的感觉，外蒙古的独立，对于其余蒙古人的刺激，不是一种冲动的诱惑，而是一种理智的提示。

讨论这个关乎国境内所有的蒙古人的问题，最好仍从外蒙古的脱离运动往事说起。

历史的教训

远在明末，汉蒙两族已有了密切的接触，蒙古东部与满族人口分布的毗连区域，本是犬牙相错的，这一部分的蒙古部落，与满族早已形成特殊的关系。有清一代，蒙古科尔沁部与满清皇室联婚的频繁，足证两族关系的密切。

满人入关，蒙族与汉族同是大清帝国构成的一员，而彼此与满清皇室的关系，则大有差异。在清代的前半期，因清政府采取亲蒙制汉的策略，使蒙古人对汉族的感情无从建立。满清晚年，帝国的外患日切，才开始了治蒙策略的转变。从前利用宗教以增进对蒙古民族感情的维系，乾隆以后，渐变而为加强政治上对蒙民的控制。其所采用的办法，一面取消库伦活佛在蒙古转生的权利，借以削弱活佛的领导作用。乾隆二十一年开始增设的库伦办事大臣，并规定以满人充任的大员，负责处理俄蒙交涉事宜，其职权逐渐扩张，终至干涉活佛与王公们的旧有权力。另一面，清廷又积极推行汉化蒙古的措施，过去严厉执行的若干法条，如不准蒙汉通婚，不准蒙人习用汉字、汉语，不准汉人随意进出蒙疆，与禁止汉农经营蒙族的土地等等，在光绪末年，一一宣布解除。

　　蒙古人自从明末清初开始，实行库伦活佛在外蒙转生的办法，已经历了两代。蒙古人正为这件光荣权利的获得，庆幸着自己的教权最高。清政府取消蒙古人继任活佛的资格，恢复在西藏转生的老例，已引起蒙人很大的不满。然而，库伦活佛虽不复是蒙古人，而活佛的精神领导，依然还是全外蒙人民信仰所寄。当这个超越于王公权力之上的象征，转被视为无足轻重时，自活佛以至王公、喇嘛，都同感不快。比至汉化计划实施，普遍而深刻的反感，遂漫布于全蒙古。

　　清政府对于外蒙古的经营，至光绪〔宣统〕二年新政推行时，到达最高潮。这年，清廷实行以蒙地财力办理蒙地新政的原则，在库伦地方作急切的布署。由清廷派遣办理新政的人员，大批涌入，新的机关连续设立，蒙古人民开始负责供应所有这些机关的费用。新的命令密接发布，新的捐税开征，征兵的计划立即实施。可是，过去曾横行欧亚大陆的蒙古骑士之裔，久已成为故乡草原上和平的牧人了，现在，要他们放下了羊群，披上武装，受人驱策，怎能不造成奔走惊惶，风声鹤唳的局面！于是，上至活佛、王公、喇嘛，下至蒙古平民，失望了，愤怒了！

　　本来，十八世纪末叶以后的蒙古情形，已不是盛清时代可比。国际关系的发展，已使外蒙古地方不仅是中国"朝廷"所关怀的一角。向东方膨胀的帝俄势力，借助于西伯利亚境内的布利亚特蒙古人为桥梁，已渗透于外蒙古，清廷企图加强对蒙古的统治，无疑也招致〔至〕这北方之邻的强烈反感。

因之，纵然没有宣统二年急剧实施的新政刺激，外蒙古的脱离运动也是不可避免的。光绪〔宣统〕三年爆发外蒙事变时，蒙古活佛对库伦办事大臣三多致送的文书上所说："近年以来，满洲官员对我蒙古欺凌虐待，言之痛心"，便是蒙人祖〔坦〕率的道白。清政府对蒙古诸种措施的失当，就是造成外蒙转向的根本原因。帝俄的怂恿，不过是火上添薪而已。

民国成立以后，对于蒙古的一切，我们是从未有过妥善而彻底的安排。民国元年八月公布的《蒙古待遇条例》，虽声明取消蒙古旧属待遇，并定蒙人通汉文者，亦得任用为"京外文武各职"，然而蒙人所得到的，就只是这种文字上的平等而已。由于我国内部的不安，对于蒙古可谓毫无建树。形势且转而有利于外蒙古建国运动的生长。从"白色恐怖"的消灭，至"红色势力"的出现，我们与外蒙古是这样隔绝起来了。

内蒙的动荡

转看其余的蒙古人分布区域，自从外蒙要求独立之后，我们对外蒙地方以外的蒙古人，曾经做过些什么呢？

直到民国二十二年六月，因内蒙古之锡林郭勒、乌兰察布和伊克昭三盟，在绥远的百灵庙召开王公大会，决议组织自治政府，并派代表至南京请求自治。至是，这些"漠南"的蒙古人，才被注意起来。中枢当局派遣大员前往各盟旗巡视的结果，证实了蒙人要求的坚决。然后在翌年二月，决定《蒙古自治原则》八条，获得蒙方代表的接受。是年四月成立"蒙古自治政务委员会"，以蒙古王公云端旺楚克为委员长，德穆楚克栋鲁普为委员会的秘书长，并派何应钦与赵戴文为蒙古地方自治指导正副长官，负对委员会督导的任务。但这两位指导官远驻北平，实际指导的责任，是交给常驻百灵庙的参议代理。至"七·七"事变为止，指导内蒙自治的成绩，还未表现出来。

虽然在这时候，外蒙古的蒙人还未长成充足的力量，来发动对其余各地蒙族的号召，而日本军阀则早已带同周详的计划，向这个中国的脆弱地带秘密进军。一部分蒙古的上层分子，在"日蒙亲善"的口号下，早在民国初年已被牵引到太阳旗的阴影下，在受着"善意"的培植。一九一九年（民国八年）日本援助谢米诺夫党人，企图征服外蒙的计划失败，对外蒙的前进虽被遏止，对东部蒙古，则仍赓续其分化与结好的阴谋。从热河渗入以西诸地，远及于新、青一带，都有日本间谍向蒙古王公进行秘密交谊。

伪满洲国与一部分蒙古人"共存共荣"了十几年。"七·七"以后，日本在北方的占领区扩大，自伪满洲国的西缘，迄于绥远，包括"察南"与"晋北"两地区和察哈尔、锡林郭勒、乌兰察布、伊克昭诸盟，据日人的公布，这是一个广袤五十多万平方公里（约相当于三分之一外蒙的面积），被命名为"蒙疆"的特区，由"蒙古联盟自治政府"管理。这个"自治政府"，于二十六年十月在归绥（日人改名为厚和）成立。

日本制造的"蒙古联盟自治政府"成立后，那位由"蒙古地方自治政务委员会"秘书长升任主席的德王，也投降了日本。二十八年九月起，他就任为伪"蒙古自治政府"的主席。跟随德王降日的，还有一些著名的蒙古王公，其中的松王，作了"兴蒙委员会"委员长。此外，这个"蒙古政府"有两位日本大员，一位是"最高顾问"名义的金井章二，一位是"兴蒙委员会主任顾问"名义的井谷彦次郎。虽然这个"蒙疆"区域的人口，据日人统计，蒙人只有三十万，而汉人则占五百一十万。但在某种意义上说来，蒙古人的地位是被提高了，因为他们已经获得管理这些人口的

"蒙古政府"中的首席地位。

另一部分蒙古王公和平民，保留在"蒙疆"的以西区域。那些不屈从于日本统治的蒙人，也有从察、绥地方向西撤退的，沙王就是这些人中的代表。自德王降日，中央在绥西另设"绥境蒙古政务委员会"，以沙王为委员长。不久之后，更任命他为国府委员。不过，抗战多年来，我们对蒙古所曾做过的，也只限于一些守成的工作。

当日本在内蒙境内势力扩张，蒙古的不少智识分子，因不甘愿或不能撤退到以西地方，不是向苏联逃亡，便是退到外蒙，接受他们的兄弟们招待，当日本败降之后，他们又重新回来。

蒙古人的愿望

日本的统治势力一旦崩溃，伪满洲国境内，以及所谓"蒙疆"地方的蒙古人处境，又来一番改变。蒙人的流亡者，不论是在中国自由区内，在外蒙古，或在苏联，都得以安然重归故土。一种新的愿望，重新浮起在每一个关心自己民族前途的蒙古人心坎。旧式的统治制度早已不适时宜，蒙古人到底要循哪一条路走？现在是外蒙除外的中国境内蒙古人急待决定的时候。

显然有两种愿望在发生着。其一，是保持原有的王公制度，保持与中国政府的密切联系。蒙古的旧制度，在民国以来，曾经政府一再予以确定。第一次是在民元公布的《蒙古待遇条例》上，规定保持蒙古原有的制度，包括活佛地位与王公的世袭及一切特权。第二次是二十三年国民政府颁布的《蒙古自治办法原则》，除将盟旗公署改称盟旗政府，其余组织与职权一仍其旧。盟旗原有的各种租税，亦一律予以保留。这种陈腐的制度，是有着不可掩饰的缺点。由于它的存在，不仅防〔妨〕碍了蒙古牧民政治地位的增进，且使蒙民永远不能脱离封建剥削，蒙古人民是在王公、喇嘛们的长期统治下贫困下去的。

其次，外蒙古人民共和国的出现，早已向他们投发着鲜明的启示。外蒙二十年来的和平建树，已脱去愚昧的喇嘛与自私的王公们的束缚，无论我们站在何种观点去评论外蒙与中国应有的关系，对于外蒙古近年的建设成绩，却不能凭偏执之见去否认。内蒙人是多少知道这个事实的，尤其自外蒙和苏境流亡归来的人，他们希望建设一个和"漠北"的兄弟们类似的集团，自是情理中的事。

新的酝酿

经过自去年八月开始的多月酝酿，国境内的蒙古人已分向几个方面从事于组织活动。本来绥境蒙政委员会可以立刻扩大，或回复原来体制，处理内蒙各旗盟的行政。然而这个蒙政会的权力，至今还局促一隅。传说一个新的机构——"蒙古自治政府"已在察南的张家口成立。另外，《大公报》本年二月二十五日的消息，外蒙古曾由乌兰察布和锡林郭勒两盟各旗邀请一部分王公至库伦一行，虽说此举尚无特别结果，但这样的接触，还可以赓续进行。最后将产生如何结论，此时纵或言之过早，然亦可以意味得到。

更具体的事实，出现于"东蒙"境内。所谓"东蒙古"本是一个应用较晚，范围则未经详细确定的地理名词。依据日人箭内亘的解释，东蒙古一般是指东四盟（即哲里木、昭乌达、卓索图、锡林郭勒等四盟），与察哈尔部及归化城、热河两地而言，又常被加上旧黑龙江省西南呼伦贝尔地方，及外蒙的车臣汗部的大部分。但现时的东蒙古范围，则与这个解释并不符合。车臣汗属于外蒙古人民共和国境，这部分得先除出。本年二月间到北平请愿的"东蒙代表团"中之一位团员桑嘉布，曾将他们要求自治的区域指明如下：自长春迤北一百五十公里起（约当农容〔安〕及德惠以北，扶余以南之地）；西至外蒙古边界；北起呼伦，南至平泉，这个区域拥有察哈尔以西，热河省的大部分和东北的腹部地方。这在现时的绥远蒙政委会辖界之外，其位置，则深入于东北区内。

就在今春，这个代表团自长春到北平，还打算飞渝请愿的期间，一种传说盛行着，是说以王爷庙做中心的"东蒙古人民共和国"已经成立，而"东蒙古自治代表团"的团长玛尼巴达喇的声明，则只证实东蒙人民正以海拉尔（呼伦）为活动中心，进行自治的要求。但玛氏等一行，于谒见东北行营主任熊式辉之后，又声明愿意在目前大局未澄清之际，暂时放弃提出的原意，赴渝之行因而作罢。他们在北平作短期逗留后，仍返海拉尔去。

其后，中央方面的内蒙特派员张历生于其自东北返北平后，与联合社记者谈话，证实"东蒙自治共和国"的传说。这个"共和国"是在本年一月成立的，主席就是玛尼巴达喇，辖境有察哈尔的锡林郭勒盟、热河的卓索图盟及兴安西部的苏尼特旗（参阅附注）。这样的区域，与桑嘉布所指出的不尽相同，然而海拉尔方面的活动，以及这新"共和国"首府的王爷庙的作用，既经展开，自不受上述地区的限制。

走怎样的路

外蒙古独立三十多年历史，指示了蒙古人愿望的一方面，内蒙古人今日的酝酿，又指示了蒙古人的愿望余下的一面。

在国境内的蒙古人，分布于横亘长城以北的广大区域。东端，蒙古的牧地已于数十年来，被陆续开垦成为今日著名的东北农区之一部（例如长春之北的农安，便是嘉庆五年与长春同时设治的垦区）。而今日尚营游牧生活的"东蒙人"，还保有着旧吉林省西北角，辽宁省北部和旧黑龙江省西南的若干草地。从这边向西南经热河、察哈尔、绥远至宁夏，都是蒙、汉人口密切接触之区。汉农的耕地，毗连着蒙古的牧场，许多耕地不久之前，还是替蒙人保留的草原。但是，清中叶以来，长城以北的许多地方，已深刻地汉化。一部分蒙古人也放弃原来的生活，变成农业或城市人口。汉人迅速移殖、发展，在数量上，已造成绝对的优势。这是近世形成的汉蒙杂处地带的实况。

过去蒙汉间的摩擦，诚然与移垦有很大的关系。可是百年来造成的事实，要从根本加以推翻是不可能的。我们如何满足蒙人的要求，而又不过于损害汉农的利益，这是最有待于研究的问题。

蒙古人对于他们千百年来所享有过的那份产业的现状是要清算的。新的酝酿在进行，已成为公开的秘密。我们鉴于从前的教训，应不能一再忽视这个影响重大的边疆问题。

蒙古的行政制度须要改革。在王公制度下，政治权利被少数世袭的贵族所独占。由于喇嘛在蒙古社会中享有特殊的地位，拥有庞大财产的寺庙主人，其政治潜力，有时且超过于王公，王公与喇嘛两种势力相配合的长期统治，已使蒙民的经济利益被剥削至贫不聊生的境地。靠高利贷以自肥的汉商势力侵入，因王公与喇嘛的庇护勾结造成的恶果，更加速了蒙民经济的匮竭。蒙古的盟旗制度是与王公喇嘛政治不可分离的。王公喇嘛政治既是弊害丛生，盟旗的组织也早已不合时宜。自从内蒙地方设省以来，原有的盟旗之外，还有县与省的行政系统。依据二十年十月公布的《蒙古盟旗组织法》，盟及特别旗直隶行政院，各旗则直隶于盟。然而《组织法》规定，盟、旗政府遇事乃须"商承"有关的省政府及与有关的县政府保持"会商"的关系，实际上，省与若干县区的辖境内，就包含有蒙古的盟旗，而这些盟旗，通常还是省，或省与县两种权力所及。这种政治上的多重约束，徒然增加了蒙人的负担，与自治无所裨益。因之，今日的蒙疆行政机构和组织，必须予以合理的改革与调整。这种改革与调整，不仅应以简化行政关系为出发点，尤应以提高蒙民的政治地位与经济利益为出发点。

蒙古民族的存在，也如其他部分的边疆民族存在的事实一样，是不能让偏狭的情感所蒙掩的。蒙古人有不同于内地人民的生活环境与生活方式，历史的传统性不容忽视。蒙古人过去的发展史，是他们至今所珍惜的。中国历史上的边疆地带，汉、蒙两族虽有长期接触和深度汉化的事实，但元代九十多年的统治，并未曾使蒙人如满族入关后一样，为农业的汉族社会所吸收。元顺帝北走，带同未汉化的蒙古人以俱去。终明之世，也未尝对蒙族多收同化的效果，清的兴起虽造成蒙汉两族再度结合的局面，然而满人自己融冶到中国的洪炉里了，却曾有意地将蒙人保留于大漠南北。民国成立，提倡"汉蒙平等"、"五族共和"，可惜对民族间待遇的平等，所实现的，仅是一些空洞的文书词令。边区的民族利益，久被忽视。近年在"大汉族"的号召之下，有些人以为民族平等的机会已接近实现。然而，"大汉族主义"的号召，不但没有消除国境内各民族的隔膜，反而加重了边疆民族的疑虑。最近方告解决的新疆问题，便是一个明证。

否认境内人口有民族差异的人，不是由于固执着狭隘的成见，便是为了要造成民族概念的简化，而有意抹杀事实。这些边政论者，我们是不应苟同的。民族的差异，不一定是团结的障碍。民族纵有不同，在彼此互相尊重其地位与权利的条件下，仍可和平相处，共同发展。在数量上占多数，在文化上也占优势的民族，倘能克尽对弱小民族扶持启导的义务，民族间的感情必可融冶建立；亦唯有根据如此的原则，为诚意的、公平的运用，才能形成最可靠的结合。

　　不幸到今天还有些谈边事的人物，以为"蒙古大部分仍为未受教育的、散漫的游牧民族，并无自治之智识与能力"，从而怀疑蒙人的要求为不合理。这种见解显然不对。我们固可承认今天国境内大多数的蒙民，因为缺乏教育的原故，仍陷于愚昧，但今天所应为的，已不限于教育功夫。现存的事实指示我们，蒙人要求自治的愿望，已达到相当高热的程度。内蒙古的自治运动领导者，会为他们"愚昧的"兄弟姊妹们应有的权利提出要求，外蒙古的成就，已为他们描绘出一幅鲜丽的图样。今天如还只着眼于蒙古人是"散漫无组织"与"未受教育"的牧人，而否定了他们的政治权利，我们必然会蹈历史上的错误。

　　三十六年前，当库伦活佛博克多决定公布他的"大蒙古帝国"计划，给清政府驻库伦大臣三多递送最后通牒之时，北京的皇帝与库伦的三多，同样仓皇失措。今天，"东蒙古共和国"已从传闻中证实了它的酝酿，新的"蒙古联盟"的酝酿也在进行。另一面，支持着古老势力的"蒙政会"则萎缩于一隅。还有人在高谈蒙古人"并无自治之识智与能力"，如果国境要分裂，这才是分裂的真正原因。谈蒙古问题，必须洞察这种失败的兆征。

　　此刻，有两条方向不同结果全异的道路在我们之前：其一是达到和平团结共同发展的大道，另一是引导至于分崩离析的侧径。历史已给予我们过多的教训，不必为雅尔达会议席上他人越俎代庖的秘密协定而愤懑，也不必为去年八月十四日我外交当局对苏方提出的照会而叹息。我们要进步，蒙古人也要进步。谁能够领导着数百万"散漫的"牧人，谁就是他们悦意相从的兄弟。外蒙古的独立是一个教训，"东蒙共和国"闪烁在望也是一个教训。

　　附注：这个"东蒙自治共和国"的辖境，是据联合社记者和张厉生氏晤谈后的报导，载二月二十二日上海《大公报》。原文云："其辖境有三旗：即察哈尔东北部，名曰锡林郭勒盟；热河东北部，名曰卓索图盟；及兴安西部，名曰苏尼特旗。"据我国原设省区界，锡林郭勒盟在察省北部，卓索图盟在热省东南而非东北。惟伪满时期之热河省北部划为兴安西省，卓盟位置乃略相当于伪热河省之东北。苏尼特旗在察哈尔省，属锡盟，位置则相当伪兴安西省之西，故联合社称"辖境有三旗"，实两盟一旗。其所言各盟旗位置，如上情形，疑是以旧伪满各省为准，因改设之东北九省，热河不在内，卓盟仍应在热省东南。至卓盟与锡盟之间，属热省北部，尚有昭乌达盟（即伪兴安西省之地）未见列入。"共和国"中心之王爷庙，在辽北，属哲里木盟，此盟亦未提及。确实情形究竟如何，尚待查明。

《新中华》（半月刊）

上海新中华杂志社

1946 年复刊 4 卷 20 期

（朱宪　整理）

外蒙古第一次独立的始末
（一九○五年至一九一七年）

罗应荣　撰

第一节　日俄签订密约积极侵略内外蒙

日俄战争是二十世纪初叶国际一大事件，尤其是远东外交的一大转捩点。前此日俄两国为了太平洋霸权和朝鲜纠纷，积不相容，终不免一战。迄《朴资矛斯条约》订立，终帝俄的崩溃，日俄两国反仇为友，合作侵略中国。

在这期间，日俄先后订立一九○七、一九一○和一九一六等三种公开条约，而每次公开条约的订立，都附有另一秘密条约，再加上一九一二年的秘密条约，一共有七个之多（一）。其目的在划分势力范围，一步一步的蚕食中国的满蒙。日俄两国合作侵略我满蒙的努力程度怎样？我们中国的对策如何？这都是我们在这章中要加以说明的。

日俄两国于一九○七年七月三十日签定第一次日俄协定，同日并附一密约，这密约一直在帝俄崩溃后始被公布。公开条约的主要内容是：两缔约国应允彼此尊重在中国的独立与完整和机会均等，另一方面两国承认维持现状。然则现状的确定范围是什么？解释上可有极大的弹性。这就暗示日俄两国有秘密的谅解存在。

根据同日签定的秘约，日俄两国在划分势力范围。日本据有南满及朝鲜，而"日本帝国政府承认俄国在外蒙之特殊利益，担任禁制可以妨害此种利益之任何干涉"。

当日俄签订这密约时，有一件事我们要特别注意的，就是"外蒙古"而非"蒙古"一词第一次出现于国际条约上。据说，这事在日俄谈判中曾引起一大辩论，五月九日（一九〇五年），俄国驻日公使巴汉墨特夫（Bakhmeteff）从东京拍一电致圣彼得堡外交部，谓"日本外务大臣林董不欲于条约中提到蒙古，因为如此，将与中国的条约不符合，而且对日本有很不利的解释"（二）。当时俄使巴汉墨特夫引林董外相应允将蒙古划在日本势力范围外为词，驳斥日本这种要求（三）。结果日本作最大让步，卒承认俄拥有外蒙的势力范围（四）。而俄国默许日本可在内蒙树立势力。一九〇八年（光绪三十四年四月二十四日）便有奉抚唐绍仪向我外蒙〔部〕报告日人在辽源设机关，派百十人测绘，勾结各蒙用心叵测的消息（五）。一九〇九年（宣统元年六月廿九日）库伦办事大臣，又报告有一日学生名叫永土齐吉在蒙古各处游历并在内蒙学习蒙语文（六）。

俄国签定这两条约后，侵略蒙古当愈有勇气。当俄国与日本尚未成立这二条约，而英俄两国代表另作外交谈判时，俄国代表明白地向英国宣泄它在蒙古的野心，只是到了日俄第一次密约成立后，才在英俄条约上不提蒙古问题了（七），但是日俄第一次密约是公开的秘密，英国从她的盟国日本得到密约的真相。法国由它的盟国俄国的通知也知其详（八）。德国虽然不知该约的内容，却深疑该密约，大概是日俄两国划分势力以满洲对外蒙吧（九）。迄一九一二年各国银行团拟借款与中国新政府，即牵涉到满蒙问题，德国对该密约才恍然大悟其真实性（十）。至于俄国不但在这两条约中对于蒙古得到最大的鼓励，而且在日俄第一次条约的签定不过一个月，就与英国成立《英俄协定》（八月三十一日）（十一）。在谈判中，英外相格雷曾注意到蒙古问题，我国的西藏命运部分的决定于《英俄协定》（十二）。英、日、俄、法对抗德、奥的形势于焉成立。从此，日俄两国侵略我满蒙的速度更快。

第二节　中国开放满蒙的禁地

在这种恶劣的国际情势下，中国的满蒙地位岌岌可危，我国的对策怎样？一九○五年侍郎沈家本奏以东三省形势危急，请设一东三省总督，统一三省事宜，有权便宜行事。一九○六年十一月清府宣布厘定官制（十三），改理藩院为理藩部，附设调查、编纂两局，着手调查蒙古的状况，定牧政、开垦、事务、矿产、森林、渔业、学校等调查纲领十四条，明年（一九○七年）又有开垦蒙古之令（十四）。同年八月下诏化除汉、满畛域，并令内外各省条陈办法，以后满、汉可以通婚了（十五）。同年四月七日清府将东三省旗人将军制改为行省，以徐世昌为东三省总督，唐绍仪为奉天巡抚，尤有重大意义（十六）。他们得到清府的允许，将前此清廷认为龙兴之地，设有特殊禁例，不准汉人自由移民的，至是采取开放主义了。其结果移垦满蒙的人数大增加，蒙古血统向较纯粹，对这些汉移民的势力，特别有敏感。不宁唯是，徐、唐二氏要乘俄国力较薄弱之际，向辽西与东蒙发展中国的势力，这便是兴筑新法铁路的计划（由新民屯至法库门）（十七）。这计划仅是中国建造联贯满蒙铁路的一部分设计，诚如前任盛京将军赵尔巽所说："新民至法库门再至辽源州抵齐齐哈尔应建一铁路，以联络蒙疆，收回权利。"八月十二日（一九○七年）日本代理公使阿部守太郎急不及待，即照会北京外务部阻挠新法铁路的兴筑，日本的法律根据是援引所谓一九○五年《中日北京会议录》，第十号存记之语，中国不能兴筑南满路的"并行线"（十八）。这"并行线"的问题涉及政治利益及法律的原则，以后中日两国对此有无穷的争辩（十九）。《李顿调查团报告书》（一九三二年）亦提到这问题。然而不幸得很，一九○八年六月中国竟屈服了。新法铁路本有英商的投资，英外相格雷仍赞助日本的见解而自甘牺牲商业利益，这是英日同盟力量的表现（二十）。

一九○七年春四月间中国与俄国订立合办外蒙古车臣汗部伊洛几金矿条约（廿一）。同年各俄国驻库伦领事先后向圣彼得堡报告，中国决心整理蒙古内政及移民的情形。中国设大清银行，拟发展业务至蒙古，就引起蒙人很大的嫉妒。外蒙王公联合向中国北京政府请求维持蒙古现状并停止汉人移民之事。同时间，这些蒙人又向俄国请求援助了（廿二）。

一九○八年四月中国在蒙古科布多办事大臣锡恒奏请北京政府，在蒙古、新疆、俄国三地交界邻处，布伦托海设一委员，指挥营防军并督办可兴实业（廿三）。八月间中国复有建筑张家口至库伦的铁路并在蒙古设立学校之议（廿四）。

一九○九年春，中国当局开始与王公磋商蒙古王公加入未来新政府组织的问题（廿五），这引起蒙人的兴趣，蒙古王公联席会议曾商对策，可是会中并没有提到张家口至库伦兴筑铁路的问题。因为北京政府将不顾一切要建造这工程了（廿六），中国要积极伸张势力于外蒙哩（廿七）。八月间中国科布多大臣锡恒将俄商违约在科布多河之库布克及乌梁海左右翼游牧察罕河之华拉奇尔萨克赛河、布拉喀河、图尔巴淖尔等处私盖房屋加以拆去（廿八）。俄国目击中国势力的澎涨，自然鳃鳃过虑，那年四月俄国工商部成立一种特别研究委员会（Departmental Committee）以研究蒙古的经济情况（廿九），明年（一九一○年）伊尔库次克（Irkutsk）复设一委员会，专研究蒙古的贸易政策（三十）。并计划建造一铁路，由米索瓦也（Myssowaja）经恰克图以迄库伦（三一）。因为前此，俄国商人虽有一八八一年《中俄陆路通商章程》（光绪七年），却没有能取得蒙古、新疆无税区的商业最大利益。俄国商人知识浅薄，非常短见，当非汉商人聪明可比，所以俄国为挽回其在蒙古的商业利益起见，要竭力经营，一九〇九年至一九一〇年曾多次派调查团入蒙调查实况（三二）。

第三节　三多实施新政

一九一〇年确是满蒙多事之秋，我们对之有详述的必要。这是暴风雨的前夕。春间有俄人在蒙边境焚毁牌博证据之讯（三月二十四日）（三三）。二日后（三月二十六日）库伦发生三喇嘛因购木料引起口角聚众抢中国汉人德义涌木厂一案子，很为严重。库伦办事大臣三多闻变曾亲自带领宣化卫队前往，以拘捕肇祸的喇嘛，祸首二人被获，但被其他喇嘛在中途截击。三多便往廿登喇嘛圈地方捕人，这次官民互殴，连三多都被包围起来，遭石子击伤，他所乘的轿子亦被毁了。幸有汉人抛石还击，三多才能幸免于难。三多于事后责令沙比衙门迅速解办凶手。越数日，该衙门仅将登曾一名，解送到案，额林庆一名终不肯交出。因登曾供称额林庆才是这案的主凶，当时三多一再勒令商卓特巴将肇事的喇嘛尽数交出，该喇嘛在活佛的庇护下无一到案。不得已，三多便出最后一策，奏请北京政府下令革去蒙古活佛以下的若干喇嘛的职位，并责令沙比衙门将德义涌木厂被抢去之银币一千一百六十余元，现银七百八十余两如数摊赔，一时蒙人以三多仇视黄教都非常憎恨。活佛即派人向北京政府控告三多，可是活佛所派晋京的人员，在中途被三多的宣化队所拦阻，自是活佛与库伦办事大臣不见面了。到了明年春，三多派贝子希宁达木定进京指奏弹劾三多亦没有效力，于是活佛老羞成怒实行驱逐汉人商店于佛教主要乡区之外，这很使库伦办事大臣为难。活佛并进一步要禁止蒙人在原来的交易所贸易，以相隔离，三多把这些情形一一报告给北京政府。认为蒙人欲违抗中央法令（三四）。俄国领事预料到中国将增军库伦（三五）。活佛又乞援俄国了（三六）。但俄外部主张慎重缓进（三七）。

正是在这汉蒙的感情很坏的时候，三多致力于外蒙的内政大改革，"三多年力精壮，好文事，有干练才"。原来他于三月十一日接任库伦办事大臣职，以俄人谋蒙日亟，力纠积弊，一开始就异常积极。"三多莅任未久，中央各机关举办新政之文电，交驰于道，急如星火，而尤以内阁、军咨府为最，于是设兵备处，设巡防营，设木捐总分局，设術〔卫〕生分局，设车驼捐局，设宪政筹备处，设交涉局，设垦务局，设商务调查局，设实业调查局，设男女小学堂，除原有之满蒙大臣衙门，章京衙门，印房，宣化防营，统捐，巡警，邮局，电报各局外，库伦一城新添机关二十余处，所有各机关之开办经费，及经常应需之柴炭、器具、铺垫、马匹、杂用等费，悉数责令蒙古一律供给，蒙官取之农民，蒙人不堪其扰，相率逃避，近城各族为之一空。"（三八）此外三多又建议开办张家口、库伦间的铁路，使留学生张一鹏从事测量，蒙人疑心日滋。蒙人对于税吏的苛刻，极尽聚敛能事，更痛恨之极。这种蒙古新政的过激措施，安得不使蒙人挺而走险呢？

第四节　可罗斯得威克的侵蒙策略

更不幸的，一九〇九年东三省因先后发生安奉路问题（三九），中韩界约问题，东三省五大案（四〇）问题，锦爱铁路和诺斯克中立铁路计划（四一）等，所引起的远东形势都对中国很不利的。锦爱铁路与诺斯克满洲铁道中立化计划有非常密切的关系。这两个计划是中国唐绍仪（四一〔四二〕）、熊希龄（四三）、锡良（四四）等所主张的满蒙开放政策与日俄的侵略政策的胜负一大转捩点。美国国务卿诺克斯（Philander Knox）虽很热心维持中国的门户门〔开〕放政策，可是没有得到英国的同情，尤遭日俄的大忌，竟告惨败（四五）。一九〇八〈年〉十月三十日，日美订立《高平罗脱换文》（The Poot Takahira Notes），日本没有诚意去屡〔履〕行，在这事件，表现无遗（四六）。

不宁唯是，日俄两国借这机会大恫吓中国，一九一〇年七月四日，日俄两国订立第二次日俄协定，一公开的条约（四七），另一密约（四八），俨若日俄两国的军事同盟，其作用主要的是对付中美两国。七月四日是美国的国庆呢？这次日俄的公开条约，从内容观察好像是志在维持满蒙现状（"现状"与"特殊利益"二词，在日俄外交家看来，是异字同义的）。然其真实意义，却不在此，而在同时签定的密约。公开条约第一条就露出破锭〔绽〕来，它将前次密约双方应负的义务变为公开条约的法律义务了。第二次日俄密约与第一次日俄密约在性质上不大一样，后者规定缔约国双方在满蒙境内承受若干不作为义务，这是消极的义务，但前者规定两缔约国有共同积极作为的义务（四九）和个别缔约国在其个别势力范围可独享的积极权利（五十），故其性质是积极的。

日俄第二次协定公布后（五一），中美两国在表面上虽力持镇静（五二），然中美（五三）两国内心是非常疑虑的：我们一读中国驻外使节与边省督抚的奏章，即知那时中国当局如何不安（五四）。中国东三省总督锡良尤有见识，他"已判日、俄二国将一则合并朝鲜，一则侵占蒙古"了（五五）。英法（五六）两国是日俄的盟友，对于这约自表同情，英外相格雷很坦白的对我国驻英公使李经芳表示，英国对该约"甚恰意"云（五七）。

　　跟着日俄第二次协定的成立，满蒙外交，便越紧张，八月二十九日日本并吞了朝鲜（五八），九月东督锡良函外交部报告〔杀〕日本政府颁布驻华外交官的对华密策，阴谋诡计诚足使人丧胆，其中有一秘策说："蒙古各邦须密派人游说煽惑，使其离叛清国，如需借款，尽可与之，能使各邦多用日款，并用日人为教育顾问，方能由我驱使。"（五九）一九一一年一月十三日，中国外部优〔获〕得情报，日人在长春城内密设关东都督派出所，并在吉林、蒙古一带调查测绘（六十）。

　　日本对蒙古的侵略那么积极，当非俄国所能忽视的。日俄第二次协定签定不到一个月，即七月三十日，俄国驻华公使可罗斯得威克（J. Korostovetz）拍一电给俄外相沙逊诺夫（Sazonov），鼓励俄国速采积极的外交政策。他说："如果俄国对外蒙不采积极的外交政策，这就是对日本赐于鼓励，日本对蒙古将取而代之的野心，不会犹豫的。"（六一）俄国舆论界，在这时亦鼓励俄国应发动侵蒙行动（六二）中国东三省总督锡良对于日俄这种阴谋特别有敏锐感，他于十月十三日又向外部报告谓："据探报，俄首相东来，由莫斯科经窝本斯克等省，直至阿尔泰山调查移民情形，沿途所接条陈皆议修支路，达蒙古，振兴商业等事，恰克图、乌金斯克、赤都、满洲里四处业屯兵有二十余万之多。又听报馆内之俄人言该国（指俄国）已派统兵将军多布鲁山那来远东相机调动。"（六三）到了十一月间俄国侵略蒙古日益积极，十一月十一日锡良向外部报告俄兵增援远东，并举行演习的情形："驻哈俄总〔理〕领事署翻译珀珀夫并于〔拉〕得金兵队衙门参将巴拉诺夫招蒙古宝锁尔、绰鲁二人，有派往扎萨克图等旗游说联络情事。"（六四）

　　十一月间，向以主张侵略蒙急进著称的俄国驻北京公使可罗斯得威克，上一个很长的条陈给俄外交部长，说中国如何如何积极在外蒙树立政治势力，好容易使外蒙的地位与中国内地行省一样，只是中国受到种种障碍，没有完全成功，此外据密报，中国陆军大臣尚书荫昌拟遣派十四师人出塞外，九师调蒙古，其余调新疆；邮传部亦有筑铁路的大计划，由张家口至恰克图、由张家口至清齐安（Kalgan-Tsin-Tscheon），由库伦至古尔石（Ourgu-Kouldscha），这些铁路都是沿中俄边界的。最后他建议俄国应对中国施以压力，要中国不能改变外蒙的现状，同时希望得到英、日两国的同情（六五）。沙逊诺夫随即训令俄驻英、日（六六）使节探视态度，结果英、日两国对俄国的侵略政策并不鼓励，日本且恐俄国此举将驱使中国投入美、德两国的怀抱中（六七）。

第五节　蒙回关税问题

恰巧这时中俄两国发生蒙、回关税问题。先是先〔光〕绪七年（一八八一年二月二十四日），中俄订立《伊犁条约》，另附一通商条约（六八）。前者第十二款规定："俄国人民准在中国蒙古地方贸易，照旧不纳税，其蒙古各处及各盟设官与未设官之处，均准贸易，亦照旧不纳税。"其约有效期间为十年（第十五款）。第一次、第二次期满时，中国都没有要求改约，于是蒙、回商业全为俄人所垄断。日俄战后，俄国尤致力蒙古商业的发展，只是库伦一偶〔隅〕，俄商之数已达三千六百余人，每年定期往来的队商亦有七八千人，其他蒙境各地，俄商与游历、探险者每年平均达五六万人之多，这当然给中国商业一大打击（六九）。所以（一九一零年三月）外务部设有俄约研究处，将光绪七年所订的中俄陆商条约的内容详加研究，并电达沿边各督抚大臣、将军、都统，各选派熟悉人员，专任调查有关约载通商事宜（七十）。十月一日，外务部添派主事富士英、管尚平前往西北沿边各处，亲历调查（七一）。富士英、管尚平于明年（一九一一年三月十三日）调查完竣，向外部报告调查结果（七二）。表面上他们的奏呈限于新疆塔城中俄商务的情形，但事实上，他已将中俄这次修改商约的焦点剖解明白了，归纳起来，富、尚两氏以为光绪七年的中俄商约有许多弊端，就经济观点言：（一）由于无税区的便利，俄人商业勃兴而中国利源外溢；（二）"中俄商民银钱往来，自光绪十六年起纸币互相交易，以俄帖换华帖"，"近年俄帖、洋元渐转昂贵"，"华商买卖室外〔碍〕诸多"；（三）"俄商在阿属各蒙古游牧擅搭土房，囤存货物帐目，去来自便，并无定踪，万一一旦失和，则彼族必以失去货物、帐目若干为词，讹索赔偿，无所不至"。其次，就法律观点而言，俄国常违约章：（一）"俄人违约图利"，常在约章指定地外贸易，"狡谋占地"；（二）"毗连俄境"的俄人"任意出入无可限制"且"俄人入华境并不呈验获〔护〕照"，"或被野兽及风雪所伤，遂指为被华民所害"。再次就国防观点而言：（一）阿拉克别克河本属华境，俄人强行侵占；（二）俄人牧放牲畜，约章只给与之地一块，"今俄哈盘据中土，牧放牲畜，聚族而居"，"将来中俄界限必争之情形也"。如此看来，中国这次修约运动是具有很大决心的。这问题并不限于商约方面，而且涉及"界务、商务、税务、杂务"（七三）。北京方面认为光绪七年的商约"又将届第三次十年期限满之期，中俄陆路交通情形，既属今昔回〔迥〕殊，旧约施行日久，不尽合宜，亟应及时修改"了（七四）。我们以为满清政府这种措施是非常合理的，因为一八八一年中国首席代表曾纪译〔泽〕签订这约时，迫于当日情势，原有不得已之苦衷（七五）。何况按约我国有修改之权，虽然俄国不易同意的。俄国曾派往蒙古调查队到过蒙古的，都鼓励俄政府要扩张俄国《伊犁条约》的商业利益。

哈尔滨俄商会又上书俄国政府，亟言中国已提义〔议〕修约，因之俄国宜先发制人，设法抵制中国的要求（七六）。这怎么办呢？可罗斯得威克在十一月间（一九一零年十一月三日至十六日）致圣彼得堡报告书中建议俄当局，第一步骤是先试探英日两国对于俄国急进态度之反响（七七）。可是，在这个外交试探正在进行中，而未得英日两国确切答覆时，俄国各部大臣联席会议，已决定对华取强硬的态度，甚至并吞北满了（十二月二日）（七八）。外交大臣沙逊诺夫在联席会议中，强调中国对商约的崛〔倔〕强态度，谓俄国不欲达到目的别〔则〕已，否则，不惜以武力恫吓，以哀的美敦书方式迫中国屈服云云。该会议卒认许他的主张（七九）。一九一一年一月十二月〔日〕俄国便突向中国提出三十五项要求（八十），以觇我国之态度。中国对之持延宕的态度，驻北京俄国公使可罗斯得威克便向中国提出六项要求（八一），措词之强硬为外交文件所罕见，实无异自由行动之准宣战书。他说中国如果不完全接受是次六项要求，即认为中国政府不愿维持两国之友谊，俄国即采自由行动，同时（二月十五日）沙逊诺夫训令俄驻日、英、法三国使节，说明俄国并无侵略蒙古意，仅欲保持一八八一年俄国条约的利益云云（八二）。沙逊诺夫对德国驻俄大使布打雷伯爵（Pourtales）言亦直承这次俄国致华〈通〉牒确有恫吓性质，但不构成哀的美敦书的意义（八三）。俄方的六项要求，其要旨第一，在将光绪七年所定的税贸易区域更扩大范围；第二，俄人享受领事裁判权问题；第三，系针对中国在蒙古新设的伊塔茶叶有限公司附设皮革公司的专卖权，而要求加以取消。清政府收到是六项要求后，逐条加以驳覆（二月二十日），语气颇示让步，承认光绪七年的条约，俄国认为不满意，又向中国交涉。惟中国政府于不纳税一节争之最力，俄方要求增设领事，我国则提出俄国须承认制定关税以为对抗。三月十三日，俄国的覆文，强词夺理仍故（八四），俄国这时并调兵遣将以为威胁。二月十九日中国驻日公使汪大变〔燮〕已向中国外部报告俄调兵伊犁，恐有意外，署俄国外交部大臣尼拉笃甫（Neratov）亦坦然承认之（八五）。中国方面陆军大臣萨〔荫〕昌曾一度对德国驻北京公使李斯（Rex）表示不辞与俄一战（八六）。故当时中俄战云满布，不难想像。署库伦办事大臣三多鉴于情势危急，要求北京速饬派二师勘路，并调大军驻库偷〔伦〕、乌得间"以挽危局固国防"（八七）等语（一九一一年三月十九日）。三月二十日，北京政府再答覆俄使如下：（一）科布多设领事，中国同意；（二）茶仍由华商专卖；（三）蒙古为自由贸易地；（四）希望协定关税（八八）。三月二十二日俄使认为不得要领，旋即发出最后通牒，限至三月二十八日以前答覆，否则自由行动。这时黑龙江、吉林、奉天等地警报频传，清政府迫于威势，不得已于三月二十七日对于俄方要求完全承认了（八九），这是逊清最后一年劈头大事。五月间，中国增兵蒙古以取代蒙兵、中蒙兵冲突之谣，亦甚嚣尘上（九十）。那年春天（一九一一年），还有一件未曾爆发的大事，那就是俄军事当局拟以武力占领北满，署外部大臣尼拉德〔笃〕甫因没有得到日本的赞助，才中止这种单独行动（九一）。

七月间，中俄两国查勘乌梁海界牌事亦没有成就（九二）。同月十三日英日两国签定第三次英日同盟条约，当有利日俄两国以侵满蒙政策（九三），同月初，已预示俄国的侵略美梦有实现可能。八月间中国驻俄使萨荫图企图与俄国续谈商约，因俄皇及首相离圣彼得堡，谈判无法进行。

第六节　外蒙王公代表赴俄请援

七月中旬外蒙王公秘密会议经过很长久的讨论决定征求俄国驻库伦领事拉道乌斯基（Lavdovski）的同意（九四），派代表团到圣彼得堡效秦庭包胥之哭，以背叛中国了（九五）。起初俄国当局尤其是外交部小心翼翼地不大欢迎蒙古使俄代表团的，因为俄国在近东、中东的外交实在太紧张，外交部深恐因此惹起中俄的误会分散了俄国外交的注意力〈（九六）〉，所以外交部于七月二十七日训令可罗斯得威克，其中说："喀尔喀尔（即外蒙）的内部情形与俄国最重要利害无大关系，但我们可利用这机会远〔达〕到我们其他的政治目的"（九七）。可罗斯得威克却继续坚持他多年的侵蒙积极主张，谓俄国对蒙的消极态度，必大损俄国在蒙的威望，且迫使日本将取而代之。他接着说："何况俄国从前既尝帮助蒙人的要求，自不能不负道义上援助的义务"（九八）其后又经首相史托本（Stolypine）的热烈的赞助，始将俄外部反对蒙古代表团使俄之议打消（九九）。于是蒙古使俄代表团动程赴俄。蒙古代表团团员包括杭达多尔济（Hand-tsin-Van）、大喇嘛（Da Lama）、车林齐密特（Cering Cimet）、海森（Haisan 系内蒙古人）和狭义浓巴须（Djenonbeisse）等一行十余大员。外蒙代表团于八月初抵圣彼得堡，逗留有三周之多。其间蒙古代表团分访俄当局各要员，要求予以财政上和军事上的援助，并愿"以承认俄国保护"（一百）为交换条件。可是外交部对此仍是犹疑不决，因为八月间欧战的恐怖，为前所未有，只是财政部长果果乌枣夫（Kokovzov）和其属员罗锅夫（Lvov）对于蒙古渐具浓厚的兴趣罢了（百零一）。八月四日，俄国各部合开一特别联席会议，讨论蒙古问题，署外交部长尼拉笃甫，仍不愿对蒙古有积极的行动，因为他生怕此举削弱了俄国在西方的实力，虽然蒙古问题由于中国的积极态度是很严重的。最后决定俄国应有举动以抵制中国在蒙的种种积极措施。（百零二）二日后尼拉笃甫致一长电给可罗斯得威克说："关于蒙古代表团乞援俄国事，经过慎重的考虑后，我们虽认为中国在蒙施行殖民政策，改革内政，增援驻军等举动，于中俄边防，初无必要，我们应给予蒙古以助力，保障其独立，但是我们俄国却不愿支持蒙古的计划与中国分离，断绝了政治关系。俄国愿为中蒙纠纷的仲裁人。俄国愿支持蒙古自治，对于代表团的回蒙也当加以保护。库伦俄国领署卫队加至二百人，配以机关枪。此外俄国要向中国进言，将该国预定对蒙之计划取消。"（百零三）可罗斯得威克接到是项训令，随即于八月二十八日向中国外务部提出照会，谓中国在蒙所采的政策，俄国不能淡然置之，因为俄蒙壤土相接，在在与俄国商业利益有关，尤其中国在蒙古新建军队，足以破坏中俄边疆的均势，所以中国要与俄国维持传统的友谊，则非考虑俄国的要求不可（百零四）。俄驻华公使这个照会，与其外部训令和八月十七日各部联席会议决议案完全相符（百零五）。中国外务部之覆文称："中国在蒙所采的手段，实未妨害俄国利益，并已饬令库伦方面办事大臣，勿用压迫方法云云。"同时，可罗斯得威克与中国外务部丞参胡惟德曾有一度谈判，胡惟德认为俄国所提的对蒙条件，无异干涉中国内政，惟中国为顾全中俄两国友谊起见，愿将库伦华军减少，对于改良和移民计划，暂行停止。因为中国革命已风声鹤㖦〔唳〕了（百零六）。

这样，逊清与俄国有关外蒙的最后一次谈判，事实上是无结果了。北京政府已转移视线于日趋严重的国内局势，使俄蒙古代表团亦已在俄兵保护下回到库伦，俄国护送兵队长马苦石（Makush-ek）已料到蒙古独立革命已迫在眉睫（百零七）。八月十日至二十三日沙逊诺夫训令可罗斯得威克，谓在原则上遇俄国劝告中国政府失败而外蒙革命又甚迫切时，俄国可供军械给蒙古（百零八）。事实上，八月二十八日中俄谈判失败了。到了十月陆军大臣下令伊尔库次克（Irkoutsk）军事当局，以一万五千枝来福枪，七千五百万发弹药给蒙古（百零九）；十一月，俄国又供蒙以一万五千把剑（一一〇）。由此看来，俄国以武力协助外蒙叛变我国家，一点不容否认的，帝俄不但以实力援助外蒙称兵作乱，事前在精神上鼓励也是同样重要的。一九一一年八月远东特别委员会的一个报告，直率地承认这一点。九月底中国革命已非常迫切，俄国外交部高级长官可萨可夫（Kozakov）嘱可罗斯得威克善为利用中国内乱时机，与中国订约确定俄国在外蒙的地位（一一一）。库伦政变后，十二月八日（一九一一年）尼拉笃甫对法国驻俄代办也坦然承认库伦事变的爆发对于俄国是并不惊讶的，只是他没有想到事变发生那么快罢了（一一二）。十月十日中国果发生武汉革命，这是俄国侵略外蒙及满洲最好不过的机会了。

第七节　活佛宣告独立

武昌革命后，清廷即起用被放逐的袁世凯（一一三）。他于十一月二日拜命为内阁总理大臣，当时非常忧虑满蒙发生国际纠纷，曾访晤俄国驻京公使，希望俄不要赞助蒙古的变乱，而俄公使却重申前言，要求中国维持现状，暂停移民，缩减驻军。袁世凯认为这是中国的内政权，可以自由裁量，但俄国所提条件可接受时，中国必加考虑（一一四）。正在这时候袁世凯表示愿解决蒙古问题时，外蒙活佛哲布尊丹巴呼图克图，已迫不及待，十月十八日，俄国驻库伦领事代〈表〉宣布库伦革命推翻中国的统治了（一一五）。

三多亦接到活佛独立的机〔札〕饬，于是晚召集马武〔步〕防营管带及其他要员会议，认为办事署可以立即调征之兵力区区二百余人，且器械窳陋子弹缺乏，不足以敌对千余名之俄兵和四千名之蒙兵开杖〔仗〕，因此三多为避免无谓牺牲起见，忍痛作离库偷〔伦〕计，俄兵和蒙兵旋收缴中国在外蒙的驻军的军械，三多在俄国领事保护下经恰克图取道西伯利亚归国了。三多行至奉天，接军机处电开受革职处分听候查办。中国在库伦商户间有被大搜查及勒令关闭者，全城汹汹，幸俄领事力劝蒙政府加以制止，才不会〔曾〕出大乱子（一一六）。不过蒙古的叛乱，最初限于库〔库〕伦一隅，蒙古王公尤其是地方长官内附中国的很不乏人。例如科布多的参赞大臣溥润领导之下，抵抗海山的蒙军及俄国的入侵，直至一九一二年九月弹尽援绝，全军覆灭（一一七）。库伦方面内部意见也非常不一致，十二月一日活佛登位，宣布国号为"大蒙古帝国"，年号为共戴，并用四部八十六扎萨克名义通牒中外（一一八）。库伦新政府共有六大要职，以牙〔扎〕萨克图可汗（Jasaktu-Khan）为内阁总理，杭达多尔济为外交部长，太喇嘛任内改部长，戴雷（Dalai-Van）任陆军部长，土希通（Jouchcton-Khan）任财政部长，那萨那（Nansarai-Goun）任司法部长，可是没有多久改由三音诺颜可汗（Sain-nom-Khan）继任为内阁总理了（一一九）。

第八节　各国对于外蒙独立的反响

第一目　中国表示决心维护主权

外蒙既然宣告独立，中国和国际的反响怎样呢？中国对于这次蒙古改〔政〕变当然愤慨激昂的，舆论界一致抨击俄国的挑拨中蒙感情，更借口调停的美名，以使蒙古脱离中国。蒙古政变加速了垂死的爱新觉罗〈王〉朝的死亡。前此清府与俄争辩蒙古主权有声有色，一部分原因就是北京政府原想借此以转移国人的视听，或可和缓一些革命运动。一九一二年二月十二日清帝下诏退位，诏书也念念不忘五族共和（一二零）。第二日（十三日）中国临时政府公布"关于满、蒙、回、藏各族待遇之条件"，并照会各国驻京公使，该条件共有七项，明白规定满、蒙、回、藏各族与汉人平等，各族信教自由，五族共同缔造中华民国（一二一）。同年三月十一日南京临时政府公布的《临时约法》也对蒙古设有专条的规定："中华民国领土为二十二行省，内外蒙古，青海，西藏。"（第三条）"中华民国人民一律平等，无种族阶级宗教之区别。"（第五条）（一二二）八月十日国会组织法，是规定蒙古在参众二院各有二十七名议员（第二、五条），这就是说蒙古人有参与中央最高立法机关的权利（一二三）。八月十九日又有《蒙古待遇条例》的公布，视蒙古与内地各省一律，不以藩属待遇（第一条）。"各蒙古之对外交涉及边防事务，自应归中央政府办理。但中央政府认为关系地方重要事件者，得随时交该地方行政机关参议，然后旋〔施〕行。"（第六条）（一二四）十一月二十三日中国政府又公布优待蒙藏、回各族条件并令重申五族平等的大义（一二五）。所以我们说中华民国新政府是非常注视蒙古是我国领土主权的一部分（一二六）。中国时值大混乱之际，竟无可奈何。

第二目　日本准备新的行动

日本对于蒙古政变的态度如何呢？我们虽然没有充分的史料，说出它的明确态度，可是它从未忘怀染指蒙古（特别是内蒙古）是可想像的。俄国官方在一九一一年至一九一二年间，亦以此为虑，德皇威廉弟〔第〕二预料日本迟早必要分寇的（一二七）。当俄国政府于十二月下旬发表俄国对蒙古独立事件宣言后，东京政府曾促俄国政府勿忘一九〇七年和一九〇九年的条约并请俄国详细确定俄国所谓"蒙古"的涵义，当时圣彼得堡政府答以俄国所指的蒙古一如日俄条约中所引用所声明的，而且俄国愿赓续维持此种解释。其后日本驻俄使节本野向俄外部暗示日俄应成立新的谅解，可是并没有得到沙逊诺夫的注意（一二八）。这时日本集中目标拟干涉中国革命，从中渔利，诚如王芝〔芸〕生先生所言

"日本对华的一贯政策，为煽动内乱，破坏中国之统一"。（一二九）日本在十月革命前，固然鼓励中国革命党的革命运动，到了满清将倾覆时它却希望清政府求援日本，以武力扑灭革命。武昌起义不过五天的日子（十月十五日），日本就有单独行动干涉中国的险谋（一三零）。十月十九日日本驻俄公使本野访署外交部大臣尼拉笃甫，十二月七日日外相内田康哉通知驻日美国大使卜莱安（C. P. Bryan），谓敌对行为如何〔果〕继续，日本政府认为有考虑干涉之必要（一三一）。但日本的诡计遭英、美、德三国的反对终告失败。

第三目　俄国借词调停向中国提出要求

俄国对于中国十月革命的机会当不会落日本之后的，它煽动库伦独立上面已说过了。当革命爆发之初日本〔内〕田中（Tanakar）大佐与俄国驻东京陆军参赞曾计划俄日两国合作占领直隶和满州〔洲〕，只是没有成为事实。（一三二）这时俄国正忙于近东的外交，才幸免了中国蒙古和北满的命运。因为一九一一年春俄国在这些区域已有外交活动（一三三），到了秋间尤其是十月初，俄国外交形势就有急剧的变化，它要乘意土战争，法德摩洛哥危机和土耳其新任总理大臣懦弱的品性进行打破黑海出口的现状（一三四）。同时它图占领波斯的乌米亚（Urmia）（一三五），这两种外交有关俄国在殴〔欧〕洲的国际地位，使俄国不能不置蒙古问题于次要的地位了。十一月四日俄国驻法大使伊次和斯基致书法外长塞夫（De Selves），要求法国支持俄国在海峡和华北（Straits and north China）（一三六）的政策，迟迟又没有得到覆讯（一三七）。在这种情势下，新从巴黎归来的外交大臣沙逊诺夫，对于远东和近东自有首尾不能相顾之感（一三八）。恰巧俄国驻华公使可罗斯得威克于同月抵俄京，它们二人相会的谈话很有趣，沙逊诺夫说："此项条件（指维持蒙古的现状）既为华方所拒绝，现在照旧坚持，实属无益，而且蒙古对于实行自治一事，现在尚无此项能力，不过是替我们煮了一碗好汤，叫我们慢慢哽〔吞〕咽而已。换言之，我们对于蒙古势必从此负担保护之责，或者甚至于非将外蒙加以合并不可"（一三九）接着沙逊诺夫又说："俄国之重要利益系在巴尔干半岛及土耳其海峡，而不在弃〔叶〕尼亚〔塞〕（Yenissei）和伊度希（Schwaren Irtysch）地方。俄国必须成为一个'欧洲强国'，不应成为一个'亚洲强国'。"（一四零）由这二段话看来，俄国是如何走上岐〔歧〕路之间，两者不可兼，奈何！十二月廿三日沙逊诺夫还是决定干一下，但不为已甚，他的外蒙政策要旨有四：中国须承认俄国在外蒙的种种措施，俄国领事应赋予权力，监视未来中蒙条约的实施，中国不能再派军队或官员入蒙古，中国应赐予俄造铁路尤其是至库伦的权利（一四一）。俄国驻军当局又表示，假如中国不接受俄国的建议，那么蒙古没有俄国的保证，必不能与中国签约（一四二）。廿六日俄国政府对蒙古事件发表一宣言，它的重要性，有使我们引全文的必要：

> 蒙古宣告独立，选活佛为蒙古君主，求援于俄国政府，俄国政府当劝以和缓态度，应与中国政府谅解。俄国驻库伦领事并赐予适当的影响力，阻止张家口、赤塔间电线的破坏，和库伦大清银行支行的被抢劫，而且力助中国大臣离蒙境。未几北京政府任命桂芬为蒙交涉委员，此高级人员向俄国驻华代办询问俄国驻库伦领事是否愿意出任"友谊调停"，同时蒙古人亦请求俄国〈政〉府出而调停蒙华两方的纠纷，俄国政府对此两方要求，当欣然应诺，最好由蒙古、中国两方能妥协，成立一协定，明定蒙古地位。蒙古方面提出三个基本原则，为此协定成立的先决条件，此系针对前此中国在蒙古年来的措施而

发：（一）中国建立新的行政系统；（二）中国设置常规军；
（三）移殖大量汉人等三问题，基于此问题的解决，中蒙谅解
始有可能，所以俄国政府允诺出任调解人，实以上述各条件为
前提，由俄国驻北京代表通知中国，如中国政府准备接受是项
原则为谈判基础，则俄国必力劝蒙人，勿与中国断绝关系，且
履行一切有关义务。此外俄国将力助蒙古实行有关于政治、经
济、文化各方面的设施。

最后俄国这篇声明以恫吓语气迫中国让步，它说：

中国政府有无诚意，则视中国方面接受或拒绝此种调停条
件为转移，俄国很不愿意中国内争，并且毫无侵略蒙古之意，
但俄国为维护其该区商业利益起见，对于西伯利亚邻境秩序的
恢复，却甚注意。俄国方面甚不希望华蒙两方发生军事冲突，
以危俄国的利益，因之俄国帝国政府不避困难，允任调停之
责。惟俄国在蒙古既有重大利害关系，对于蒙古现在之事实，
政府碍难忽视。如果蒙古一旦脱离中国关系，俄国政府虽有调
停华蒙争执的诚意，然为情势所迫，将来亦不能不与蒙古政府
建立外交关系，以便交涉。（一四三）

随着这声明的发出俄国分向英（一四四）、法（一四五）、德
（一四六）使节说明俄国对蒙古的立场，强调俄国并无意并吞蒙
古，俄国仅希望中国照旧保有在蒙主权，而不希望蒙古竟与中国
脱离关系。十二月三十一日，俄国驻华代办舌京（Schikin）正式
向中国政府提出下列五项要求：（一）中国政府须承认俄人自库伦
至俄边有铁路建设权；（二）中国政府须与蒙古订约声明下列数
项：甲、中国不得在外蒙驻兵；乙、中国不得在外蒙殖民；丙、
蒙古自治受办事大臣管辖；（三）中国统治蒙古主权改隶办事大
臣，中俄交涉仍由两国政府协商；（四）俄饬领事官协助担保蒙人
对于中国应尽之义务；（五）中国在蒙如有改革，须先与俄国酌商

（一四七）。像这样苛刻的条件，中国政府是难以接受的。中国阁议虽有极大的决心，要维持外蒙的领土主权，无如力不从愿，决议先平定内蒙及西藏等处的乱事。一九一二年一月十一日，中国驻圣彼得堡公使陆征祥向外务部报告与俄国商谈的结果说："俄外部谓俄政府的主旨是在调和华、蒙，并不愿蒙有倚赖俄国之心……其中不得驻兵、殖民各款皆蒙人所愿，缘蒙屡将各项情形向俄声诉且倚俄之心甚切，俄实顾念邦交，故再电饬领事切告蒙人，俄决不可倚赖，数日前尚电致库领事饬将派人来俄之举应坚拒之……惟铁路建筑权何为，彼笑称此为调停之报酬品。俄既竭力调停，当不能无酬报，至于近来对华宗旨，可指天日，只须中国有他方法，俄必不愿过问……且俄报纸一再声明不派兵入蒙及无派兵入蒙之意，当所共见等语。"（一四八）帝俄常喜乘火打劫，于兹可见了。

第四目　英美各有怀抱

对远东外交［交］持均势政策的英美对于日俄利用中国内乱，积极侵略满蒙非常注视，不过英美这时的注意力，偏于继四国银行团而发生的善后借款问题（一四九）和制止日本的干涉中国革命（一五零）。此外英国注意西藏问题的发生。因为英美舆论界在精神上实很同情中国民主政治的发展，所以日俄利用英美的弱点，仍分别继续向满蒙发展。

第九节　外蒙在俄庇护下拒绝中蒙直接谈判

一九一二年一月四日，俄国得到法国外交部支持俄国侵中国满蒙的诺言（一五一）。沙逊诺夫总希望只用外交方法而不用武力吞并中国土地，便可达到俄国所希望的目的。一月二十三日，他上俄皇一奏，一方面虽强调日俄合作侵华的必要，一方面他主张俄国亦应有一单独行动，这就是俄国要向中国缔约，迫中国承认俄国在满洲和邻近内蒙的铁路建设权。（注意俄国的内蒙铁路计划，这是日本的势力范围呢！）此外俄国要借口讨论光绪七年《伊犁条约》的机会，解决蒙古的若干问题，保留蒙古为中国的自治省，而有利俄国利益的。至于蒙古问题的最后总解决却须待于未来，同时事先要得到日与法的谅解（一五二）。俄国并注意中蒙直接谈判的进展（一五二〔一五三〕）。春间俄国陆军部已制定一宏大的军事计划，以组织蒙古军队，并拟派一军事教官团，由上校保颇夫（Popow）率领前往，先头部队骑兵上尉范西礼夫（Wsesiljew）和可萨克下级军官数位已赴蒙古，同时护送伊库斯加（Irutsker）兵工厂所制的旧式巴登（Berdan）枪数百枝，以为俄军大计划的先声（一五四）。可是二月底，俄国在外蒙还没有多大进展，俄皇尼古拉第二表示不安（一五五）。其实，这时俄国在外蒙的地位已是非常强固了。英国驻华公使就是作此观的。（一五六）这更有具体的事实为证。一九一二年三月廿四日，在京蒙古王公派员至外蒙劝令取消独立。（一五七）二十五日，袁世凯以总统名义致电库伦哲布尊丹巴劝其取消独立，哲布尊丹巴覆电说："外蒙间于列强，进退维谷，苟不独立，何以自存，本哲布尊丹巴呼图克图舍独立犹弃敝屣，但独立自由，系在清帝辞政以前，业经布告中外，起灭何能自由，必欲如此，请即商之邻邦，杜绝争议，才合时势。"袁世凯接到此电后，复致电哲布尊丹巴，文曰："本大总统与贵呼图克图，在一身则如手足，在一室则成昆弟……利害休戚，皆可与共，但使竭诚相待，无不可以商榷，何必劳人干涉，自弃主权……至蒙古与内地，宗教、种族、习尚相同，合则两利，分则两伤，前电已痛言之。而有应行商榷各节，电内未能尽答者，已派专员前往库伦趋谒住锡面商一切。"哲布尊丹巴随即覆一电谓:"惟我蒙族遭比〔此〕竞争时代,处在危险边境,所有一切究与他族迥不相同……劳人干涉有碍主权,略知梗概,只以时势所迫不得不如此耳。否则,鹿死谁手,尚难逆料。再四思维,与其派员来库,徒事跋涉,莫若介绍邻使商榷一切之为愈也。"(一五八)库伦政府竟如此引寇自重,拒绝直接谈判,于是袁世凯又致电库伦,它的大意是这样:"本总统既一再宣言外蒙无权脱离中国宗主,中华民国继承前清一切权利,由本总统执行之,清政府未认许外蒙独立,中华民国当亦不认许之。库伦乃中国所属领土,来电谓阁下将与俄国订约,但本总统未闻未独立之区域,可有权订约也,请问阁下蒙古一隅之地可代表蒙古乎?中国官兵皆谓本总统丧地辱权,彼等忍无可忍,不辞伐战,惟本总统怜悯为怀,意欲和平,苟阁下欲保持前清所享有之权利,并欲完成我统一大业,则我国民亦必释前嫌,共祝我黄族兴隆也。谨掬私见,悲悯为怀,尚幸垂教。"其后北京内阁会议,又拍电劝库伦呼吁五族共和,其中大意说:"哲布尊丹巴呼图开府库〔库〕伦,近在中国咫尺,而随意发号施令,请鉴朝鲜灭亡史可乎?朝鲜宣布脱离中国而独立,然不旋踵,即失独立矣,殷鉴不浅,幸注意之。我大总统人道为怀,避免征伐,苟执事固执成见,而无悔意,是则触怒五族,当以兵戎惩也。"但是哲布尊丹巴呼图克图,反唇相稽,他覆言措词无礼,他引美国离英国独立的史实,认为蒙古自有权缔约,而历史初未闻英国以怜恤为怀,始承认美国独立;接着,他说,袁世凯指蒙古建国的人物为背信的商人,根本就没有民主精神了。蒙古独立早已宣告世界各国,至于清政府让移全部权利与中华民国也非事实,袁世凯欺诈孤儿寡妇罢了。哲布尊丹巴呼图克图最后说:袁世凯不应挑拨是非,而应顾念中国内部的福利,减少新痛苦,否则中国也会豆剖瓜分哩(一五九)!这完全断绝了中蒙的友谊了。

第十节 俄国企图中国承认外蒙的既成事实

中蒙邦交的一丝希望既然幻灭，俄国的态度如何？是值得注意的。四月俄军占领伊犁（一六零）。十月，沙逊诺夫在国会演说，原文如左：

> 俄国不能承认外蒙独立，因为外蒙在历史上从没有具备国家的生活，蒙古是游牧民族，向尊奉中国，既没有军事或财政的组织，又没有领袖。这些都是独立国家不可或缺的。俄国如将蒙古与中国脱离关系，那么，俄国必须负起一种很艰巨的工作，要损失偌大的财力和劳力。同时蒙古生存必永远在中国威胁中，俄国非负起军力保护的责任不可了；但是俄国若与蒙古断绝关系或退却，便是承认中国在蒙古有征服者的地位。我们为了避免这一种困难，自然有出而调停的必要，迅速使中蒙双方订立一协定。一方面满足蒙人的意思，维持其特有的习惯，一方面中国可维持宗主国（Suzerainty）的地位，但是除非中俄二国成立一协定，蒙古的和平还是不能维持……俄国绝对不能容忍外蒙境内某军事强国（即指中国）的势力，日益增大，所以俄国现正设法促进蒙古自治。但欲维持蒙古自治，则非维持该地政治组织，禁止中国派军移民不可（一六一）。

五月间俄使即给中国一照会。

由此看来，俄国当局虽然很希望而且恐怕迟早不能避免并吞蒙古，但格于国际情势，事情没有那么简单。俄国实深惧此种侵略行为，将引起国际的恶感，使俄国实力在远东有陷于泥淖中。就是素主张对蒙古急进的可罗斯得威克也痛感这点〈（一六二）〉。因为一九一二年春，俄国进行阻止英、法二国借款与袁世凯，以免袁世凯得此款后扩充实力，妨碍俄国的侵蒙计划，不幸失败了

（一六三）。俄国一再向法国表示俄国将因此移军远东，甚至削弱俄国在欧洲军事同盟的军力，而法国外交部长邦恩加雷（Poincare）是硬心汉，他不愿牺牲在华的财政利益（一六四），何况法国颇抱怨这时俄、德二国的接近（一六五）。同时巴尔干的危机即将表面化。一月底〔逊〕沙逊诺大〔夫〕决定俄国的外交中心点仍在巴尔干而不在波斯与中国（一六六）。一月十一日，塞、保签定攻守同盟条约（一六七）。最后，四月六日俄国决定参加六国银行团，但以俄国在北满、蒙古和西部中国（当指新疆）的权利与特殊利益并不受妨碍为前提。日本之加入六国银行团，更先俄国一着，于三月十八日提出保留条件（一六八），英、美、法、德等国也竟然默认日、俄这种非法的要求（一六九）。五月十五日，各国银行团在伦敦议定借款办法，日本声明大借款之款额，不得用于东三省与蒙古境内；六月七日，日本重申此旨，伦敦六国银行团这时自食其果，加以其他原因，不得不暂时停顿了（一七〇）。

第十一节　俄国的侵蒙得到英日的谅解

这样，日俄两国在一九一一年中国革命后，非常合作，春间，日俄与六国银行团善后借款固然有平行的举动，日俄要利用承认中国新政府为实施国策的工具。二月廿三日，日本提出有条件承认中国新政府时（一七一），俄国驻华盛顿大使即首先通知美国称俄国在北满、蒙古与中国西部享有条约上的利益。俄国在这些区域，保有为了紧急需要，可采取保护性的措施（一七二）。日本闻讯亦提出东蒙古利益的保留权（一七三）。（"东蒙古"一词第一次出现于国际文件上！）所以此后日俄加紧合作自在意料中，它们很需要新的举动，以划分新的赃物，取得个别的法律地位。一九一一年五月中旬，就有日俄协商的传说（一七四）。其实，尼古拉早就说过这样的话："我很赞成你（指署外交部大臣尼拉笃甫）的建议，自战争（指日俄战争）结束后，我就主张与日本在远东合作。"（一七五）这时日本感觉到自辛亥革命后英日的利益常相左，假如日本与俄国合作必能得更大的利益，所以一九一二年七月八日，沙逊诺夫与日本前任俄国大使本野一郎在圣彼得堡又签定第三次日俄秘密协定（一七六）。其要旨在确定第一、二次的日俄密约；日俄两国并决定展长一九〇七年密约的分界线及划定蒙古的特殊利益范围，"内蒙古分为两部，北京经度一百一十六度二十七分以东之部及以西之部，俄罗斯帝国政府担任承认及尊重日本在上述经度以东内蒙古之特殊利益，日本帝国政府担任同样义务，尊重在上述经度以西之俄国利益"。在这密约中，"东蒙古"一词第二次出现于国际文件之上（一七七）。而俄在这约中是增加了她的势力范围，即包括外蒙全部，内蒙一部及北满等地。末了，我们要注意这次日俄秘约的成立，是经过很长久的谈判（一七八）。

也就是在日俄订立第三次秘约之际，俄国又向中国政府，指出协商蒙古三项要求：第一，中华民国政府不得在外蒙驻兵；第二，不得移民；第三，外蒙如取销独立以后，内政应由蒙人自治，民国政府不能视外蒙为行省，干涉其自治之权。俄国这次所提□三次〔项〕要求，以一九一一年二月底五项要求第一项的内容为张本，但没有提及蒙古铁路建筑和一切改革须得俄国同意等字样。当时中国□府阁议，决定严守我领土主权立场，对于俄国这种无理要求拒绝加以考虑。阁议主张应密切注视东西蒙及西藏局势的转变（一七九）。中国政府之所以对蒙事态度好似很坚强，一部分原因由于中国内乱而没有实力西顾蒙古，只能以一纸维护主权；二则由于中国新政府初成立之际，生怕将因蒙事签定丧权辱国的条约有失民心，影响新政府的地位。所以中俄交涉暂陷于停顿状态。

中俄交涉已陷于停顿状态，俄国对蒙主张积极政策的便振振有词。俄国当局赓续前此库伦政变后，阻止中国进兵蒙古的政策，俄国不允中国利用中东铁路运兵入蒙，后来我政府特任那彦图为乌里雅苏台将军，俄政府竟无理干涉我中国内政，照会中国（九月十八日）谓：探闻那将军有带兵上任之意，又闻华军拟往新疆和黑龙江东西两路夹攻库伦，果尔俄政府自不能严守，并当自由行动云云，俄使并要求中国新疆军不能进攻科不多。反之俄军则进窥洮南府阻止中国对东蒙的军事行动，中国抗议无效（一八〇）。

接着九月底俄国外相沙逊诺夫于法国外长邦思〔恩〕加雷报聘圣彼得堡之后，访问英伦交换英俄两国意见。关于远东问题，首先提到西藏与蒙古互相交换承认特殊利益的问题。俄国方面可罗斯德〔得〕威克在三月间就有这种建议了（一八一）。而英国这时对西藏的态度亦很明朗化。八月十七日，驻华英使朱尔典（Sir Jhon Jordan）照会中国谓：英国承认中国对西藏的宗主权，而不承认有统治权。中国不能干涉西藏内政，假若中国不承认这些要求，英国便不承认中国共和政府，并禁止中国人由印度入西藏等语（一八二）。可是俄国对蒙的野心比英国对西藏的野心还大些，俄外相要求英国绝对尊重俄国在外蒙的特殊利益与权利，而俄国仅能相对的尊重英国在西藏的地位，因为英国在外蒙并没有任何经济、政治利益；反之，俄国在西藏则有条约利益，同时沙逊诺夫告知英相格雷，俄国即特派可罗斯得威先往库伦订约（一八三）。

第十二节　可罗斯得威克赴蒙签订
《俄蒙条约》的经过

可罗斯得威克之前往库伦在九月初就已决定。他向主张积极侵蒙最力（一八四）。而那时候俄国内外情势要求俄国对于蒙古地位应有一条约，以确定俄国的权利。俄国舆论界有以俄国态度过嫌消极（一八五）。蒙古政府希望俄国能早日承认其自主犹〔独〕立取得国际地位。蒙古政府并勾结内蒙王公企图建立"大蒙帝国"，也是使俄国惴惴不安的，因为库伦政府企图兼并内蒙于版图内，已有行动的表现。八月间辽宁洮南在乌泰（Wutai）王公指挥下，竟称兵叛乱。旋为国军痛击，逃往库伦（一八六）。所以八月三十一日沙逊诺夫训令库伦俄国领事转告库伦政府谓：俄国枪枝不能移用于内蒙……该项枪弹只能为保护喀尔喀和其邻近西蒙区域之用，唯其在此目的下俄国始愿对蒙人赐予助力（一八七）。这也就是说，俄国要尊重其盟国日本在内蒙的利益与权利。后来可罗斯得威克与蒙古作外交谈判，库伦要求将来俄蒙定约时用"蒙古"而不用"外蒙古"一词为缔约国的主体，俄国加以拒绝而仅有条件的承认蒙古这种要求也就是这个道理（一八八）。

九月初，可罗斯得威克起程东行前，俄国内阁总理科可乌争（Kokowzem）面召他指示俄国对蒙外交的基本政策。其要旨是：俄国既以实力支持外蒙，自应有适当报酬。蒙人应允许俄人得在蒙殖民，在蒙购地，在蒙自由营商免纳关税，但俄国万不可将蒙古门户关闭，一如俄国前此企图关闭满洲。俄国为达到这些目的，亦万不能负累国库为原则。如蒙古固执成见，则不惜弗顾之，听其自然发展（一八九）。至于前此外交大臣沙逊诺夫在国会的演说词（四月），且得俄皇御批的三大原则：（一）喀尔喀行政应由蒙古国民政府管理；（二）中国军队不能入外蒙；（三）中国应停止移民蒙古等，自亦应遵守（一九〇）。此外俄国内阁总理与外交部对于呼伦贝尔（Barga）应否归入外蒙自治区的意见相左。其后俄政府又训令可罗斯得威克，强调俄国不能承认外蒙的完全独立，俄国只能承认外蒙自治。俄国不愿外蒙兼并内蒙，所以可罗斯得威克出使库伦不是一件容易办的事（一九一）。他在库伦最先接见蒙古总理大臣三音诺彦可汗，说明此行是拟与外蒙缔约。其后俄蒙两方先后在俄国库伦领事〈馆〉举行会议多次，俄方全权代表为可罗斯得威克和其助手库伦总领事李约巴（Lijuba）、军官保颇夫（Popow）等，而蒙古的主要代表是三音诺颜可汗、杭达多尔济王（此二人是亲俄派的有力分子）和大喇嘛三人。大喇嘛虽是一九一一年蒙古派往圣彼得堡的专使，主张蒙古脱离中国主权最力，但是他同时反对俄国侵害蒙古独立自治，具有同样的坚决态度。所以我们与其说大喇嘛是亲华派的领袖，毋宁说他是维护所谓蒙古独立较有见识的蒙古要员。在蒙俄第一次谈判中这位秃头和尚言及蒙俄定约的条件，未尝不知道蒙古政府将受俄国的压迫。他说中国政府即派内蒙王公诺颜图公（Nogantu）来蒙商议，只是因蒙古政府候俄国方面的表示才拒绝诺颜图入蒙，外蒙古内部不但要联合起来而且要与内蒙并作一家（一九二）。其后十月底蒙古王公提出一具体的俄蒙协定意见书。其要旨是：蒙古脱离中国之羁绊，并宣告在本国可汗至尊统治之下，自组独立国家，俄国首先承认蒙古独立，而且负责保护。"蒙人选举呼图克图大汗（Ejen-Khan）之后，换言之即选为政治元首之后，俄国当与以承认。"此外蒙古要求得派一位本国外交代表前往圣彼得堡，俄国方面亦应派遣一位大使，来驻库伦。俄人不得在蒙收买土地（关于此点已有口头协定），不得在蒙以物换物，须以金钱买卖，俄人在蒙不得经营放债生意，又俄人到蒙旅行，必须先领护照，俄国官吏关于驿邮所用马匹数目，亦有一定限制（一九三）。

据此，我们可以知道这次蒙俄会议中，双方意见如何相左。同时候，可罗斯得威克又接到沙逊诺夫的训示，谓"前此圣彼得堡所拟的草案，不得多所变更，关于蒙古要求政治独立和要求归并内蒙，两事须绝对拒绝之。因为蒙古国家主义者如欲联合全蒙，则不但将与中国开战，并将与俄国开战，盖俄国方面恐难因为玉成蒙古国家主义理想之故甘愿将横贯贝加尔湖地有蒙古种的布里雅特（Burjaten）一地放弃故也"。至于俄国"何以必须维持中国在蒙古主权的理由"，俄外交部一训令有明确的指示说："我们对于承认蒙古脱离中国一节，始终未曾提及，而且以为此种承认，于俄实无利益可言，盖此种承认之举殊与保全中国领土完整原则抵触，势将引起列强抗议之故也。"会议中蒙方代表大喇嘛的说帖最为激昂。他说：蒙古政府绝对不愿订结任何条约，将中国在蒙古主权从新加以证明。喀尔喀宁肯与华一战，以保独立，战而不胜，则愿与内蒙同其命运。换言之，即彼此仍旧同为北京属国是也。倘若喀尔喀坐视南蒙、东蒙成为奴隶，以作自己获得自由之代价，则不如全体蒙人联合起来，大家死在一处之为善。此外现在所谓俄蒙条约，对于蒙人实无利益可言，只将蒙人置诸铁砧之上铁锤之下任意敲击而已。并有人谓：此种条约用意无非俄国欲将蒙古暗中置诸自己保护之下，以使蒙古成为布哈拉（Buchara）或高丽第二而已。因此之故，蒙人必须仔细思量，究竟联络何国比较有益，亲俄乎？抑亲华乎？蒙人虽然贫而无教，但极爱自由，殊不愿脱离中国奴籍之后，又变为俄国奴籍。而俄国政府并无丝毫诚意与蒙磋商条约，乃是勒令蒙古，无条件的接受俄国的要求而已。因此，彼主张蒙古政府宜待中国代表诺颜图到来以后，视其所提条约如何，然后再行择其与蒙古最为有利者，以定方针（一九四）。由是俄蒙谈到〔判〕一度中断了。

俄蒙外交谈到〔判〕已陷僵局，我国当局一方面劝导蒙古就范，一方面积极与俄国当局分别在圣彼得堡和北京作外交谈判，这使蒙人有中俄两国先成立协定的恐惧。俄国这时因第一次巴尔干战争行将爆发，也亟求俄蒙谈判早日恢复，至是俄蒙谈判重开，蒙古各王公希望在条约中提到蒙古自治之举，系由蒙人自行宣布，俄国当予允诺，因此十月十九日蒙古政府致俄国全权代表一公函表达此意。该公函中有下列字句：敬请阁下接到此项通知后，即以全权代表大臣之资格转达贵国政府，并力助蒙古政府，勿令华军开入蒙境一步，此外蒙古王公要求俄政府界予蒙古政府借款二百万卢布，以关税、矿税为抵押。可罗斯得威克答应在条约成立后可以办到（一九五）。十一月三日深宵俄蒙全权代表在库伦签定《俄蒙条约》，附《通商章程》一件（一九六）。《俄蒙条约》的重要性有使我们抄录全文的必要。

俄蒙条约的序文说："蒙人全体前因欲保存蒙地历来自有的秩序，将中国兵队官吏逐出蒙境，举哲布尊丹巴呼图克图为蒙古之王，旧日蒙古与中国之关系遂以断绝……"接着是正文如下："（一）俄国政府扶助蒙古保守现已成立之自治秩序及蒙古编练国民兵队，不准中国军队开入蒙境及以华人移植蒙地之各权利。（二）蒙古主及蒙古政府准俄国属下之人及俄国商务照旧在蒙古领土内享用此约所附专条内各权利，及特种权利。其他外国人不能在蒙得享权利，加多于俄国人在彼得享之权利。（三）如蒙古政府以为须与中国或别国立约时，无论如何，其所订之新约不经俄国允许，不能违背或变更此协约及专条内各条款。（四）此项友谊条约自签押日起实行。"同日俄蒙签定《通商章程》十七条款，规定俄人在蒙古境内自由居住移动，自由贸易，无论何项课税概免交纳，俄国银行有权在蒙开设分行，蒙境内不许商业专卖权的事业，俄人在蒙古得租赁或购买地段设厂、耕种，俄人可享用矿产、森林、渔业等权利，俄蒙又可互相派遣领事官，俄蒙交易地应订立贸易圈由俄领事管辖，俄人可在蒙境设邮局，凡自蒙古域内流至俄国境内各河及支流均准俄人乘用自有商船往来航行，与沿途居民贸易，俄人可在蒙古割草渔猎（一九七）。此外十二月俄蒙签定订一开矿条约（一九八），载明蒙古政府根据《俄蒙条约》，对于境内矿产允许俄人自由开采，矿务公司资本由俄国官商筹集，但蒙古人亦得加入资本五分之二，他国人不许加入资本。

　　俄国和外蒙古签定这些条约后，曾公开通知中、日、英、美等有关国家，这引起国际的反响。因为俄蒙库伦条约的绪言开宗明义说："旧日蒙古与中国关系遂以断绝。"这无异否认中国在蒙的宗主权。俄国在这些条约中取得偌大的权利，俄人独霸外蒙之局成，这都是使远东利益有关国家要加以密切的注意。日本与俄国有第三次日俄的密约存在，互划分满蒙的势力范围，对于俄国这种〈侵〉蒙举动表示默认。十二月（一九一二年）九日，日本外〔都〕务省本野一郎（Motono）对俄国驻东京公使说："日本不急于并吞南满，它自有定算，但他相信东京当局对于蒙古还没有一确定的计划。"（一九九）换句话说，日本另有策动呢！英国方面，它正与俄国谈判互相承认西藏与外蒙古的特殊权利，因之对俄侵蒙古也表示默认（二〇〇）。同时间外蒙与西藏进行谈判。

第十三节　外蒙与西藏缔结条约

　　外蒙古与西藏在某一意义上是同命运的。库伦法王与拉萨法王都立于平等的地位，同属黄教，一九〇四年八月英军逼迫拉萨，达赖亡命走外蒙的库伦，明年九月始离库伦而往青海西宁，一九〇八年九月达赖抵北京，一九〇九年圣诞节他回到拉萨，可是他受不住赵尔丰、联豫等新政的压迫，竟于一九一〇年二月十二日作第二次的逃亡而到印度去了。同月二十五日清府孝钦后因西藏达赖喇嘛阴附英人，潜图不逞，谕令革去达赖喇嘛封号，清府这种严厉的处置，顿使库伦活佛有兔死孤〔狐〕悲之感。咸谓："权力如达赖，国家待之尚且如此，若哲布尊丹巴当更若何。"这也是构成刺戟外蒙独立的近因之一（二〇一）。

　　库伦宣告独立后，西藏也蠢蠢欲动，达赖于一九一三年宣告独立。事前达赖已派俄籍布利雅达人作治野夫（Dorjieff）代表西藏到庫〔库〕伦，他此行的任务据陈崇祖说有二种动机，一欲取道外蒙求助于俄，二为联合蒙藏共同反抗中国中央政府。民国二年一月十二日藏蒙订立条约，其内容有四点：（一）互相承认独立自由；（二）共谋黄教发展；（三）遇有内忧外患时永久互相援助；（四）双方贸易自由，并互设新的商业机关（二○二）。

　　我国政府对蒙俄条约及蒙藏条约的不合法性，当然要有所表示。中国政府对于蒙藏条约所取的态度我们不很详悉，但中国政府对于俄蒙条约当极注意。在《俄蒙条约》未签定前，中国政府即已密嘱章嘉、丹洙两呼图克图及喇嘛沁王致电库伦劝阻俄蒙接近。十一月七日我外部闻俄政府派驻京公使可罗斯得威克库伦订约，当时曾嘱我驻俄公使刘镜人照会俄政府，声明蒙古为中国领土，无与他国订约之权，无论俄蒙订立何种条约，中国政府概不承认。这一抗议书没有行动作支持，是没有多大效力的，十二月初库伦政府又派一代表团到俄京向俄政府表示谢意。十二月八日，俄使库朋斯齐到我外交部面交一九一二年俄蒙协定的稿给中国外交部，部长梁如浩因此弃职而逃，全国哗然。陆征祥继任外交部长，主张以去年十二月俄国代办所提出的五条件，为中俄谈判的根据，俄使以情势变更为词，不允以此为中俄谈判的根据，这是中俄直接谈判外蒙的开始（二○三）。中俄两国对于外蒙的双方意见，很不接近，于是库伦当局竟分三路大兵南犯我内蒙，由土尔扈特喇嘛丹比占灿任所谓定边剿抚元帅，致民国一、二年间张家口至库伦道上秩序大乱（二○四）。绥远域〔城〕将军张绍曾有鉴于此，特招集西盟会议（即乌兰察布与伊克昭二盟），几经波折始于民国二年一月二十日在绥正式开会，通过许多重要议决案，如实行赞助共和，不承认俄国与库伦政府所订的条约及筹划蒙民人生及教育。西盟既归民国，其他各盟亦随之相率归中央（二〇五）。

第十四节　《中俄声明文件》的签定

这时中国政府一面防备外蒙侵蚀内蒙，一面续与俄国直接谈判外蒙的问题，彼此争论甚烈。到了一九一三年五月二十日双方始订立协定草案，共六条款，其主要内容是（二〇六）："俄国承认蒙古为中国领土完整之一部分"，"中国担任不更动外蒙古历来所有之地方自治制度"，这二条款似对中国利益无大妨碍，然其他的条款则有大损害我国利益。所以这六条款虽经中国国务会议及众议院的通过，终被参议员所否决（七月十一日）。这些有害中国利益条款，如第二条的规定是剥夺了中国在蒙的驻军权，第三条于俄领署〈卫〉队漫无限制，第五条使中国承认俄蒙前此所私订的一九一二年十一月三日的《俄蒙商务专条》，尤使我丧权过大，外蒙好像是俄国的殖民地了。该草约第六条又规定："以后俄国如与外蒙古官吏协定关于该处制度之国际条件，必须经中俄两国直接商议并经中国政府之许可，方得有效。"照此条约的正当解释，岂不是中国中央政府要承认前此俄蒙私订的一切条约或合同吗？这条文中有"国际条件"的字样，不是等于中国默认外蒙的独立吗？因为外蒙没有独立的地位，自没有"国际条件"可言。这草约虽经参院的否决，然中国行政当局仍亟谋打破僵局，内部疏通以促此约能被批准。可是中国第二次革命已迫在眉睫了，史称宁赣之役，因此蒙案交涉顿告停顿。

七月十三日俄国乘中国内乱之际投文外交部，以中国政府有意延宕为辞将原议之条全行取消，另提出四款，较前议条款为酷，俄国仅承认中国为蒙古之上国，并承认其相连之权利，而中国须承认蒙古（内蒙古除外）自治和一九一二年十一月二十日《俄蒙条约》，凡关系中国俄国在蒙古利益为该地方之新局面而发生者，由中俄日后商议。于是九月四日陆征祥愤而辞职（二〇七）。

九月十一日宝琦继长外交部，与俄代表继续磋商共十次（二〇八），其结果便是十月三十一日草订的《中俄声明文件》五款，《声明另件》两件，于十一月五日签押，六日互换。在这次中俄谈判中，十一月七日中国政府曾请俄国驻京公使转致俄政府制止外蒙军队入侵内蒙，俄国应允（二〇九）。

《中俄声明文件》五款的要旨是，俄国承认中国在外蒙古之宗主权；中国承认外蒙古的自治，中国不能在外蒙驻兵与殖民；中国并承认一九一二年十月二十一日《俄蒙商务专条》。同日中俄互换的照会规定俄国承认外蒙古土地为中国领土之一部分，凡关于外蒙古政治、土地交涉事宜，中国政府允许俄国政府协商，外蒙古亦得参与其事。所以我们中国在这三种文件中，所得的利益仅是中国对外蒙仍保有法律主权，但中国在蒙的政治势力被削至最小限度。

我国并割科布多十七旗之地，并入外蒙古，是我国领土一大损失（二一〇）。这《中俄声明文件》扩大外蒙的区域，大概是俄方敷衍外蒙政府并吞内蒙的野心。因为八月间可罗斯得威克与活佛晤谈，旧事重提，活佛要求并吞内蒙，前者拒绝之，认为不可行，因此几经争辩俄国稍示让步，扩大外蒙的领域，但《声明文件》中仍用"外蒙"而非广泛的"蒙古"一词（二一一）。是项《中俄声明文件》签订后，俄国并没有即通知外蒙政府（二一二）。

第十五节　外蒙王公代表再度赴俄请援

俄国侵略外蒙虽如此可惧，可是库伦当局仍愚昧不知，外蒙古这时纵欲觉悟，亦将追悔不及，因为库伦宣告独立后，其军事及财政两大要政早已在俄人掌握中。当辛亥革命甫爆发，库伦当局即招兵买马蠢蠢欲动，非款不办，一九一三年正月蒙古向俄政府借款俄币二百万卢布，以外蒙各路金矿为抵押品，限二十年还清，没有好几个月，这笔款又用罄了（二一三）。

一九一三年十一月初外蒙政府组织第二次访俄团，由内阁总理三音诺颜率领前往圣彼得堡（二一四）。三音诺颜此行的目的是在要求俄国承认外蒙古的完全独立国地位，外蒙可并内蒙并请俄国借一笔款及供给军用品给外蒙政府，俄政府与库伦政府交换常设外交使节，并决定未来中、俄、蒙三方会议的程序与内容。

俄国政府对于三音诺颜这些要求，分别加以辩答，就承认外蒙独立而言，俄国认为不能接受的。俄国仅能承认外蒙的自治并仍认中国有宗主权。因为不如是，俄国将恐引起远东有关国家的仇视，分散了她在巴尔干半岛的注意力。蒙古方面则坚持要求俄国承认其独立，以达到其所谓民族的愿望。所以一九一三年十一月俄国新任库伦代表密勒（A. Miller）面交《中俄声明文件》给外蒙外交大臣杭达多尔济时，后者即席提出抗议（二一五）。我们以为外蒙地方当局所以坚持独立的一原因是蒙王公对中国官商欠有一笔大债，他们以为外蒙能取得正式独立的地位，则他们可以赖债了。根据一九一三年十一月密勒氏的报告，蒙古政府欠大清银行库伦分行的债款达一百五十万卢布，蒙古王公包括三音诺颜、杭达多尔济等要员，若依俄国实商部驻库伦代表巴拉变（Balaban）的估计，亦欠到大清银行库伦支行债项一百五十万卢布之多（包括利息）（二一六）。

三音诺颜的第二个要求是外蒙要并吞内蒙，这在俄国看来是蒙古的帝国主义，认为时机尚未成熟，不能立刻赞成，密勒说以巴尔干各国独立史以喻外蒙的政治发展不能急进（二一七）。

　　三音诺颜以谈判上面二个问题没有达到他的预期的成果，于是集中目标，恳请俄政府准予借军火及款项。起初俄政府对这两要求，还是很犹疑，后经俄国驻库伦代表的进言，俄国圣彼得堡政府始对这些问题，重新加以考虑。十一月八日密勒向圣彼得堡致一长篇报告，内容是说蒙古财政空虚的情形，俄国不能满足外蒙的财政要求时，则外蒙政府将求助中国及第三国，其结果将使外蒙在经济上以至政治上都须倚赖他国了。而且根据一九一三年十一月五日《中俄声明文件》第三款，俄军须撤离蒙古，因之俄应借款给外蒙，建立一较有力量的蒙古军，亦是刻不容缓的事。所以结论密勒主张俄国政府应考虑借款三百万卢布给外蒙，并早日设立蒙古国家银行于库伦及指派俄国财政顾问，以指导蒙人抵抗中国（二一八）。密勒这个报告，果收到效力。俄国外交大臣特写一信给财政部大臣岢可维齐夫（Kokovtzeff）评论外蒙问题，也持同样的见解，认为俄政府不能使三音诺颜访俄团缺〔觖〕望扫兴而归，俄政府可借二百万或三百万卢布给他，其〔余〕条件是蒙政府应聘请俄人为财政顾问，在聘约中载明由俄国计划一常规的蒙古赋税制度。随后俄蒙的借款谈判，便能顺利进行。当时有一个俄国平民名莫斯威吞（Moscvitin），在圣彼得堡为外蒙政府奔走，拟向英德银行家借款并购买军火，俄国政府急电制止之，中国方面将借款与外蒙的谣言亦屡见不鲜（二一九）。

　　俄蒙政府借款的条件，在三音诺颜留俄期内既经大体上说好，但借款协定的正式签订是在一九一四年七月，距三音诺颜离俄期既有六阅月之久。三音诺颜于一九一四年正月中旬离圣彼得堡，他将动程归蒙的时候，俄国政府迫他先签订雇用俄国财政顾问的合同，三音诺颜不允，俄国政府以俄皇拒绝接见三音诺颜并否认其有全权代表地位为要胁。结果三音诺颜只好完全屈服，签订这个合同，聘俄国财政部人员戈星（Kosin）为高等财政顾问，负责组织外蒙财政及管理公产。依这合同，外蒙政府所有款项用途，都须先经财政顾问的核准，才能发给，即所借之款亦不能直接交付外蒙官府，须全部交财政顾问支配。该财政顾问并有权在外蒙领土自办理煤矿、电灯、电话和其他实业。这合同以三十年为期，期满仍可续订有效。到了七月间俄蒙借款协定成立，俄国借款三百万卢布给外蒙政府而不收利息，并声明此项借款用途系复兴财政、改革内政和举办各种文化事业，如开发土地富源，改善畜牧及在俄蒙教官帮助下，维持和训练军队。是次借款的抵押品是外蒙国际贸易的税收，如仍不敷偿付债务时，外蒙政府可界予以其他担保品（二二〇）。

因此戈星领导下的俄国财政顾问团，居外蒙财政衙门，发挥其最大的控制力，举凡外蒙政府人员上至内阁总理，下至各王公等，每月薪俸都须具状向戈星领取，所谓外蒙财政大臣仅具虚名而已（二二一）。

三音诺颜访俄团的第四个任务就是请求俄国以军火助外蒙古，这是俄国乐为的事，只是条件有待磋商。俄国外交部取得陆军部的同志〔意〕，于一九一四年正月三日，应允三音诺颜访俄时的请求，俄国卖下列各种军火与蒙古：六门野炮附三千发子弹，四挺机关枪附四万发子弹，两万枝步枪附二千万发子弹，此项军火买卖费交现款一半，其他一半于货交讫后一年内清偿。同时此后外蒙政府不能向任何人购买军火。俄国军事顾问团负责教练外蒙军详细的办法，由另一合同规定之（二二二）。

蒙俄订立聘用军事顾问合同，是始于一九一三年二月二十六日。这合同规定聘用俄国马炮队、工程、辎重各种军官十大员，称为大顾问，俄国兵二十六名，称为小顾问，都充蒙军教练官，合同以一年为期，教练六个月为毕业期。这合同当于一九一四年二月十六日期满，事前外蒙政府既觉俄国领事威力过大，军事顾

问薪俸过高，俄国驻库伦代表密勒也深知其弊，所以他在一九一
四年正月二十九日便正式请示圣彼得堡当局指示该项要政有关的
问题，其后俄蒙续订一合同。随着欧战爆发，俄国在蒙的大小陆
军顾问多陆续被召回国，留库伦的军官仅三人，另目兵十二名
（二二三）。

　　三音诺颜访俄团的第五个任务是欲与俄国建立一正常的外交关
系，所以三音诺颜两谒俄皇和任务告毕离俄回蒙时，事先特通知
俄外部请承认车林多尔济（Tzeren-Djordji）为其继任者，以保持
库伦与圣彼得堡的经常电报往来，俄国认为不能接受，所以俄蒙
始终没有建立正常的外交关系（二二四）。

　　此外三音诺颜访俄还有一重要任务，就是俄蒙磋商有关未来
中、俄、蒙会议所采取的立场（二二五）。

第十六节　中、俄、蒙签定《恰克图条约》

　　中、俄、蒙三方会议于一九一四年九月十五日在恰克图举行，
这会议的法律根据诚如中华民国政府专使提出议件之导言所说是
"发生于《声明文件》及一照会"（即一九一三年十一月五日《中
俄协定声明文件》第五款及同日《声明另件》第三款）。中国以毕
桂芳及陈箓二人为议约全权专使；俄国的代表是密勒及博罗班；
外蒙的代表是财政部长察克都尔扎布及喇嘛达锡扎布，十一月达
锡扎布因病改由司法部副部长卓囊贝子希尔宁远木定代出席会议
（二二六）。

　　这中、俄、蒙恰克图会议正式开会，凡四十八次往来会晤，谈
判不下四十次，前后谈判共九个月。在此期间国际问题发生两大
事件，对这次谈判有密切的关系，一为第一次欧洲大战于一九一
四年八月爆发，俄军于同年即吃著名的坦能堡战役（Tannenberg

battle）的败仗，使俄国在远东的势力大削；二为一九一五年夏中国与日本作"廿一条件"的外交谈判，中国整个国基受到动摇，因之构成这次中、俄、蒙会议中，中国被迫作最后退让的重大原因。

一九一五年六月七日，中、俄、蒙签定《恰克图条约》（二二七）。中国所得的权利是：外蒙古承认民国二年十一月五日，《中俄声明文件》及《中俄声明另件》；外蒙古承认中国的宗主权；中国、俄国承认外蒙自治，但为中国领土之一部分；自治外蒙无权与各国订立政治及土地关系之国际条约；外蒙受中国册封尊号，改用民国日历，中国商民运货入自治蒙古，无论何种出产不设关税，但须按照自治外蒙人民所纳自治外蒙古已□及将来添设之各项内地货捐，一律交纳；自治外蒙商人运入中国内地各种土货，亦应按照中国商民一律交纳已设及将来添设之各项货捐，但洋货由自治外蒙运入中国内地者，应依照光绪七年（一八八一年）《陆路通商条约》所定之关税交纳。此外中国驻库伦大员之卫队，其数目不过二百名；因此中国在这条约所争得的仅是宗主权，其在实际政治上的意义并不很大。

中国的所失也就是俄国的所得，依《中俄声明另件》第二条规定："凡关于外蒙政治、土地交涉事宜，中国政府允与俄国政府协商，外蒙古亦得参与其事。"此不啻中、俄可共管外蒙古的实际政治。在民刑诉讼的权利，中国与蒙古居于平等地位，反之俄人的法律地位依据一九一二年十月二十一日《俄蒙商务专条》则高于中国，中国驻库伦代表比俄国驻库伦代表享受较优的权利，只有第十条的规定："中国驻库伦大臣及本协约第七条所指在外蒙古各地方之佐理专员，得监视外蒙自治官府，及其属吏之行为，使其不违反中国宗主权及中国暨其人民在自治外蒙古之各种利益。"

外蒙政府方面在这约中得到了完全的内政自主权利，这约第五条规定："中国、俄国承认外蒙自治官府有办理一切内政并与各国订立关于自治外蒙工商事宜国际条约及协约之权。"这条款的最后一项，易滋误会，因为所谓"工商业事宜"的范围可随解释的不同而有极大的伸缩。

最后这约有一过渡的条款，内容很重要，这就是外蒙领土划分的问题，第十一条规定："自治外蒙区域，按照民国二年十一月五日《中俄声明另件》第四条，以前库伦办事大臣、乌里雅苏台将军、科布多参赞大臣所管辖之境为限，其与中国界线，以喀尔喀四盟及科布多所属，东与呼伦贝尔，南与内蒙，西南与新疆省，西与阿尔泰接界之各旗为界。中国与自治外蒙之正式划界，应另由中、俄两国及自治外蒙之代表会同办理，并在本协约签字后二年以内，开始会勘。"到了一九一七年二月二十七日驻扎库伦办事大臣陈箓给中国外交部一电称："内外蒙及科布多、阿尔泰界务牵辖积案甚多，按照《恰克图条约》应于本年四月勘界。现已届期，或派员会勘，或与俄、蒙商订展缓，似应由贵部商院，及时决定。"（二二八）可是因欧战严重，俄国发生革命，中、苏、蒙划界是停顿了。

一九一四年第一次大战爆发前后，俄国侵略我外蒙及其他地方如此积极，有如上述。日本对于侵略我内蒙及东三省也不会落后的，实际上日、俄二国是互相鼓励侵略中国。当中、俄、蒙在一九一四年秋谈判外蒙问题时，日本也急于分胾。一九一五年一月十八日日本驻华公使日置益即提出"廿一条件"的交涉，日本直欲在这约成立后，使中国沦为日本的保护国。"廿一条"分为五号，第二号关于南满和东部内蒙古事项，日本要求中国承认其有"优越地位"。袁世凯坚持东部内蒙与日本并无条约关系，两者不能相提并论。一九一五年五月二十五日中国完全屈服，关于东蒙问题，中国许可中、日两国人民合办农业及附随工业，中国从速自开东部内蒙古合宜地方为商埠。但是什么叫做"东蒙古"？则有如五月十三日中国外交部〈向〉各国宣布中日交涉始末一文所说"东部内蒙古既为中国地理上之新名词，向无明文定界线，颇觉为难"（二二九）。日本对蒙古的野心可惧。一九一六年日俄又订立第四次密约，互巩固侵略的势力。

我们可以说要不是帝俄崩溃，在日、俄两国互相角逐内外蒙的情形下，也许内外蒙迟早要为日、俄所瓜分了。至少俄国受日本侵内蒙的刺激，对于巩固她在外蒙的势力会更积极些（二三零）。

注：

（一）这七个条约的原文可阅 E. B. Price, The Russo-Japanese Treaties of 1907-1916, Concerning Manchuria and Mongolta（1933），pp. 107 ff；V. A. Yakhontoff, Russia and the Soviet Union in the Far East（1931），pp. 101 ff.

（二）Price op. cit., 374-380, P. 37.

（三）Ibid.

（四）Gerard, Ma Mission au Japon, pp. 19-20.

（五）《清季外交史料》，卷二一四，页一六至一七。

（六）《宣统朝外交史料》，卷七，页二十。

（七）Gooch and Temperley, British Documents on the Origin of the War, vol. Ⅳ, No. 314, pp. 336-349, esp., pp. 341-342 and pp. 284-286.

（八）Die Grosse Politik（简称 G. P.），Vol. 25, pt. 1, p. 69（esp. foot note）and p. 70；also No. 8556, the Minister in Peking Count Rex to Chancellor Prince Bulow, Dec. 7, 1907, p. 82.

（九）Ibid.

（十）Ibid, vol. 32, No. 11886, State Secretary Kiderlen to Charge d'Affaires Kuehlmarcn, Apr. 30, 1912, p. 307.

（十一）cf. Fay, op. cit. , pp. 214-222.

（十二）Mac Murray, vol. I, p. 803.

（十三）李剑农,《最近三十年中国政治史》,页一二二至一二三。

（十四）谭惕吾,《内蒙之今昔》,页五四。

（十五）李剑农,页九三至九四。

（十六）《第一回中国年鉴》,页一九九九。

（十七）cf. P. H. Clyde, International Rivalries in Manchuria（1928）, pp. 180-190;王芸生,〈《六十年来中国与日本》,〉卷五,页八九至一一五。

（十八）cf. I. W. Garner, The International Binding Force of Unilateral Oral Declarations in American Journal of International Law（1933）, vol. XVⅦ, pp. 493-497.

（十九）Quincy Wright, the Interpretation of Multilateral Treaties in the American Journal of International Law（1929）, vol. XXⅢ, p. 94.

（廿）cf. British Parliamentary Dabates, March 3, 1908, vol. 185, p. 527.

（二一）《第一回中国年鉴》,页一九九九。

（二二）La Revue du Pacifique, op. cit. , p. 26.

（二三）《清季外交史料》,卷二一三,页一二至一三。

（二四）La Revue du Pucifique, op cit. , p. 26.

（二五）Ibid.

（二六）Ibid, p. 27.

（二七）Ibid.

（二八）《清宣统朝外交史料》,卷九,页一至四。

（二九）Friters, p. 38.

（三十）同上。

（三一）Ibid，p. 65；《帝俄侵略满洲史》，第一章。

（三二）Ibid，p. 38.

（三三）《清宣统朝外交史料》，卷十九，页二五。

（三四）La Revue du Pacifique, op. cit., p. 27；陈箓，《蒙事随笔》，页一五四；陈崇祖，《外蒙古近世史》，第一篇，页三。

（三五）Ibid.

（三六）Ibid.

（三七）Ibid，p. 28.

（三八）梁鹤年，《库伦独立始末记》（见陈箓，《蒙事随笔》，页一五四至一五六）。

（三九）王芸生，卷五，页二零四至二一五。这期间，美国与俄国在远东冒〔角〕逐的情形，可参阅 E. H. Xabriskie, American-Russian Rivalry in the Far East, A Study in Diplomacy and Poner Polities 1894-1914（1946 ed.），esp. chaps. Ⅵ—Ⅶ.

（四十）同上，卷五，页二一六至二八四。

（四一）同上，页二八五至二四五。

（四二）同上，页八九至九十。

（四三）同上，页三零三至三零六。

（四四）《清宣统朝外交史料》，卷一八，页三一至三四。

（四五）cf. Jennet, Roosevelt and the Russo-Japanese War, pp. 317-320, 324.

（四六）cf. U. S. Foreign Relations, 1908, pp. 510 ff；Mac Murray vol. 1, P. 769.

（四七）Mac Murray, vol. 1, p. 803.

（四八）Price, pp. 113-116；Yakhontoff, op. cit., p. 377；王芸生，卷五，页三四七至三四八。

（四九）密约第五条："为保证互相约定之工作，两缔约国对于一切与彼此满洲特殊利益范围有共同关系之事，应随时和衷诚意商议之，特殊利益如感受威胁时，两缔约〈国〉同意采取保卫此种利益之办法。"

（五十）密约第二条："两缔约国担任相互注意其在上述范围内之特殊利益，因此彼此承认各自（势力）范围内之权利，必要时采取保护此种利益之措置。"

（五一）《清宣统朝外交史料》，卷十四，页一八至一九。

（五二）同上，卷十五，页三三。

（五三）同上，卷十六，页二。

（五四）这时中国外务部发出下列训令，探视日俄协定后的各国反响：

（一）外部现〔致〕驻日代办吴振麟《日俄协〔定〕约各驻使议论如何希〈探覆电〉》（一九一零年七月十二日），见《清宣统朝〈外交〉史料》卷十五，页二三；《吴振麟呈外部俄日协约美德意奥等国均不表同情〈电〉》，见同上，页二八。

（二）《外部致李经芳、张荫棠、刘式训、荫昌、杨枢、陆征祥俄日协约用意叵测希探各国意见电知电》（一九一零年七月十四日），见同上，页二四；《使俄萨荫图致外部协〔俄〕日协约经营满洲有进无退〈请〉整顿内治电》（一九一零年七月十三日），见同上，页二五。

（五五）《东督锡良奏东省大局益危密陈管见折》（一九一零年八月十七日）说："一则合并朝鲜，一则侵占蒙古。"见《清宣统朝外交史料》，卷十六，页一一。

（五六）同上，卷一五，页二七至二八。

（五七）同上，页二七至二八。

（五八）《中日条约汇纂》，页一七二。

（五九）王芸生，卷五，页三八五至三八六。

（六十）　《清宣统朝外交史料》，卷一八，页三十至三十〈一〉，又页五三。

（六一）Friters，p. 48.

（六二）Levine，p. 72.

（六三）《东督锡良致外部日韩合并后日以急进为主义录呈探报各节请垂察函（附清折四件）》，其中说"……（俄首相）……尚拟东行，因俄皇由德来电，调查后回，密商要政，现已回国。查俄人蓄意蒙部已久，自日韩合并，其希图进占蒙古，势所必要〔然〕"。见《清宣统朝外交史料》，卷十七，页二八至三十。

（六四）同上，卷一七，页五十至五二。

（六五）La Revue du Pacifique，op cit.，p. 28-29.

（六六）十一月十日沙逊诺夫致俄国驻英公使 Benckendorf 说：I am sending you a copy of a strictly confidential report from our minister in Peking，No. 104，in which the plan is developed of putting pressure upon China in order to place China under obligation to leave the status quo in Mongolia unaltered and to take no military measures there……its carrying out depends……upon a previous understanding with the other powers，principally England and Japan（见 B. De Siebert and G. A. Schreiner，Entente Diplomacy and the World，p. 23），但俄驻英公使的覆函认为英国对俄国这种干涉内政的行动，不会有兴趣的，然日本的态度很可左右她（B. Von Siebert，Diplomatishche Aktenstucke zur Geschichte der Ententepolitik der Verkrisijahre（1921），t. 1，n. 314.）。不过，英国对于俄侵外蒙竟默认，也是事实（见 Price，op. cit.，p. 64.）。

（六七）俄外部致俄驻日公使 Maslevski - Malevich 的函，见 Siebert and Schreiner，op. cit.，pp. 27-28，俄驻日公使的覆见函

〔函见〕Ibid，pp. 28-29.

（六八）见另章。

（六九）左舜生，《中国近百年史资料初编》，页五八零。

（七十）同上，页五八四。参阅《外部咨锡良中俄陆路通商条约所拟调查纲目已分咨照办文》（一九一零年七月十二日），见《清宣统朝外交史料》，卷一五，页二三。

（七一）《清宣统朝外交史料》，卷十七，页二十至二一。

（七二）同上，卷十九，页一七至二四。

（七三）同上，卷十五，页二三。

（七四）同上，卷十七，页二十。

（七五）曾纪泽以为"……（伊犁一案）不外分界、通商、偿款三大端。三端之中，偿款固其小焉者也。即就分界、通商言之，则通商一端亦似较分界为稍轻"（见《曾惠敏公奏疏》，卷二，页三）。

（七六）左舜生，《中国近百年史资料》，初编，页五八五。

（七七）见注六五。

（七八）B. Siebert and G. A. Schreiner, op. cit.，pp. 24-27.

（七九）La Revue du Pacifique, op. cit.，p. 30.

（八十）所谓中俄交涉三十五款者，据当时某报所载，兹摘录其关系蒙古者如下："科布多设领事问题；阿尔泰地方拆毁俄商房屋问题；华官侵害领事裁判权并虐待俄民问题；华官侵害俄商免税权，征收皮革、鬃毛、茶叶各税，又抽取俄货厘金问题；科布多俄人居住、建造问题；禁止俄商售卖土货问题；部拒俄领往返于所管地方行走驿路问题；华官不将交界人民悬案与司雅孜会办问题。东蒙开垦禁止俄商任便往来贸易问题；东蒙运出牲口重征子口税问题；华官限制牛羊出口问题；华官不准俄华人民相互结婚问题；华官设法阻碍俄商前往蒙古问题等是也。"见左舜生，

《中国近百年史资料初编》，下册，页五八六页。

（八一）俄国向中国提出六项要求后，二月十九日（一九一一年），使俄萨荫图致外部报告："报载俄开六款，俱关商约，不俟开议，借端先发，许之，则议约时我所应争之权利，彼几一网打尽，不许，则彼沿边调兵较速难，保无占地之虞，此间朝野议论颇激。"见《清宣统朝外交史料》，卷一九，页七。所以何汉文，《中俄外交史》，页二七零以为是次俄国向中国要求四项事，而非六项要求，是错误的记载。左舜生，《中国近百年史资料初编》，〈下册，〉页五八七至五八八说宣统三年正月十八日俄之六项要求如左：

（一）一千八百八十一年中俄条约及他项条约除交界百里外，并未限制俄政府在中俄交界贸易征税之自由，惟在两国陆路边界百里内，彼此运出物品，一概免税。

（二）俄人在中国境内，按照应有治外法权（即指领事裁判权），如遇有民事诉讼，华俄人之交涉，华官须请俄员会审解决。

（三）蒙古及长城以外，暨天山南北，俄人有权自由往来、居住，及贸易货物一概无税，华人不得专利，更不得禁止或限制其贸易之自由。

（四）俄政府除已设之领事外，有权在科布多、哈密、古城设立领事，虽此权须经中国政府认可，惟现在各该城华俄商人交涉之案甚多，显然不能不实行此权。

（五）凡设有领事之处华官应确实声明承认遵照条约，遇有华俄商人争辩之事须与俄员会同裁判，不得设辞推诿。

（六）蒙古暨天山南北路即伊犁、塔城、库伦、乌里雅苏台、喀什噶尔、乌鲁木齐、科布多、哈密、古城，尚有设领事之权，且于各该处及张家口均准俄民置买土地，建造房屋。

如中政府不承认以上各款，即为中国不愿遵守条约永敦睦谊之证据，则俄政府只可自由进行，以便保有约章所享之权利。

cf. La Revue du Pacifique, op. cit. , p. 31.

（八二）Ibid, p. 31.

（八三）Ibid.

（八四）Ibid, p. 32.

（八五）《清宣统朝外交史料》，卷一九，页七。

尼拉笃甫对德驻俄大使说：遇中国的答覆不能满意时，俄国准备占领伊犁（〈见〉Grosse Politik, t. 32, No. 11793）。

（八六）Grosse Politik, t. 32, No. 11794.

（八七）《清宣统朝外交史料》，卷一九，页二八至三十。

（八八）何汉文，页二七一至二七二；左舜生，页五八九。

（八九）何汉文，页二七二；左舜生，页五九零；郭斌佳，《中俄在北满之交涉》（载武汉大学，《社会科学》季刊，卷六，第二号，页三三一至三三四）。

（九十）La Revue du Pacifique, op. cit. , p. 33.

（九一）International Relations in the Epoch of Imperialism Documents from the Archives of the Imperial and Provisional Governments, 1878-1917. 2nd series（1900—1913），cited by Phillip E. Mosely, Russian Policy in the Journal of Modern History（1940），Vol. XII, No. I , p. 82.

（九二）《清宣统朝外交史料》，卷二一，页三八，页四二。

（九三）张忠绂，《英日同盟》，页一二五至一三四；《清宣统朝外交史料》，卷二二，页一七。

（九四）《清宣统朝外交史料》，卷二二，页七至八。

（九五）外蒙古代表团到圣彼得堡的经过，可阅 J. Levine, La Mongolie. pp. 80-84. 王光祈译，《库伦条约之始末》，页四至六（系译自 Korostovetz, Von Cinggis Khan zur Sowjetrepublik, chap. XII,

cited as Korostovets）；La Revue du Pacifique, op. cit. , 35 - 36；
P. E. Mosely, Russian Policy in 1911—12, P. 81.

（九六）Fay, op. cit. , pp. 413 - 426；W. L. Langer, Russia, the
Straits Question and the Origins of the Balkan League, 1908—1912, in
Political Sceince Quarterly, ⅩLⅢ（1928）, pp. 321 - 63.

（九七）La Revue du Pacifique, op. cit. , p. 34.

（九八）Ibid, p. 35.

（九九）Friters, p. 41.

（一百）王光祈，页四至五（Korostovetz, chap. 12）。

（一零一）Friters, p. 44.

（一零二）Ibid, p. 42.

（一零三）Ibid.

（一零四）王光祈，页五至六。

（一零五）八月十七日俄国各部会联席会议决议，俄国当局须
出面调停中蒙的冲突，阻止中国在外蒙古施行内政改革、殖民和
筑铁路等政策（见 P. C. Moseley, op. cit. , p. 81. ）。

（一零六）Ibid, p. 81；王光祈，页六。

（一零七）Friters, p. 43.

（一零八）La Revue du Pacifique, p. 37.

（一零九）La Revue du Pacifique, op. cit. , p. 37.

（一一零）Ibid.

（一一一）La Revue du Pacifique, op. cit. , p. 37.

（一一二）Friters, p. 41.

（一一三）李剑农，《最近三十年中国政治史》，页一九五。

（一一四）王光祈，页七。

（一一五）Friters, p. 44.

（一一六）La Revue du Pacifique, op. cit. , p. 37；王光祈，

页八。

（一一七）Ibid, p. 38.

（一一八）〈陈箓，〉《蒙事随笔》，页一六零至一六二；《中国第一回年鉴》，页二零零六。

（一一九）La Revue du Pacifique, p. 37；王光祈，页八至九。

牙〔扎〕萨克图可汗出任内阁总揆，旋因亲华观念仍深的关系，被迫辞职；后来且为人所毒死了。

（一二零）诏书见《中华民国立法史》（谢振民编著），页五一。

（一二一）《法令大全》（民国十三年，商务版）页三。

（一二二）同上，页一。

（一二三）同上，页四。

（一二四）同上，页三。

（一二五）同上，页三。

（一二六）王光祁〔祈〕，页九。

（一二七）G. P. vol. 25；王光祈，《辛亥革命与列强态度》，页一二至一四，德国驻俄大使 Pourtales 致德国国务总理 Bethmann Hollweg 函（一九一二年一月四日自圣彼得堡寄）。事情是这样：德皇批阅正月四日的报告，有关沙逊诺夫对于俄国政策的辩护中有一段说："沙逊诺夫谓俄国对于合并蒙古全部或一部之事甚非所愿，因其结果，只替俄国新添负担而已。为俄国利益计，甚望蒙自行宣布独立，以作俄华两国间之一种缓冲国。"德皇看了速忙加一御注："彼（指俄国）必须将蒙古自行取去，否则日本人要跑来了！"这是怪有趣的朱批！

（一二八）王光祈，《库伦条约之始末》，页一一至一二。

（一二九）王芸生，卷六，页一。

（一三零）Foreign Relations, 1912, p. 50.

（一三一）Ibid, p. 55.

（一三二）P. E. Mosely, op. cit. , p. 82.

（一三三）〈见〉注九六。

（一三四）Fay, p. 416.

（一三五）P. E. Mosely, pp. 78-79.

（一三六）cf. Materials for the History of Franco - Russian Relations from 1910 to 1914, p. 123.

（一三七）一九一二年一月四日法政府始覆函。cf. Poincare, Au Service de la France, 1, pp. 341-347.

（一三八）P. F. Mosely, op. cit. , p. 74.

（一三九）王光祈, 页一九（Korostovetz, chap. X Ⅲ）。

（一四零）王光祈, 页二十（Korostovetz, p. 128）。

（一四一）P. E. Mosely, p. 82.

（一四二）Ibid.

（一四三）Friters, p. 45.

（一四四）Friters, p. 47.

（一四五）Ibid.

（一四六）〈见〉注一二七。

（一四七）陈崇祖,《外蒙近世史》, 第一篇, 页一九至二十; 陈箓,《蒙事随笔》, 页六至七; 何汉文, 页二七六。

（一四八）《清宣统朝外交史料》, 卷二四, 页三九。

（一四九）张忠绂,《民国初期善后借款之交涉》（〈载〉国立武汉大学《社会科学》季刊, 卷五, 期二, 一九三五年）。

（一五零）cf. A. M. Pooley, Japan's Foreign Policies（1920）, p. 69 ff; 王光祈,《辛亥革命与列强态度》, 页四至八。

（一五一）Krasny Archiv（vol. X Ⅷ）, Russia and the Chinese Revolution of 1911 in the Chinese Social and Political Science Review, vol. XⅥ, No. 2, pp. 276-278.

（一五二）Ibid, pp. 285-288. 这是沙逊诺夫向俄皇的呈文，尼加拉第二加以批准。

（一五三）R. E. Phillips, op. cit. , p. 82.

（一五四）王光祈，页一三（G. P. chap. 12）。

（一五五）Russia and the Chinese Revolution of 1911, op. cit. , p. 296.

（一五六）Levine, p. 91.

（一五七）《第一回中国年鉴》，页二零零七。

（一五八）上列一束电报见陈篆，《蒙事随笔》，第二种，页一五九至一六零，又页一六三至一六七。

（一五九）Korostovetz, pp. 226-229.

（一六零）P. E. Mosely, op. cit. , p. 82.

（一六一）Friters, p. 48.

（一六二）王光祈，页七六至七七。

（一六三）P. E. Mosely, op. cit. , p. 83.

（一六四）Ibid.

（一六五）Ibid.

（一六六）Louis to Poincare, Feb. 15 and 21, 1912; Judet, Georges Louis, p. 174 ff.

（一六七）cf. Georges Young, Nationalism and War in the Near East（1915）, pp. 387-428.

（一六八）俄国于三月十四日答覆四国政府三月十一日要求希望日、俄二国政府以同等资格参加对华借款，四月十六日正式承诺之，日本于三月十八日答覆，同时承诺，见 For. Rel. , 1911, pp. 112-113, 114-115, 124; P. E. Mosely, op. cit. p. 83; Doc. Diplomatiques Francais, 3ᵉ Serie（简称 D. D. F）Ⅱ, No. 203, pp. 200—201；G. P. ⅩⅩⅫ, No. 11878. 日俄两国承诺参加银行团所附条件见 D. D. F, Ⅱ, No. 177, pp. 169-170, No. 189, p. 181；G. P. ⅩⅩⅫ, No. 11882, No. 11883.

（一六九）六国会议中的会议录有下列的记载："The Russian group declared that it takes part in the loan on the understanding that nothing connected with the projected loan should operate to the prejudice of the special rights and interests of Russia in the regions of northern Manchuria, Mongolia and Western China and the Japanese bank declared that it takes part in the loan on the understanding that nothing connected with the projected loan should operate to the prejudice of the special rights and interests of Japan in the regions of South Manchuria and inner Mongolia adjacent to South Manchuria. The British, German, French and American groups stated that they were not in a position to express their views upon either of these declarations upon the ground that they were not competent to deal with political questions."（See For. Rel, 1912, pp. 137, p. 140-141；See also Mac Murray, vol. Ⅱ, P. 1024.）

（一七零）For. Rel, 1912, p. 127-128, 130；G. P, ⅩⅩⅫ, No. 11892, 11895, 11904, 11905；D. D. F. Ⅲ, NO. 31, No. 59.

（一七一）For. Rel, 1912, p. 68.

（一七二）Ibid, p. 74.

（一七三）Ibid, p. 79.

（一七四）《清宣统朝外交史料》，卷二十，页三五。

（一七五）P. E. Mosely, op. cit. , p. 70.

（一七六）Price, pp. 117-120；Yakhontoff, p. 379；王芸生，卷六，页六至七。

（一七七）"东蒙古"一词在六国银行团出现，不过该处用 Inner Mongolia adjacent to South Manchuria 一词。

（一七八）cf. P. E. Mosely, op. cit. , pp. 81-83.

（一七九）左舜生，页五九一至五九二。

（一八零）同上，页五九二至五九四。

（一八一）cf. Pe Siebert and Schreiner, op. cit. , p. 42.

（一八二）For. Rel, 1912, p. 86.

（一八三）王光祈，页二七至二八（Korostovetz, chap. XⅣ）。

（一八四）P. E. Mosely, op. cit. , p. 2.

（一八五）Friters, p. 39.

（一八六）Levine, pp. 89-90; The China Year Book（1921-1922）

（一八七）De Siebert and Shreiner, op. cit. , p. 40.

（一八八）关于这一点，沙逊诺夫于十月三日（一九一二年）曾训令可罗斯得威克，后者依训令向外蒙当局发表一声明，文曰："In declaring my consent to the replacement of the words 'outer Mongolia' by the word 'Mongolia' I have the honour to declare that the Imperial Government resevers the right to determine to what territories beside Khalkha the guarantees of autonomous rights given to the Mongolian Government should apply." （cf. Friters, p. 51. ）

（一八九）Korostovetz, chap. 14.

（一九零）Friters, p. 49.

（一九一）Ibid, p. 50.

（一九二）Korostovetz, chap. 16.

（一九三）Ibid, 18.

（一九四）Ibid; Orange Book, 1914, Imperial Ministry of Foreign Affairs Collection of Diplomatic Documents Concerning Mongolia, No. 10; Friters, p. 50.

（一九五）Korostovetz, chap. 18.

（一九六）原约见陈崇祖，《外蒙古近世史》，第一篇，页三十至三一；Mac Murray, vol. 11, pp. 992-996；何汉文，页二七八；王光祈，《库伦条约之始末》，页八二至八三；谷钟秀，《中华民国开国史》，页一三二。

（一九七）原约见陈崇祖，第一篇，页三一至三五；何汉文，页二七八至二八一；Friters, p. 52.

（一九八）原约见陈崇祖，第一篇，页三五至三六；何汉文，页二八一至二八二。

（一九九）De Siebert and Schreiner, op. cit. , p. 41；price, op. cit. , p. 76.

（二零零）Ibid, p. 42；price, p. 142, note 21.

（二零一）Korostovets, chap. 14；张忠绂，《中华民国外交史》，页九七至一一三。

（二零二）陈崇祖，第一篇，页三八至四十；China Year Book, 1916, pp. 587-588.

（二零三）陈箓，《蒙事随笔》，第一种，页七。

（二零四）同上。

（二零五）谭惕吾，《内蒙之今昔》，页五六。

（二零六）何汉文，页二八四至二八五。

（二零七）陈箓，页八。

（二零八）何汉文，页二八六至二八八。

（二零九）Tsarist Russia and Mongolia in 1913-1914（from Krasny Archiv, vol. XXX Ⅶ, pp. 15-68）, in the Chinese Social and Political Science Review, vol. ⅩⅥ, No. 4（Jun. 1933）, p. 657, note 7.

（二一零）陈箓，第一种，页九。

（二一一）Friters, p. 54.

（二一二）陈箓，第一种，页十六。

（二一三）陈箓，《蒙事随笔》，第二种，页一九二。

（二一四）Tsarist Russia and Mongolia in 1913-1914, vol. ⅩⅥ, No. 4, op. cit. , pp. 655-656；Tsarist Russia and Mongolia in 1913-1914, vol. ⅩⅦ, No. 1, pp. 199-205, 对于三音诺颜的访俄团任务有详细报道。

（二一五）Ibid, pp. 662-663；Tsarist Russia and Mongolia 1913-1914, vol. ⅩⅦ, No. 1, pp. 200-201, 载有关外蒙独立的谈判。

（二一六）Ibid, pp. 667-668, 671-672。

（二一七）Ibid, p. 673；Friters, p. 50。

（二一八）Ibid, pp. 667-669。

（二一九）Ibid, pp. 678-680。

（二二零）Krasny Archiv, Tsarist Russia and Mongolia in 1913-1914, in the Chinese Social and Political Science Review, vol. ⅩⅦ（April 1933）, No. 1, p. 198。

（二二一）Ibid, pp. 202-203。

（二二二）陈箓, 第二种, 页一九一自〔至〕一九三。

（二二三）Tsarist Russia and Mongolia in 1913-1914, vol. ⅩⅦ, No. 1. pp. 203-204。

（二二四）Ibid, pp. 197-198；Friters, PP. 67-68。

（二二五）Ibid, pp. 204-205。

（二二六）Tsarist Russia and Mongolia in 1913-1914, in the Chinese Social and Political Science Review, vol. ⅩⅦ, No. 4, pp. 669, 681-682。

（二二七）中俄蒙会议的详情, 可阅陈箓, 第一种, 页九至三七。

（二二八）《中俄蒙协约》全文及中俄互换照会共四件, 全文见同上, 页三八至五二。

（二二九）同上, 页一七七。

（二三零）王芸生，第六卷，页一六八至一七七，又页一八五至一九八，二二八至二三五，又［至］二五八至二六二；T. E. La Fargue, China and the World War（1937），chap. 111 and appendix.

《历史政治学报》（半年刊）

广州岭南大学政治学会

1947 年 1 期

（李红权　整理）

边疆问题与蒙旗自治

剑飞 撰

一 引言

"蒙古问题"之所以成为问题，并不是问题本身有什么严重性，不过既成为所谓"问题"，我们也当然应尽其所力，提供解决刍见。问题的由来，大概不外两方面，一为一般人士甚而政府当局对于北方边疆，有一个传统的错误观念；一为对于"内蒙"的现况多所暧昧。因此，我们应当在这〈两〉方面善加探讨，愚者千虑，或有一得，亦未可知。

二 蒙古民族的今昔观

大概在一千二百年前[①]，铁木贞降生于漠北鄂嫩河上游，彼因家遭不幸，处境艰难，但意志坚强，雄心甚大。经过三十几年的奋斗，合并邻近各部落，建立蒙古帝国，铁氏被举为成吉思汉，奠都于今日之喀喇〔喀喇〕和林。这时帝国以南，尚有金（今东北、河北等地）、西夏（今察、绥、宁、青等省）及淮南苟延残喘

---

① 原文如此，应为"七百多年前"。——整理者注

的南宋。一二一一年，元帝国举兵征金，历四年，金降。一二一八年率军三十五万西征花刺子模回教国，经八年苦战，凯旋而返。一二二六年侵入夏土，次年陷夏之首都宁夏城。一二二七年八月成吉思汉病死于六盘山，谥称太祖。其后群臣推举三子窝阔台即位，称太宗，窝氏雄心伟略，扩地为志，乃于一二三〇年自率大军由托克托渡黄河，大举伐金，历三年余，金遂被灭，旋又兴师西征。一二三六年春，拔都率众六十万征俄，连陷俄之利森、莫斯科、基辅等城。一二四一年陷波兰之克拉克。后因太宗死，乃返。

忽必烈即位燕京，建国号曰元，欲并南宋，遂发兵南侵。一二七九年，南宋亡，自成吉思汉至忽必烈，以武力造成空前大帝国，其领土之大，古今无匹，分四汉一元，此为蒙古之极盛时代。

然而，曾几何时，元以连年用兵，财政大困，加之官吏贪污，经济崩溃，喇嘛〔嘛〕横行，民不堪命。各地被压制之群雄，纷起反抗。一三六八年明太祖遣师北伐，攻陷元之大都（北平），元顺帝被迫北奔。一三七二年，明兵进至土拉河畔（库伦附近）。一三八八年再败元军于金山（即辽北）。一三八九年俘元皇子、妃嫔，蒙古部属全溃，大漠南北，皆属明之版图。

一四七〇年，大元大可汉达延，乘明衰弱，南下侵河套（今绥远）。一五〇一年陷宁夏，分其属土为漠南北两地，而大封诸子。满清肇兴，先后降服喀尔沁、〔干〕林丹汗、土默〔默〕特……等部，复以"众建诸侯而小其力"的政策，使其力量分散，蒙古遂衰疲不堪。民国既建，蒙胞复以平等姿态，列为中华民族一成员，散处北国边疆十一省境内，自宜与其他各族通力合作，共谋国是。

三　"内蒙"盟、旗、部分布状况

蒙胞虽散居"内蒙"十一省之广大地境，但其人口极少，以热、察、绥三省，包括五盟、一部、五十五旗，合计不过四十三万人（见卅五年十二月一日，热、察、绥三省国大代表联合招待记者会王致云氏报告）。有人说所有蒙人总数不过百万，大致不会有甚出入的。

各盟旗之分布情形大致如下：

在最东北区为乎伦贝尔部八旗，其西南为哲里木盟十旗，此区是满洲平原本部，在辽北及嫩江、吉林、辽宁等省的一部之省境内。

其西南为卓素图盟七旗，即热河省南部及锦州。

卓盟之北为昭乌达蒙十三旗，即热河省北部境内。

迤西南为察哈尔部八旗，在所谓"张北六县"地区，其北为锡林郭勒盟十旗，在北察哈尔境内。

又西之北，为乌兰察布盟六旗。在河套之北、黄河南为伊克召盟七旗及土點〔默〕特等，属绥远。

今在宁夏省境者，又有所谓西蒙古阿拉善（贺芝〔兰〕）额鲁特一旗、额济纳（居延）旧土尔扈特一旗。

再西而南，为和硕特部，属今青海省。

四　改正两个传统的错误观念

首先我们应当以二十世纪五十年代的眼光来看目下所属的现实，一味憧憬着自己如意的理想，固属荒唐，终日钻在自己幻梦的小天地里，醉心过去的繁荣或祖先的阔绰，也不免贻以幼稚之讯!

国人（尤其是内地人士）常常易把北国边疆问题，硬扯成蒙古问题，或者是蒙民被压迫而事反抗的问题。这种观念的由来，姑不追究，但以现实论，它已属陈旧可笑，离开现实十万八千里了。蒙汉同胞共居一处，因为传统成见还没有完全消灭，或多或少也发生一些不愉快的事件，不能即强调成一个民族问题，人与人相处，哪能保证没有一些争执？况且这些争执，在政府无条件优待蒙人的政策下，汉人往往占在极端的劣势之下。因而，一般汉人常常由自卑而转向愤慨。汉人的义务，原多于当地的蒙人，但蒙人的权利，却远过汉人。汉、满、蒙、回、藏、猺、苗……都是构成中华民族的成员，我们固不宜强调哪个民族重要与否，但无论民族之大小，彼此都须合理的平等，自属天经地义。一般人总喜欢拿苏联的民族平等、和好相处，来欺蒙无知，而指责所谓"大汉族主义"的中国，太不能与少数民族相处了。殊不知所谓全世界国内民族最平等的苏联，少数民族非但没有什么"提携"、"优待"、"特权"，就连真正的平等也没有做到。诚然，苏联宪法一二三条确实规定禁止对于苏维埃联邦共和国境内一百八十余个民族集团有任何不平等待遇。苏联也鼓励少数民族的文化发展，设立以各民族语言为主的学校，但俄罗斯文却为必修的一种课程。而前些时候，爱沙尼亚人因苦于苏联的压抑，有一部分曾冒海险跑到美国，可见苏联境内少数民族的处境了。苏联对于少数民族的政策，主要的是在求其强迫性的一律与合作。其实，世界上任何多数民族的国家，对于民族间之关系，最进步的规定，也不过是无论大小民族一律平等，在政治上都予公平竞争的机会，没有我们这个"人道"、"利他"的国家花样繁多"提携"、"优待"、"特权"等名堂。然而，我们的"民族问题"反偏偏比人家多，这对于一些坐以论道的决策先生们，无疑是一种讽刺。民族平等是应当的，但是优待某民族而压抑另一民族，却要不得。在不合理的压抑下，就是少数民族也要反抗，何况被压迫的是多数呢？今天的北国边疆，如果说有问题的话，不是蒙人争取平等的问题，而是百分之九十八以上的汉族及其他民族共同要求民族间平等合理待遇的问题。二月七日，《大公报》载："……绥远东胜县境内蒙古杭锦旗政府决于本年'闭地'（封闭垦地，不许再事耕称〔种〕），但该垦区两千户汉民为生命所关，拼命反对，春耕在迩，势必引起惨剧。"这不过是同样性质问题中的一个而已。蒙古王公、官吏的畛域成见很深，一种己主人奴的思想，常常刺激其他民族的群愤。这种封建残余的落伍思想，任其发展下去，哪个能保证百分之九十几的被歧视者不起而自卫？尽管政府用尽种种方法压抑这种怨愤，但是压制到底是暂时的，一旦压制失却效力，民怨暴发，真正的北方边疆问题或者所谓"内蒙问题"才不幸而发生了。

此外关于"内蒙"这个名词，也必须有一个新的认识，一个观念的含混，常常容易铸成大错。人们以内蒙是外蒙的相对称呼，每以看外边的眼光，作为批评内蒙的出发点，这种观点，实甚可怕。稍具常识的人，如果不是别有用心的话，都会承认今日所谓"内蒙"，仅能作一个历史上令人凭吊的名词，而决不能代表一般人意识中所指的那块三分之一国土的地方。我们不知道内蒙的划分是以什么做标准，如果说该区曾一度为蒙古祖先占据过，或者说现在该区为蒙胞居住之地，那么问题就更复杂了。追溯起远古史来，既吃力，也无意义，就以近古论，在元帝国以前，今日之东北及长城内外各省，为金、辽所辖；元朝以后，又成明朝疆土，这块广大地区的主人迭相更易，错综复杂，怎能说一定是哪一些人的生息之处？如果以现在尚有蒙胞居住为准，内蒙的范围却又太小了，西藏、河北、福建、四川，也有蒙人后裔居住，那些地方不知该如何解释呢。况且，现在一般人意识中的"内蒙"地区，正是北方边疆十一个行省的所在地。由东北到西北，凡辽北、嫩江、吉林、辽宁、热河、察哈尔、绥远、宁夏、青海及新疆的一部分，这些省境内，由汉、满、蒙、回及少数藏人、夷人等混居，为什么要把十一个行省强以一个特殊名称联起来呢？有人以为把内蒙划成一独立省，以蒙胞生活状况、职业性质及统一施政各方面都较方便，此种动机，固甚纯洁，可惜流为"闭门立言"的书生见地，与事实大相径庭了。假如蒙人聚居在一个地方，蒙旗自治的技术问题老早就失却了讨论的意义，还须要关心人士去设计吗？

蒙古自治问题，应该是北方边疆各省的省政问题，只有蒙胞在所属各省，与其他民族合作，共同确建地方自治。如果把十一个省内的蒙人联成一个统一的自治体，决无可能，就是勉强去行，也必问题百出，自造不安。

五　结论

今天的北方边疆，是一个民族杂处的广大地区，欲固国防，必固边疆，边疆发生问题，诚属不幸。吾人深加观察，以为问题内容，不外两端，一为蒙古同胞自治技术问题，一为蒙胞以外的其他民族的不平情绪的遏止问题。

蒙胞自治，任人皆予同情，唯吾人所忧虑者，乃以蒙胞超范围的自治必致损伤其他民族之权利。盖人类智慧解放，自由意志不可压制，在此民主潮流中，人民意志之最高表现，任何力量都不能加以阻遏或忽视，在各民族混杂共居的"内蒙"十一省中，各族封疆自治，势所难能，必须民族以一律平等的原则，彼此都有表现意志的平等机会，自治单位的名称，可以不必拘泥于旗或县，但自治的内容，必须是各民族自由意志的总汇。任何民族的意志都有被同等尊重的权利。由各民族公平合作，自由决定他们共同的政治形式及官吏，中央不能剥夺一部分人民的意志与人权，以迁就另一部分人。

其次，边疆各民族，不论蒙、汉、回、满，同样都有对中央不够了解之感。决定边疆政策的人士，不究实况，冒然以所谓"提携"、"优待"、"特权"给予民族，而使其他民族发生一种厚彼薄此的感觉，反加深了民族间的忌恨与仇视，造成边地人民的普遍怨愤与不满。一旦民怨爆发，镇压无效，则国家前途殊堪忧惧。群众最不能忍耐者，厥为不公平，国父昭示吾人，中华民族一律平等，继志述事的后人，必宜善能领会国父遗教的精神，针对现实，发挥权宜。若或固执成见，拘守条文，徒致国家于不安，则成千古罪人矣！

一九三七，二，十二

《西北通讯》（月刊）

南京西北通讯社

1947 年 1 期

（李红权　整理）